江苏
软件与信息
服务业年鉴

2020 卷

Yearbook of Jiangsu
Software and Information
Service Industry (2020)

江苏省工业和信息化厅
江苏省软件行业协会　编

南京大学出版社

前　言

随着全球新一轮科技革命和产业变革持续深入推进,经济发展方式正加速转变。作为信息产业的核心,软件产业已成为引领新一轮科技革命和产业变革的关键力量。

2019 年是新中国成立 70 周年,是全面建成小康社会、实现第一个百年奋斗目标的关键之年,也是江苏软件产业"十三五"即将收官之年。江苏省委省政府高度重视软件产业发展,全年软件业务收入保持较快增速,规模继续位居全国前列。

为全面记录 2019 年江苏软件产业发展情况、重要活动、取得成就、创新工作,在江苏省工业和信息化厅指导下,由江苏省软件行业协会主编的《江苏软件与信息服务业年鉴(2020 卷)》以公开出版方式出刊,全书共分六个篇章,包括产业综述篇、地市产业篇、园区产业篇、产业要素篇、产业政策篇、2019 年产业大事记,分析产业发展情况,传播产业发展政策,记录产业发展大事。

本书内容丰富、信息量大、数据翔实、图文并茂,便于读者阅读和使用。期望本书成为各级软件产业主管部门调研实际、指导产业发展的重要资料;成为全省软件企业家熟悉环境、谋划发展、进行市场分析决策的有效工具;成为国内外投资商、证券商、服务外包商选择投资与合作对象的参考依据;成为从事软件和信息服务业研究人员,高等院校、科研机构等相关专业的师生全面了解江苏软件产业发展现状的最佳窗口。

参与本书编审、编写、编辑绘图的工作人员有徐凯、张兴、何满怀、钱梦骄、柯达、张艳、张荣铭、王守军、张爽、房心蕊、孙勇、刘元元、丁天龙、肖彬、周同林、支豪、郝春毅、蔡锋、盛霖、唐兰、邓焱芳、刘钊、丁天龙、朱丽莎、范子杰、陈玉昌、颜香等。

本书在编写过程中得到了省有关部门,各市工信局、软件行业协会和产业园区的积极支持,在此衷心致谢。限于时间、条件等原因,本书难免存有错误和疏漏,欢迎各界朋友和读者不吝指正。

编辑委员会

二〇二〇年十二月

目 录

第三部分　园区产业篇

第四部分　产业要素篇

第五部分　产业政策篇

第六部分　2019 年产业大事记

附　录

第 一 部 分

产 业 综 述 篇

第一章　全国软件产业发展概述

一、2019 年全国软件产业整体发展情况

（一）全国宏观经济发展情况

1. 国内生产总值稳步增长，综合国力迈上新台阶

2020 年 2 月 28 日，国家统计局发布 2019 年国民经济和社会发展统计公报，全年国内生产总值 990 865 亿元，比上年增长 6.1%。其中，第一产业增加值 70 467 亿元，增长 3.1%；第二产业增加值 386 165 亿元，增长 5.7%；第三产业增加值 534 233 亿元，增长 6.9%。第一产业增加值占国内生产总值比重为 7.1%，第二产业增加值比重为 39.0%，第三产业增加值比重为 53.9%。全年最终消费支出对国内生产总值增长的贡献率为 57.8%，资本形成总额的贡献率为 31.2%，货物和服务净出口的贡献率为 11.0%。人均国内生产总值 70 892 元，比上年增长 5.7%。国民总收入 988 458 亿元，比上年增长 6.2%。全员劳动生产率为 115 009 元/人，比上年提高 6.2%。

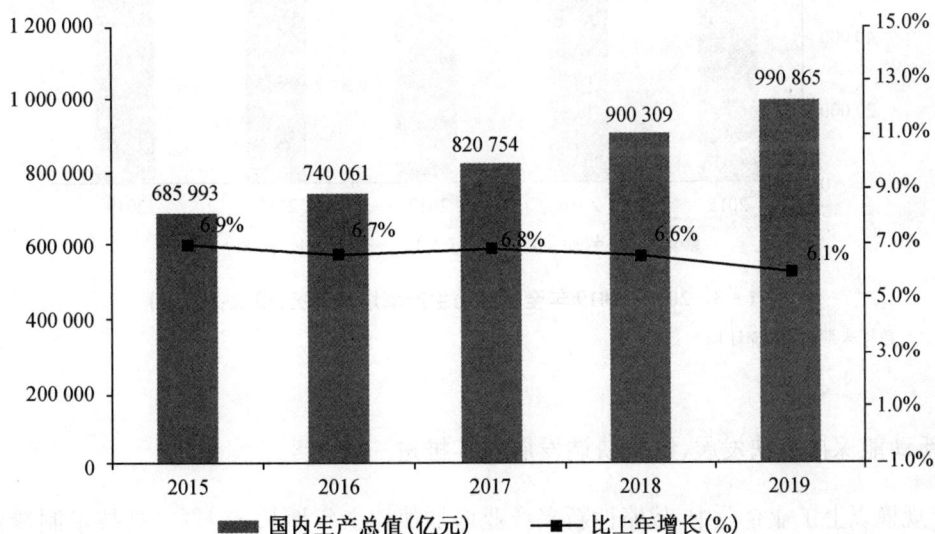

图 1-1　2015—2019 年国内生产总值及增长速度（单位：亿元）

数据来源：国家统计局

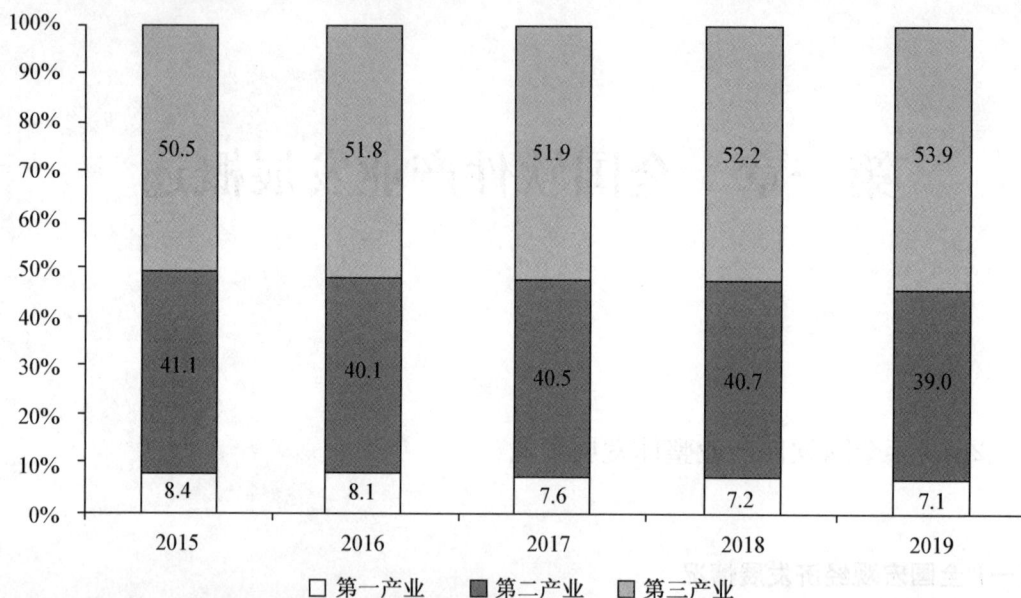

图1-2 2015—2019年三次产业增加值占国内生产总值比重(单位:亿元)

数据来源:国家统计局

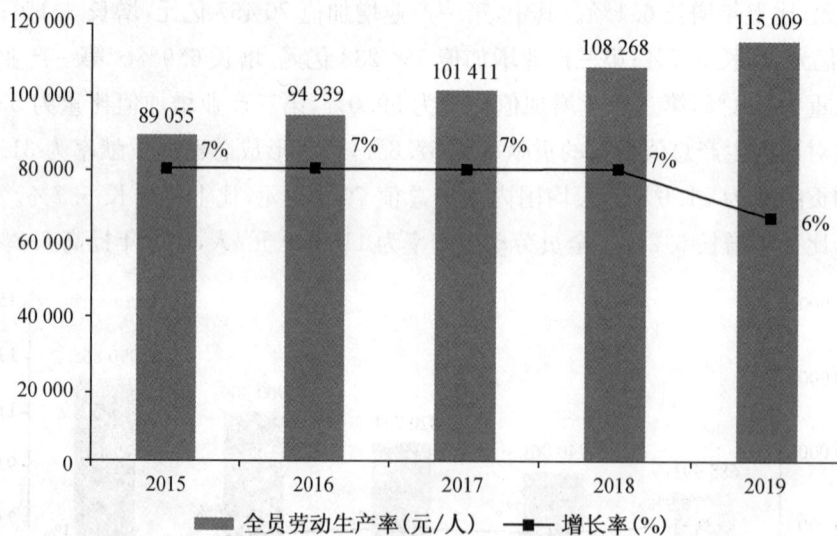

图1-3 2015—2019年全员劳动生产率增长情况(单位:元/人)

数据来源:国家统计局

2. 新动能保持较快发展,区域协调发展扎实推进

全年规模以上工业企业中,战略性新兴产业增加值比上年增长8.4%。高技术制造业增加值增长8.8%,占规模以上工业企业增加值的比重为14.4%。装备制造业增加值增长6.7%,占规模以上工业企业增加值的比重为32.5%。全年规模以上服务业企业中,战略性新兴服务业企业营业收入比上年增长12.7%。全年高技术产业投资比上年增长17.3%,工业技术改造投资增长9.8%。

全年服务机器人产量 346 万套,比上年增长 38.9%。全年网上零售额 106 324 亿元,按可比口径计算,比上年增长 16.5%。

东部地区年生产总值 511 161 亿元,比上年增长 6.2%;中部地区年生产总值 218 738 亿元,增长 7.3%;西部地区年生产总值 205 185 亿元,增长 6.7%;东北地区年生产总值 50 249 亿元,增长 4.5%。京津冀地区年生产总值 84 580 亿元,增长 6.1%;长江经济带地区年生产总值 457 805 亿元,增长 6.9%;长江三角洲地区年生产总值 237 253 亿元,增长 6.4%。

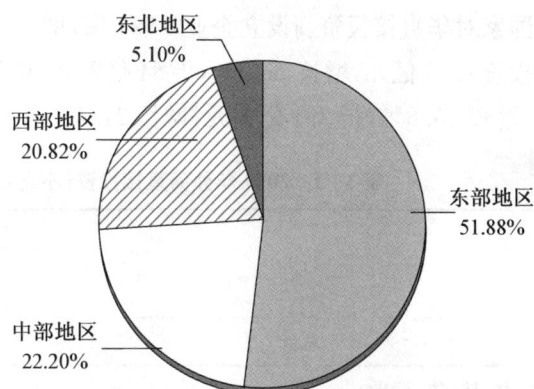

图 1-4　2019 年分区域生产总值占比

数据来源:国家统计局

3. 进出口总额增速放缓,利用外资继续扩大

全年货物进出口总额 315 504 亿元,比上年增长 3.4%。其中,出口 172 342 亿元,增长 5.0%;进口 143 162 亿元,增长 1.6%。货物进出口顺差 29 180 亿元,比上年增加 5 932 亿元。对“一带一路”沿线国家进出口总额 92 690 亿元,比上年增长 10.8%。其中,出口 52 585 亿元,增长 13.2%;进口 40 105 亿元,增长 7.9%。

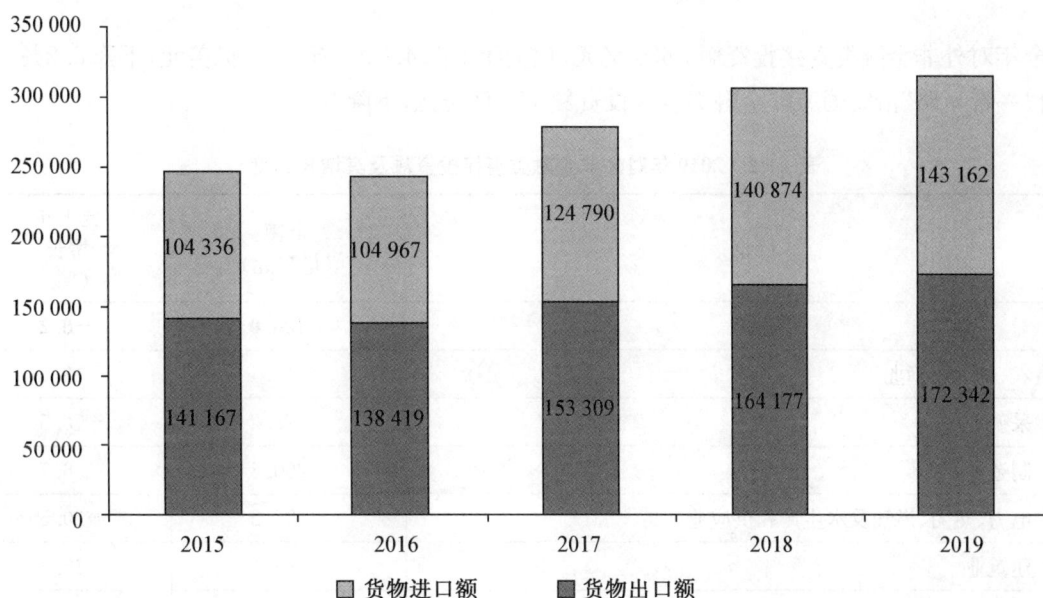

图 1-5　2015—2019 年全国进出口总额(单位:亿美元)

数据来源:国家统计局

全年服务进出口总额 54 153 亿元,比上年增长 2.8%。其中,服务出口 19 564 亿元,增长 8.9%;服务进口 34 589 亿元,下降 0.4%。服务进出口逆差 15 025 亿元。

全年外商直接投资(不含银行、证券、保险领域)新设立企业 40 888 家,比上年下降 32.5%。实际使用外商直接投资金额 9 415 亿元,增长 5.8%,折 1 381 亿美元,增长 2.4%。其中“一带一路”

沿线国家对华直接投资新设立企业5 591家,增长24.8%;对华直接投资金额(含通过部分自由港对华投资)576亿元,增长36.0%,折84亿美元,增长30.6%。全年高技术产业实际使用外资2 660亿元,增长25.6%,折391亿美元,增长21.7%。

表1-1　2019年外商直接投资(不含银行、证券、保险领域)及其增长速度

行业	企业数(家)	比上年增长(%)	实际使用金额(亿元)	比上年增长(%)
总计	**40 888**	**-32.5**	**9 415**	**5.8**
其中:农、林、牧、渔业	495	-33.2	38	-27.9
制造业	5 396	-12.3	2 416	-11.0
电力、热力、燃气及水生产和供应业	295	3.9	239	-17.6
交通运输、仓储和邮政业	591	-21.6	309	-1.6
信息传输、软件和信息技术服务业	4 295	-40.5	999	29.4
批发和零售业	13 837	-39.5	614	-4.5
房地产业	1 050	-0.3	1 608	8.0
租赁和商务服务业	5 777	-36.5	1 499	20.6
居民服务、修理和其他服务业	361	-25.6	37	-0.4

数据来源:国家统计局

　　全年对外非金融类直接投资额7 630亿元,比上年下降4.3%,折1106亿美元,下降8.2%。其中,对"一带一路"沿线国家非金融类直接投资额150亿美元,下降3.8%。

表1-2　2019年对外非金融类直接投资额及其增长速度

行业	金额(亿美元)	比上年增长(%)
总计	**1 106.0**	**-8.2**
其中:农、林、牧、渔业	15.4	-13.0
采矿业	75.2	-18.5
制造业	200.8	6.7
电力、热力、燃气及水生产和供应业	25.2	-20.5
建筑业	85.1	15.6
批发和零售业	125.7	18.6
交通运输、仓储和邮政业	55.5	-4.3
信息传输、软件和信息技术服务业	61.2	-10.5
房地产业	48.2	22.0
租赁和商务服务业	355.6	-20.3

数据来源:国家统计局

4. 科技创新引领作用增强,专利数量持续增加

全年研究与开发(R&D)经费支出 21 717 亿元,比上年增长 10.5%,与国内生产总值之比为 2.19%,其中基础研究经费 1 209 亿元。国家科技重大专项共安排 234 个课题,国家自然科学基金共资助 45 192 个项目。截至年底,正在运行的国家重点实验室 515 个,累计建设国家工程研究中心 133 个,国家工程实验室 217 个,国家企业技术中心 1 540 家。国家科技成果转化引导基金累计设立 21 支子基金,资金总规模 313 亿元。国家级科技企业孵化器 1 177 家,国家备案众创空间 1 888 家。全年境内外专利申请 438.0 万件,比上年增长 1.3%;授予专利权 259.2 万件,增长 5.9%;

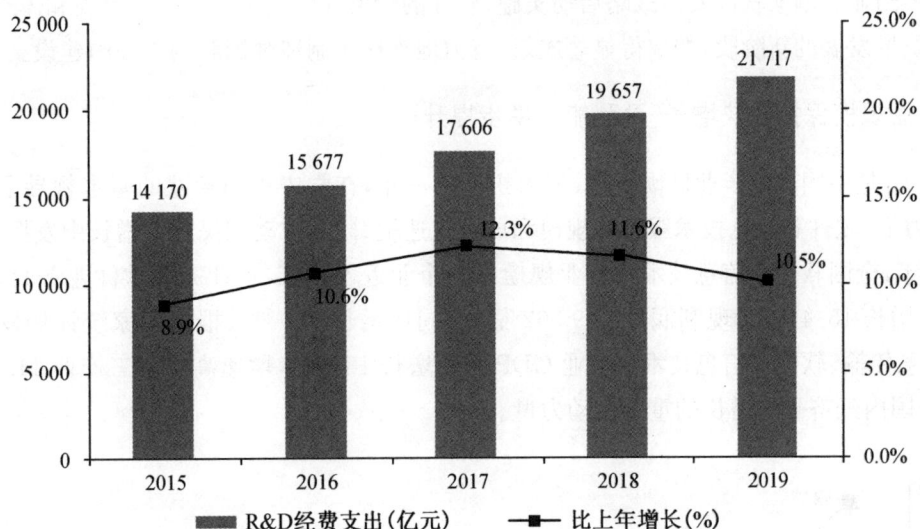

图 1-6　2015—2019 年研究与开发(R&D)经费支出及增长速度(单位:亿元)

数据来源:国家统计局

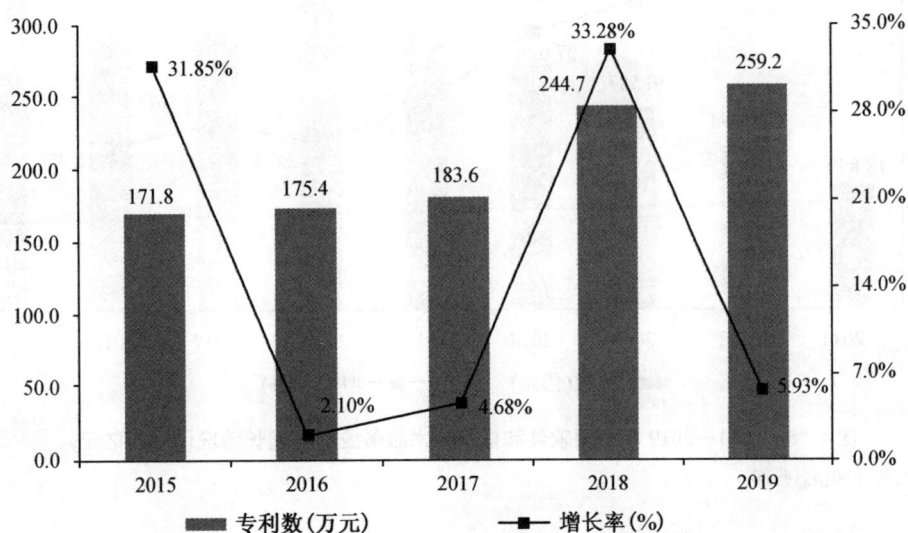

图 1-7　2015—2019 年境内外授予专利权数量(单位:万件)

数据来源:国家统计局

PCT 专利申请受理量为 6.1 万件。截至年底,有效专利 972.2 万件,其中境内有效发明专利 186.2 万件,每万人口发明专利拥有量 13.3 件。全年商标申请 783.7 万件,比上年增长 6.3%;商标注册 640.6 万件,增长 27.9%。全年共签订技术合同 48.4 万项,技术合同成交金额 22 398 亿元,比上年增长 26.6%。

(二) 2019 年全国软件和信息技术服务发展概况

2019 年,我国软件和信息技术服务业呈现平稳向好发展态势,收入和利润均保持较快增长,从业人数稳步增加,产业服务化、平台化、云化发展态势更加明显,在数字经济高质量发展方面的推动作用进一步凸显。国家软件发展战略启动实施,软件的价值和作用进一步得到重视和体现,软件产业迈入高质量发展的新阶段,并取得显著成效,有力地支撑了制造强国和网络强国建设。

1. 产业规模保持较快增长,盈利能力稳步提升

2019 年,是中国软件产业砥砺奋进、努力拼搏的一年,在党中央国务院的坚强领导下,在业界的共同努力下,软件和信息技术服务业规模和成效快速提升,在拉动国民经济增长中发挥了重要作用。2019 年,全国软件和信息技术服务业规模以上企业近 4 万家,累计完成软件业务收入 71 768 亿元,同比增长 15.4%,实现利润总额 9 362 亿元,同比增长 9.9%。根据国家统计局发布数据,2019 年信息传输、软件和信息技术服务业 GDP 同比增长 18.7%,增速高于第三产业 11.8 个百分点,依旧是国内经济平稳增长的重要推动力量。

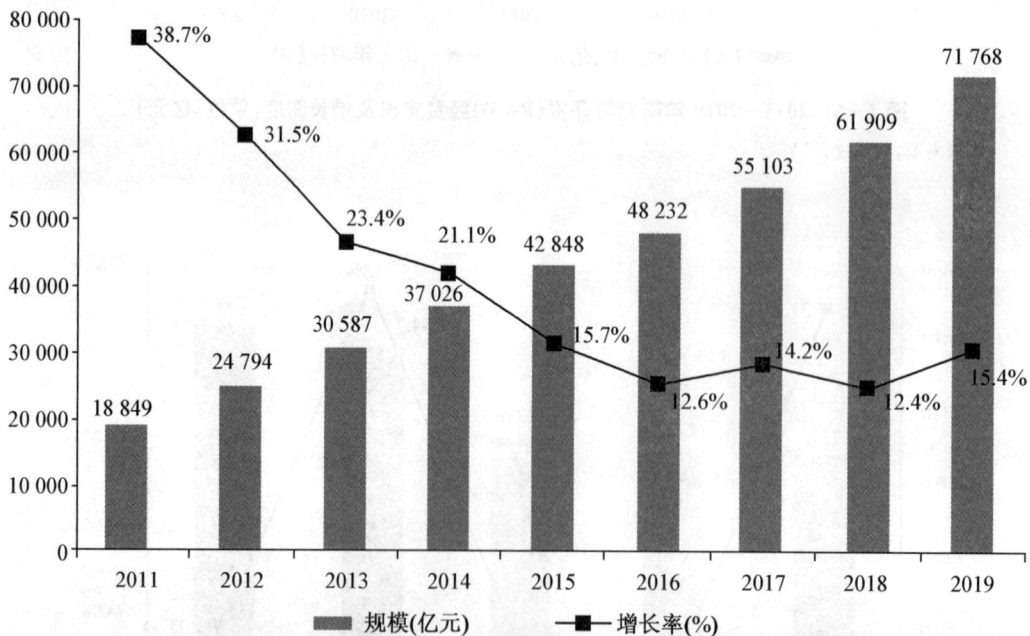

图 1 - 8　2011—2019 年中国软件和信息技术服务业规模增长情况(单位:亿元)

数据来源:工业和信息化部

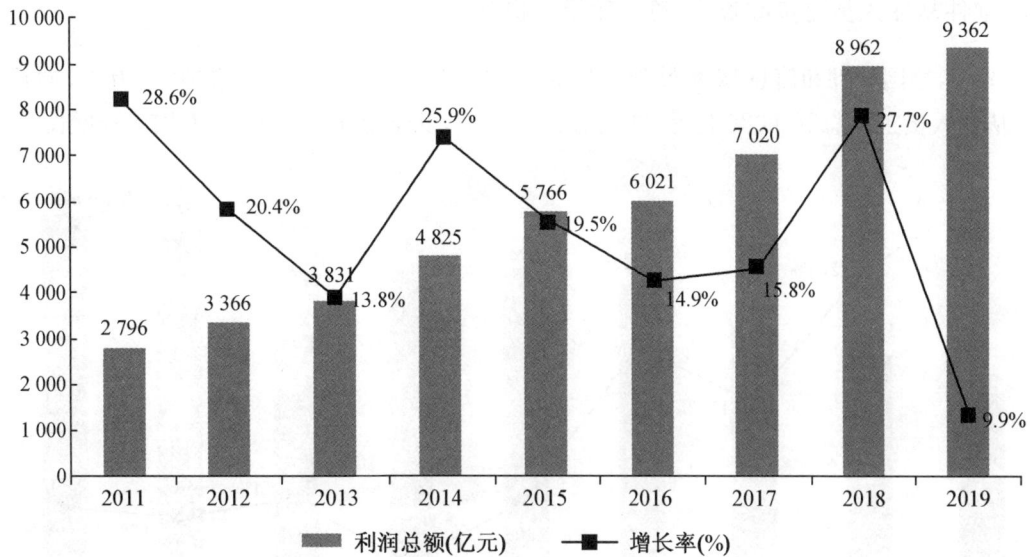

图1-9 2011—2019年中国软件和信息技术服务业利润增长情况(单位:亿元)

数据来源:工业和信息化部

2. 技术创新能力显著增强,软著登记再创新高

2019年,我国共登记软件著作权1 484 448件,同比增长34.36%,增速连续五年保持在30%以上,登记量连续三年递增超过30万件,展现出我国在全面推动经济向高质量发展阶段中,科技创新特别是软件创新能力的显著提升。对重点软件企业的监测显示,企业研发投入强度超过20%,形成具有全球影响力的产品及解决方案,桌面操作系统、分布式架构、开发工具等关键技术能力达到或者接近国际先进水平。国内应用软件企业在高精度导航定位系统、复杂电网调动和控制系统、物流仓储管理系统、轻量化平台等方面形成全球领先的行业应用的解决方案。云计算、智能语音、人工智能、开发框架等众多的开发产品在加速赶超世界一流水平。

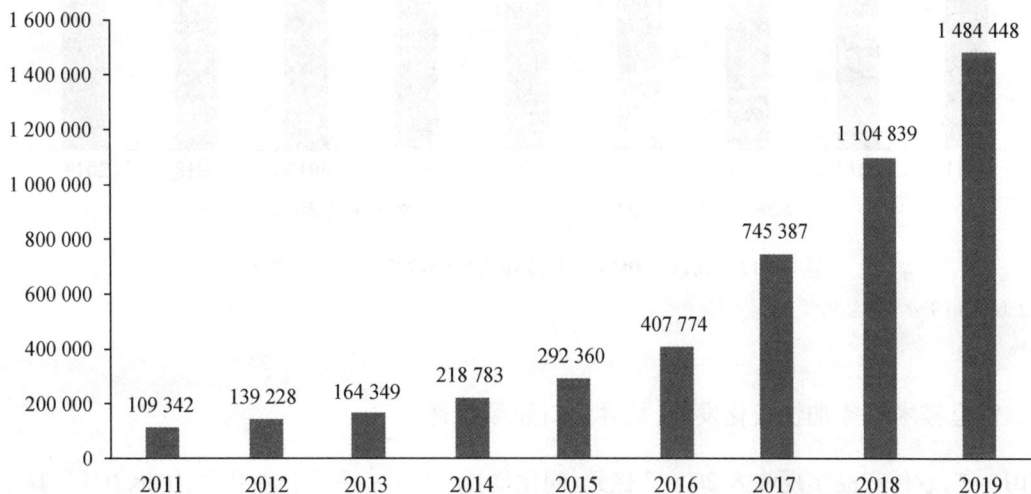

图1-10 2011—2019年中国软件著作权登记量(单位:件)

数据来源:国家版权局

3. 软件从业人员稳步增长,工资总额稳步提升

2019年,全国软件和信息技术服务业从业人数673万人,比上年末增加28万人,同比增长4.7%。从业人员工资总额9086亿元,同比增长11.8%,低于上年平均增速;人均工资增长6.8%。

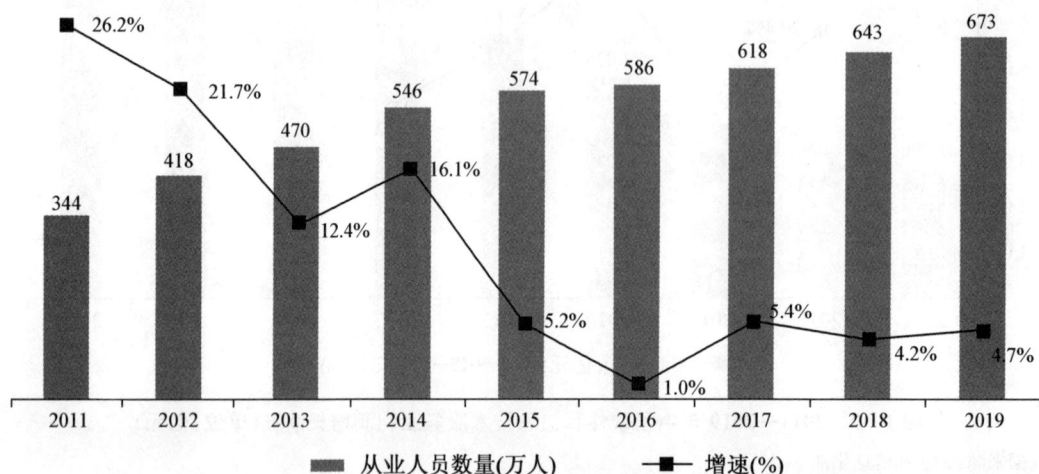

图1-11 2011—2019年软件业从业人员数量及增速(单位:万人)

数据来源:工业和信息化部

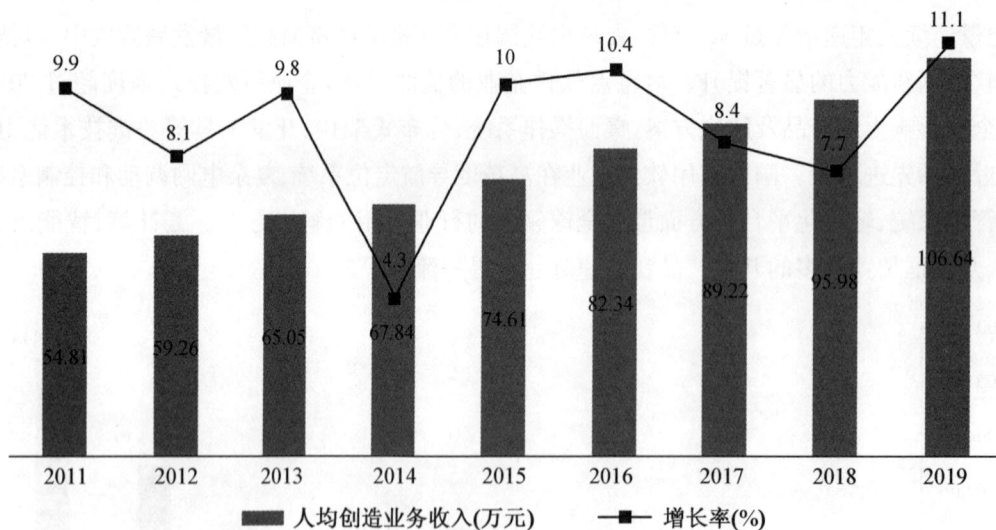

图1-12 2011—2019年软件业人均创收情况(单位:万元)

数据来源:工业和信息化部

4. 信息技术服务加快云化发展,软件出口延续低迷

2019年,软件产品实现收入20 067亿元,同比增长12.5%,占全行业比重为28.0%。其中,工业软件产品实现收入1 720亿元,增长14.6%,为支撑工业领域的自主可控发展发挥重要作用。信息技术服务实现收入42 574亿元,同比增长18.4%,增速高出全行业平均水平3个百分点,占全行

业收入比重为 59.3%。其中,电子商务平台技术服务收入 7 905 亿元,同比增长 28.1%;云服务、大数据服务共实现收入 3 460 亿元,同比增长 17.6%。信息安全产品和服务实现收入 1 308 亿元,同比增长 12.4%。嵌入式系统软件实现收入 7 820 亿元,同比增长 7.8%,占全行业收入比重为 10.9%。嵌入式系统软件已成为产品和装备数字化改造、各领域智能化增值的关键性带动技术。

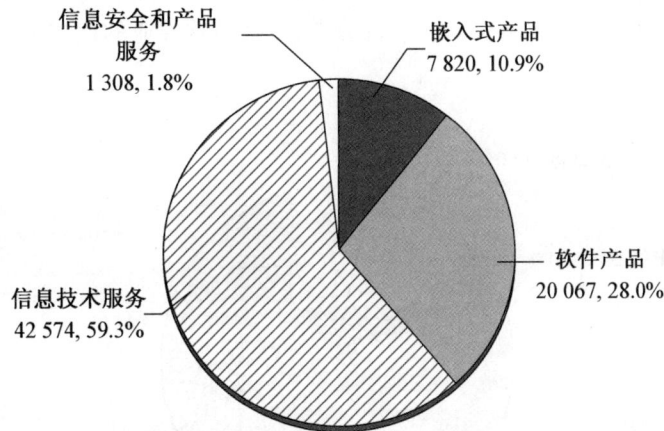

图 1-13　2019 年中国软件和信息技术服务业收入业务结构(单位:亿元)

数据来源:工业和信息化部

2019 年,我国软件和信息技术服务业实现出口 505.3 亿美元,同比下降 1.1%,占全行业业务收入的 4.86% 左右。

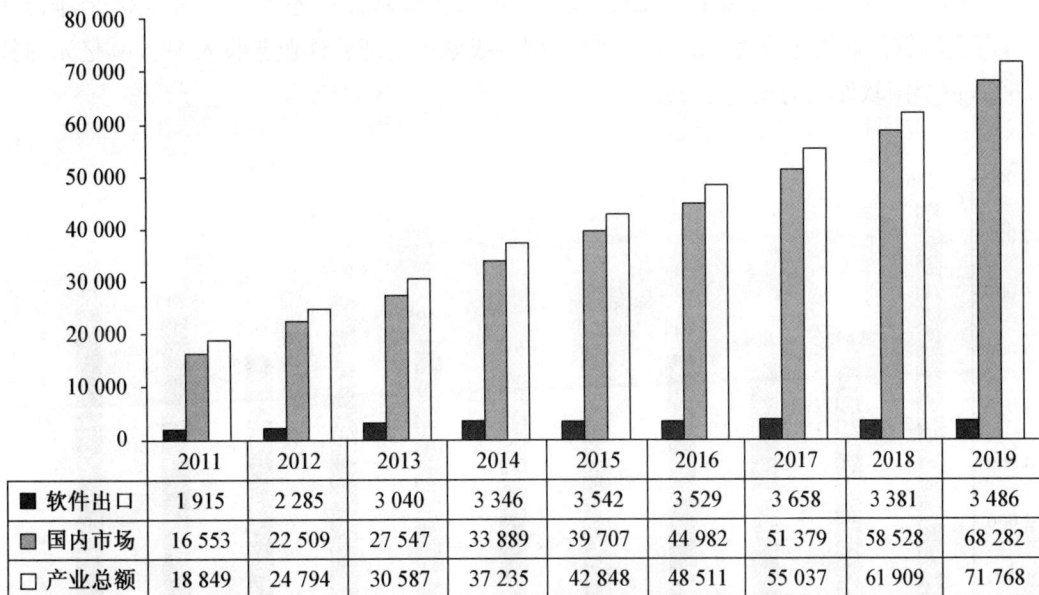

	2011	2012	2013	2014	2015	2016	2017	2018	2019
■ 软件出口	1 915	2 285	3 040	3 346	3 542	3 529	3 658	3 381	3 486
▨ 国内市场	16 553	22 509	27 547	33 889	39 707	44 982	51 379	58 528	68 282
□ 产业总额	18 849	24 794	30 587	37 235	42 848	48 511	55 037	61 909	71 768

图 1-14　2011—2019 年软件和信息技术服务业国内与出口规模比较(亿元)

数据来源:工业和信息化部

5. 产业聚集态势更加明显,中西部地区增长迅速

2019 年,东部地区完成软件业务收入 57 157 亿元,同比增长 15.0%,占全国软件业的比重为 79.6%。中部和西部地区完成软件业务收入分别为 3 655 亿元和 8 607 亿元,同比增长 22.2% 和 18.1%;占全国软件业的比重为 5.1% 和 12.0%,比上年提高 0.1 个和 0.6 个百分点。东北地区完成软件业务收入 2 350 亿元,同比增长 5.5 个百分点,占全国软件业的比重为 3.3%。

数据来源:工业和信息化部

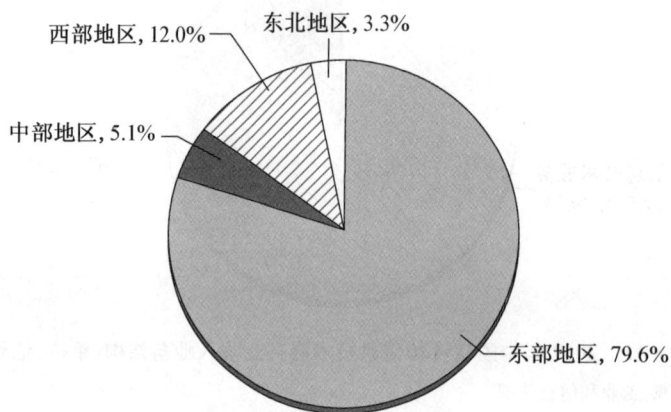

图 1 - 15　2019 年年软件和信息技术服务业收入区域分布情况

数据来源:工业和信息化部

2019 年,全国 4 个直辖市和 15 个副省级中心城市实现软件业务收入 59 636 亿元,同比增长 16.4%,占全国软件业的比重为 83.1%。其中,副省级城市实现软件业务收入 38 640 亿元,同比增长 14.6%,占全国软件业的比重为 53.8%。

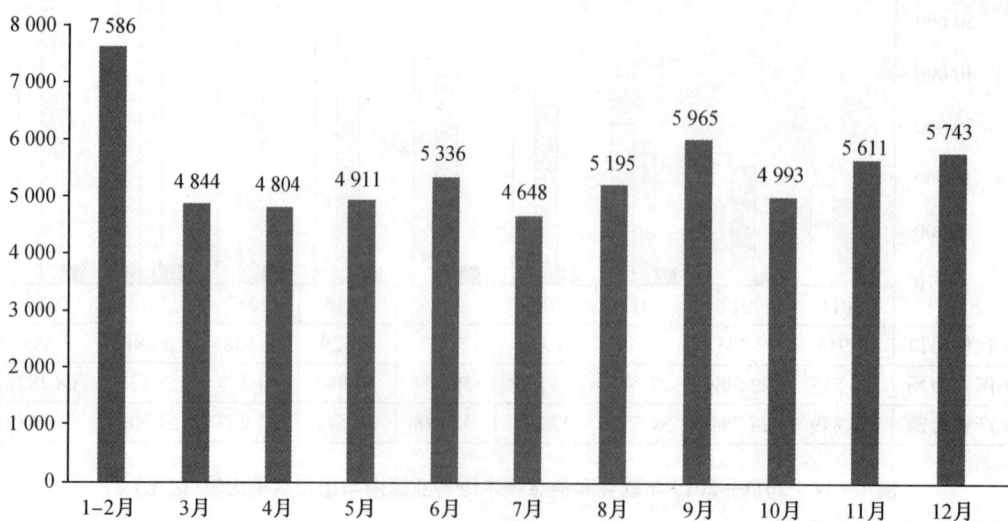

图 1 - 16　2019 年全国 4 个直辖市和 15 个副省级中心城市软件业务收入按月分布情况(亿元)

数据来源:工业和信息化部

软件业务收入居前5名的广东、北京、江苏、浙江、上海共完成收入45 623亿元,占全国软件业比重的63.6%。软件业务收入增速高于全国平均水平的省市有16个,其中增速高于20%的省份集中在中西部地区,包括广西、云南、贵州、宁夏、安徽、江西、湖南等省份。

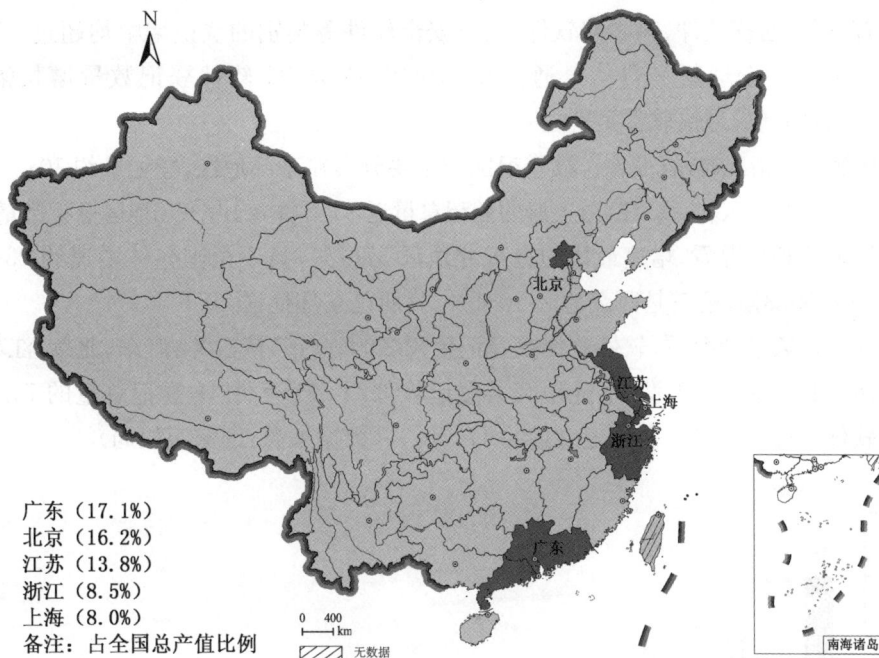

广东 (17.1%)
北京 (16.2%)
江苏 (13.8%)
浙江 (8.5%)
上海 (8.0%)
备注:占全国总产值比例

图1-17 2019年软件业务收入前五名省份

审图号:GS(2016)1549号 GS(2016)2884号

数据来源:工业和信息化部

6. 软件融合支撑作用日益显现,数字经济蓬勃发展

数字经济已成为中国经济增长的新引擎,重要性不言而喻。近年来中国数字经济规模保持快速增长,占GDP比重持续上升,超越部分发达国家水平,成为带动我国国民经济发展的核心关键力量。据预测,到2019年我国数字经济总体规模或将接近36万亿元。

软件在整个产业的研发设计、生产流程、企业管理综合保障等关键环节的应用不断深化,"两化"融合向更高的水平、更宽的广度持续推进。工业企业的数字化研发工具的普及率达到66%,工业企业关键工序的数控化率达到48%,航天航空、机械、汽车、轨道交通等重点行业的数字化、设计工具的普及率超过85%。工业软件的基础能力不断夯实,工业技术的软件化趋势明显,线上线下的工业App数量突破10万个,培育出50余家具有行业、区域影响力的工业互联网平台,初步形成新兴的业务生态,为推动制造业的技术进步、模式创新、产业变革提供了重要的技术支撑。(数据来源:工业和信息化部)

(三) 2019年中国软件著作权登记情况

中国版权保护中心发布的《2019年度中国软件著作权登记情况分析报告》(以下简称《报告》)显示,随着我国软件产业结构持续优化,以及软件在我国经济转型发展的重要阶段中应用领域不断的扩展,2019 年我国软件登记数量再度突破历史高点,同比增长超过 30%。

《报告》显示,2019 年我国有超过 360 个城市登记了软件著作权,登记数量过万的城市数量达到 27 个,同比上一年度增加了 6 个。

2019 年我国各领域软件登记数量均呈现不同程度的快速增长、登记种类逐渐增多的登记特点。其中教育软件、医疗软件、物联网软件、信息安全软件等类别的登记增幅均超过 35%,高于我国整体增速。而作为全球新一代信息通信技术应用,我国 5G 软件登记数量增长幅度已达到 681.88%,成为我国增长最快软件类别之一。

从登记区域分布情况看,软件著作权登记区域主要分布在东部地区,登记量约 104 万件,占登记总量的 70.2%,其中,广东、北京、江苏、上海的登记总量近 75 万件,约占东部地区登记数量的 71.6%。

从登记区域增长情况看,增速最快的是东北地区 57.7%,高于全国整体增速约 23 个百分点;第二是中部地区 50.3%;第三是西部地区 40.1%;第四是东部地区 29.6%。

从各地区登记数量情况看,软件著作权登记量较多的省(市)依次为:广东、北京、江苏、上海、浙江、山东、河南、四川、福建、湖北。上述地区共登记软件约 111 万件,占登记总量的 74.8%,其中,广东省登记软件超过 25 万件,占登记总量的 17.2%。(数据来源:国家版权局)

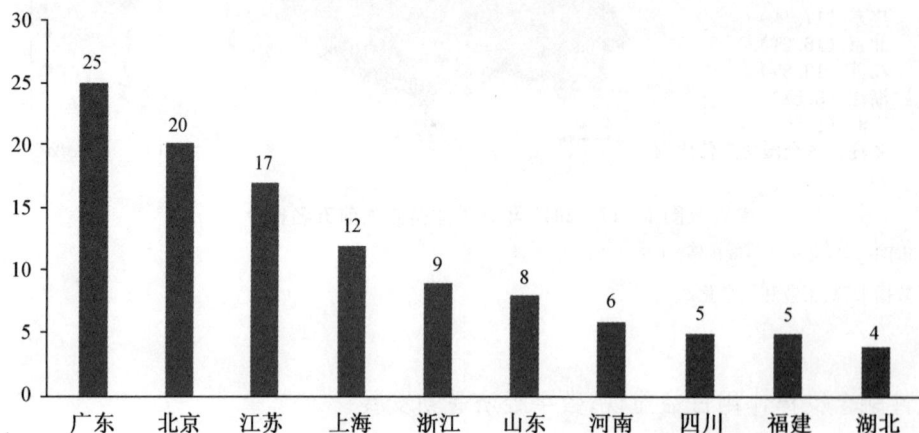

图 1-18　2019 年软件著作权登记量前十名城市(单位:万件)

数据来源:根据国家版权局公开数据测算

二、2019 年软件收入前 100 家企业发展概况

工业和信息化部于 2020 年初发布了"2019 年(第 18 届)中国软件业务收入前百家企业"名单(以下简称本届软件百家企业)。华为技术有限公司连续十八年蝉联软件百家企业之首,海尔集团公司、阿里云计算有限公司分别列第二和第三名。与上届相比,阿里云计算有限公司、北京小米移动软件有限公司、北京京东尚科信息技术有限公司 3 家企业首次进入前十位。与上届相比,本届软件百家企业换榜率增加 7%,有 14 家企业因收入下降、业务转型、亏损或并购等原因退出本届软件百家企业名单;有 10 家涉及信息安全、物流智能化、云服务等领域的企业首次进入名单,另有 4 家企业重新进入名单。

本届软件百家企业 2018 年共完成软件业务收入 8 212 亿元,比上届增长 6.5%,收入增长超

20%的企业达三成多;共创造利润总额 1 963 亿元,比上届增长 14.6%,平均主营利润率为 11.3%,在行业内保持领先水平;共投入研发经费 1 746 亿元,比上届增长 12.6%,平均研发强度为 10.1%,高出行业平均水平 2.2 个百分点。与 5 年前相比,本届软件百家企业主营业务收入利润率提高 2.6 个百分点,研发强度提高 3.1 个百分点。

表 1-3　2019 年软件收入前百家企业概况　　　　　　　　　　　　(单位:亿元)

指标	数值(亿元)	增幅(%)
业务收入	8 212	6.5
利润总额	1 963	14.6
研发投入	1 746	12.6

数据来源:工业和信息化部

在国家政策支持和各级政府共同推动下,软件百家企业示范引领效应不断显现,区域布局呈现出分布广泛但集聚明显的特点。本届软件百家企业分布在全国 17 个省市范围内,有 90 家集中在东部省市,具体地区分布为:北京 32 家,广东 18 家,上海 10 家,浙江 9 家,江苏 9 家,山东 5 家,福建 4 家,四川 3 家,天津、辽宁、吉林、湖北、湖南、安徽、江西、重庆、云南等省市 1~2 家不等。与 5 年前相比,北京的企业个数继续保持领先全国,广东、上海、江苏、天津、四川的企业个数均有增加。

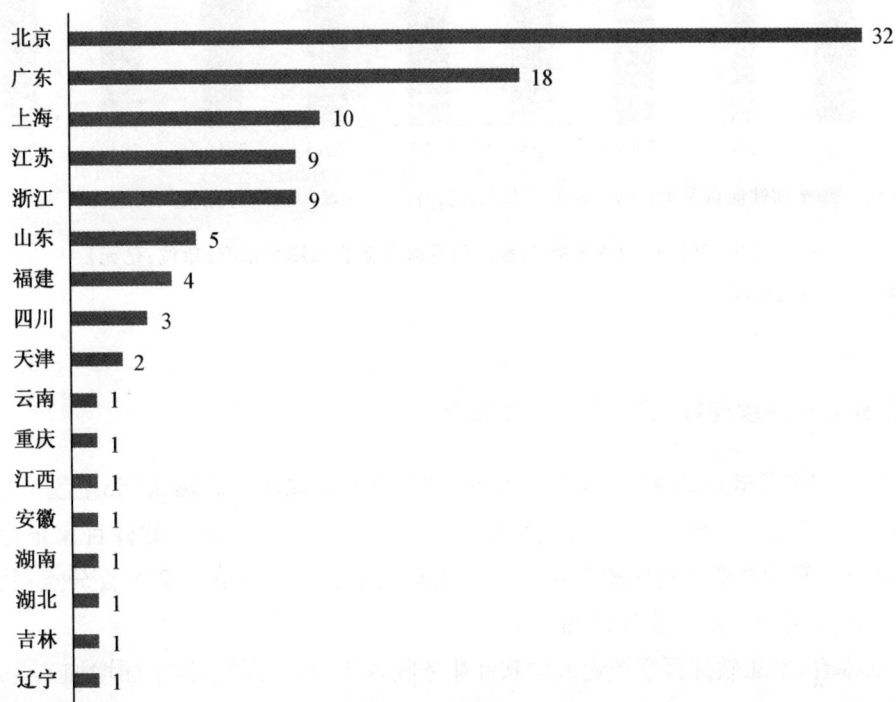

图 1-19　2019 年软件收入前百家企业地域分布情况(单位:个)

数据来源:工业和信息化部

(一)业务收入稳步增长,创新赋能表现突出

本届软件百家企业的软件业务收入保持增长态势,2018 全年共完成软件业务收入 8 212 亿元,比上届增长 6.5%,占全行业收入比重为 13.3%。其中,软件业务收入过百亿元的企业 14 家,比上届增加 1 家;软件业务收入过 30 亿元的企业 59 家,比上届增加 2 家。

本届软件百家企业中,部分企业增势突出,收入同比增速超过 20% 的企业有 34 家;增速超过 50% 的企业达到 9 家;两年持续在榜企业中,排名提升超过 10 位的企业达到 16 家,比上届增加 1 家。在云计算、大数据、人工智能领域布局较早的企业和以应用为导向、以新兴技术为传统行业赋能升级的企业,收入增长较快。

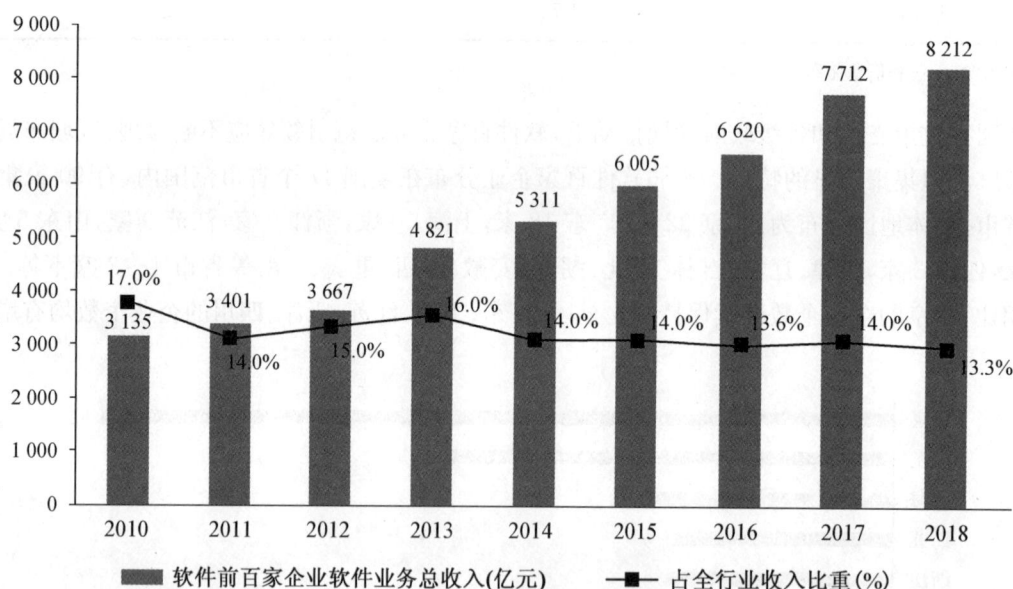

图 1-20　2010—2018 年软件收入前百家企业收入增长情况(单位:亿元)

数据来源:工业和信息化部

(二)企业效益持续向好,综合实力不断提升

本届软件百家企业效益效率突出,成本管控得当,全年实现利润总额 1 963 亿元,比上届增长 14.6%,增幅高出收入 8.1 个百分点,占全行业利润比重为 21.9%。本届软件百家企业平均主营利润率为 11.3%,平均总资产利润率为 8.8%,分别高出上届 0.6 个和 0.3 个百分点;其中主营利润率超过 20% 的企业 22 家,比上届增加 6 家。

从经营效率看,本届软件百家企业人均软件业务收入为 86.6 万元,比上届增加 8.3 万元;人均利润 20.7 万元,比上届提高 3.3 万元。同时,本届软件百家企业中上市公司达到一半,比上届增加 2 家,企业综合实力和融资能力持续提升,未来发展前景广阔。

(三)研发投入继续增强,创新成果成效显著

本届软件百家企业共投入研发经费 1 746 亿元,比上届增长 12.6%,占全行业研发投入的

27.9%,远超全行业收入和利润的比重,是软件行业研发投入的骨干力量。企业平均研发强度10.1%(研发经费占主营业务收入比例),比上届提高0.4个百分点,高于全行业平均水平2.2个百分点;研发强度超过15%的企业有20家,比上届增加5家;参与软件研发的人数达37.5万人,占软件百家企业总从业人员数量的39.5%。

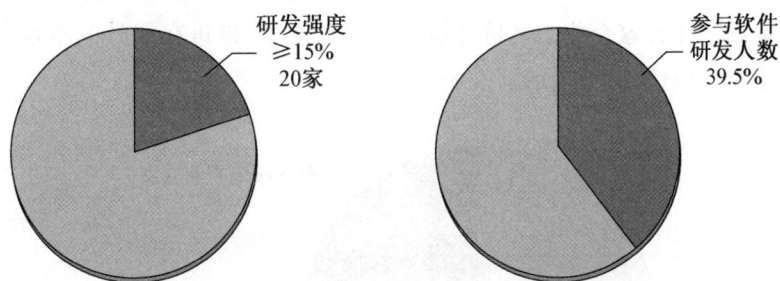

图1-21　2019年软件收入前百家企业研发概况

数据来源:工业和信息化部

本届软件百家企业的软件著作权登记量超过3万件,拥有的获授权专利数量超过13万件,其中发明专利占全部专利比重达四成,创新成果量质齐升;据国家知识产权局公布的2018年国内企业专利授权量排名,华为和广东欧珀专利授权量分列第1位和第3位。经过持续研发积累,软件百家企业不断迎来新收获,如华为于2019年正式发布自主知识产权操作系统鸿蒙OS,可供多个智能终端设备使用,为构建面向未来的新型生态体系奠定了基础;同时,在数据库、工业软件、国产办公软件等领域都有新的突破和进展。

(四) 产业结构不断优化,跨国经营稳步开展

本届软件百家企业在软件产品、信息技术服务、信息安全和嵌入式系统软件四个领域的收入占比分别为28.6%、50%、3.6%和17.8%,与上届相比,信息技术服务领域收入占比继续提升5个百分点,软件百家企业服务化转型持续推进;与全行业收入结构相比,软件百家企业的信息安全收入占比高出1.7个百分点,是构筑我国信息安全的重要骨干力量,嵌入式系统软件收入占比高出8.4个百分点,软件百家企业对智能制造的支撑力度进一步加大。

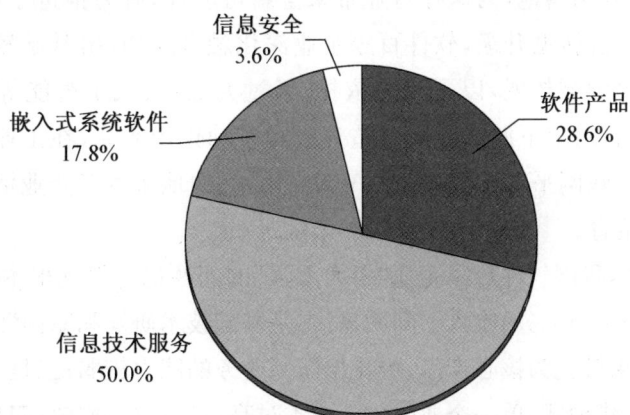

图1-22　2019年软件收入前百家企业收入结构

数据来源:工业和信息化部

本届软件百家企业坚持推进国际化经营,积极巩固和拓展国际市场。本届软件百家企业全年实现软件出口 201 亿美元,占软件百家企业业务收入的 16%,占全行业软件出口比重为 39.3%;围绕"一带一路"建设,加快在软件技术、标准和人才等方面的合作,出口市场不断向新兴市场拓展,对东南亚等国软件出口持续扩大,比上届增长 172%,对非洲的软件出口保持较快增长,对南美洲的软件出口有所起步;传统的主要出口和外包服务市场发展分化,对欧洲国家出口稳步上升,对美日出口下滑较大。本届软件百家企业中坚持开展跨国经营活动,推进在海外的本地化经营,有 31 家企业在境外设立了分支机构、分公司或研发中心。

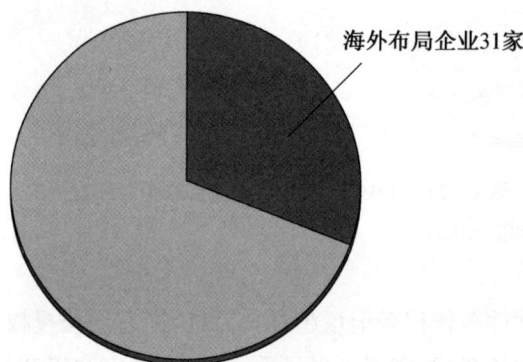

图 1-23 2019 年软件收入前百家企业海外布局情况

数据来源:工业和信息化部

(五) 助力实体经济转型,促进经济社会发展

软件百家企业作为行业领军企业,在各自领域发挥长板,经济社会价值愈加凸显。一是为稳增长稳就业做出贡献,在经济整体下行压力增大情况下,本届软件百家企业以占全行业 0.3% 的企业数量,创造出全行业 13.3% 的收入,上缴了全行业 28% 的税收,提供了全行业 15% 的就业机会,其中合计上缴税金超过 1 000 亿元,比 5 年前翻了一番;吸纳从业人数 94.9 万人,比 5 年前增加 15.9 万人。二是发展成果惠及社会群众,在社会发展和改善民生方面发挥重要作用,如软件百家企业不断升级智慧城市建设,致力于提供"城市大脑",用新的方式解决城市交通问题;推进智慧医疗各种应用落地,为医疗行业带来全新可能性,有力推进了医疗资源均衡化和便利化。三是助推实体经济转型升级,软件百家企业深化融合应用,由基础较好的电信、金融等领域,逐步向工业、物流等领域拓展,以平台为依托,通过大数据、人工智能等技术手段,重塑实体经济业态结构和生态圈,对上下游产业的改造升级和带动作用明显,在工业互联网领域,通过推动工业企业接入工业互联网平台,丰富工业 App 应用,有力地激发了企业活力,促进了新型工业生产模式和新生态的培育。

与国际大企业相比,我国软件百家企业"不大不强"的问题仍未得到根本改观。一是收入增速有所放缓,传统业务(如集成业务)收入下降明显;二是基础技术研发和原创性应用研发等科技创新成果相对缺乏,科研成果转化为核心产品、孵化出新兴业务的能力较弱;三是产业链协同创新不足,缺乏联合研发攻关的合作模式,单一企业的创新成本过高,难以取得成效;四是人才储备不足,高端人才、专业性人才和复合型人才的供给问题已经成为制约企业高质量发展的"瓶颈";五是国际市场

开拓困难和风险并存,国内外环境变化较快,企业受国际形势和政策影响较大。(信息来源:工业和信息化部)

三、软件和信息技术服务业企业信用评价概况

软件企业信用评价是软件行业信用体系建设的重要组成部分,也是中国软件行业协会监测企业信用数据,实现行业信用动态管理的重要途径之一。中国软件行业协会在国家整规办、国资委和商务部的领导下开展软件企业信用评价工作近20年,自2008年成为国家整规办、国资委和商务部批准的第二批行业信用评价试点单位之一,积极贯彻落实国家政策,开展软件行业信用评价工作。截至2019年年底,为千余家软件企业提供了信用评价服务,中国软件收入前百家企业中,超过80%的企业参加过中国软件行业协会的信用评价工作,得到社会广泛认可。

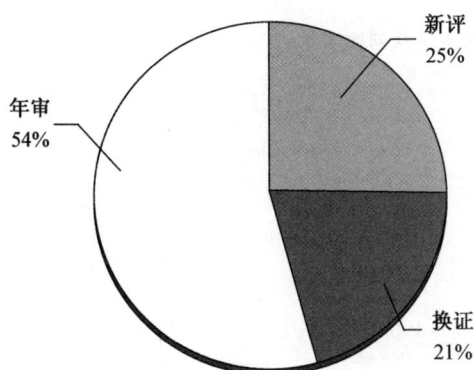

图1-24　2019年软件企业信用评价类型结构

数据来源:中国软件行业协会

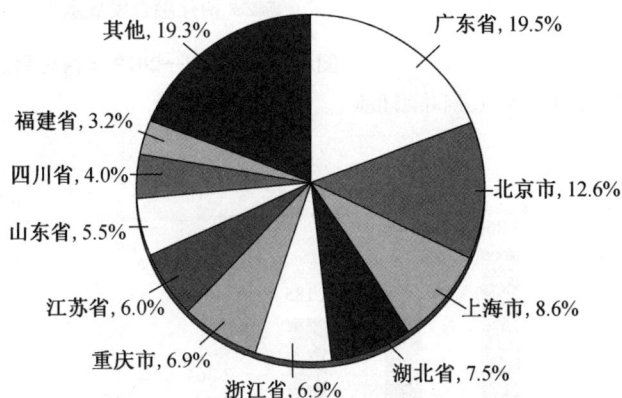

图1-25　2019年软件企业信用评价区域分布情况

数据来源:中国软件行业协会

四、两化融合发展概况

依据《工业企业信息化和工业化融合评估规范》(GB/T23020—2013)国家标准,两化融合评估诊断工作持续推进。依据两化融合发展指数测算模型,对标《信息化和工业化融合发展规划(2016—2020)》,2019年全国两化融合发展指数达到86.7,两化融合水平达到54.5,同比增长2.8%,已经提前完成规划设定2020年达到85的既定目标,为"十四五"期间两化融合向更高水平迈进奠定了良好基础。两化融合发展的主体从起步建设迈入单项覆盖阶段,实现综合集成的企业比例达22.8%,全国关键工序数控化率达49.7%,数字化研发设计工具普及率达69.7%,46.0%的企业主要业务环节全面实现数字化,为我国制造业高质量发展奠定良好基础。

两化融合管理体系贯标试点和评定工作取得新进展,截至2019年12月31日,全国已有163 253家企业开展了自评估、自诊断、自对标。其中共有21 759家企业开展两化融合管理体系贯标,7 363家企业通过评定,占贯标企业总数的33.8%。

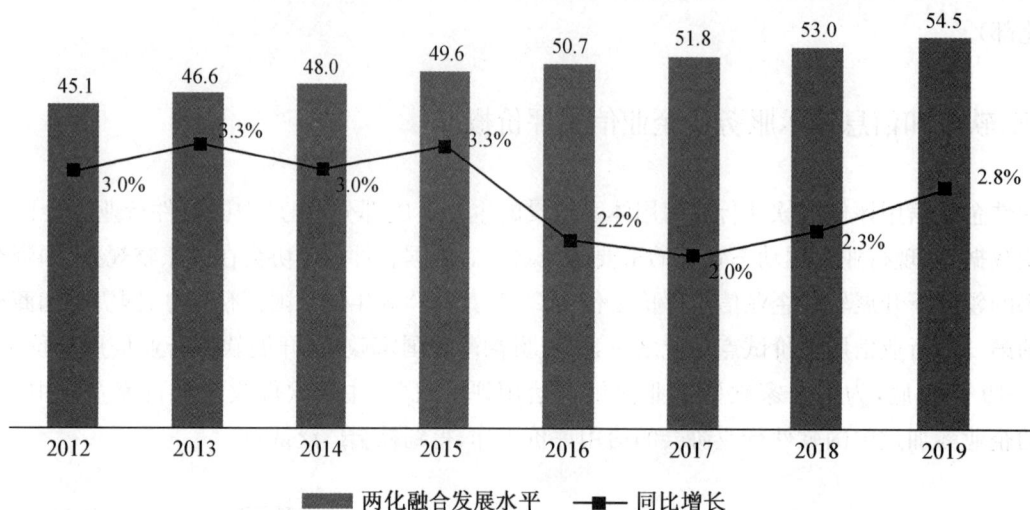

图 1－26　2012—2019 年两化融合发展水平及同比增长

数据来源:工业和信息化部

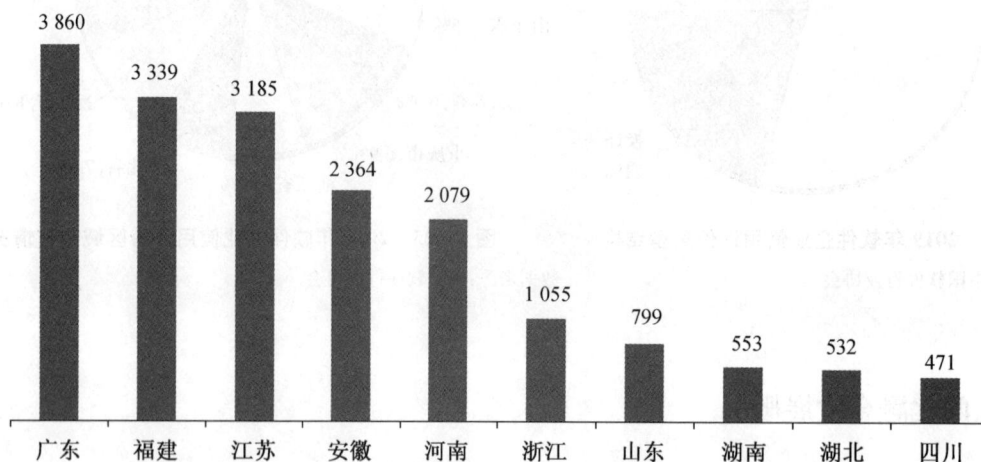

图 1－27　两化融合管理体系贯标企业数量前 10 位省市(单位:家)

数据来源:工业和信息化部

从区域分布来看,71.2%的贯标企业和75.2%的通过评定企业均来自华南地区(包括广东、广西和海南)和华东地区(包括山东、江苏、安徽、上海、浙江、江西和福建)。贯标企业和通过评定企业数量分别为:东部地区13 666家和4 902家,中部地区6 032家和1 898家,西部地区1 783家和475家,东北地区278家和88家。

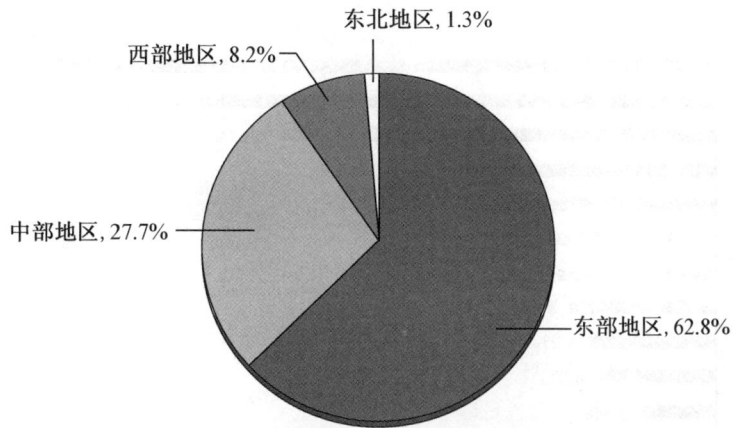

图 1‑28　两化融合管理体系贯标企业数量按地区分布情况

数据来源：工业和信息化部

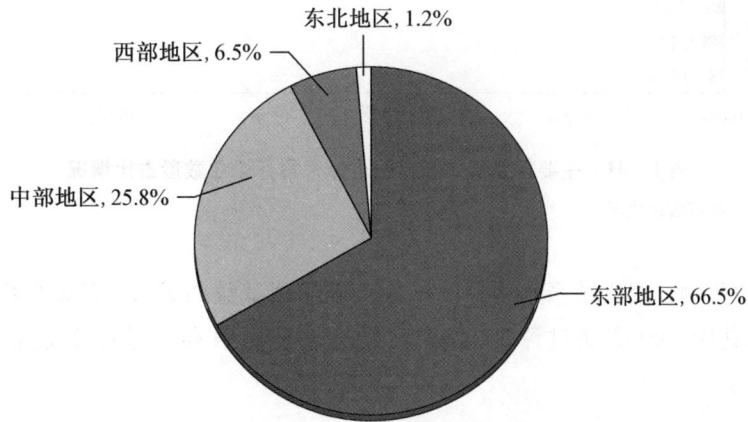

图 1‑29　两化融合管理体系贯标通过评定企业数量按地区分布情况

数据来源：工业和信息化部

从行业分布来看，消费品、装备行业贯标企业占比最多，达到33.1％和27.6％，细分领域，机械、轻工、电子、食品、汽车、石化、纺织、建材、服务业、医药行业贯标企业数量位居前十位。

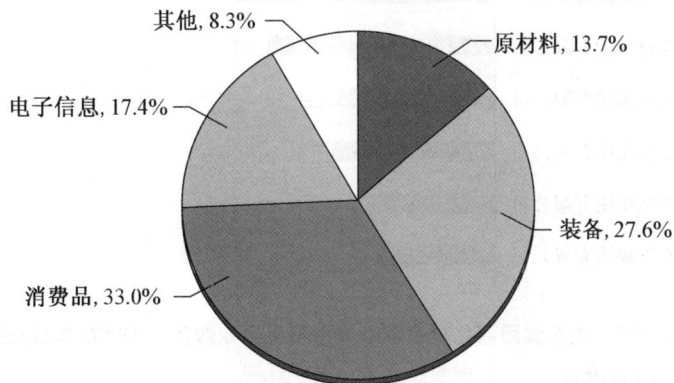

图 1‑30　两化融合管理体系贯标企业数量按行业分布情况

数据来源：工业和信息化部

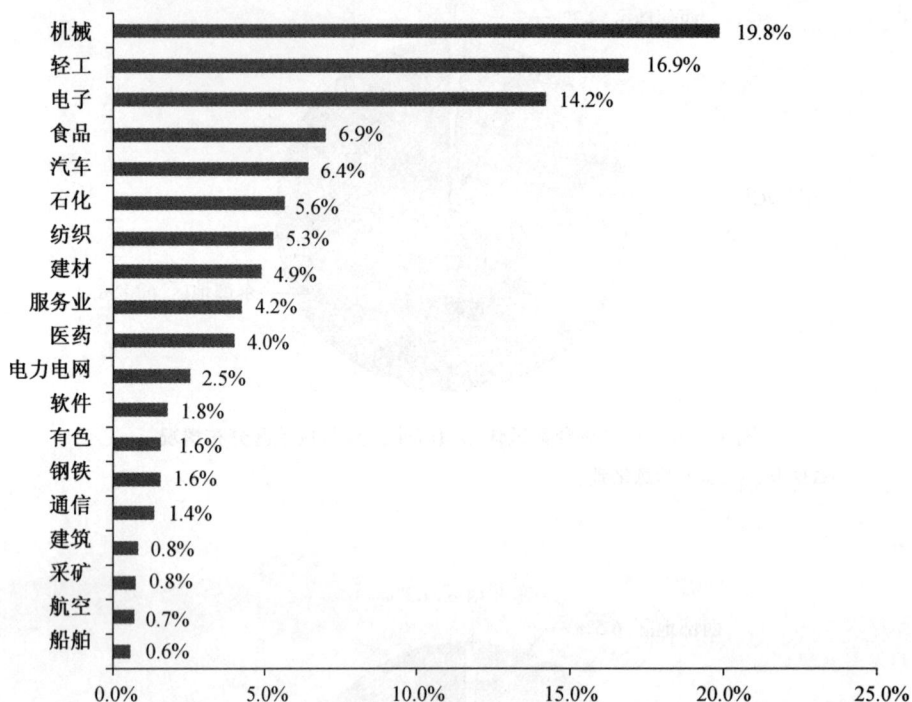

图1-31　主要行业两化融合管理体系贯标企业数量占比情况

数据来源:工业和信息化部

中央企业在两化融合管理体系工作中的示范带动作用日益凸显,75家央企积极推动下属986家企业开展贯标,其中520家通过评定,分别占贯标企业总数和通过评定企业总数的4.5%和7.1%。

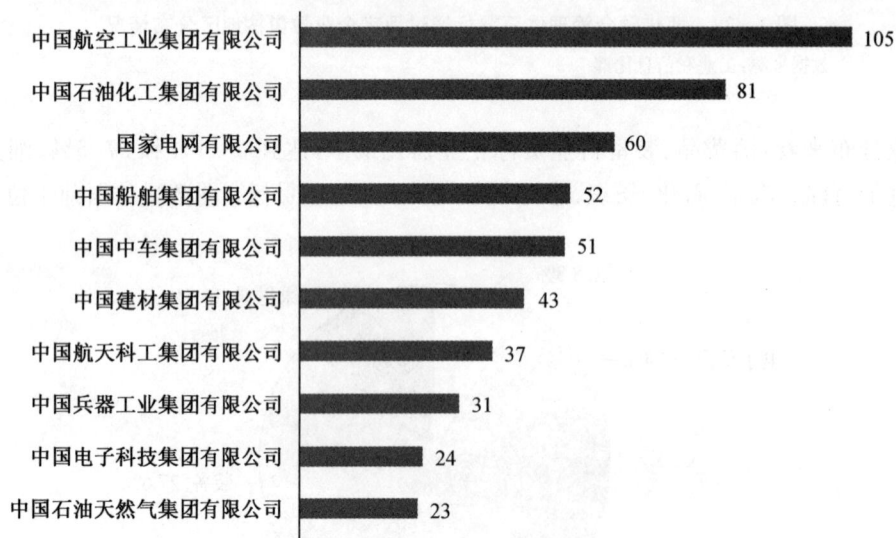

图1-32　央企集团两化融合管理体系贯标企业数量前10位(单位:家)

数据来源:工业和信息化部

五、创新创业和"双创"示范基地建设情况

2019年，我国全社会研发支出达2.17万亿元，占GDP比重为2.19%，与欧盟平均水平相当，科技进步贡献率达到59.5%。世界知识产权组织（WIPO）评估显示，我国创新指数位居世界第14位，根据中国科学技术发展战略研究院发布的国家综合创新能力指数，我国排名第15位，整体创新能力大幅提升，创新型国家建设取得新进展。

国家自创区和高新区成为培育高新技术产业的核心载体，169个高新区生产总值达12万亿元，经济总量占全国的十分之一以上。截至2019年年底，全国高新技术企业超过22.5万家，科技型中小企业超过15.1万家，分别增长约24%和15%。成果转移转化机制不断完善，2019年全国技术交易额达到2.2万亿元，超过了2019年度全社会研发支出总额。

截至2019年年底，全国共建有120家"双创"示范基地，有28家为企业类基地，1.3万家科技企业孵化器、众创空间和大学科技园等创业孵化机构，其中有8 000家众创空间，1 890家纳入国家备案，国家大学科技园116家，国家级科技企业孵化器986家。（数据来源：科学技术部、国家发改委）

（本章摘自《2020中国软件和信息服务业发展报告》，供稿：中国软件行业协会）

第二章 江苏软件产业发展概述

第一节 2019年江苏省软件产业发展基本情况及特征

2019年,江苏省软件和信息技术服务业认真贯彻省委省政府工作部署和重点任务要求,以推进全省软件产业高质量发展为目标,以核心信息技术集群培育和关键共性技术突破为重点,进一步突出"产业政策引导、关键技术支撑、软件质量提升、龙头企业培育、产业载体建设、人才队伍培养",加快实现人才、技术、资本、资源汇聚,加快构建江苏软件产业高质量发展新格局。

一、业务收入稳步增长

根据工信部年报数据,2019年江苏软件和信息技术服务业累计完成业务收入9779.9亿元,同比增长10.7%。

从2006—2019年江苏省软件业务收入增长情况来看,江苏软件产业已从"十一五"至"十二五"初期的高速增长逐步转为中高速增长,并步入平稳增长期,见图1-33。

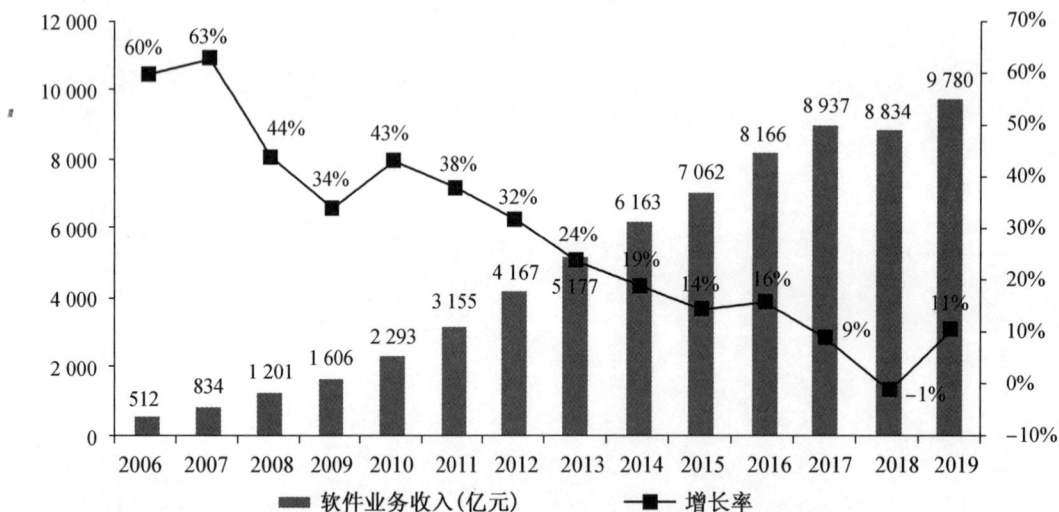

图1-33 2006—2019年江苏省软件业务收入增长情况

另据工业和信息化部统计年报数据，2019 年，江苏省纳入软件产业年报统计的企业共计 5 950 家，较去年减少 8 家。2008—2019 年江苏省纳入工信部统计年报的软件企业数见图 1‑34。需注意的是，由于工信部于 2016 年 10 月提高纳入统计的企业规模标准，2016 年年报统计企业较 2015 年出现负增长，减少 447 家。2019 年，江苏省软件产业从业人员共计 113.2 万人，比上年减少 17 万人。

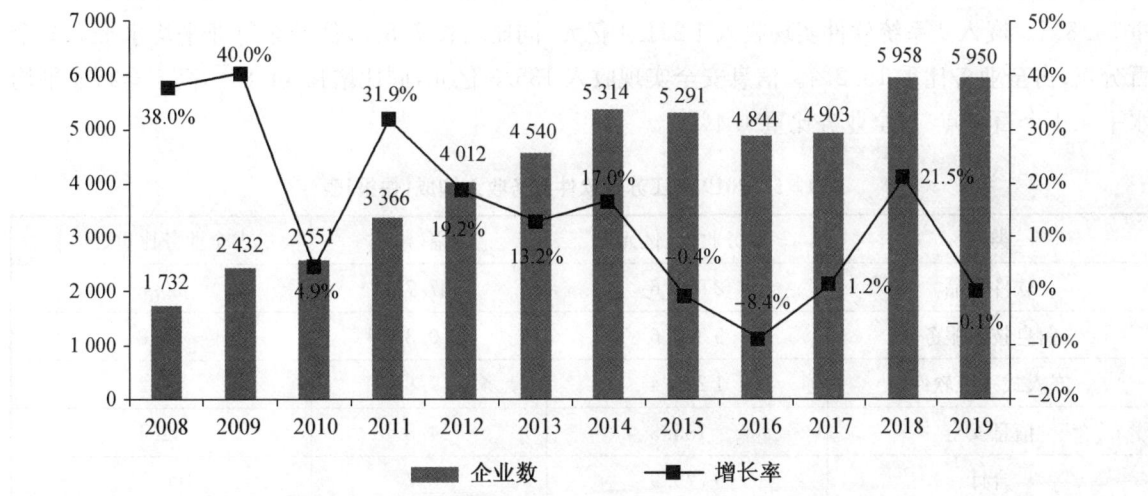

图 1‑34　2008—2019 年江苏省纳入工信部统计年报的软件企业数及增长率

二、全国占比基本稳定

2006 年之前，江苏省占全国软件产业的比重在 10% 以下，自 2006 年（"十一五"第一年）开始，占比整体呈稳定增长态势。该项比重逐年提高，"十二五"（2011 年为第一年）至"十三五"初期，江苏省占全国软件产业的比重趋势线基本接近平行，全国占比基本稳定。2006—2019 年江苏省软件收入占全国总收入比重见表 1‑4。

表 1‑4　2006—2019 年江苏省软件业务收入占全国比重情况

年份\类别	2006	2007	2008	2009	2010	2011	2012	2013	2014	2015	2016	2017	2018	2019
全国软件收入（亿元）	4 801	5 834	7 573	9 970	13 589	18 849	24 794	30 587	37 026	42 848	48 232	55 037	63 061	72 071
江苏软件收入（亿元）	512	834	1 201	1 606	2 293	3 155	4 167	5 177	6 173	7 062	8 166	8 937	8 834	9 780
江苏占全国比重（%）	10.7	14.3	15.9	16.1	16.9	16.7	16.8	16.9	16.7	16.5	16.9	16.2	14.0	13.6

三、产业结构不断优化

2019年江苏软件业务收入构成见表1-5。软件业务收入四大类型中,软件产品实现收入2 992.6亿元,同比增长37.7%,高于全行业平均水平27个百分点;占全业务比重30.6%。信息技术服务实现收入5 360.6亿元,同比增长0.3%,低于全行业平均水平10.4个百分点;占全业务比重54.8%。嵌入式系统软件实现收入1 291.4亿元,同比增长7.8%,低于全行业平均水平2.9个百分点;占全业务比重13.2%。信息安全实现收入135.3亿元,同比增长14.8%,高于全行业平均水平4.1个百分点;占全业务比重1.4%。

表1-5　2019年江苏省软件业务收入构成(快报)表

类别	业务收入(亿元)	增幅(%)	占全业务比重(%)
软件产品	2 992.6	37.7	30.6
信息技术服务	5 360.6	0.3	54.8
嵌入式系统软件	1 291.4	7.8	13.2
信息安全	135.3	14.8	1.4
合计	9 779.9	10.7	100

可以看出,四大类型中,软件产品大类增幅最快,信息技术服务大类全行业占比最高。充分说明江苏软件产业正在加速向平台化、服务化转型。

四、名城创建再上台阶

2019年3月7日,工业和信息化部致函苏州市人民政府,正式授予苏州市"中国软件特色名城"称号。继2010年9月南京市获授"中国软件名城"后,全省软件名城创建工作再上新台阶。下一步,苏州市将以获得"中国软件特色名城"称号为新起点,围绕特色领域精耕细作,从特色优势向综合优势不断转化,对标国内、国际一流软件名城,进一步聚焦和提升工业软件特色化发展,加快软件园区载体建设和培育本土龙头软件企业,推进软件产业与先进制造业的深度融合发展。此外,无锡市已完成创建物联网软件特色名城自评工作。全省名品、名企、名园、名城建设顺利推进。

五、重点软企在创新中发展

截至2019年年底,江苏纳入工信部年报统计的软件和信息技术服务业企业共有5 950家,从业人员超过113.2万人,企业数量及从业人员规模均为全国第一。截至目前,共有28家软件企业于主板、科创板上市(见表1-6、表1-7),并有46家软件企业入围国家规划布局内重点软件企业。

表1-6 江苏省主板上市软件企业一览表

序号	股票代码	股票简称	所在证券交易所	上市日期
1	600268	国电南自	上海证券交易所	1999.11
2	600406	国电南瑞		2003.10
3	603528	多伦科技		2016.05
4	603990	麦迪科技		2016.12
5	603660	苏州科达		2016.12
6	603486	科沃斯		2018.05
7	603666	亿嘉和		2018.06
8	002090	金智科技	深圳证券交易所	2006.12
9	002104	恒宝股份		2007.01
10	002315	焦点科技		2009.12
11	002380	科远股份		2010.03
12	300165	天瑞仪器		2011.01
13	300209	天泽信息		2011.04
14	300354	东华测试		2012.09
15	300339	润和软件		2012.07
16	300356	光一科技		2012.10
17	300450	先导智能		2015.05
18	300598	诚迈科技		2017.01
19	300682	朗新科技		2017.08
20	002912	中新赛克		2017.11
21	300757	罗博特科		2019.01
22	08045.HK	南大苏富特	中国香港联交所	2001.04
23	01708.HK	三宝科技		2004.06
24	01297.HK	中国擎天软件		2013.07
25	00780.HK	同程艺龙		2018.11
26	06820.HK	友谊时光		2019.10

表1-7 江苏省科创板上市软件企业一览表

序号	股票代码	股票简称	所在证券交易所	上市日期
1	688030	山石网科	上海证券交易所	2019.09
2	688258	卓易信息		2019.12

2019年公布的第十八届中国软件业务收入前百家企业榜单中,江苏共有9家企业入围,较上年度增加1家,见表1-8。与上届相比,江苏上榜企业在总榜的位次有所变动,除1家位次上升、1家不变、1家新晋上榜外,其余6家企业位次较上年有所下降,可见,江苏软件产业在稳定增长的同

时,软件企业创新发展的压力依然存在。

表 1-8 江苏企业入围 2019 年中国软件业务收入百强榜情况

排位	企业名称	排位	企业名称
9(↓2)	南瑞集团有限公司	64(↓2)	江苏金智集团有限公司
29(↓9)	熊猫电子集团有限公司	72(↓2)	江苏润和科技投资集团有限公司
30(排名不变)	江苏省通信服务有限公司	89(↓39)	浩鲸云计算科技股份有限公司
52(↓15)	国电南京自动化股份有限公司	95(首次上榜)	无锡华云数据技术服务有限公司
60(↑25)	南京联创科技集团股份有限公司		

六、持续强化产品研发

江苏省工信厅于 2019 年 6 月批准认定了第六批共 25 家省级软件企业技术中心(见表 1-9)。至此,全省累计获批省级软件企业技术中心 117 家,主要分布在云计算和大数据服务、网络信息服务、智能制造业、智能交通、智能电网、信息安全等领域,强化了企业的技术研发实力。

2019 年,全省共 20 项软件产品获得省优秀版权作品奖(见表 1-10),有效提升了软件企业的知识产权意识,引导软件需求方选型和软件企业的自身发展。16 项首版次软件产品列入重点领域应用推广指导目录(见表 1-11),有效鼓励和引导我省软件产业强化重点领域突破,提升软件企业的自主创新和市场开拓能力。

2019 年,江苏省工信厅共评出第十七届江苏省优秀软件产品奖(金慧奖)19 项(见表 1-12),加上之前的十六届,累计有 416 项产品获奖。上述获奖产品广泛分布于电力、工业、政务、交通、医疗、司法等多个行业领域,集中体现了江苏软件企业对物联网、云计算、大数据等新一代信息技术的最新应用成果。

此外,全省共有 6 971 个软件产品通过评估,数量位居全国第一,再创新高。从地域分布看,过半软件产品出自南京,其次为苏州、无锡;苏南 5 市通过评估的软件产品总数占全省比例接近九成,达 86.5%,苏中、苏北分别为 9.2%、4.3%,这表明苏南地区软件产业不仅在空间上呈现高度集聚态势,在技术研发和产品创新方面同样走在全省前列。

表 1-9 第六批江苏省软件企业技术中心名单

	序号	企业名称
第六批	1	南京云创大数据科技股份有限公司
	2	南京国图信息产业有限公司
	3	南京壹进制信息科技有限公司
	4	延锋伟世通电子科技(南京)有限公司
	5	南京联成科技发展股份有限公司
	6	江苏南大先腾信息产业股份有限公司
	7	南京市测绘勘察研究院股份有限公司

	序号	企业名称
	8	江苏博智软件科技股份有限公司
	9	南京优玛软件科技有限公司
	10	江苏新视云科技股份有限公司
	11	江苏猎宝网络科技股份有限公司
	12	南京龙渊微电子科技有限公司
	13	江苏斯菲尔电气股份有限公司
	14	创达特(苏州)科技有限责任公司
	15	苏州好玩友网络科技有限公司
第六批	16	苏州叠纸网络科技股份有限公司
	17	苏州敏行医学信息技术有限公司
	18	苏州博纳讯动软件有限公司
	19	双乾网络支付有限公司
	20	吴江绿控电控科技有限公司
	21	江苏中天科技软件技术有限公司
	22	江苏华生基因数据科技股份有限公司
	23	江苏易图地理信息科技股份有限公司
	24	江苏伏特照明集团有限公司
	25	江苏名通信息科技有限公司

表 1-10 2019 年优秀版权作品名单

序号	作品名称	著作权人	地区	奖项
1	永中文档在线预览软件 V3.0	永中软件股份有限公司	无锡	一等奖
2	赛特斯大数据可视化建模分析平台软件 V1.0	赛特斯信息科技股份有限公司	南京	一等奖
3	磐能 DMP3301 通讯管理机系统软件 V3.0	南京磐能电力科技股份有限公司	南京	二等奖
4	云学堂企业人才服务 O2O 平台软件 V1.0	江苏云学堂网络科技有限公司	苏州	二等奖
5	亿友慧云集约资源利用系统软件 V1.0	江苏亿友慧云软件股份有限公司	苏州	二等奖
6	擎天区域重点企业碳排放直报系统软件 V1.0	南京擎天科技有限公司	南京	二等奖
7	丰华联合智能视频分析系统软件 V1.0	江苏丰华联合科技有限公司	无锡	二等奖
8	智器云可视化认知分析软件 V3.0	智器云南京信息科技有限公司	南京	二等奖
9	Sinovatio 互联网协议识别软件 V5.1	南京中新赛克科技有限责任公司	南京	三等奖
10	公租房智慧社区运营平台软件 V1.0	江苏瀚远科技股份有限公司、苏州工业园区公租房管理有限公司	苏州	三等奖
11	新点政务服务管理平台软件 V1.0	江苏国泰新点软件有限公司	苏州	三等奖

序号	作品名称	著作权人	地区	奖项
12	华苏 DEEPLAN 通信大数据平台软件 V1.0	南京华苏科技有限公司	南京	三等奖
13	泰晟轮胎温压智能监测系统软件 V1.0	南京泰晟科技实业有限公司	南京	三等奖
14	国科康成三维医学影像组织建模分析软件 V1.0	苏州国科康成医疗科技有限公司	苏州	三等奖
15	实达迪美美保吧个性化保单平台系统软件 V1.0	江苏实达迪美数据处理有限公司	苏州	三等奖
16	科远图像侦查系统软件 V1.0	苏州市科远软件技术开发公司	苏州	三等奖
17	鸿信机关事业单位公务车管理系统软件 V1.0	江苏鸿信系统集成有限公司	南京	三等奖
18	恒赛特智能物流系统软件 V1.0	苏州恒赛特自动化科技有限公司	苏州	三等奖
19	中科天启 Rock 遥感大数据管理服务系统软件 V1.0	苏州中科天启遥感科技有限公司	苏州	三等奖
20	渲云效果图版渲染系统软件 V1.0	江苏赞奇科技股份有限公司	常州	三等奖

表 1-11　2019 年江苏省重点领域首版次软件产品应用推广指导目录

序号	产品名称	研发单位
1	安全无忧网化工企业安全生产信息化管理平台 V2.0	南京安全无忧网络科技有限公司
2	哈卢数据中台软件 V1.0	南京哈卢信息科技有限公司
3	红松翌学 AI 自动批阅系统软件[简称翌学]V1.0	南京红松信息技术有限公司
4	基于 SDN 的工业互联网专网管理平台 V1.0	南京未来网络产业创新有限公司
5	金思维智能点巡检系统软件 V10	江苏金思维软件有限公司
6	开江国产化办公自动化系统软件 V1.0	南京开江科技有限公司
7	名都基于 4G 图像技术的警务视音频大数据调度分析系统软件 V1.0	南京名都智能科技有限公司
8	壹进制灾备云系统软件 V3.0	南京壹进制信息科技有限公司
9	翼辉 SylixOS 嵌入式实时操作系统软件 V2.0.0	南京翼辉信息技术有限公司
10	佰倬数安岗哨平台 V2.0	佰倬信息科技有限责任公司
11	永中 Office 2019 专业版办公软件 V8.0	永中软件股份有限公司
12	中智软创注塑行业 MES 智能制造软件 V1.0	江苏中智软创信息技术有限公司
13	同元系统架构设计软件 V1.0	苏州同元软控信息技术有限公司
14	物润船联网络货运服务平台软件[简称货运服务平台] V1.0.0	江苏物润船联网络股份有限公司
15	亿友慧云经济大数据平台软件 V1.0	江苏亿友慧云软件股份有限公司
16	首凯氮氧传感器性能标定软件 V1.0	首凯汽车零部件(江苏)有限公司

表 1–12　第十七届江苏省优秀软件产品奖（金慧奖）名单

序号	软件名称	研发单位
1	国网自控 KHD–100 智能型自适应防晃电装置系统软件 V1.0	江苏国网自控科技股份有限公司
2	实达迪美保单交付平台系统软件 V1.0	江苏实达迪美数据处理有限公司
3	电子口岸"一码通"掌上物流系统软件 V1.0	张家港电子口岸有限公司
4	中矿安华煤矿双重预防管理信息系统软件 V1.0	江苏中矿安华科技发展有限公司
5	瀚远科技文物安全执法与巡查平台软件 V1.0	江苏瀚远科技股份有限公司
6	华云私有云 CloudUltra-standard 平台软件 V6.0	无锡华云数据技术服务有限公司
7	多伦城市交通信号优先控制系统软件 V1.0	多伦科技股份有限公司
8	擎盾案件舆情风险评估管理软件 V1.0	南京擎盾信息科技有限公司
9	华恒精密焊接实时控制系统软件 V1.0	昆山华恒焊接股份有限公司
10	南水科技闸门监控软件 V1.0	江苏南水科技有限公司
11	永中文档在线预览软件 V3.0	永中软件股份有限公司
12	雷奥妇幼卫生信息平台软件 V9.0	江苏雷奥生物科技有限公司
13	安全无忧网公共服务平台软件 V7.0	南京安全无忧网络科技有限公司
14	磐能 DMP3301 通讯管理机系统软件 V3.0	南京磐能电力科技股份有限公司
15	博智工控网络安全态势感知分析系统软件 V1.0	江苏博智软件科技股份有限公司
16	微缔精益制造执行管理系统软件 V3.0	苏州微缔软件股份有限公司
17	云坤科技协作支撑平台软件 V1.0.0	江苏云坤信息科技有限公司
18	港务通港口码头生产经营综合管控平台系统软件 V1.0	连云港电子口岸信息发展有限公司
19	海宝智能车间交互软件 V3.0	江苏海宝智造科技股份有限公司

第二节　江苏省软件产业发展环境建设

江苏省软件产业的发展始终得到中央和省委、省政府的关心支持,各级领导多次深入江苏软件企业调研指导工作,鼓励企业自主创新,使企业深受鼓舞。2019年,江苏省各地和各级主管部门继续创新工作举措,营造优良发展环境,使江苏继续成为软件企业家乐于投资的热土、软件产业蓬勃发展的沃土。

一、推进软件关键技术攻关

一是推荐立项并组织2019年江苏省关键核心技术攻关任务"机电液控和系统仿真设计软件"揭榜招标。二是推动工业软件创新中心、工业云制造创新中心列入省级制造业创新中心培育名单。三是提升全省软件企业标准化建设水平。推动实现3项地方标准、7项团体标准立项。全年全省共190家企业新获得各类ITSS符合性评估证书,通过各类ITSS符合性评估企业总数增至378家,其中通过ITSS运维标准符合性评估企业数量增至367家。

二、推广工业App研发应用

一是推行《江苏省落实工业互联网App培育工程实施方案(2018—2020年)推进计划》,拆解并落实到2020年包括App培育数量、生态构建及App应用三个方向的工业App培育工作目标。二是建成国内首个工业App第三方应用商店"工业App汇聚平台",上架1 604个工业App,有效促进工业App供需对接。三是举办首届工业App软件测试大赛,共有来自27个省市的1 000余名选手参赛。四是在国内率先开展工业App分类分级评估工作,在省内15家企业进行试点评估。五是开展全省工业互联网平台遴选工作,向工信部推荐优秀案例参与国家评选,其中6个企业应用案例入围2019年工业互联网平台创新应用案例,8个项目入围2019年工业互联网App优秀解决方案。

三、培育核心信息技术集群

一是制定《核心信息技术集群2019年培育工作要点》,形成省市联动、横向协同的工作机制。二是指导支持南京高端软件、无锡物联网软件集群促进机构以前两名的成绩赢得国家先进制造业集群初赛竞标。三是开展工业控制系统产业链技术评估,为集群强链补链提供基础指导。四是组织参展大连软件和信息服务交易会,参展面积近300平方米,参展企业19家。

四、高水平打造重大活动平台

一是高规格举办第十五届中国（南京）软博会。本届软博会以"数字经济、智慧未来"为主题，共有来自 20 多个国家和地区的 1 000 余家企业参展，展示规模达 10 万平方米，观展人次突破 12 万。会议期间，共举办 1 场主题论坛、3 场创新创业大赛、1 场项目签约仪式、1 场产业地标发展沙龙以及 20 多场相关专题论坛和对接交易活动，促成项目签约 80 余项，总投资额超过 340 亿元，成为集新品展示、技术研讨、人才交流、产品交易、项目对接等专业功能于一体的国际软件产业交流与合作平台。

二是积极承办第八届"中国软件杯"大学生软件设计大赛。本届大赛由工信部、教育部、江苏省人民政府联合主办，共吸引来自 31 个省市及地区的 5 254 支队伍积极参与，参赛人数超过 2 万人，参赛队伍数量再创新高。经过激烈角逐，最终决出特等奖队伍 2 支、一等奖 20 支、二等奖 80 支、三等奖 101 支、最佳指导教师奖 22 人、最佳学校组织奖 61 支、最佳地方组织奖 15 支。大赛期间，同期召开了获奖选手招聘会、优秀队伍创业投融资对接会、中国软件产教互动座谈会，在深化教产互动、产学融合、鼓励创新创业方面均取得新的突破。总决赛期间，特邀知名网络媒体现场直播，对大赛进行全方位宣传和报道，取得了良好的产学合作实效和品牌宣传效应。

五、深化多层次产业人才引培

一是充分发挥第八届"中国软件杯"大学生软件设计大赛揽才作用。本届大赛共为省内软件企业提供 94 个优秀软件产品雏形，赛后省内软件企业累计收到大赛获奖学生投递简历 700 余份。二是通过江苏软件奖学金、"爱英之旅"全国校园招聘等活动引进优秀软件人才。全年指导发放奖学金 36.4 万元，奖励引进本硕博学生 42 名，在国内 8 市组织 100 多家软件企业参加专场招聘会。三是促进企业家能力提升和交流互动，累计培训骨干企业高管 240 人。举办江苏软件产业人才发展大会，组织"群鹰汇"企业家沙龙，共计 300 余名企业家参与。四是加强紧缺人才公益培训，面向软件企业 HR 经理等紧缺管理人才举办公益大讲堂，全年培训 200 余人。

六、切实做好政策跟踪落实

一是完成《江苏省软件产业高质量发展研究》，通过江苏省委网信办组织的工信部专家评审。二是完成江苏省落实国家软件产业发展部署的政策建议稿。三是征集制定全省重点领域首版次软件产品应用推广指导目录。四是推动落实软件税收优惠政策，开展税收优惠政策宣贯解读 17 场。五是深入开展行业安全生产和保密工作教育。向软件企业发放企业内部安全管理制度模板，层层压实责任，及时提醒督促各市软件产业主管部门和重点软件企业严守保密纪律，注意防范化解重大安全风险，全年全行业未发生严重安全生产事故和泄密事件。

七、强化产业统计分析

一是发布《关于进一步加强软件产业统计工作的通知》，要求各市切实保障统计数据的真实性、及时性和有效性。二是与江苏省统计局定期交换数据。对近万家软件企业进行数据标注后，反馈给各市作为月报、年报统计的基础依据。三是建设江苏软件政企通平台。实现统计数据和公共服务分级共享，目前平台已开通61个区县统计数据填报，泰州16家企业统计数据已在平台直报。

八、做好产业组织保障

一是承办国家信息技术应用创新研讨会。来自全国111家用户单位、23个省市工信主管部门、203家国家联盟企业共640余位代表参加会议，同期重点展示64家江苏企业的10大类技术、117项产品。二是组织建立江苏省信创联盟，初步形成软硬协同的信创产业生态。三是与无锡市共建江苏省信创生态基地。四是加强省内自有品牌产品和解决方案建设。截至2019年年底，已出厂6款江苏品牌样机，适配形成3套云化办公解决方案和8项其他应用场景解决方案。

九、制定下步工作举措

2020年，江苏软件与信息服务业发展以"抢抓新机遇，围绕高质量"为总体思路，紧抓国家新战略部署和新市场机遇，着力通过"三提升""四聚焦"（提升政策支持力度、提升产业公共服务能力、提升产业生态组织水平，聚焦重点项目、重点企业、重点领域、重点园区和地区），着力促进全省软件产业向集群化、国际化、高质量发展。

（一）打造软件产业高质量发展的政策规划高地

一是制定促进江苏软件产业发展相关政策措施；二是编制《江苏省软件和信息服务业"十四五"发展规划》；三是推进《江苏省软件产业促进条例》修订列入新一批省地方法规立法修订计划。

（二）建设自主创新安全高效的现代软件产业体系

1. 促进关键技术突破和产业化。优先发展关键基础软件、工业软件、新兴平台软件、5G软件、人工智能软件、信息安全软件。一是发布关键软件技术攻关指南。征集形成一批重点软件项目库，对其中的关键共性技术攻关项目实施揭榜攻关。二是积极培育开源软件生态。实施开源软件培育工程，引导企业积极参与国家开源基金会和国际知名开源组织工作，支持我省自主开源软件社区建设，部署一批基础性、前瞻性开源软件项目，推进开源软件创新中心建设。

2. 加快培育自主创新骨干企业和品牌产品。一是实施梯度企业分类分策支持。建立国家和省规划布局内重点软件企业培育库、专精特新小巨人软件企业培育库，支持高校科研院所、先进制造企业将软件业务剥离成立软件企业。二是强化江苏信息技术应用创新联盟建设。整合优质企业资源，形成解决方案集合，打造江苏品牌软硬件产品，推广江苏自主创新云化解决方案。三是深入开展重点领域首版次软件产品应用推广。四是充分发挥工业App汇聚平台第三方应用商店作用，继续大力发展江苏品牌工业App。

3. 高质量建设中国软件名城名园。一是支持南京建设国际软件名城、苏州深化建设中国工业软件特色名城、无锡创建中国物联网软件特色名城。二是在全省培育一批江苏软件名园。三是强化软件产业高质量发展指标体系正向引导。配合工信部建立的软件产业高质量发展指标体系，在省内开展试点评估。

4. 提升软件质量和软件价值认可度。一是实施软件质量和工程能力提升行动,大力推广软件开发云、开发运维一体化等新型软件工程化平台和新型开发模式。二是实施软件标准化专项行动,引导软件企业积极参与国家标准研制与应用。三是加快推广《软件开发成本度量规范》等国家软件价值评估标准,引导用户单位用于软件立项预算和项目验收参考。

5. 提高软件产业人才支撑保障水平。一是加大"育鹰计划"产业领军人才培养力度,定期开展"群鹰汇"产业领军人才沙龙。二是推广订单式培养,全方位多层次强化复合型软件人才队伍建设。三是健全软件人才公共服务体系,发布江苏省软件开发和信息技术服务人月成本指数,支持开展"江苏软件奖学金""公益学堂""公益慕课"等各类软件人才引培公益活动。

(三)办好产业交流重大活动和赛事

一是支持举办第十六届中国(南京)国际软件产品与信息技术服务交易博览会。二是承办好由工信部、教育部和省政府联合主办的第九届"中国软件杯"大学生软件设计大赛。

第 二 部 分

地 市 产 业 篇

第一章　南京市软件产业发展报告

2019 年,在工信部及江苏省委省政府的关心指导下,在南京市委市政府的正确领导下,在省工信厅的大力支持下,南京市着力营造良好的软件产业发展生态,大力提升中国软件名城建设水平,加快建设国际级软件名城,持续推进软件和信息服务业高质量发展。

一、产业结构持续优化

2019 年,南京市完成软件业务收入约 5 100 亿元,同比增长超过 11%,位列全省第一,全国前列。软件业务收入各业务类型结构不断优化,其中软件产品收入实现平稳增长,占全行业比重约为 47.5%;以大数据、互联网为代表的信息技术服务实现较快增长,占全行业比重约为 47.5%;信息安全收入稳步增加,占全行业比重约为 2.6%;嵌入式系统软件成为智能制造和装备数字化改造、各领域智能化发展的关键技术,占全行业比重约为 2.4%。随着以云计算、大数据、人工智能等为代表的新技术、新业态快速发展,信息技术服务收入对全市软件发展贡献不断提升,南京软件产业逐步向网络化、平台化、服务化、智能化、生态化方向加速演进。

二、重点园区加快建设

南京已形成了以中国(南京)软件谷、江北新区产业技术研创园(南京软件园)、江苏软件园"一谷两园"等国家级园区为重点,以徐庄高新区等省级软件园、互联网产业园为支撑的集聚发展格局,其中"一谷两园"产业规模占全市 70% 以上,集聚效应日益凸显。中国(南京)软件谷作为全国首批国家软件和信息服务业示范基地及全国第二个中国软件名城示范区创建区,产业集聚规模、结构层次、综合实力不断提升。同时,重点园区专业化、特色化发展取得进展,中国(南京)智谷、江心洲生态科技岛、南京大数据产业基地、中国云计算创新基地等人工智能、云计算、大数据特色园区发展迅速。

三、知名企业加速集聚

南京不断优化营商环境和软件产业发展环境,一批知名企业、重大项目加速集聚。龙芯中科南方总部、航天二院 706 所信创平台总部、华为江苏鲲鹏生态产业基地、T3 出行、字节跳动南京研发中心等龙头型、基地型、总部型项目相继落户南京。目前,拥有重点涉软企业 5 300 家,其中,中国软件业务收入百强企业 8 家、中国互联网百强企业 4 家、国家规划布局内重点软件企业 29 家。已有微软、IBM、HP、甲骨文、SAP等30家世界500强软件企业和中兴、华为、东软、中软等37家中国软件百强企业在南京落户。

四、品牌产品不断涌现

经过近年来的培育和发展,南京已经形成了门类比较齐全的软件产品体系,品牌产品不断涌现。2019年,南京3项产品入选工信部2019大数据优秀产品和应用解决方案,6件软件产品荣获第十七届江苏省优秀软件产品奖,8件软件著作权作品入选2019年江苏省优秀版权作品名单,累计96个软件产品获得"中国优秀软件产品"称号。智能电网、通信、智能交通等软件产品占有率继续在全国保持领先。

五、软件人才不断集聚

目前,南京市涉软从业人员总数达82万人,涌现出王继平、辛颖梅、周红卫、于敦德、孙力斌、沈锦华等一批南京市软件产业领军人物,图灵奖获得者姚期智院士、国内外院士团队、知名企业高管纷纷来宁创业。南京市53所高校开设了计算机、软件工程及相关专业,软件相关专业在校大学生人数约20万人,拥有国家、省、市软件产业人才培训基地37家,年培训规模超过8万人次。

六、新兴领域加快发展

南京以数字经济为重要抓手,加快培育人工智能、云计算、大数据、工业互联网、5G、虚拟现实、智能网联汽车等关键领域和新兴业态,通过新产业、新业态的发展加速实现新旧动能转换,培育软件产业新增长点。积极开展数字经济课题研究,以数字产业化、产业数字化、数字治理为主线加速推进数字经济融合发展,打造世界级数字经济名城。印发实施《南京市打造人工智能产业地标行动计划》,推动人工智能产业快速发展,2019年南京人工智能产业核心产业规模达到80亿元,增幅超过30%,带动相关产业规模800亿元。发展5G+工业互联网,引进了华东地区工业互联网应用体验中心、工业互联网顶级节点灾备中心2个国家重大专项,形成了南钢钢材智造、中兴5G智能制造等一批典型工业应用场景,打造了南钢智造、擎天低碳等10个有影响力的行业工业互联网平台,其中,科远智慧EmpoworX工业互联网平台被评为国家五星级工业互联网平台。

七、支撑能力日益完善

南京围绕软件产业创新发展需求,统筹布局和建设了一批公共技术平台、技术创新平台、投融资平台、信息交流平台、人才培训平台等各类创新平台,构建了较为完善的软件产业公共服务体系。拥有软件类省级以上重点实验室、工程技术研究中心和企业技术中心近130家。拥有涉软类新型研发机构超过100家,其中包括图灵奖得主姚期智院士领衔建设南京图灵人工智能研究院。同时,网络通信与安全紫金山实验室、国家集成电路设计服务产业创新中心等重大平台有序推进,将带动南京形成技术和产业高峰,形成国际竞争新优势。

八、中国(南京)软博会成效显著

2019 年 7 月 19—22 日,第十五届中国(南京)软博会顺利举行。本届博览会以"数字经济　智慧未来"为主题,有近 30 个国家和地区的 1 000 多家企业参展参会,展览总面积达 10 万平方米,超过 12 万名观众参观参会。同期举办了 1 场主题论坛、3 场创新创业大赛、1 场项目签约仪式、1 场产业地标发展沙龙及 20 多场相关专题论坛和对接交易活动,达成项目签约 81 项,总投资超过 340 亿元。通过展示、交易、论坛、人才招聘等系列活动,充分展示云计算、大数据、人工智能、5G、虚拟现实、集成电路、物联网等领域的新技术、新产品、新业态和新模式。

第二章 苏州市软件产业发展报告

2019 年,苏州紧抓"制造强国""互联网＋""信息技术应用创新"等战略新机遇,充分发挥政府的引导作用,立足雄厚的工业基础实力,以服务经济社会转型升级主线,加快工业互联网建设,促进两化融合深度发展。以赋能制造业智能化能力为主题,大力推进软件定义产业,数据驱动制造战略。通过积极推动人工智能、大数据、云计算、区块链等创新融合发展,全面推动软件技术向各行业各领域"赋能""赋值""赋智",支撑实体经济与数字经济融合发展。

一、蓬勃发展,提质增量

1. 软件产业稳步发展

全市软件产业销售收入持续平稳增长,利润总额基本持平。2019 年全市软件和信息服务业实现销售收入 1 710.3 亿元,同比增长约 4.9％;全市软件产业实现利润总额 297.3 亿元,同比约增长 6.4％。2019 年全市软件产业投入研发经费 63.7 亿元,占软件销售收入比重为 3.7％。年初以来,为推动全市软件和信息服务业高质量发展,苏州市工信局组织开展了两次软件企业所得税优惠政策宣讲及国家信息技术服务标准宣贯活动,为促进软件和信息技术企业用好用足税收优惠政策提供指导。

2. 载体建设融合创新

苏州逐步形成以软件产业载体为核心,区域聚焦发展的产业格局。全市 1 个国家级软件园(含 4 个分园)、3 个省级软件园软件产业占比超 70％,凝聚力和集聚效应突出,自身建设持续向好。2019 年,通过外引内育,优势互补,不断加快产业特色化发展。苏州工业园区以金鸡湖创业长廊、国际科技园为依托,近 500 家云计算、大数据和人工智能企业在此集聚并得到长足发展,以国际科技园为支撑,创新开展"加速器"培育模式,以优势企业带动创新型企业不断发展;苏州高新区作为首批建设国家创新型科技园区,出台并实施"2＋3"产业振兴规划,依托中国移动苏州研发中心、国信优易、苏州工业大数据创新中心、阿里云、中兴克拉等重点项目,加快大数据产业集聚,充分发挥蓝海彤翔、山石网科、中科天启等龙头企业行业领军作用,促进文化创意、公共安全、地理信息等行业领域特色大数据应用,全力打造华东服务外包中心;昆山软件园作为国家火炬计划软件产业基地,已经成为江苏省现代服务业集聚地、国际服务外包示范区和省级动漫数据产业园。吴中区积极引进华为软开云项目,统筹规划了云计算中心的整体布局。同时,全市软件产业载体建设不断加快,累计拥有研发及产业用房的规划面积 595 万平方米。

3. 骨干企业优势突出

2019 年,按照最新标准口径,全市列入工信部年报统计的软件企业(含嵌入式)已达 892 家,截至 2019 年年底,软件企业百强中华为、阿里、用友等在苏州均设有研发机构和分公司。苏州易维迅信息科技有限公司、苏州麦迪斯顿医疗科技股份有限公司、苏州工业园区凌志软件股份有限公司等 15 家企业入选国家规划布局内重点软件企业,近 80 家企业通过 CMMI 三级以上认证,150 家企业通过 ISO27001 认证。2019 年以来,山石网科、凌志科技先后在科创板,玩友时代在港股完成上市,软件企业上市规模达 7 家,并有超过 50 家软件和信息服务业相关企业在新三板挂牌。在特色软件企业培育上,在线旅游行业汇聚了同程网、八爪鱼等行业知名企业;地理信息方面,汇聚了中科天启遥感、坚石信息、中科蓝迪环保、梦图软件、集思方成等一批有代表性的地理信息企业;工业大数据领域,汇聚了国泰新点、江苏敏捷科技、苏州迈科网络等一批知名企业;同时汇聚了浩辰、微缔软件、普实软件、欧软信息、同元软控等一批在国内工业软件细分行业领域市场名列前茅的特色龙头企业,以及通付盾、聚合数据、八爪鱼、儒豹等一批准"独角兽企业"。

4. 人才培育梯度互补

积极推进国家、省、市各级人才引进计划,重点向软件和信息服务业人才倾斜,引进一批拥有核心自主知识产权、掌握关键技术的高科技领军人才和创新创业团队。截至 2019 年年底,全市软件互联网方向获评省双创人才 17 人、省创新团队 4 个。重点特色领域汇聚了俞凯、王专、郑朝晖、刘继明、袁海骥、朱奇峰等一批国家千人计划和江苏省创新创业领军人才。应用型人才是推动软件产业发展的关键,苏州市拥有苏州软件园培训中心有限公司、苏州索迪培训中心等 7 个省级(含以上)软件和信息技术服务业人才培训基地,每年培育软件专业人才近万人,各层级人才互补,推动软件和信息服务产业健康发展。

5. 科技创新活力迸发

企业继续加强软件自主研发,新技术被广泛应用于云计算、大数据、互联网等领域。全市软件产业投入研发经费 63.7 亿元,占软件销售收入的 3.75%。2019 年全市实现软件著作权登记首次突破 2 万件,同比稳步增长。物润船联、亿友慧云、同元软控等 3 家企业软件产品入选 2019 年江苏省重点领域首版次软件产品应用推广指导目录。中科天启、天聚地合、天弓信息、中移(苏州)软件、亿友慧云、数字地图等 6 家企业获评 2019 年大数据优秀产品。截至 2019 年年底,全市拥有省级以上软件企业技术中心 32 家,区域性创新活力凝聚迸发。

二、特点突出,特色鲜明

1. 成功创建中国软件特色名城

2019 年 3 月 7 日,工信部正式致函苏州市人民政府,授予苏州市"中国软件特色名城"称号,为苏州新增一张产业发展烫金名片。自 2012 年申请创建中国软件名城以来,全市软件产业保持年均增速超过 15%,软件和信息技术服务业销售收入位居全国前列,省内第二;国家规划布局内重点软企从创建初期的 4 家发展到如今的 15 家,实现数量飞跃;入选互联网百强企业(同程旅游,第 29

位)、潜力型企业各 1 家(朗动网络)。工业大数据应用(以工业企业资源集约利用)、在线旅游(同程旅游)、网络游戏、网络安全等一批重点软件企业快速成长。

2. 工业数字产业蓬勃发展

作为工业大市,苏州市注重工业软件的发展,在工业设计软件、仿真软件、嵌入式工业软件、工业 App 等细分方向涌现出同元软控、浩辰软件、微缔软件、普实软件、欧软信息、汇川技术、兰之天、科沃斯等在国内工业软件细分行业领域市场名列前茅的特色龙头企业,形成了拥有自主知识产权的工业软件产品和核心技术服务体系。苏州汇川技术有限公司自动化生产线、人工智能、无人工厂等提供核心零部件及整体解决方案累计获得 36 项工业软件领域的软件著作权登记,形成了以工业软件和嵌入式软件为特色的核心产品系列,为制造业转型升级插上了"隐形翅膀"。目前,全市工业企业中开展智能管理超 85%、规模以上企业 ERP(企业资源计划)普及率达 82%。持续推进工业互联网建设,国家最新公示的十大双跨工业互联网平台已有 6 家落户苏州,"工业互联网看苏州"品牌逐步稳固。

3. 信息技术应用创新全力推进

按照国家、省、市有关工作要求,抢抓信息技术应用创新工作机遇,发挥全市信息技术企业广泛参与度,做大苏州企业在全国的影响力。通过制订信息技术应用创新三年行动计划,推动产业高质量发展。2019 年 11 月,统筹相关优势企业,在全国率先筹建苏州市信息技术应用创新联合会,有效搭建政企沟通桥梁,推动优势互补,资源整合。通过与中国电子信息产业集团有限公司战略合作,筹建位于姑苏区的网安创新基地、中国电子联合攻关苏州基地,引进和培育国产基础软件相关厂商。支持操作系统、数据库、中间件、安全软件等基础软件技术和产品的研发和应用,大力发展面向新型智能终端、智能装备的基础软件平台,以及面向工业企业的重大集成应用平台。通过深度挖掘本土企业,支持企业加强联合攻关和技术创新,进一步增强竞争力。其中同元软控逐步发展成国内领先的系统设计与多领域统一建模仿真软件企业,其多领域物理统一建模技术作为"中国制造2025"的关键支撑技术,填补了国内行业空白,核心产品系统智能设计与验证平台 MWorks 先后为民用大飞机、探月系列、载人航天、大推力运载火箭等国家重点工程提供产品应用和技术服务。浩辰软件正逐步发展成为极少数掌握 CAD 核心技术的软件厂商之一,正在形成"CAD 一体化"服务体系,并提出协同设计概念及推行整体解决方案,产品已经覆盖 100 多个国家和地区,全球正版用户超过 50 万家,已经成为国际领先的 CAD 产品及解决方案提供商。

4. 综合平台功能更趋完善

以市场实际需求为根本、服务产业发展为主题,全市已搭建五大软件公共服务平台。一是云服务平台。建设了包含 PaaS 服务和 SaaS 软件的孵化、运营与推广的综合性云服务平台,为企业信息化应用提供个性化的解决方案。二是数据中心平台。按国际最高等级 Tier IV 标准设计的第三方数据中心建设,提升了苏州 IT 高端基础设施环境和 IT 外包服务能力。三是超算支撑平台。苏州超算中心一期成功建成,定位于面向企业,提供超算服务,平均超算资源使用率超 85%,有效支撑企业,提供算力服务。四是软件人才培训平台。7 个省级软件产业人才培训基地每年为苏州输送约 10 000 名以上的专业软件技术人才。同时,与苏州大学计算机研究院、苏州职业大学信息学院、苏州高博软件技术学院深入沟通对接,将软件人才本地化培养作为支撑产业发展的重要环节。五是集成电路设计平台。苏州中科集成电路设计中心平台,配备了国际上最先进的 EDA 设计软件,拥有 10 个 EDA 机房和中心机房。同时,苏州全市还拥有 89 家省级以上科技企业孵化器,其中国家级 27 家、省级 50 家,多数孵化创业园内均有软件及信息服务企业入驻。以企业共性需求为导向,分别建设了软件评测、技术培训、数据服务、集成电路设计、中小企业信息化(云计算)、知识产权保护、动漫游戏服务等较为完善的公共服务平台体系。

三、全面推动,扎实有力

1. 出台产业发展政策,优化产业发展环境

为促进苏州软件产业在更高层次上发展,结合全市产业发展实际情况,先后出台《关于推进软件和集成电路产业发展的若干政策》《苏州市大数据产业发展规划》《关于促进大数据应用和产业发展的若干政策意见》等通知,围绕财税政策、投融资政策、创新创业政策、人才政策、优化产业发展环境政策等方面,加大对全市软件产业发展的扶持力度,2015 年至 2019 年,全市连续五年对软件和信息服务资金扶持超过 1 亿元,并按照产业增速比例逐年递增。

2. 加大项目扶持,激发产业发展活力

积极组织企业申报江苏省工业和信息产业转型升级专项引导资金项目、江苏省创新团队项目等省重大专项资金支持,并通过软件和信息服务业专项资金扶持助力企业发展,组织企业积极申报国家重大产业发展专项、省转型升级专项引导资金、江苏省创新团队等项目,通过政策引领、资源集聚,在产业规模扩大、创新能力增强、骨干企业培育等方面下功夫,激发了产业发展的活力,营造了有利的产业发展环境,2017 年至 2019 年对上争取资金总额超过 1 亿元。

3. 扩大宣传,不断提升苏州城市影响力

2019 年,积极组织全市特色软件和信息服务企业参加北京软博会、南京软博会、大连软交会,进一步加大对苏州软件和信息服务业企业的宣传展示,为企业市场开拓提供助力;通过高质量承办国际开源技术与创业应用展示暨中国峰会、第五届"i 创杯"复赛等活动,充分展示苏州开源技术与软件产业发展形象。积极邀请工信部信息技术发展司来苏调研推荐苏州工业软件特色亮点企业,并为苏州工业软件企业典型案例写入《2019 中国工业软件发展白皮书》做好全力对接。

四、立足当下,放眼未来

下一步,苏州将依托首批国家服务型制造示范城市、国家信息消费示范城市、中国特色软件名城,积极顺应新一轮科技革命和产业变革趋势。以长三角区域一体化发展战略为着力点,紧紧抓住制造强国、"互联网＋"国家战略新机遇。依托"制造业高质量发展"示范区建设,紧扣工业互联网,不断拓展"智能＋"。以 5G 建设发展为契机,进一步深化软件和信息服务业在城市全域范围的渗透性、融合性。以大数据、云计算、人工智能、区块链等新兴技术融合创新发展为机遇,积极争创国家级产业载体落地。

（一）明确两个发展重点

1. 着力发展工业软件

紧抓制造强国国家战略新机遇，结合智能制造"十百千万"工程，以工业互联网为抓手，大力推进工业软件在全市工业企业转型升级中的倍增器作用，推广应用数字化设计、工业机器人、分布式数控系统、大数据分析等应用软件，加快实现制造过程的数字化和产品的数字化；培育一批在智能化设计、精细化管理、集约化生产、综合性解决方案等领域具有高成长性的本地工业软件企业。

2. 大力发展新一代软件产业

依托各地产业发展的布局和特色，着力探索一条以质量效益和产业特色为先，实现大数据、云计算、人工智能、区块链等新一代软件产业由大到强，由量到质，蓬勃发展的转变之路。探索建设以服务于5G车联网、5G智慧工厂、5G智能制造等全新场景应用的新一代软件产业。

（二）落实四大工作举措

1. 加强政策支持力度

加大苏州市本级转型升级专项资金（软件专项）的扶持力度。鼓励各类金融机构加大对软件企业的支持，引导各方资本、创新要素向产业集聚。组织资本市场和软件企业专场对接活动，引导银行等金融机构为软件企业提供专业化服务，支持有条件的软件企业上市。

2. 构建优化产业生态

整合苏州现有大数据产业资源，建设面向社会开放的语音、图像、视频和行业应用数据；整合苏州现有云计算产业资源，建设满足深度学习等智能计算需求的新型计算集群共享平台；整合优化人工智能产业资源，建设应用于各领域的智能优化服务；整合产学研资源，促进企业技术难点突破和研究成果产业化。适时引进国内外活跃研究机构、潜在独角兽企业到苏州创新创业，积极构建企业主导、高校研发、政府投入的产业生态圈。

3. 全力服务创新发展

进一步强化软件在苏州创新发展中的重要作用。大力建设软件定义的智慧工厂，着力发展数据驱动的智能制造，积极构建大数据云计算平台支撑的产业生态，全面推动软件技术向各行业各领域"赋能、赋值、赋智"，支撑实体经济与数字经济融合发展。

4. 建强建优产业名城

在中国特色软件名城新的起点上，顺势而为、乘势而上，通过中国软件名城展馆建设，进一步推进名品、名企、名人、名园培育和宣传，加快形成具有国际竞争力的产业生态体系，力争建设成为发展环境实、产业特色明、质量效益优、带动辐射强、未来前景广的产业和城市生态融合发展的综合性中国软件名城。

第三章　无锡市软件产业发展报告

2019 年,无锡市围绕创新驱动核心战略和产业强市主导战略,积极推进全市软件产业高质量发展,逐步呈现产业规模稳步增长、园区建设持续推进、骨干企业迅速成长、软件人才日益集聚、创新体系不断完善、特色优势逐步显现的良好格局,充分发挥软件业对经济社会发展的赋能作用。

一是产业规模稳步增长,优势领域不断扩大。2019 年,全市软件业务收入达 1 574.69 亿元,同比增长 18.7%。无锡软件业规模从 2000 年的 4 亿元发展到 2019 年的 1 574 亿元,年均增速达 38%,正在实现"从小到大到优到强"的发展路径。软件业已成为无锡最具活力和增长潜力的重点产业集群,成为无锡市现代服务业的重要支撑,成为推动无锡社会经济持续快速发展的主导力量。

二是骨干企业迅速成长,引领作用日益增强。2019 年,无锡市新增通过评估的软件企业 103 家,累计 1 252 家。其中,国家规划布局内重点软件企业(含集成电路设计企业)15 家,江苏省规划布局内重点软件企业 32 家,江苏省软件企业技术中心 19 家,信息系统集成及服务 2 级以上企业 8 家,ITSS 三级以上企业 62 家(其中二级以上 9 家),涉软企业在主板上市 13 家,在新三板挂牌 33 家。累计 1 家企业入围中国软件业务收入百强,3 家企业入围中国互联网企业 100 强,3 家企业入围中国大数据企业 50 强,5 家企业入围 2019 江苏省互联网企业 50 强。

三是软件产品量质齐升,创新能力显著提升。2019 年,无锡市新增通过评估登记的软件产品 682 件,累计 6 531 件。新增软件著作权登记 3 702 件,累计 25 009 件;新增省首版权软件产品 3 件;新增获得省"金慧奖"的优秀软件产品 3 件,累计 47 件;新增获得市"飞凤奖"的优秀软件产品 10 件,累计 103 件。

四是软件人才日益集聚,层次结构明显改善。2019 年,无锡软件业从业人员数量超 20 万人,其中大学学历人数超 8 万人,硕士及以上学历人数超 1 万人,共占全市软件业从业人员的比重为 42.6%。近年来,年均引进各层次人才近 3 万人,其中年均引进省"双创计划"、市"太湖人才计划"等高端人才近千人。感知集团、中兴智能交通、朗新科技、观为监测等企业先后获省级双创团队(高端软件类)项目支持,团队数量占据全省总数第一。

五是园区发展成效显著,载体建设稳步推进。2019 年,新增 2 家江苏省级软件类园区。目前,无锡市拥有国家级软件园(无锡软件园)1 家,省级软件园(无锡软件园、惠山软件园、山水城科教产业园、江阴软件园)4 家,省互联产业园(无锡软件园、惠山软件园)2 家,省互联网众创园(恒生科技园、江南大学国家大学科技园、宜兴众创空间、无锡互联众创园)4 家,省大数据产业园(无锡经济开发区、无锡高新区)2 家。

六是产业集群集聚发展,产业动能不断提升。近年来,无锡市软件产业逐步形成相关行业集聚特色,包括基础软件、行业应用软件、工业软件、互联网、大数据与云计算、系统集成、服务外包、信息安全等特色集群集聚效应进一步体现,并据此制定了无锡市软件产业链图谱及招商指导目录。

2019年,为深化集群发展,创新产业动能,无锡积极推进打造区块链和"信创"(信息技术应用创新)产业集群,推进软件产业高质量发展。

2019年无锡市软件与信息技术服务业相关工作主要包括以下几方面:

一、宣贯落实政策,促进产业发展

围绕软件新技术、新业态和新模式,在基础软件、应用软件、大数据、云计算和人工智能等领域,制定并落实软件产业扶持资金项目申报指南和企业上云相关政策。全年共兑付信息技术产业(软件和云计算)评审类项目11个、资质类项目27个,兑付资金990万元;评选表彰第十届优秀软件产品"飞凤奖"10件。全年组织企业走访调研50余次,结合调研了解掌握产业发展现状和政策落实情况,共商产业发展思路和企业成长路径。

二、培育骨干企业,助推做大做强

持续推进包括华云数据、朗新科技等软件企业做大做强。华云数据入围工信部发布的2019中国软件业务收入百强榜单,实现无锡在此领域零的突破;华云数据同时入围由中国互联网协会及工信部信息中心联合发布的2019年中国互联网企业100强榜单;帆软软件和浪潮卓数入围由工信部中国电子信息产业发展研究院与中国大数据产业生态联盟联合发布的2019中国大数据企业50强榜单。华云数据、不锈钢电子、艾德无线、开鑫金服、江苏智恒5家企业入围2019江苏省互联网企业50强。

三、推进信创产业,建设生态基地

大力推进江苏省信息技术应用创新产业生态基地建设,2019年3月,江苏省信创联盟正式揭牌,秘书处落户无锡;推进成立江苏信创基地有限公司,积极加强产业生态基地的建设运营,围绕申威、华为、龙芯等芯片,整合江苏软硬件产品进行协同攻关和适配调优,突破关键共性技术问题。无锡聚集了永中软件、北方数据、江苏意源、华云数据、中科芯等一批本地骨干企业,在产品自主创新方面取得新突破,华云数据的通用云操作系统、永中的办公软件、意源科技的信息安全产品以及北方数据的存储器等信创产品不断涌现。

四、积极对接资源,加强招商引智

积极对接浪潮、航天信息等国内软件和信息服务领军企业,加强政策、技术、人才等沟通对接,推进软件产业发展。联合新吴、滨湖等重点板块及无锡软件园、惠山软件园等重点园区,赴北京、成都等重点城市和区域组织新一代信息技术产业合作活动,强化无锡产业政策环境宣介,加强招商引资、招才引智对接交流。全年分两批推荐了16名软件企业家参加省"育鹰计划"人才培训班,组织了40余家企业参加省"爱英之旅"高校招聘活动。

五、组织重大活动,营造产业氛围

2019 年,组织第五届"i 创杯"暨无锡市第四届"iPark 杯"互联网创新创业大赛系列活动,包括 7 场分站赛和 1 场市决赛,发动参赛项目超 150 个,吸引观摩超 1 200 人次,参赛项目与投资机构对接超 80 次,选送项目在省总决赛中获三等奖 2 个、优秀奖 12 个,无锡市工信局获评特别贡献奖。组织南京软博会和北京软博会参展工作,作为南京软博会伙伴城市,策划开展了城市文化日、CEO 之夜、主题论坛等相关主题活动,并组织 26 家重点软件企业参展,获得了省市领导的一致好评。组织工业信息安全培训和宣传等相关活动,开展工控信息系统安全摸底调查活动,推进无锡市工业企业信息安全意识和信息安全建设。

六、助力对上争取,激发行业活力

积极组织园区、企业参加国家和省级项目、资质申报。无锡高新区成功创建省大数据产业园,无锡互联众创园成功创建省互联网众创园;雪浪数制王峰和电鲸互动徐铭骏获评江苏省 2019 年度互联网十大新锐人物,睿泰数字获评江苏省 2019 年度互联网十大创新力产品;朗新科技、永中软件、卓易信息、曼荼罗软件、中船奥蓝托、邦道科技 6 家企业通过国家规划布局内重点软件企业备案;斯菲尔电气入选省软件企业技术中心;极熵物联、浪潮卓数、曼荼罗、中科西北星、安科瑞电器、中兴智能交通、鸿利智能、海斯凯尔医学 8 家企业的产品和解决方案入围省 2019 年大数据优秀产品和应用解决方案榜单;4 件软件产品获省优秀软件产品"金慧奖",4 件软件产品获省优秀版权作品;全年共获国家、省级各类软件专项资金 4 116 万元。

七、坚持初心使命,优化产业生态

组织开展无锡市软件行业十大事件、十大项目经理以及软件著作权登记先进单位"金码奖"评选,编撰《2019 年度软件和信息服务业信息汇编与发展报告》;联合有关部门,开展软件产业"综合服务日"活动,深入板块、园区组织"双软评估"、高新技术企业政策解读和申报辅导上门服务;专题举办软件企业税收优惠与行业标准等系列政策宣讲活动,依托网易直播平台同步分享现场课程,全场直播参会人员超 10 万人次,企业反响热烈;使用微信公众服务平台加强企业服务,全年共推送消息 240 余次,发布资讯 1 200 余条。

八、结合产业情况,制订明年计划

2020 年,无锡市将继续以打造软件产业集群,推进软件产业和传统产业深度融合发展为目标,以营造环境和服务企业为手段,促进软件业高质量发展,实现软件业务收入增长 10% 的年度目标,助推产业强市发展战略。主要开展以下工作:一是积极推进无锡中国软件名城创建相关工作,力争早日创成"中国软件特色名城";二是大力推进信创产业生态基地建设,引进和培育信创骨干、龙头企业,推进信创产品先行试点,打造江苏信创产业新名片;三是深入推进软件产业集群建设,打造产业集群生态圈,培育国内领先的软件产业集群;四是积极对上争取和落实相关产业政策,争创更多产业行业亮点,服务更多企业发展壮大;五是全面开展招商引资引智活动,结合产业实际和板块特色,市、区、园、企多级联动,开展合作交流活动,大力引培龙头骨干企业、重点项目和产业人才;六是持续营造产业氛围,提升企业服务水平,办好"i 创杯"、南京软博会等重大活动,走访调研企业解决实际困难和需求;七是培育产业发展新业态,遵循信息技术发展演变规律,培育互联网、大数据、云计算、区块链等新技术、新产品和新模式,助推社会经济转型升级和产业高质量发展。

第四章　常州市软件产业发展报告

2019 年,常州市软件和信息服务业平稳发展,产业特色逐渐彰显,园区发展水平稳步提升,人才服务工作持续创新,对促进新一代信息技术产业发展、工业化和信息化深度融合、转变经济发展方式起到了战略支撑作用。

一、总量规模平稳增长

2019 年,全市累计完成软件业务收入 560 亿元,约占全省总量的 6.3％,名列全省第四。市内来看,全市软件和信息服务业主要集聚于武进和新北,两区占比超全市 70％。目前累计拥有 IPO、新三板挂牌企业十多家。全市通过省双软评估的软件企业累计 250 家,通过软件产品评估1 155 个。

二、产业结构持续调整

全市软件和信息服务业产业门类分布广泛,在嵌入式软件、大数据、云计算、工业互联网等多个领域形成了较好的发展势头。目前全市共有省级软件企业技术中心 4 家(振邦医疗、世轩科技、天正工业、云之端),其中 2020 年新增 2 家。

嵌入式软件领域:全市智能制造基础较好,2019 年嵌入式系统软件收入同比增长 16.4％,占比超过一半。天地自动化、博瑞电力、梅特勒-托利多等一批企业加速提升工业企业嵌入式软件研发能力,将软件和硬件制造优势充分结合,正在行业内取得突破领先地位。

云计算大数据领域:目前全市共有云计算大数据核心产业相关企业 20 家左右,主要涉及云计算应用服务平台、数据生成存储、处理分析、应用服务等领域。天正工业的"天正 I-Martrix 工业大数据平台"和佰腾科技的"佰腾网专利检索平台"获评省级优秀大数据产品,常宁数据产业研究院的"交通运输安全生产监管解决方案"获评省级大数据优秀解决方案;以云计算方式提供 3D 渲染服务的赞奇科技凭借"渲云效果图版渲染系统软件 V1.0"获得 2019 年江苏省优秀版权软件类作品三等奖。

工业互联网领域:在引入航天云网、华为云、蜂巢互联等国内知名龙头企业落地的同时,培育了万帮充电、天正工业、苏文电能等一批本土瞪羚企业。其中,天正工业的生产数据征信、万帮充电的星星充电众筹建桩模式均为国内首创,行业内属于头部企业。另外,常州还拥有步云工控、微亿智造、中机云创、戚研所、大备智能等一批已建在建平台。

三、园区集聚成效明显

全市不断推动软件产业向特色园区集聚，目前拥有2个国家级软件园（常州软件园、常州科教城），1个省级软件园（常州信息产业园），1个省级大数据产业园（常州大数据产业园），2个省级互联网产业园（常州科教城、西太湖电子商务产业园）。

常州软件园（创意产业园）：目前注册企业900多家，其中高新技术企业40家，涵盖了软件与信息服务、互联网＋、数字创意、人工智能等新兴产业门类。集聚从业人员1万余人，大专以上学历占比87%，拥有各类创新创业人才140多人，高级专业人才3 000多人，省"双创团队"1个、"双创人才"16人。2019年完成营收96亿元，实现税收2.1亿元。

武进软件园（科教城）：入驻企业总数超3 500家，其中高新技术企业103家，股改、挂牌、上市企业总数达17家。园区重点以嵌入式软件、工业互联网、云计算等为产业发展方向。目前，园区科技人才总数累计达2.1万人，2019年园区完成营业收入240.3亿元，实现税收6.39亿元。

常州信息产业园：园区涵盖了移动互联网、嵌入式软件、软件服务外包、电子商务等多个产业，2019年电子信息与软件服务营业收入超10亿元，园区就业人数2 000多人，其中硕士以上高级职称人员80余人。

西太湖电子商务产业园：重点引进新一代信息技术、云计算、大数据、物联网、移动互联网、人工智能、产业互联网等产业的优质企业和项目，集聚了常州易得利、视觉中国、江苏嗨购、江苏整搜在线等一批互联网企业。2019年互联网产业累计实现销售突破50亿元，实现税收超3亿元，累计入驻互联网企业298家。

常州大数据产业园：今年才开园，目前已有电力大数据、智能视力检测、泛娱乐网络、货运大数据、5G物联网研究院等十多家企业签约入驻，并有一大批在谈项目有意入驻，预计2020年入驻企业超过80家。

四、人才培育持续加强

基于互联网技术创新不断加快，新产品、新服务、新业态大量涌现，在继续发挥本地高校办学优势的同时，积极推进招才引智工作，组织创业人才参加国家、省各类软件和互联网创新创业比赛。2019年，常州市积极组织超50个项目参加第五届"i创杯"互联网创新创业比赛，5月28日在科教城成功举办巡回路演常州站，有21个项目进入复赛，5个项目晋级决赛。在总决赛中，常州科教城推荐的"基于NILM技术的消防安全预警系统项目"获特等奖，墨狄机器人项目和高速铁轨探伤车分别获团队组二等奖和三等奖。同时，与省软协合作举办软件企业税收优惠与行业标准等系列政策宣讲活动，更好地帮助全市软件企业切实弄清国家产业政策的具体内容，使软件行业企业能够及时和充分享受到国家优惠政策。广泛动员辖市区、企业参加江苏产业人才"育鹰计划"2.0第13期（工业软件专题）、第14期（智慧文旅专题）和第15期（人工智能软件专题）等研修班，从而促进企业转型升级。

五、智慧政务水平快速提升

常州全力推进数据基础平台和各项应用建设,加大云网整合,建成包含630台标准虚拟机的政务云和覆盖市区镇村四级1 800个接入点的电子政务外网,已有42个部门228个应用系统迁入政务云。市政务数据共享交换平台现可提供36个部门247个数据资源共享接口,归集数据超16亿条。"我的常州"App作为全市公共服务移动应用总门户,已接入20多个部门500多个应用,注册用户超400万人。今年以来,围绕社会治理、民生服务、城市运行等方面,向10多家部门提供数据服务,数据交换量突破2亿条。围绕"一网通办"等重点领域,建成"法人数字一证通"平台,将分散在各部门的数字证书进行集约化整合,同步写入电子印章信息,实现"一张证书、全网通办、在线签章",为企业"不见面办事"提供支撑,目前累计更新证书超14万张。

第五章 镇江市软件产业发展报告

　　2019年,在省工信厅的关心指导下,在镇江市委市政府的正确领导下,镇江市软件与信息服务业继续保持良好的发展态势,全年共计实现软件业务收入278.9亿元。

一、提升服务企业水平

　　开展软件企业转型升级系列培训,深入分析智能时代软件产业的机遇与挑战,为软件企业转型指明方向,2019年培训人数300人以上。召开镇江市工业App应用与推广研讨会,推动全市工业App发展,营造良好工业App发展生态,引导更多软件企业向工业企业服务提供商转型。组织召开双软评估培训宣贯会,邀请江苏省税务局、江苏省软件行业协会、江苏省软件产品检测中心专家授课,宣传贯彻国家及省、市关于鼓励软件和信息服务业发展的政策和措施,帮助软件企业了解新政策,促进软件企业做大做强。举办区块链专题学习讲座,掌握区块链技术和产业发展整体态势,推进镇江市区块链产业健康发展。

二、强化质量品牌建设

　　部分传统软件企业加快向工业企业提供服务商转变,金蝶软件、江苏怡通、江苏两融智能制造等列入全省优秀产品和服务解决方案推荐目录;斯诺物联入选全省首批优秀工业App案例;镇江软通、江苏冬云、江苏畅远等入选江苏省工业互联网服务资源池企业;斯诺物联、江苏冬云、诺得物流和茴香豆科技4家企业入选全省"腾云驾数"优秀企业;惠龙易通、江苏傲天等20多家企业入选江苏省大数据产业地图;诺得物流股份有限公司的"智运通一站式O2O物流平台"荣获"江苏省2018年度互联网十大创新力产品";瑞联贸易、诺得物流入围2019江苏省互联网企业50强;江苏名通获批第六批省认定软件企业技术中心。

三、加大对外交流合作

　　组织大全集团、恒宝股份、惠龙易通、软通智慧科技、江苏慧明等20家软件企业携最新自主技术和产品亮相第十五届南京博览会,集中展示全市工业互联网、工业软件、人工智能、云计算与大数据四大主题。组织全市工信系统及重点企业负责人30余人参加2019世界物联网博览会,洽谈招商。组织市电子信息企业与江苏方源集团开展线下对接活动,帮助企业开拓市场。

四、加快创新能力建设

举办镇江市第四届互联网创新创业大赛暨江苏省第五届"i 创杯"互联网创新创业大赛镇江选拔赛,3 个项目晋级省决赛,2 个项目获得优秀奖。举办第一届镇江市软件设计大赛,面向大数据、人工智能、工业 App 等方向选拔优秀项目,发现和激励软件人才,孵化和转化软件创新成果,促进全市软件产业的可持续健康发展。

五、有序推进重点项目

全市范围内选排 22 个有特点、亮点的软件和互联网产业重点项目,按照月调度、季推进的时间节点,指导协调企业在推进过程中存在的问题和困难。梳理跟踪 2011 年至 2015 年软件和电子信息产业省级未验收项目,对满足验收条件的项目集中组织验收,跟踪督促项目进展,确保资金规范有效使用。指导组织企业申报省市转型升级专项资金,5 个项目获得省级资金扶持,市级信息产业发展专项重点支持 17 个项目,加强申报材料真实性审核与现场核查工作,确保资金高效精准使用。

六、夯实人才培养基础

举办江苏省第九届新一代信息技术和软件产业人才交流会,活动吸引 100 余家企业,现场 1 000 多人参与对接。推进完成软通学院人才培养合同签订工作,更好地服务本地软件和信息产业人才培养工作,2019 年全年累计培训 1 500 人,其中镇江本地学员约 700 人。举办镇江 IT 人才双选会,共吸引 50 余家企业及 400 余名学员参加,直接为企业与学员搭建就业交流的有效平台,缩短招聘周期,提升招聘效率,初步录取人数 122 人。组织数十家企业家参加省"育鹰计划"清华大学工业软件、人工智能高研班培训,提高本地人才专业水平。完成 2019 年全国计算机软件考试镇江考区的宣传组织及考务工作,全年 500 多人报名参考,同比增幅达 70%,为本地培养更多的软件人才。组织开展两场"千名学子百企行"活动,让江苏大学、江苏科技大学、镇江技师学院等驻镇高校学子 400 余人观市容、看名企、现场问、实地谈。

七、加强产业监测统计

出台《镇江市信息产业统计工作方案》,梳理明确统计依据、重点指标及统计范围等关键要素,进一步明确与辖市区联动统计体系,建立日常统计联络员制度,责任明确到人。加强软件和电子信息产业数据采集、入库和经济运行监测分析,对纳入市软件和电子信息产业统计体系的重点监测企业进一步细化归类,为省及相关部门提供实时的统计数据,为决策提供可靠依据。

八、制订下步工作计划

(一)围绕智能制造发力工业软件,培育面向重点行业、重点应用场景的工业App

一是加快关键技术突破。整合软件行业工业软件研发力量、制造业龙头企业的上下游企业产业资源及高校院所研究力量,开展关键技术攻关,支持鼓励大全集团创建工业软件创新中心,带动一批中小企业开展工业软件互联互通的应用推广。二是推进重点行业率先应用。继续开展软件企业转型升级计划,广泛征集和优选工业App及应用解决方案。推动镇江市工业大数据云平台市场化运作,在智能电气、船舶海工、汽车及零部件等重点行业率先推广工业App,为中小企业提供成熟SaaS应用,降低中小企业信息化门槛。三是探索创新应用新方向。推进工业App领域的"双创"活动,组织第二届镇江市软件设计大赛,孵化和转化工业App创新成果,培育一批创新人才和团队,充分激发创新活力。

(二)引导软件企业向以大数据为核心的新技术新模式转型升级

一是加快建设大数据产业集聚区,打造大数据产业链和生态圈。规划建设"镇江市大数据产业园",争创省级大数据产业园和开放共享试验区。在大数据应用的各个环节,引进龙头企业、研究机构等产业主体,形成可持续发展的大数据产业生态圈,带动本地企业转型升级。二是根据全市产业实际,推进行业大数据产业的集聚化、规模化和创新化发展。围绕产业链的核心环节展开深度挖掘分析,面向重点行业建立行业大数据资源聚合和分析平台。继续开展"腾云驾数"转型升级计划,全面宣传推广转型经验,帮助对接国家和省级工业云平台、工业互联网、工业大数据等相关工程,助力企业开拓市场。三是营造大数据产业发展的良好环境。加快制定出台大数据产业扶持政策,支持大数据产业集聚区和产业基地、大数据公共服务平台和大数据品牌建设;依托"金山英才"、"育鹰计划"培育与引进大数据产业研发、应用、推广和服务的专业人才,发挥镇江软通极客人才学院等培训机构作用,鼓励重点软件企业联合本地高等院校有针对性地培养复合型、应用型和技能型软件人才,建立深度定制化的人才培养机制,留住本地人才;举办镇江软件(大数据)产业发展大会暨招商合作恳谈会,展示镇江城市形象,宣传推介镇江市新一代信息技术产业发展环境;积极争取国家和省有关资金扶持,探索以财政资金参与、社会资本主导的形式组建大数据创业投资基金和大数据产业投资基金。

第六章　南通市软件产业发展报告

2019 年,在省工信厅的关心指导下,在南通市委市政府的正确领导下,南通市工信局围绕软件及信息服务产业发展,集聚资源要素,优化发展环境,拓展应用领域,促进资源共享,保持良好发展态势。

一、加强规模培育

2019 年,南通市软件与信息服务业完成业务收入 214.5 亿元,同比增长 17.2%。其中,软件产品收入 16.5 亿元,信息技术服务收入 88 亿元,信息安全收入 0.8 亿元,嵌入式系统软件收入 109.2 亿元,总体发展势头良好。

二、推进载体建设

一是推进大数据产业载体建设,南通开发区大数据产业园获批省级大数据产业园,重点发展金融大数据、医疗健康大数据、工业大数据、数字文创大数据等领域。二是指导省级园区做大做强,着力指导 4 个省级软件园和 3 个省级互联网产业园(众创园)发展,对开发区软件园、崇川开发区科技园、南通大学科技园开展省互联网产业园与众创园共建成果考核,并将考核情况审核汇总报省工信厅。三是推动创新创业载体建设,指导上海软件园南通分园、创源科技园、晶城科创园、市北智创中心等园区开展特色化建设,借助省、市各类活动平台,为园区及企业营造良好发展氛围。

三、聚焦大数据产业发展

开展大数据产业调研,为"十四五"时期南通大数据产业发展研究做好前期准备。拓展大数据产业发展效应,在上海举办长三角大数据一体化发展论坛,签署《沪苏(通)大数据产业发展战略合作协议》。实施"腾云驾数"转型升级计划,品德网络科技获评 2019 年度"腾云驾数"转型升级计划优秀企业,海安城建集团"智慧海安软件系统"获评"腾云驾数"优秀产品,海安城建集团"同城生活一站式服务平台"获评"腾云驾数"融合创新发展案例。濠汉信息的"输变电全景立体智能防护系统"、东华国元的"医查查"、汇环环保的"生态环境物联网大数据与智慧环保平台"3 个产品获评2019 江苏省大数据优秀产品奖。

四、推动技术应用创新

开展信息技术应用创新产业研究，推动信创产业发展。规划建设长三角网络安全产业园，在园区内成立信息安全等级保护关键技术国家工程实验室工业互联网安全分实验室、江苏智慧安全可信技术研究院，与沈昌祥院士团队合作，努力突破核心关键技术。召开南通网络安全产业发展大会，与深信服、启明星辰、天融信等十多家企业签约合作意向。

五、组织对接交流活动

组织发动市优秀创新创业企业和团队参加第五届"i创杯"大赛，并组织南通地区路演，共有4个项目进入大赛决赛。组织市重点园区、重点企业、重点项目参展第十五届南京软博会，并在软博会期间组织召开"工业互联网与5G：工业智造，联动未来高峰论坛"。

六、推动企业创新能力提升

推动软件企业创建企业技术中心，中天软件被评为第六批省级软件企业技术中心。开展服务企业百日行活动，走访企业近百家，组织信息化、智能制造方面的专家为企业开展诊断服务，为企业传统动能改造升级和新动能培育壮大，提升信息化、智能化水平提供建议及服务。举办"软件产品增值税"政策宣讲，邀请行业专家，针对软件产品增值税即征即退政策、研发费用加计扣除政策以及在退税过程中的实际操作流程及普遍性问题进行详细解读。开展软件企业、软件产品双软评估工作，2019年，全市共64家软件企业通过软件企业评估，同比增长42.2%；138件产品通过软件产品评估，同比增长1.47%。

七、强化软件产业人才培育

积极参与江苏软件产业"育鹰计划"，组织全市软件企业参加各类培训班。充分发挥"i创杯"互联网创新创业大赛的作用，招引软件产业创新人才。积极参与做好各层次软件人才引进工作，配合重点软件企业高校招聘工作。组织南通地区软考工作，2019年全国计算机技术与软件专业资格（水平）考试南通考区报名人数共计1 420人，同比增长26.9%，考试合格共337人，其中初级76人，同比增长－3.9%；中级216人，同比增长24.9%；高级45人，同比增长28.6%，表明全市计算机和软件行业对人才的需求层次有较大提升。

八、明确下一年度工作举措

一是加强规模培育。加强产业运行分析，加强与工信主管部门和重点企业的沟通联系，深化行业发展形势分析。加大产业考核力度。做好高水平全面小康社会中软件和信息服务业相关指标数据跟踪。二是组织交流活动。作为伙伴城市参展第十六届中国（南京）国际软件产品和信息服务交易博览会。组织全市优秀创新创业企业和团队参加江苏省第六届"i创杯"互联网创新创业大赛。

三是推进信创工作。推进信息技术应用创新工作,建设南通信创产业园,集聚各方资源,招引龙头企业,努力突破核心技术,积极对接国内自主创新领军企业,利用好南通独特的地理区位优势,力争项目落户南通。四是服务工业制造。推动工业软件研发及应用,开展工业软件和行业系统解决方案推广。鼓励软件企业参与工业设计、智能制造、精细管理、定制服务等关键环节软件开发及应用服务,组织软件企业与工业制造企业开展工业软件及行业系统解决方案对接交流活动。组织全市企业做好工业 App 征集相关工作。

第七章　扬州市软件产业发展报告

2019年,在省工信厅的关心指导下,在扬州市委市政府的正确领导下,扬州市工信局积极推进软件及信息服务产业发展,全市软件产业发展迈上新台阶。

2019年,全市软件和信息服务业实现业务收入112亿元,同比增长18.3%。全市累计通过评估的软件企业数、软件产品数分别达到249家和1753件。智途科技"城市级智慧停车大数据平台V1.0"荣获"中国软件行业优秀解决方案"。万方电子获得省高端软件重点支持项目奖励资金206万元。易图地信、伏特照明被评为省级软件企业技术中心。智途科技"多规合一"大数据信息平台入选省大数据优秀产品名录。航盛科技、共融科技、盛世云3家企业获批省"腾云驾数"转型升级计划优秀企业、产品和融合创新发展案例。首凯汽车零部件公司的"首凯氮氧传感器性能标定软件V1.0"成功入围《2019年江苏省重点领域首版次软件产品应用推广指导目录》。宇安电子"低空微小型无人机雷达光电干扰一体化系统"项目荣获第五届i创杯互联网创新创业大赛三等奖。

一、开展服务企业活动

先后举办互联网创新创业大赛扬州赛区比赛、"软件名企与扬州软件名企接洽会"等活动,培育产业生态。完成第十五届南京软博会的参展、布展等工作,近40家软件企业参展。组织150家企业开展双软评估和软件企业所得税优惠政策宣贯活动。针对软企"缺人",将"校招"搬到软件产业载体,组织南邮通达学院毕业生和各专业辅导员到智谷与用人企业逐一对接。针对软企"缺资金",开展融资需求调查,征集全市31家企业共1.36亿元融资需求,与投融资机构开展对接活动。举办校企技术合作对接会,邀请华中科技大学、东北大学等10所高校专家为企业软件研发作诊断。在西安交通大学举办软件和互联网产业专题培训班,全市40多家重点软件企业负责人参训。

二、积极争取政策落实

召开全市工业App贯标及应用推广会议,推进工业App培育认定,全市122个工业App通过审核,在省级"工业App汇聚展示平台"上发布。开展软件类关键核心技术项目征集工作。评定并公布2019年度扬州市优秀软件产品。制定出台市级软件和信息服务业产业集群专项政策,开展政策宣讲活动,组织各地完成省、市软件专项申报。

三、加强产业谋划调研

完成省、市领导专题调研软件和信息服务业产业集群发展的相关工作,进一步明晰了产业发展方向。建立月报统计报送体系,引导各地每月按时在线报送省软件产业月报,并布置统计年报相关工作。开展嵌入式软件、大数据产业发展情况调研,建立了市、县(区)两级嵌入式软件产品重点企业培育库,拟定软件与互联网产业、大数据产业、嵌入式软件调研报告,软件和信息服务业专题等调研文章。

四、深化项目交流合作

完成市领导拜访用友软件、浪潮集团等软件企业相关工作,推进软件百强企业东华软件、金蝶软件在扬州落户。会同生态科技新城举办"扬州软件园(北京)科创中心启用仪式"。

五、明确下步工作安排

(一)推进嵌入式软件发展

围绕机械装备、汽车电子、道路照明等领域,推进嵌入式软件研发,提升制造业企业产品智能化水平。建立嵌入式软件产品培育库,全年新增具有自主知识产权嵌入式软件产品 100 个。开展的主要活动有:举办软件信息技术服务标准贯标推进会、嵌入式软件开发与应用主题论坛、全市软件企业与制造业企业供需对接会。

(二)推进建立工业 App 培育应用生态

全年在研发设计、生产制造、运营维护和经营管理等制造业关键业务环节培育工业 App 300 个以上,初步形成工业 App 应用生态。开展的主要活动有:组织开展省互联网创新创业大赛动员会,承办省互联网创新创业大赛工业 App 赛区活动,工业 App 应用推广对接会,工业 App 发布及优秀应用案例评选活动。

(三)推进大数据产业"一园一院一室"建设

开展大数据产业发展情况调研,进一步掌握全市大数据产业、重点企业、大数据园区和研发机构的情况,重点抓好"一园一院一室"建设。"一园",即仪征大数据产业园,推进仪征开发区大数据产业发展。"一院",推进扬州职大与腾讯共建大数据学院,设立全市首个"大数据技术与应用"专业并于 2020 年正式开展招生,为全市大数据产业培养专业人才。"一室",推动建成"扬州市职业大学—腾讯云大数据实验室",升级为市级大数据产业公共服务平台。开展的主要活动有组织扬州职业大学与仪征开发区产教对接会。

(四) 推进软件园区建设运营

扬州软件园、扬州北大科技园数字创意孵化基地、扬州联创软件园 2020 年均开园运营。依托各载体平台,做好全市软件与互联网产业推介工作,推进项目合作。开展的主要活动有:组织各软件园区负责人赴成都软件园学习软件园区运营招商做法;南京软博会布展,重点推介宣传各专业园区;会同各专业园区赴北京、上海、成都等地开展专题招商活动。

第八章　泰州市软件产业发展报告

2019 年是机构改革之年,也是外部因素变化较多的一年,信息技术迅猛发展、国际形势变化等对各项工作提出了更高、更新的要求,泰州积极应对新情况、新问题,围绕抓产业、推融合、促发展,创新举措,真抓实干,全市软件与信息服务产业取得了一定成效。2019 年,全市共计完成软件业务收入 60.94 亿元。

一、强化服务引导,培育软件和大数据产业

做好软件产业服务工作。服务指导企业做好软件企业年度评估和"双软评估"工作,年度评估合格企业 41 家,新增软件产品 75 个、软件企业 6 家。组织软件企业高层次人才参加省"育鹰"计划培训。协调泰州市软协挂牌入驻泰州数据产业园,并与深圳市软件行业协会开展业务交流。组织"i 创杯"大赛路演和南京软博会布展参展工作。组织全市 20 个团队、14 家企业参加第五届"i 创杯"互联网创新创业大赛,开展赛前培训和"极速三小时"路演活动,4 家企业赢取直通决赛资格。组织 19 家重点企业和 2 个省级园区组团参展第十五届中国(南京)国际软件产品和信息服务交易博览会,展示泰州软件产业发展情况、领先技术和最新成果,促进行业交流。推进大数据产业发展。组织企业申报"腾云驾数"转型升级计划优秀企业、产品和融合创新发展案例。艾兰得、东华测试被评选为省"腾云驾数"转型升级计划优秀企业,艾兰得"智能研发系统的开发与应用"项目被评为融合创新发展案例。联合泰州市大数据局、电信公司赴贵阳参加数博会,开展大数据产业调研。配合网信办申报数字经济建设示范区。联合组织园区、企业参加 2019 西安国际数字经济产业博览会。

二、激发发展动能,壮大新一代信息技术产业

开展产业分析研判。发挥产业研究院作用,联合工信部电子五所,完成 5G、工业互联网等相关课题研究。发布新一代信息技术产业研究报告,制订了产业发展计划并按季度做好产业发展分析研判工作,组织各市区主管部门、重点园区和企业召开新一代信息技术产业发展情况座谈会,掌握产业发展情况,分析中美贸易战对产业发展的影响并形成报告。推进产业合作和交流。11 月中旬,承办工信部产业政策司"2019 年产业合作专题活动——走进泰州"活动。活动以"5G、城市发展的新机遇"为主题,邀请中国工程院院士和信通院专家作主题报告,发布《2019 年度中国 5G 产业发展报告》,邀请华为、中兴通讯、东华软件、海康威视、京东、浪潮、紫光等 30 余家国内知名企业代表进行园区考察、项目推介、洽谈对接等活动。赴上海航天电子通讯设备研究所,就技术成果转化及海空工程项目合作等开展对接活动。组织各市区、园区和企业参加"5G 网络无限可能"主题展示活

动、"华为云城市峰会2019·苏州站""2019世界物联网博览会"等活动;举办新一代信息技术专题培训班。搭建产业"三库"。联合省电子学会,汇集了新一代信息技术专家100名,成果341条,企业需求64个,搭建新一代信息技术产业专家库、成果库、需求库,并举办"三库"发布和对接活动。组织科技新长征活动。举办5期新一代信息技术产业科技新长征活动,分别赴安徽工业大学、西安工业大学、武汉理工大学、工信部电子五所、复旦大学等院所开展合作交流,帮助企业突破创新资源要素缺乏的瓶颈制约,搭建产学研合作交流平台。

第九章 盐城市软件产业发展报告

2019 年,盐城市积极抢抓 5G 商用、工业互联网、人工智能、大数据等新一代信息技术发展机遇,持续推进软件和信息服务业稳定发展。2019 年,全市实现软件业务收入 25.002 亿元,同比增长13.04％,其中,软件产品收入8.85 亿元,信息技术服务收入13.85 亿元,嵌入式系统软件收入2 亿元。

一、大力推进集聚发展

大数据产业园按照现代产业园区 4.0 标准,建成和在建近 80 万平方米高质量产业载体。为加强产业配套,重点建设了数字智能产业基地和数字智能创新社区。目前,数字智能产业基地规划面积 4 平方公里,依托全省首批优秀特色数梦小镇,重点发展 5G 商用、人工智能及物联网等产业,先后落户华为、微软、阿里、优易数据、迈泉科技等项目 200 多个,产业链初步构建,成功签约中宇万通、正拓方智能系统、江苏小码出行、云威漫等项目 18 个,产业集聚效应明显加强。

二、积极扩大对外交流

组织悦达数梦等 7 家优质企业单位以城市展馆形式参加南京软博会。悦达数梦以大数据、云计算技术背景在盐城展区参展,展示了盐城大数据产业远景规划,悦达数梦的汽车产业数字化转型、金融行业大数据等解决方案,吸引了众多企业关注。组织盐南大数据产业园参加第五届"i 创杯"互联网创新创业大赛,参加项目对接会议,观摩大赛盛况,扩大对外交流,提升全市软件产业的融合创新能力。

三、深入拓展产业融合

修订下发《盐城市政务信息资源目录》,形成全市统一的政务信息资源数据体系。在政务领域,市信息资源中心完成全市 51 家单位、1 903 个用户数据表的梳理工作,汇聚数据 5 亿条,初步具备市级非涉密政务数据接入与共享服务能力,实现政务数据在线采集、在线交换、在线维护。盐城政务云平台建设,42 家单位 80 个非涉密业务系统完成上云部署,本地开发、本地部署的政务系统上云率超 50％。在工业领域,建成一批具有行业示范效应的智能车间和"悦企云"、"环保云"、"农一网""智能热处理云"等面向行业服务的工业大数据平台。在民生领域,"我的盐城—App"便民生活平台成功上线运行,覆盖社会保障、交通出行、医疗健康、智慧教育、房产服务等重要民生领域综合服务 330 多项,2019 年年底,累计下载用户达 33 万户,注册 20 万户,取得积极效果。针对工业互联网等课题进行研究,推动工业互联网加快发展,2019年省工信厅征集工业互联网App优秀案例,地道东台电商服务有限公司等11家企业累计上报案例22个,海聆梦H2M全屋家纺个性化定制工厂被评为省首批工业互联网标杆工厂。

四、不断优化发展环境

盐南高新区不断完善创新政策,优化营商环境,对霆善科技、哈工大大数据等企业投入产业基金共计3 700万元,为园区企业申报专项资金达400万元。加大品牌创建,新申报国家高企21个,新增发明专利15件、软件著作权300件,新增加产业人才1 200人。江苏霆善科技有限公司、江苏博克斯科技股份有限公司、长虹智能装备股份有限公司等7家企业被纳入市"金种子"计划,作为全市上市后备企业重点培育。盐城奥科信息技术有限公司、江苏惠都科技有限公司、江苏悦达网络科技有限公司等8家企业通过软件企业评估。

五、合力做好企业孵化

盐城市政府联手中科院计算所共同打造的中国"信息高铁第一站"正式启动,合力建设我国高通量计算技术的产业化引领平台、高通量数据与智能模型的核心交换平台,并以开通"信息高铁第一站"为契机,进一步强化配套服务,全力助推产业升级,通过合作共建,累计落户微软技术实践中心、南邮大数据研究院等20多个双创平台,共孵化成功双创项目50余个,孵化项目超120个,累计引进中科院院行业专家23人。

六、组织产业人才培训

积极对接并落实"育鹰计划"人才培训及省市专题培训班,先后组织相关企业负责人12人次赴清华大学等高校参加培训,为企业人才充电蓄能。邀请中国信通院华东分院首席科学家贺仁东等业内专家,举办"人工智能与制造业整合创新发展""新发展理念下大数据的理论和实践"等业务培训讲座,拓展发展思路。

第十章　淮安市软件产业发展报告

2019 年,淮安市立足原有产业基础,加速推进产业升级,重抓招商引资,强化载体建设,狠抓产业培育,积极营造和谐的产业发展环境,打造完善的软件产业价值链条,软件与信息服务业发展稳中有进。

一是产业规模不断壮大。2019 年全市软件与信息服务业实现销售收入 19.2 亿元,同比增长 17.9%。从业务类型来看,软件开发类实现销售收入 8.3 亿元,同比增长 10%,占全业务收入 43.2%;信息技术服务类实现销售收入 9.3 亿元,同比增长 14.2%,占全业务收入 48.4%,比重较大。

二是企业能力稳步提升。全市共有 ITSS 认证二级软件企业 1 家、三级企业 4 家。目前,已有 10 家企业通过 CMMI 3 认证,1 家企业通过 CMMI 4 认证;109 家企业、329 个产品通过"双软"评估。新增软著授权 49 件;专利授权 61 件、发明共计 56 件。

三是产业载体持续优化。淮安市现有淮安软件园、淮阴软件科技产业园、淮安留学生创业园几大发展载体。淮安软件园重点打造的淮安软件园、浙大网新(淮安)科技园、创新创业园和移动淮安呼叫中心"三园一心"的特色发展格局已基本形成。园区以"提质增效"为发展主题,以"聚焦招商、集聚产业、凸显功能、创新转型"为发展目标,成功获批"省级电子商务示范基地"荣誉称号和"省级先进制造业与现代服务业深度融合试点单位",同时"双创基地"获得省政府督查奖励表彰。淮阴软件园实行多元化发展,已入驻企业 150 余家,现一期已全部投入使用,二期、三期配套功能逐步完善。留学生创业园主要为留学人员等高层次人才创新创业和具有自主知识产权的高新技术成果孵化提供载体平台。在发挥人才"蓄水池"作用的同时,全力打造企业孵化基地、高新技术创业基地、总部经济基地、人才基地。

2019 年淮安市软件与信息技术服务业相关工作主要包括以下五方面:

一、夯实产业基础,调优产业结构

以原有产业为基础,巩固提高企业能力,加速推动新业态形成与发展。一是盘活现有资源。指导淮安市电子信息产业联盟会员单位开展线上线下对接交流活动,增强政、企、研协作沟通,加大力度培育支持本土企业发展壮大,增强总部经济及相关企业落户淮安及开展业务的信心,继续培育以软件与信息服务、服务外包、互联网电子商务、文化创意、人才培训为特色的五大产业。二是推动产业集聚。根据现有产业分布状况及产业结构,高标准进行规划设计,推进重点载体建设和重点板块开发,推动互联网广告、云计算、大数据、人工智能和区块链等产业集聚发展。三是推进工业互联网发展。组织工业互联网领域专家开展工业互联网建设辅导活动,以应用场景需求为牵引,为企业提供工业互联建设的咨询服务。引导企业应用工业互联网平台,今世缘荣获长三角工业互联网平台应用示范企业,和兴汽车等3家企业获批省级工业互联网标杆工厂,新增培育33家市级工业互联网示范试点企业。通过开展工业互联网宣传、推广及评选等相关活动,推动工业系统与大数据、互联网的高度融合,推动淮安工业互联网建设与发展。

二、培育龙头引领,提升企业质态

加强产业调研及运行分析,定期跟踪重点企业运行情况,"严进细管"推动产业总体水平提升。一是推进多领域龙头引领。继续培育以淮工深蓝软件有限公司、冲浪软件科技有限公司、天泽星网信息产业有限公司为代表的创新型软件设计及销售企业;以江苏极光网络技术有限公司、江苏科学梦创展工程有限公司、佳一教育科技股份有限公司为代表的文化创意类软件企业;以江苏民福康科技股份有限公司、淮安博世电子商务有限公司为代表的互联网服务平台建设及运营企业;以中移在线服务有限公司淮安分公司、江苏泰盈信息服务有限公司为代表的呼叫类信息服务企业。二是加强企业分析管理。对现有企业进行排查摸底,按科技含量、人才数量、税收贡献量三个指标,排出企业序列。对照目标任务进行项目化、责任化、节点化的分解与落实。制定实施细则,通过月度测评、季度考核、现场督查,细化项目内容,掌握项目动态,推进项目落实。三是积极推进"经济止血"工程。本着坚持向单位面积要效益、向管理要效益的原则,从严执行入园企业注册登记、用房程序、财税备案等三项制度,最大限度调整盘活现有空间,切实提高空间利用效率和效益。开展低效企业"三清"(清退、清缴、清理)工作,腾退办公用房3 587平方米,追缴欠费910万元。

三、强化招商引才,提升产业能力

坚持规划为先、项目为要、人才为重,在梳理现有企业基础上,制定招商引资重点目标及人才引进目标,为产业高质量发展提供支撑。一是创新招商模式。组建新一代信息技术产业跨区域招商工作组,定期讨论制定全年重大招商活动安排。做好园区定位,根据园区规划特点,重点招引符合园区规划企业。积极落实企业入驻优惠政策,吸引企业入驻。二是加大人才引进。继续加大力度引进国家"千人计划"专家、中科院"百人计划"专家等各类领军人才,创新创业团队、"名校优生"等各类基础性人才。执行"淮上英才计划"及升级版,特别是加大对领军人才引进政策支持力度。注重发挥企业引才主体作用,对企业全职引进的高级经营管理、科技研发等人才经认定后给予相应企业补贴。对带项目、带技术、带资金的创业领军人才给予资金支持。三是推动人才集聚。做好辖区企业硕士以上人才统计并完善人才信息库。设立"蜜蜂引才"工作站,组织淮安籍在外学子参加淮安学子回乡话发展"蜜蜂引才"活动,加速人才回乡创业。创业类人才扶持资金由3年缩减为2年,充分发挥资金使用效益,加快优秀人才向淮安集聚。

四、做好企业服务,优化产业环境

加强对外宣传,协调解决工作推进过程中的重大问题,推动软件与信息技术服务业高端化发展。一是组织相关活动。组织参加"i创杯"互联网创新创业大赛,共有5家软件企业和24个团队参赛。做好"中国(南京)国际软件产品和信息服务交易博览会"等展会参观组织准备工作,引导企业走出去,增强企业自主创新意识,提升企业自主创新能力。二是做好企业辅导。围绕国家高企、"双软"评估、信息技术服务标准、知识产权服务等工作大力开展政策宣传和申报辅导工作,指导企业提升企业资质,推动企业规范化发展。定期召开税收分析会,加强对中移在线、中储智运、极光、泰盈等重点税源企业税收完成情况跟踪梳理,指导企业提高财税防风险能力。三是做好项目推介。推荐新一代交通控制网浮动车大数据增值服务平台建设项目、数字化联合审图大数据平台项目申报大数据优秀产品和应用解决方案;推荐13个软件申报省优秀版权作品;征集工业互联网App作品并指导16家企业上传作品至江苏省工业App汇聚平台。

五、结合产业情况,制订下步计划

(一)发挥政策引领作用

强化规划指导作用,加大力度整合产业链,结合《淮安市"三新一特"工业主导产业发展行动计划》,培育发展工控软件产业。工业和信息化产业发展资金软件和信息服务类继续对面向行业应用的软件、系统集成、云计算、大数据、集成电路设计和物联网等研发项目及服务平台进行支持。积极落实财税优惠政策,对重点税源企业税收完成情况进行跟踪梳理,不断提高财税分析精度,强化税收风险应对和深挖财税潜力,努力形成以骨干企业为支撑的财税新格局。建立涵盖软件技术产品、信息技术服务业、嵌入式软件平衡发展的产业态势。

(二)加大项目招引培育

合理布局规划,明确招商定位,围绕新兴领域,加大力度招商引资,推动产业不断升级。贯彻落实《关于深化"互联网＋先进制造业"发展工业互联网的指导意见》《工业互联网App培育工程实施方案(2018—2020年)》等文件精神,推动工业技术软件化进程,引进及培育工业App、测试床和集成开发平台项目。利用省市共建互联网产业园契机,梳理上下游关联企业,重点引进及培育互联网龙头企业。积极对接天好大数据产业园,实时跟踪了解园区建设情况,高标准高要求建设产业园区。面对移动互联网、5G等快速发展带来的新机遇,积极探索跨区域共建共享机制和模式,引进国内先进云计算、大数据及区块链项目。

(三)全力聚焦企业服务

围绕"打造最优发展环境"的目标做好企业服务,打造精细化管理升级版。依据企业、项目的产业类型、发展质效,实行"一企一档制","量身定制"服务措施,不断提升服务水平。同时不定期举办创新创业、企业管理、税务知识专题培训。围绕企业技术中心、科技创新券、知识产权等品牌资质,大力开展政策宣介和申报辅导工作,努力培育壮大本土企业和知名品牌,引导企业提升产品和服务附加值,形成自己独有的比较优势,努力打造质量标杆企业,推动企业质量管理水平和核心竞争力不断提高。

第十一章　徐州市软件产业发展报告

2019年,在省工信厅的关心指导下,徐州市工信局积极加强政策扶持引导、优化产业集聚布局、培育核心企业群体,以加快发展云计算、大数据、物联网产业等高端软件产业为抓手,形成以软件与服务外包、大数据、云计算、物联网、电子商务为主的新一代软件产业,在全市形成了"龙头带动、骨干跟进、涉软增加、小微发展"的良好发展态势。2019年,全市软件和信息技术服务业营收24.8亿元,同比增长10.5%。

一、加强政策扶持引导

联合徐州市软件行业协会和相关区市,广泛开展"软件产业双软评估培训"工作,年内组织政策宣讲4场,培训企业200余家。实施"送政策上门、一条龙服务",深入涉软企业开展"双软"评估和软件业务收入剥离等项工作,全年涉软企业达到265家,数量同比翻了一番,2019年新评估软件企业13家,新评估软件产品109个。

二、加强产业载体建设

徐州拥有徐州经济技术开发区、徐州高新区、中国矿业大学国家大学科技园等3家国家级载体;徐州软件园等4家获批省级互联网产业园、众创园。徐州智慧信息产业园、甲骨文人才产业基地、软通动力大数据公共服务平台相继落地建设。淮海智慧产业园、徐州智慧信息产业园、中国航天空间信息产业园、高新区信息安全谷、云龙双智双创产业园等一批产业集聚区相继开工建设。徐州软件园获批省级互联网产业园,徐州大学生创业园、矿大科技园、2.5产业园获批省互联网众创园,服务企业集聚发展的能力进一步增强。

三、加强创新平台搭建

通过认真筹备和周密组织,2019年4月份,在北京组织开展2019"赢在徐州"国际英才创业大赛启动仪式暨集成电路专题路演活动;5月份,在北京中关村成功举办江苏省第五届"i创杯"巡回赛暨2019徐州(泉山)人工智能专题招商推介会;10月份,组织开展2019中国徐州装备与智能制造、集成电路与ICT产业招商专题推介会,通过活动,汇集国内信息产业领域行业翘楚、科技英才和杰出企业代表,共谋创新创业、共话合作发展。为促进网络技术及产业前沿技术在高职院校中的教学应用,深化校企合作,推进产学结合人才培养模式改革,举办"华为杯"大学生网络应用技能大赛,促进高职毕业生实训实习与就业。

四、加强招商引资进程

通过"i创杯"暨人工智能招商推介会,实施"智汇彭城 芯动泉山"计划,21个人工智能产业项目集中签约,一大批人工智能项目,依托VR、AR技术和人工智能应用场景开发的平台项目落户徐州。通过2019"赢在徐州"国际英才创业大赛等产业大赛、路演活动,积极对接北京丰富的创新创业资源,积极吸引海内外高层次人才参与大赛。通过2019中国徐州集成电路与ICT产业招商专题推介会,大力宣传全市集成电路与ICT产业在产业基础、扶持政策、人力资源、平台载体及其他方面具有的独特优势,为产业发展汇聚更多资源。

五、加强本地企业培育

积极培育骨干龙头企业,着力通过"顶天立地"带动"铺天盖地",以产业集聚区建设为基础,以孵化企业发展为重点,坚持培育与引进并举,打造徐工信息、徐工电商、精创电气、雷奥医疗、江苏仁安等一批优质龙头企业。建立重点企业联系制度,优选今年入驻徐州的重大项目重点培植,通过财税优惠、项目带动培育龙头骨干企业,充分发挥龙头企业在人才、技术和产品等方面的优势,带动软件产业发展。鼓励企业申报国家规划布局重点企业,参评全国软件百强企业,对于入选企业给予税费优惠。

六、加强软件人才培养

根据全市软件专业技术人员缺口大、培训市场前景广阔等现实情况,大力开展人才培训。依托省经信委"育鹰计划"2.0培训,积极培训全市优秀企业家。6月份,在中山大学深圳校区举办新旧动能转化(集成电路产业)专题培训班,来自各县市区、各重点园区、重点企业的40余位学院参加学习,全面增强县区招商引资的针对性和有效性。7月份,协助徐州市软件行业协会举办了第一期总经理沙龙活动,围绕科技企业技术人才绩效管理及职业发展等内容开展交流,推进企业管理人提升企业管理水平。积极协助企业引进产业专业人才,组织软件企业参加中国矿业大学、江苏师范大学和江苏建筑学院等专场招聘活动。

七、加强应用示范推广

强化创新成果利用,积极对接各级主管部门和企业,引导企业积极做好重点领域首版次软件产品、大数据示范项目等创新项目的申报工作。徐工大数据项目入选全国2020年大数据产业发展试点示范项目;徐州成为苏北地区本年度唯一拥有国家和省大数据示范项目的地级市。中矿安华、昂内斯等3家企业大数据项目入选2020年全省大数据优秀典型应用项目,徐工信息"汉云设备画像工业App"、中矿奥特麦"封闭式储煤场安全监测App"成功入选全国工业互联网App优秀解决方案,数量占全省四分之一。丰县、经开区分别通过省区域大数据开放共享与应用评估、省工业大数据应用能力评估,成为全省大数据发展示范标杆。

第十二章　宿迁市软件产业发展报告

一、业务收入大幅上升

2019年，宿迁市软件和信息技术服务业完成软件业务收入324.1亿元，同比增长1156％，其中京东信息完成软件和信息技术服务业务收入134.5亿元、京东旭科实现业务收入147亿元，占全市软件和信息技术服务业收入比重高达86.9％。

二、利润总额明显上升

2019年，全行业实现利润总额61973万元，同比增长164％，但相对于软件和信息技术服务业务收入的增速，反映出行业整体利润率出现大幅下降，其中凤凰学易、大网时代分别由2018年实现利润721万元、1346万元，变成2019年亏损1736万元、5万元。

三、税收大幅增加

2019年，软件和信息技术服务业实现税收59064万元，同比增长607％。其中，所得税增长565％；增值税增长710％。京东信息、京东旭科分别纳税23529万元、12553万元。

四、从业人数、工资总额大幅增长

2019年，宿迁市软件和信息技术服务业从业平均人数10242人，同比增长280％。从业人员工资总额同比上升224％，人均工资同比下降13.3％。

五、主要工作有序开展

（一）成立"宿迁市工信局信息服务业工作领导小组"。全市现代服务业发展工作会议召开后，宿迁市工信局高度重视，成立宿迁市工信局信息服务业工作领导小组，全面领导全局信息服务业工作。

（二）出台推进现代服务业高质量发展信息服务业有关配套政策文件。根据市现代服务业领导小组办公室要求，宿迁市工信局认真研究并广泛征求县区工信局、宿迁市软件协会、有关企业意见,出台了《关于推进宿迁市信息服务业高质量发展的实施方案》(宿工信发〔2019〕99 号)、《宿迁市支持服务业发展的若干政策措施(信息服务业)实施细则》(宿工信发〔2019〕100 号),助力全市信息服务业高质量发展。

(三)实施"全市电子信息产业重点企业提升工程"。为深入贯彻落实全市"521 工程"要求,出台《关于开展 2019 年"全市电子信息产业重点企业提升工程"建设工作的通知》,建立 2019 年"全市电子信息产业重点企业提升工程"培育企业库,包括软件和信息服务业入库企业(含较大规模电商企业)40 户,力争全年实现电子信息产业主营业务收入增长 20%以上。定期赴县区开展调研,印发《"全市电子信息产业重点企业提升工程"推进情况的通报》,通报各县区入库企业发展情况。

(四)加强对软件和信息服务业运行情况监测分析。强化基础工作,掌握发展动态,加强软件和信息服务业基础数据采集,建立软件和信息服务企业基础台账,完成年度软件和信息服务业年报统计工作,并做好每个月软件和信息服务产业报表填报工作。

(五)开展云计算大数据产业规划工作。根据宿迁市主要领导要求,开展云计算大数据产业规划工作。多次召集多家部门、企业座谈,通过多次调研、研讨、征求意见、修改完善,经过市政府常务会讨论,现已正式印发。

(六)突出人才战略,实行信息化高端人才培育计划。一是积极推荐企业参加"育鹰计划"软件人才培育,利用省工信厅平台为企业家拓展人脉,以清华大学名校资源为企业家充电。二是积极组织企业参加"i 创杯"互联网创新创业大赛,提升企业影响力,为企业发展助力。

(七)定期开展调研。建立定期调研制度,原则上每月到企业开展调研,了解企业生产经营情况,如有需要,可不定期开展调研工作。同时,注意收集软件和信息服务业及企业发展状况及存在问题,及时形成调研报告,将难题适时解决或提交上报。

六、明确下步工作安排

第一,推动云计算大数据产业发展。一是做好《宿迁市云计算大数据产业发展规划》宣传贯彻落实工作,制订宣贯计划,统筹推进落实。二是研究起草推进全市云计算大数据产业发展的实施意见,进一步分解工作任务、落实工作责任、细化工作计划。协同相关园区积极做好申报省大数据产业园的相关工作。三是认真履行工作职责,推动落实有关文件,做好推进客服大数据、三台山大数据实验室、京东云小镇等项目工程建设相关工作,努力推动全市信息服务业产业加快发展。

第二,积极开展软件和信息服务业人才培育工作,组织有关企业家、技术骨干参加"育鹰计划"清华培训班、大数据业务培训班等高端人才培训活动,组织参加省"爱英之旅"等招聘活动。

第三,认真落实《关于推进宿迁市信息服务业高质量发展的实施方案》及《宿迁市支持服务业发展的若干政策措施(信息服务业)实施细则》有关政策。推动全市信息服务业产业加快发展,制订2020 年软件信息服务业发展登高计划。

第四,加强对软件和信息服务业运行情况监测分析。完成 2019 年软件和信息服务业年报统计,并做好每个月软件和信息服务产业报表填报工作。

第五,深入开展"企业上云"对接辅导活动。组织京东云、阿里云、华为云等国内龙头互联网企业和电信、移动、联通等基础电信运营商等机构,分县区开展 6 次左右对接辅导活动。同时对已在市内落户的熵图信息、马到成信息等,加大政策扶持力度,在企业服务活动中重点推介安排。

第十三章 连云港市软件产业发展报告

2019 年,连云港市软件和信息服务业保持平稳增长,产业结构调整不断优化,产业集聚程度不断加强,新一代信息技术、大数据、物联网等产业新生态逐渐形成,产业特色更加鲜明。

2019 年,连云港市累计实现软件和信息服务业实现主营业务收入 16.7 亿元,同比增长 13.2%;全市新增通过评估软件企业 9 家、软件产品 63 件。目前全市共有省级大数据产业园、省级软件园、省级互联网众创园、省级互联网人才培训基地各 1 家,杰瑞深软等 4 家公司获评省级规划布局内重点软件企业,七一六研究所等 4 家企业获评省级软件企业技术中心。2019 年,连云港电子口岸信息发展有限公司的"港务通港口码头生产经营综合管控平台系统软件 V1.0"成功入选第十七届江苏省优秀软件产品奖(金慧奖),至此全市累计获得金慧奖软件数量达到 11 个。三众科技研发的三众软件开发引擎云平台获评腾云驾数优秀产品,紫光建设的"我的连云港"App 综合管理服务平台、电子口岸承担的连云港口岸公共信息大数据服务平台获评腾云驾数融合创新发展案例;中船重工第 716 所研发的"杰瑞捷云"大数据平台成功获评省级大数据优秀产品。

一、开展行业研究,提高产业服务水平

细致梳理全市信息产业现状,潜心研究信息产业发展存在问题,撰写《连云港市互联网产业发展情况调研报告》《连云港市软件产业发展情况报告》等,全面分析全市产业情况,找准发展方向,加快产业转型升级,引导产业实现高质量发展。

二、举办专题培训,夯实产业智力支撑

根据调研情况、结合往年活动经验,开展第二届连云港市 IT 产业育才计划,选取全市软件企业急需的专业人才类别,开展 Python 与大数据分析技术、移动应用开发及 IT 主流技术系列化专题培训,共有 430 人次参训。除传统授课外,本次培训还加入了沙龙活动、企业授课、外出调研等形式多样的培训内容,密切结合应用实际,推动全市软件产业人才队伍建设。

三、搭建展示平台,促进行业交流合作

做好南京软博会、无锡物博会等参展组织工作。7 月组织高新区省级软件园、连云区大数据"一带一路"大数据产业园等重点园区及 12 家重点企业参加第十五届南京软博会,以城市展馆形式集中展示市内园区优越的入驻条件、企业优秀产品等。9 月赴无锡参加 2019 世界物博会,了解行

业发展前沿动态,谋划全市信息产业发展方向。通过一系列活动,推介市软件企业、服务政策和优势项目,促进企业之间交流与项目合作。

四、开展产业对接,增加产业发展后劲

今年以来,连云港市工信局软件处组织部分重点企业、重点园区赴济南、深圳、大连开展产业对接,调研浪潮集团、巨鼎医疗设备有限公司、今目标科技有限公司等,详细了解各家公司的发展现状、特色产品与服务以及产业转移相关信息,邀请今目标科技有限公司来连考察,持续推进产业对接工作,建立项目储备数据库,为信息产业持续发展增加后劲。

五、加强政策引导,助力企业创新发展

加强对重点企业的跟踪管理,继续开展"双软评估"奖励政策,对 2018 年度通过软件产品评估和软件企业评估的 8 家企业发放奖励资金共计 37 万元。组织金鸽网络、杰瑞电子等企业申报省级工业和信息产业转型升级专项资金,组织电子口岸等企业申报第十七届金慧奖,组织紫光、正融等企业申报省级"腾云驾数"融合创新发展案例,充分发挥各项政策引导作用,着力提高企业发展质量效益,推动全市信息产业实现高质量发展。

六、结合产业情况,制定下步工作措施

(一)加大扶持力度,营造产业发展的良好环境

将软件产业放到更加重要的位置上来,纳入市重点发展方向,将其作为市"产业强市"的重要组成部分。对软件等新兴产业给予政策上倾斜,加大扶持力度。研究出台《连云港市促进软件与信息服务业发展实施意见》,重点扶持技术研发、应用创新、企业做大做强等方面。探索设立软件与信息服务业产业投资基金,用于鼓励软件和信息服务业技术创新、品牌建设、培育企业发展、行业能力提升平台建设,支持在连高校软件专业毕业生创新创业等。

(二)加强载体建设,构建产业发展的支撑平台

以示范性软件产业园区、互联网产业园区、电子商务产业园为标杆,以规划一流、环境优美、服务优质为目标,全面推动软件产业园区、互联网产业园向特色化、品牌化方向发展,加强全市信息产业发展的载体建设,不断提升各特色园区专业功能和服务能力。尤其注重公共服务平台建设,深化服务内涵,打造"一站式"服务平台。指导淮工大学科技园、市高新区、杰瑞创意产业园等申报省级各类特色园区,推进大数据中心、智慧物流园及电子商务产业园等创新载体建设,鼓励县区建设软件产业园,推动各类要素资源集聚、开放和共享,逐步形成特色产业集聚。

(三)搭建交流平台,扩大产业发展影响力

推出系列活动,搭建交流平台,扩大全市软件产业影响力。一方面组织开展市软件和工业企业

对接会、软件项目路演、软件企业与机关单位座谈会等活动,增进本地企事业单位对全市软件行业的了解,促进本土企事业单位间合作;另一方面依托软件行业协会,组织市软件企业参展深圳电子博览会、南京软博会、大连软交会、一带一路"节点城市项目推介会等系列活动,推介市软件企业、服务政策和合作项目,促进企业快速成长,实现跨越发展。

(四)完善投融资机制,创新产业发展融资渠道

通过市场化手段汇聚资源,扩大中小软件企业的融资渠道,增加中小软件企业融资产品,为企业的软件研究开发和产业化提供足够的资金支持。成立软件产业发展基金,引进政府和社会资本加入,针对软件企业轻资产、融资难的问题,重点解决互联网初创企业资金问题,引入天使投资、风险投资等产业基金,加大扶持力度。政府对中小软件企业融资支持力度是关键变量,因此政府主导加大对中小企业的关注和扶持,健全金融中介的支撑体系,营造良好投融资环境,同时鼓励企业加强自身融资能力的培养,充分利用好各种类型的创新融资渠道。

(五)加大招商力度,壮大产业发展规模

建立全市软件产业招商项目信息库,鼓励园区打造发展软件产业发展氛围,发挥区位和成本优势,重点瞄准行业龙头企业,积极引进品牌企业来连设立分中心,支持品牌企业在连建立新的工作团队。推动互联网产业招商,发挥连云港紫光云计算中心的作用,围绕软件和互联网产业细分领域,通过深化应用,吸引外地大企业尤其是"中"字头大企业,来连云港落地或合作共建特色产业园、创新创业服务平台、"云上软件园"、"虚拟软件园"。加强与全市园区、企业之间的协作,进一步深化与行业机构、知名企业的合作,适时启动专题招商活动,壮大产业发展规模,推动产业集聚发展。

(六)实施大数据战略,推进新兴业态发展

积极推进云计算、大数据、人工智能等新一代信息技术与工业、民生等行业结合,推进互联网与制造业融合创新,构建信息化背景下的核心竞争力。培育一批以大数据采集、分析、应用为主业的骨干企业,推动金融、卫生、物流等领域的大数据创新应用,促进传统产业转型发展。加快现代信息技术与产业深度融合,形成以信息化为创新要素的产业发展新形态,推广应用物联网、云计算等技术,发展互联网经济,实现生产流程智能化、经营网络化、服务远程化。

(七)补齐人才短板,提升产业发展的智力水平

一是引进行业高端人才。利用好《加快推进鼓励和支持人才创新创业重点任务分工》《连云港市"港城英才计划"实施办法》《连云港市人才安居办法(试行)》等人才利好政策,加大了产业人力资源的开发力度,着力引进行业高精尖人才,强化全市信息产业发展智力支撑。二是加大现有人才培养力度。一方面充分发挥各行业协会等服务机构的桥梁作用,引导协会与高校、科研机构进一步加强信息产业人才培养合作,依托江苏海洋大学三星级人才培训基地开展连云港市 IT 产业育才计划,邀请国内专家名师来连授课等多种方式,提升全市产业人才综合素质。另一方面组织企业积极参加省"育鹰计划"培训、北京大学创业训练营及"英才名匠"产业人才培训计划等系列培训活动。三是重点对接在外从事信息产业工作的连云港籍人士,做好政策解读,提供良好服务环境与工作平台,加强基础配套建设,鼓励其回连发展。

第 三 部 分

园 区 产 业 篇

第一章　中国(南京)软件谷发展报告

2019 年以来,中国(南京)软件谷积极贯彻落实南京市委市政府建设具有全球影响力创新名城战略部署,在雨花台区委区政府的坚强领导下,按照强化"五城共建"的工作要求,紧紧围绕建设"国内领先、国际一流"专业软件园区的奋斗目标,坚持对标找差、创新实干,凝心聚力、攻坚克难,全力当好雨花台区"五城共建"排头兵、主阵地,积极争创南京创新名城建设标杆区、示范区。

一、发展情况

1. 产业发展态势平稳

紧紧围绕南京市委市政府下达的重点目标任务,坚持软件产业集群发展战略,园区软件和信息服务业发展持续推进。2019 年,实现地区生产总值 447.39 亿元;实现一般公共预算收入 26.11 亿元;实现软件业务收入 1 800 亿元,同比增长 16.1%;新增涉软从业人员 2.5 万人,总数达 27 万人;新增涉软企业 370 家,总数达 2 772 家;新增软件产业建筑面积 85.80 万平方米,总量达 916 万平方米;实现固定资产投资 104.59 亿元;实际利用外资 12 196.82 万元,占年计划 101.63%;实现外贸进出口总额 198 亿元;签约项目投资总额 227.08 亿元。

2. 项目建设加速推进

紧扣项目招引"生命线"。2019 年,区、谷领导带队多次赴北京、深圳等国内重点城市和爱尔兰、俄罗斯等"生根国家"开展招商活动。2019 年 6 月,南京市人民政府和华为技术有限公司举行战略合作协议签约仪式,华为(南京)人工智能创新中心正式落户中国(南京)软件谷。在雨花台区 2019(深圳)招商推介会上,软件谷共签约 6 个项目,计划投资总额达 11.3 亿元;在雨花台区 2019(北京)招商推介会上,软件谷与 20 个北京项目签订落户协议,计划投资总额达 40.25 亿元。跑出项目建设"加速度"。2019 年,软件谷共承担重点项目 36+1(协建)个,其中省重大项目 1 个,市重大项目 12 个,均按照年度目标稳步推进。金融科技产业园项目、亿嘉和项目进行基础建设;总部经济园项目成功摘牌;花神科技广场、宇龙项目主体建设;圣迪奥项目内外装修;雨花社区服务中心项目交付使用。完成雨花人工智能产业园、北辅道产业集群等 7 幅科研用地挂牌出让,总出让用地面积超 203 亩。

3. 园区环境持续提升

扎实推进基础设施建设。2019 年软件谷城市建设计划总投资约 48.3 亿元,其中道路建设 45

项,道路建设总里程约 36.5 公里,总投资约 42 亿元;共建成瑞谷、三合路等 8 条道路,长度 11.1 公里;续建绕城北辅道等 8 条道路,长度 7.0 公里;开工建设机场二通道北段等 3 条道路,长度 2.2 公里;开展梅苑南路跨河大桥、规二路西延等 25 条道路的设计及前期手续办理工作。有序推进土地整理和储备工作。完成菊花里地块、圣戈班 C8 地块、圣戈班 C2C3 地块等出让地块 5 幅,共计 339 亩,出让金共计 85.75 亿元;推进安德门城中村改造地块、华为路周边地块等 13 个项目拆迁工作,共完成协议拆迁约 16 万平方米。全力推进特色园区建设。2019 年,楚翘城、科创城一期、云密城、创业创新城和南京大数据产业基地"四城一基地"特色园区载体招商率达 90%以上。南园总部经济园完成挂牌前期手续,签订委托代建协议;软件谷人才实训园区已于 4 月初交付使用,雨花社区服务中心内外装修。此外,南京外国语学校雨花国际学校、软件谷附属小学已经竣工交付,并于 2019 年 9 月份正式投入使用,加快推进马家店规划小学及第二规划小学建设进度。

4. 创新动能持续增强

人才引进有序推进。2019 年引进创业南京高层次创业人才项目 29 个,培育创新型企业家 6 位,集聚科技顶尖专家 3 人,入选江苏省双创人才计划 3 位,引进南京市 345 海外高层次人才项目 4 个,入选南京市中青年拔尖人才 5 人,获得 2019 年留学人员科技创新项目拟择优资助 3 个,入选 3 个区级企业专家工作室。目前已累计集聚和培养国家级人才 19 人,省级人才 64 人,市级人才 364 人,形成了海内海外、创新创业等多层次多结构的人才体系。平台载体建设成效明显。集聚各类众创空间 35 家,其中国家级 7 家、省级 8 家;科技企业孵化器 24 家,其中国家级 2 家、省级 4 家。众创空间、孵化器总数达 59 家,总面积约 64 万平方米。创新创业环境不断优化。发布《中国(南京)软件谷双创生态白皮书》,举办第三届软件谷双创峰会暨软件谷风云人物颁奖典礼,举办第二届中国(南京)软件谷创新创业大赛,在北京、上海、成都、深圳、杭州、硅谷举办城市线下赛,报名项目超过 200 个,吸引全国创业青年集聚落户。2019 年 7 月,在由《环球时报》社与中国民营经济国际合作商会联合主办的"2019 中国国际化营商环境高峰论坛"上,软件谷荣获 2019 中国最具投资营商价值产业园区奖。

5. 国际交流合作不断拓展

举办国际交流活动。持续深化与硅谷高创会、PNP 软件谷国际创新加速平台和中欧创新中心等机构平台合作,先后举办中欧创新科技合作峰会、两岸科技成果交流会、PNP 国际跨境峰会等一系列国际交流活动,芬兰智能康复设备生产商 HUR 等一批欧洲高科技公司落户软件谷,软件谷的品牌美誉度和国际知名度不断提升。加深"一带一路"国家合作。依托"创新周"期间签约的东盟、欧洲国家的顶级科技园区和创新产业联盟,增强软件谷与"一带一路"国家创新产业合作的新动力和互补性,目前泰国国家科技园已对接企业注册落户软件谷中欧创新中心。赴海外开展招商推介。2019 年 5 月,赴爱尔兰和俄罗斯开展"生根出访"活动,在爱尔兰成立南京海外协同创新中心,与圣三一学院共建中爱人工智能和生命科学产业研究院、与爱尔兰科克大学共建脑谷人工智能研究院,2 家新型研发机构均已落地建设。2019 年 8 月,赴爱尔兰、英国开展"生根出访",签订国际产学研人才培养合作意向备忘录。赴莫斯科、荷兰等国参加莫斯科国际通信设备展及江苏省 ICT 产业推介会,拜访荷兰半导体协会等众多机构。软件谷在境外设立 4 个招商联络处,运满满、润和、南瑞微电子等企业在境外设立了研发中心。汇聚国际创新资源。软件谷现有外资企业近 90 家,包括三星研发中心、富士康研发中心、Marvell(美满)研发中心及 SAP 创新中心、高通创新中心等在内的国际研发机构 21 家。

6. 党的建设全面加强

扎实开展"不忘初心、牢记使命"主题教育。分别制定软件谷党工委、软件谷机关各部门和软件产业党委的主题教育实施方案,召开动员部署会议,确保 9 家机关党支部、51 家非公党组织和 2 035 名党员全覆盖。依托"雨花红谷"三级网格体系,统筹安排谷机关 10 个部门与 10 个党建网格结对共建,服务指导 51 家非公党组织开展好主题教育。10 月 22 日,举办雨花台区"开门搞教育——初心行"系列活动产业篇,省、市、区主题教育指导组领导,区委常委会集体调研"雨花红谷"党建项目、实地走访调研润和软件非公党建工作并参加主题党日活动。10 月 24 日《南京日报》头版刊登《雨花"敞开门"推动主题教育走深走实》对该活动进行宣传报道。稳步推进"雨花红谷"建设。在谷工委的领导下,在区委组织部的指导下,持续深入打造具有非公企业特色的"雨花红谷"党建品牌。以"网格化党建"为抓手,全面推进示范引领、覆盖拓展、领头雁建设、网格化管理、非公党建保障"五大工程",梳理 13 大类、35 个分项的年度目标任务清单,"雨花红谷"党群服务中心正式投用。有效发挥发挥党建引领作用。进一步增强党建工作在经济发展过程中的政治引领和组织保障作用,推动区域党建与企业成长、园区发展"同频共振、齐头并进"。持续开展党建项目"立项认领"工作,谷内 16 家非公企业党组织与铁心桥街道 9 个社区结对开展基层党建项目,通过共建共促,推动企地党建协调发展。打造党建宣传新阵地,提升"雨花红谷"微信公众号运营成效,编印《"雨花红谷"工作简报》,"学习强国"参与度显著提升。

二、工作亮点

(一) 软件产业地标再拔高,中国软件名城示范区创建工作扎实开展

软件谷紧抓南京市委市政府将软件和信息服务业确立为"4+4+1"产业体系四大服务业主导产业之一以及打造"南京市软件和信息服务产业地标"两大战略机遇,围绕建设"国内领先、国际一流"专业园区奋斗目标,坚持一张蓝图绘到底,聚力聚焦软件和信息服务业发展,主导产业规模稳步提升,产业集聚态势日趋明显,基本形成了产业链条完整、产业生态良好的软件和信息服务业发展态势。2019 年以来,软件谷全面启动中国软件名城示范区验收筹备工作,委托中国电子信息产业发展研究院编制《2018—2019 年度中国软件名城示范区诊断服务报告》;精心做好第十五届软博会筹备组织工作,举办第八届"中国软件杯"大学生软件设计大赛、中国软件名园建设工作座谈会等多场大型活动;充分释放促进产业发展政策红利,2019 年雨花台区软件产业综合发展专项资金共兑现 1.48 亿元,惠及 516 家企业。

(二) 厚植创新创业文化,全国双创示范基地建设向纵深推进

2017 年 6 月,国务院将雨花台区被评为第二批全国大众创业万众创新示范基地。2018 年 5 月,因大胆探索、勇于尝试、成效明显,以软件谷为核心的雨花台区双创示范基地受到国务院通报表扬。2018 年 11 月,南京软件谷信息安全中心项目作为双创支撑平台项目获批 5 000 万元中央预算内投资补助。软件谷科学系统谋划,完善顶层设计,切实发挥中央补助资金实效。2019 年以来,启

动园区公共服务建设及相关配套设备采购、软件谷双创展示中心两个建设类项目以及软件谷双创服务中心线上平台、软件谷智慧园区信息平台和云密城园区智能化系统三大子项目建设工作。项目建成后,将借助大数据、人工智能等科技手段,推动创新资源线上对接、创业服务在线办理、经济数据集成式管理、特色园区智能化运转。构筑完备的双创政策体系,出台《中国(南京)软件谷特色园区科技企业孵化器创业企业扶持办法》《雨花台区知识产权战略专项资金管理办法等实施政策》等扶持政策;激发创新创业资本活力,鼓励和扶持科技创业企业进行融资贷款,谷内轻资产软件企业无抵押融资利率基本降至10%以下;营造浓郁的创新创业环境,定期举办软件谷创新创业大赛、"精鹰归谷"招聘会、HR智享会等品牌活动和青年交友联谊会、乒羽联赛、足球赛等文体活动,创新创业服务品牌影响力持续提升。

(三)打造科创成果转化"高地",雨花台高新区提质增效发展

争先进位取得新成效。南京市两落地一融合推进办公室发布的《关于2019年三季度全市高新区(园)高质量发展主要指标监测情况的通报》显示,前三季度,雨花台高新区实现科技服务业营业收入456.29亿元,企业研发投入占营业收入比重5.48%,两项指标位居全市15个高新区(园)首位;高企入库数、新增新型研发机构备案数等指标位居全市前列。新型研发机构孵化成果突出。2019年,雨花台高新区承担新型研发机构市级备案新增指标6家,孵化引进企业新增指标120家。截至12月底,雨花台高新区累计签约落地新型研发机构14家,累计通过市级备案12家,其中当年新增备案6家,完成指标任务;落地机构新增孵化引进企业162家,完成率135%;各方累计投入新型研发机构建设资金8952万元;知识产权申请量累计达178件;7家企业营收超500万元,其中2家超5000万、3家超2000万、4家超1000万;三维智能制造研究院被评为"市十家新型研发机构"。高企培育申报数创新高。2019年,省高企培育入库企业265家;通过认定高企210家,净增高企142家,完成年度净增指标的161%(2019年净增目标任务88家);累计聚集高新技术企业421家。

(四)深耕企业成长沃土,重大项目量质并举推进

招商引资成果丰硕。深入贯彻落实南京市委市政府、雨花台区委区政府关于"招商突破年"的工作要求,把招商引资工作放在突出重要的位置,不断创新招商模式,有效拓展招商路径,着力建强招商队伍。2019年,软件谷累计引进签约项目160余个,签约项目总投227.08亿元,其中亿元以上项目34个,均超额完成年度目标任务。在第十五届南京软博会闭幕式暨签约仪式上,软件谷与浙大网新江苏总部、众能联合总部等6个项目签约,计划总投资达74.6亿元,现场签约项目数量及计划投资总额位列全市第一。本土企业实力显著提升。在市委市政府2019年6月公布的南京市独角兽和瞪羚企业名单中,雨花台区共有独角兽、培育独角兽和瞪羚企业40家,总数位列全市第三,其中软件谷共有34家企业上榜,数量位列全市同类园区前列;南京明略科技、亿嘉和、众能联合3家企业通过市级功能性总部和综合型总部认定,浙大网新集团、浩鲸云计算等7家企业纳入新增总部企业储备库;2019"中国新互联网企业·人工智能企业"TOP100榜单中,江苏共有5家企业入选,南京上榜的3家企业亿嘉和、华捷艾米、硅基智能均来自软件谷。

(五)提升园区品牌影响力,2019南京创新周工作圆满完成

专场活动方面,成功承办市级主场活动"中华门创将"百场创新大赛"决战紫金之巅"总决赛、区

级专场活动欧亚创新直通车·第三届中欧科技创新合作峰会和第二届中国(南京)软件谷创新创业大赛以及"百名大咖"进高校(进园区)等多场活动。嘉宾邀请方面,邀请"生根国家"高级别政府官员、国内外院士、高校及科研机构代表和知名企业代表等各类嘉宾91人,包括中兴通讯董事会董事长李自学、华为战略研究院院长徐文伟、爱尔兰驻中国大使李修文、爱尔兰驻上海总领馆领事何莉、都柏林圣三一大学马丁院士等重要嘉宾27人。黑科技成果展示方面,成功征集华为5G数据信号展示车等18项黑科技成果参展,其中"生根国家"黑科技成果4项,在全市率先完成黑科技产品展览展示征集工作。"创新周"成果方面,新型研发机构项目中爱人工智能与生命科学研究院、人才基金类项目亿嘉和医疗机器人及人才团队引进项目成功签约;中国云计算创业投资服务联盟落户雨花台区;华为5G技术展车展览及展示入选创新周"十大黑科技产品";《新华社》《凤凰网》《新华日报》《南京日报》等主流媒体共发表雨花台高新区"创新周"相关报道57篇,其中央级21篇、省级21篇、市级15篇。全面超额完成"2019南京创新周"重点工作考核任务。

三、下一步工作

(一)强化产业引领,持续壮大软件产业集群

一是加强产业规划编制。编制完成《软件谷促进新一代人工智能产业发展三年行动计划(2020—2022年)》,在坚持做大做强软件产业的基础上加快打造人工智能产业"新地标",不断挖掘园区主导产业优化升级新动能。二是建强产业平台载体。加强与高校、企业和科研机构合作,打造一批科技含量高、转化能力强的公共服务平台,不断扩大华为云、中软国际解放号、翼辉自主实时操作系统平台、科拉德集成电路产业公共服务平台、华为(南京)人工智能创新中心等载体的运营成果,推动南京人工智能产业联盟落户软件谷,以健全的科研成果转化体系赋能现代产业提质增效发展。三是做强产业项目支撑。聚焦全市"4+4+1"主导产业方向,努力吸引一批高新技术企业、独角兽企业、瞪羚企业和细分领域的隐形冠军企业来谷投资兴业,通过"招商突破"实现"建链、延链、补链、强链",以重大项目培育和引进支撑高端产业加速集聚发展。四是加强产业集群建设。围绕特色园区做产业,不断壮大产业集群;围绕龙头企业做园区,带动上下游企业集聚。联合华捷艾米,打造以3D-AI产业为主导的产业园;联合雨花人工智能产业园,打造以智能驾驶人工智能为主导的产业园;联合复星集团,打造以物联网为主导的产业园;联合东南集团,打造以公共安全人工智能为主导的产业园。

(二)实施创新驱动,全力打造创新名城高地

一是狠抓高新技术企业培育。细致摸排跟进,继续建立健全软件谷高企培育库和重点企业创新全要素监测数据库;构建由众创空间、新型研发机构、孵化器、特色园区载体组成的高企摸排培育服务支撑网络;针对申报企业、楼宇载体、服务机构等不同主体配套提供高企入库奖励、入选奖励、研发经费奖励、高端人才奖励等多项政策扶持;优化申报服务,聘请高企申报专家组成智囊团,为企业提供点对点个性化服务,实现"初创企业—中小企业—入库培育—高企"培育链无缝对接。二是全力推进"两落地一融合"工程。扎实推进《中国(南京)软件谷关于推动新型研发机构建设发展的实施意见》,做好新型研发机构进行备案认定申报辅导全方位服务。加速建成示范新型研发机构,

构建新型研发机构培育库,全面提升落地机构运营成效和科技内涵。加快天使基金建设,撬动社会资本和市级资金,对新型研发机构进行资本赋能,解决资金长期供给问题。三是不断加深国际交流合作。持续开展好"生根出访"工作,充分发挥海外协同创新中心作用,在引进海外人才基础上加强科技企业资源导入和本地转化;持续深化与硅谷高创会的合作,积极对接硅谷合作资源;充分利用PNP软件谷国际创新加速平台向软件谷导入世界500强企业资源,为国内外企业搭建供需信息和合作意向交流的桥梁。

(三)紧扣发展短板,全面推动产城融合发展

一是强化基础设施建设。2020年,软件谷城建计划总投资27.35亿元,其中道路建设23项,总里程20.6公里,总投资26.5亿元。将建成乙二路、华新路等10条道路,竣工长度6.8公里;新开工建设规二路西延、水科路等4条道路,长度3.4公里;继续推进机场二通道北段、宁双路拓宽改造等2条道路建设工作,长度3.2公里;建成宁双路景观绿化等绿化提档升级景观工程;启动牛首山连接道路等7条道路前期研究工作。完成马家店规划小学建设工作,加快推进马家店第二规划小学、藏家巷华严寺幼儿园、公交场站的建设工作,构建结构合理、功能完善、生态良好、发展有序的城市空间和宜居环境。二是全力推进项目建设。健全领导挂钩、定期调度、督查通报、考核奖惩的工作机制,按照工作目标化、目标节点化、节点责任化的要求,细排横道图、鱼刺图,做到全程跟踪、多方保障、形成闭环。推进宇龙项目建成;金融科技产业园项目、亿嘉和项目力争主体封顶;花神科技广场项目主体建设;北辅道产业集群、南大数码、雨花人工智能产业园基础建设。三是不断加快特色园区建设。软件谷现阶段规划建设各类特色园区13个,2020年在建及待建特色园区总建筑面积达212.5万平方米。全力推进总部经济园、北辅道产业集群、智慧城市产业基地、明发低效用地改造项目一期开工建设。

(四)聚焦生态建设,努力建设一流营商环境

一是完善创新创业生态体系。充分发挥人才在创新创业方面的核心引领作用,加速集聚技术、知识、资本等创新资源要素;深化知识产权集群管理模式,营造鼓励知识产权运用、保护、管理的浓厚氛围;抢抓"国家第二批双创示范基地"和"中国软件名城示范区"建设等重大战略机遇,大力培育创新创业载体设施,高标准推进软件谷创投中心建设,持续扩大"软件谷超一流双创服务样本"的品牌影响;重点做好软件谷双创服务中心的运营管理,举办瞪羚创新课堂等技术交流活动,营造浓郁的创新创业氛围。二是提升行政服务效能。做优企业跟踪服务,坚持落实好领导分包联系责任制,深入一线为企业排忧解难,把各类企业当成自家人,把服务企业当成分内事,认真协调和解决企业反映的突出问题,以"态度最优、服务最佳、效能最高"为标杆,着力打造软件谷一流的营商环境。三是持续强化党的建设。深入推进"雨花红谷"党建品牌建设,高标准建设"1+X"党建主阵地和分阵地,在现有的党建品牌基础上,重点策划美篇、亿嘉和、艾佳等新的党建品牌。加强在独角兽、瞪羚及其系列企业中建立党组织,通过培训交流提升非公党组织书记、委员和党务工作者能力素质,进一步发挥党组织战斗堡垒作用。加强"空挂""失联"党员管理,常态化开展联合党组织整顿提升工作。继续推进机关作风建设,全力打造一支能吃苦、敢担当、讲奉献、廉洁好的高素质干部队伍,为打造"国内领先、国际一流"的软件园区提供坚强有力的组织保障。

第二章　江苏软件园发展报告

一、园区自然情况

江苏软件园以打造"理念先进、功能完善、服务一流、环境优美"的一流软件园区为目标,在省内形成了徐庄孵化研发基地、吉山产业化和出口基地、天目湖现代服务业基地以及江苏虚拟软件园"一园三基地"的发展格局。

徐庄基地:位于风景秀丽、空气清新的紫金山东侧,占地面积 266 亩,总建筑面积约 17.2 万平方米,定位为国内一流的中小软件企业孵化基地和科技成果转化实验基地、国内外知名企业研发中心及总部基地。该基地已封园运营,引入企业 78 家,招商入驻率保持在 98% 以上。

吉山基地:位于江宁开发区吉山以南,南京规划布局的"一谷两园"软件产业集聚区的南翼,总规划面积 6.24 平方公里,建筑面积 540 万平方米。作为南京打造中国软件名城"一谷两园"的重要组成部分,功能定位为大中型软件企业聚集的产业基地和软件外包服务出口基地。该基地现已基本完成启动区 2.63 平方公里范围内的拆迁、基础设施及配套工程的建设;产业项目已经建成:5.3 万平方米的创造中心、6.8 万平方米的商务公园、3.8 万平方米的创新广场。

天目湖基地:位于溧阳市天目湖工业园区,距天目湖核心景区 5 公里。项目占地面积 198 亩,地块容积率约 1.75,计划总建筑面积约 29 万平方米。该基地是江苏软件园首次跨出省城,扩张投资建设的第一个跨地域产业基地,将打造成以研发为主、商务配套的生态型、花园式的精品园区。该基地于 2013 年 8 月正式动工,建设周期为 3~5 年。目前一期 8.5 万平方米研发楼项目已建成,可投入使用。

二、2019 年发展概况

(一) 园区产业基本情况

2019 年江苏软件园入园企业总销售收入 298.89 亿元,软件销售收入 188.88 亿元,利润 19.3 亿元,上缴税金 19.3 亿元。截至 2019 年年底,江苏软件园入园企业 420 家,软件收入大于 1 亿元的企业有 10 家,园区共有软件从业人员 28 000 人。

(二) 园区重点发展工作

2019 年度,江苏软件园持续深化产业布局优化、公共平台建设、服务体系搭建。

1. 构建园区产业布局

从租赁熊猫研发用房运营"城中园"起步,历经十余年的开发,江苏软件园自主投建了约40万平方米的产业载体,构建了徐庄孵化研发基地、吉山产业化及出口基地,形成了"创业苗圃—孵化器—加速器—产业园"的阶梯式产业载体布局。

2. 形成孵化服务体系

孵化器秉承"专业服务＋天使投资＋创业导师"的理念,依托产业集聚优势,联动啡咖啡等孵化机构和各类中介机构,初步形成了"创业苗圃—孵化器—加速器"的阶梯式孵化服务体系,为创业企业提供孵化空间、投融资、技术平台、市场推广、人力资源、政策引导等方面的服务,帮助降低创业成本、创业风险,服务品质获得科技部认可,孵化器成功跻身"国家级"。

(三) 2019年度政策措施及发展经验

1. 支撑传统产业优化升级,实现高质量发展的成功经验。江苏软件园以拓展空间布局、完善服务体系、提升品牌价值、营造双创氛围为着力点,支撑传统产业优化升级,在园区招商、建设运营、转型发展上积累了一些有益的经验:一是以招商为第一要务,主动适应新常态,积极盘活资产;二是以练好内功为主线,以完善制度机制、加强队伍建设为主抓手,通过建立标准化的管理流程、构建全方位孵化服务体系、培养高素质人才队伍,为品牌输出、服务拓展奠定基础;三是以转型发展为目标,经营方式逐步由资金规模大、建设周期长、投资收益低向轻资产经营、挖掘品牌价值、依靠技术和服务转变。

2. 培育新兴经济业态,促进云计算、大数据及人工智能等信息技术产业发展。江苏软件园全力推进基地调整产业结构,培育新兴经济业态,谋划转型发展。园区依托园区品牌、产业载体、科技企业等多年累积的优势资源,以企业孵化拓展运营为抓手,围绕"一个体系(江苏软件产业集聚综合服务体系)、两个中心(产业集聚和服务集成中心)、三个平台(产业集聚平台、公共服务平台、科技金融平台)"的战略构想,逐步推进江苏软件园转型发展的战略目标。

3. 在招商引资方面的成功经验。招商策略上,利用园区优势资源,围绕主导产业善打主打牌,突出龙头招商,推动招商工作上规模。园区招商服务上,为入园企业提供一站式的全方位服务,主要业务包括:地块招商、研发物业租售、园区客户服务、市场调研和运营策划、商业服务项目管理、经营类资产管理等,旨在通过履行营销、推广与客户服务职能,与企业建立有利于园区可持续发展的价值关系。长期以来,园区坚持走专业化的发展道路,进行专业招商服务,从而保证了基地企业的快速发展和园区服务的有效开展。

4. 公共技术平台建设与创新服务支撑体系构建的成功经验。秉承"助力企业创新、促进产业发展"的宗旨,虚拟软件园依托互联网技术,引进国家平台资源、整合省内优势资源,利用互联网、虚拟化等技术将物理上分散的人力资源、设备资源、政策资源、金融资源和市场资源等融会贯通,提供公共、中立、开放的专业服务。

5. 探索人才培养新模式与高端人才引进的主要经验。园区与软件企业和知名高校及专业技术培训机构建立了良好的合作关系,构建软件人才培训新体系,通过职业教育、技能教育和培训等多种形式,加快培养各类技术和管理人才,改善软件人才结构。

6. 扶持骨干企业创新发展、提升骨干企业引领作用的经验。江苏软件园充分利用国内、国际两种资源,拓展两个市场,打响基地品牌。一是积极组织企业参加进博会等大型交流会,组建"骨干企业联盟",加强企业内部交流,联合承接开发项目,争取政府项目支持,帮助基地内的企业开拓国内市场。二是积极利用政府的支持和骨干企业对外交流的优势,帮助中小软件企业进军国际市场。

7. 在推动"大众创业、万众创新"、"互联网+"、"众创空间"等方面的工作举措和效果。在孵化器运营思路上,由原有的单一独立运营模式,尝试引入民营机制合作共建新型创业载体,同时通过"加速器"、"产业基地"等载体空间的搭建,为孵化成功毕业、项目产业化提供载体保障,从而带动江苏软件园内完整"生态产业链"的形成,使园区和孵化器"无缝链接"、融合发展。园区拟搭建"O2O"线上线下平台,实现创新与创业、线上与线下、孵化与投资相结合,为小微创新企业成长和个人创业提供低成本、便利化、全要素的开放式综合服务平台。

三、下一步发展目标及举措

(一)发展思路

2020年是国家"十三五"规划收官之年,也是江苏软件园落实集团国企改革、推动园区资产重组的关键之年。公司将坚持进一步推动江苏软件园资源整合,凝聚共识,精准发力,扎实开展年度各项工作,推动企业健康良性发展。

(二)主要举措

1. 拓宽业务结构,谋划发展转型。高质量编制"十四五"发展战略规划,做好各基地招商引资、企业服务,拓展品牌以及虚拟软件园业务拓展,推进园区转型发展。

2. 深化一体管控,强化制度执行。狠抓疫情防控和经营发展,加强各基地财务、人事、安全、重大项目、风险控制,增强制度执行的效果性,健全完善闭环管理机制。

3. 盘活闲置资产,做好资源整合。加大在持物业租售及在手项目推进;推进重大项目。吉山基地积极引入投资者,加大合作力度;虚拟软件园实施股权结构优化,积极引入新的合伙伙伴。

第三章　江北新区产业技术研创园发展报告

一、园区自然情况

南京江北新区产业技术研创园(以下简称为研创园)的前身是南京软件园(西区)。园区背靠壮丽老山,面向浩瀚长江,紧邻国家级绿水湾湿地公园,生态景观优美,自然环境怡人,发展空间充裕,具备高起点高标准开发建设的先天优势。

2011年8月,南京市委、市政府作出打造"一谷两园",建设中国软件名城的战略决策。

2011年10月20日,南京市政府正式批复南京软件园规划选址,规划面积约11.2平方公里,为区别与原南京高新区内已有的南京软件园,新规划区域对外称南京软件园(西区)。

2016年4月,江苏省产业技术研究院正式签约落户园区,以此为契机,江北新区管委会和原高新区管委会共同在园区增设了"南京江北新区产业技术研创园"的牌子,园区规划面积扩大为13.6平方公里。

2017年5月至2018年9月,江北新区管委会对内部的组织架构和空间架构进行优化,两次调整园区规划范围,园区的规划面积扩展至16.95平方公里,并整体纳入新区33.2平方公里核心区范围。同时园区托管七里河与浦口大道之间约7平方公里区域内的企业服务工作。

2019年3月,南京市江北新区产业技术研创园工作委员会正式批复设立,为新区党工委派出机构。

2019年10月,根据管委会统一安排,研创园与南京软件园正式合并。目前,园区规划面积扩大至30平方公里(高新软件园片区6平方公里、浦口大道托管服务片区7平方公里、本部研发基地片区8平方公里、五桥柔性制造基地片区9平方公里),其中覆盖中国(江苏)自由贸易试验区南京片区7.6平方公里,园区正式进入"双区"叠加发展时期。

二、2019年发展概况

截至2019年,园区共有注册企业10 841家,其中高企296家、规上企业193家、独角兽企业1家、培育独角兽企业6家(含2020年新增3家)、瞪羚企业21家(含2020年新增8家)、自主培育新三板上市企业20家、累计通过新型研发机构备案30家。

2019年园区一般公共预算收入完成29亿元(增速15%),地区生产总值按可比价计算增速达14%(突破150亿元),固定资产投资达105.9亿元(增速达93.34%),外贸进出口总额完成59.9亿元,实际利用外资完成2.73亿美元,服务贸易进出口总额8 500万美元,软件业务收入535.5亿元,共 190 家企业进入江苏省、南京市高企培育库,116 家企业通过国家高企认定,新增备案新型研发机构 12 个,新增南京市博士后创新实践基地 7 家。

2019 年园区先后荣获中国产学研合作创新示范基地、省级电子商务示范基地、省大众创新万众创业示范基地、省创业投资集聚发展示范区、省重大科技创新平台集成服务基地、省级和谐劳动关系创建示范园区等荣誉称号。

(一) 坚持规划引领促发展

园区在成立之初,按照"智能生长、绿色发展"打造国际化软件社区的规划理念,建筑概念方案均通过国际招标,由世界知名设计院完成。成立至今,已累计拆迁 1 000 余户、20 家企业和 2 处部队农场,累计建成 22 条道路、16 座桥梁,均达到当年开工当年通车,在修路的同时,园区将水、电、燃气、通信等各类综合管线全部下地,并且特别预留了 2 孔专用管线作为以后的信息管道,整个园区达到"十通一平"的高标准。2019 年,园区聘请了 DPA 对研创园浦口大道以南 17 平方公里城市设计概念方案,按照"一核、两轴、六区、多点、永续环"的总体布局,规划打造贯通城南河公园、滨江风光带、五桥侧线公园、芝麻河公园的永续绿环,建成多个大型综合性公园,引入丰富的混合文化业态,打造一条 15 公里融合旅游观光、运动康体、交通接驳、日常休闲等多种功能游船航线,努力为园区企业创造生态健康有活力的"研商居"一体化环境。

(二) 坚持产业招商聚动能

园区邀请安永公司编制了产业规划,结合新区"两城一中心"产业定位,确定在软件及电子信息产业基础上重点发展集成电路设计、智能制造研发、大数据云计算人工智能三大细分产业。2019年,园区共签约亿元项目 192 个,总投资额 977 亿元,新增"芯片之城"关联企业数 97 家(累计达到300 家),新引进龙芯中科、大鱼半导体等龙头型旗舰型企业 20 家,新引进航天科工微系统等 4 个跨国公司地区总部与功能性机构(累计达到 15 个)。

大力推进产业分类聚合,孵鹰大厦、腾飞大厦、基因大厦的产业标签越来越鲜明,主导产业的集聚效应逐渐显现。利用网易(南京)研究院、青年独角兽培育基地、金智教育、ICisC 人才实训基地等建立人才培养体系,赋能技术创新、产业发展。成功举办世界半导体大会和中国集成电路设计业年会,积极组织企业参加"双创周"、南京创新周等各类会议论坛,多渠道、全方位宣传推介园区优越的营商政策和环境。

(三) 坚持科技引领强创新

推行"研发作为产业,技术作为商品"的发展模式,建成深圳清华大学研究院力合科创中心、膜科技产业园创业中心等 25 个孵化器、众创空间,江苏鸿程大数据技术与应用研究院、网根(南京)网络中心等 18 家公共技术服务平台,建立了"创业苗圃＋孵化器＋加速器"的接力式孵化与培育体系,赋能创业生态。2019 年,园区入选省"双创计划"人才 3 名、双创博士 2 名;新增 2 家省级博士后创新实践基地、7 家市级博士后创新实践基地;净增高企 116 家,有效发明专利保有量 2 718 件,新增 PCT 专利量 89 件(累计达到 160 件)。新型研发机构发展势头强劲,2019 年通过备案新型研发机构 12 个,占新区总量的一半,获科技项目支持资金近 1.1 亿元,累计孵化企业 175 家、引进企业 134 家。

（四）坚持精准服务树品牌

持续加大对 ICisC 中心、航天云测平台、大数据分析实验室、公共射频实验室等公共技术服务平台投入力度,助力企业创新创造,2019 年累计投入公共技术服务平台建设资金达 7 亿元。

引进中国(南京)知识产权保护中心、江北新区仲裁院、南京公证处江北分处、"我的麦田"知识产权互联网公共服务平台等公共服务机构,建立研创园代办服务中心。打造"智汇研创"人才招聘平台、"财聚研创"投融资平台、"慧融研创"信息整合平台等园区三大企业服务特色品牌。

持续改善硬环境,优化软环境,创新新环境,甘当"店小二""快递员",为企业提供贴心服务。建设了研创园公交总站,开通了 14 条循环班车线路,引入全国首家海峡两岸共同运营的抚育安托育中心、新区首家外资五星级酒店瑞斯丽酒店、新区首个 24 小时绿色阅读空间扬子云书房、新区首个超五星级酒店长江之舟华邑酒店,工商银行、农业银行、南京银行等陆续在园区开业,乐创汇运动场、红色引擎广场、蓝色科技创新广场投入使用,足球场、网球场、篮球场、标准跑道等运动设施齐全,星巴克、网易严选、罗森便利店、云食集美食广场、禄口机场城市候机楼以及健身房、游泳馆等各类服务配套完善。

三、下一步工作计划

2020 年,研创园将以新区党工委、管委会发展要求为"一个统领",抓实抓牢三区叠加和两园融合的"两个契机",聚焦集成电路研发、智能制造设计、大数据云计算人工智能"三大主导产业",夯实产业引智集慧、制度完善升级、建设加速提效、服务提质增效"四个基础",进一步发挥好高新技术产业的示范引领作用,有效释放园区经济效应、创新效应和引领效应。

（一）坚持效率优先,全面提速园区工程优质建设进度

以省市重大项目、重要功能节点项目为管控核心,强化可研分析、施工论证、施工组织、施工监管等全过程管理。一是系统优化园区整体建设进度和设计深化,重点加强中央活动区、城南河景观等重点片区城市设计深化和五桥片区已建地块优化调整。二是严格土地管理,做好征迁工作,确保项目启动前土地保障到位,征迁工作顺利实施。三是加快自建代建及社会投资项目的运行节奏,加大未落地开工项目前期工作调研,查找问题、分析原因、疏通堵点,通过倒排工期确保工程进度按计划运行。四是推行重大项目建设奖励制度,对提前开工、进展顺利、提前竣工的建设单位给予奖励。五是强化安全环保管控,确保园区安全绿色发展。

（二）加大招引力度,全面担起新区产业发展重任

利用好"三区叠加"优势,特别是自贸区落地的引领效应,完善"做强产业、调优结构、创新驱动、持续发展"的招引策略。一是加快推进在手在谈项目,尽快促成项目转化落地。重点推进海尔集成电路设计研发中心、GWT 低功耗 AI 芯片等项目签约落户。二是细分行业领域,以人工智能、软件开发、集成电路设计、物联网、5G 技术等领域为重点,梳理并招引行业龙头企业、独角兽企业,继续强化龙头企业的示范和引导作用。三是围绕主导产业布局产业链生态。完善招商政策体系,优化产业布局,打造产业公共服务平台,培育行业高端人才,吸引中小企业集聚和外资项目参与,形成

"强企引领—创企开花—上下游供应链保障—消费端扩大"的生态产业链。

（三）聚焦人才技术，全面提升园区产业发展质量

继续做好高新技术企业、新型研发机构的申报工作，加大人才与知识产权的引进力度，培育园区高新技术产业内生动力，推动园区产业发展的质量变革、效益变革，使园区成为强大的人才孵鹰池、创新腾飞地。一是认真落实国家、省、市及新区政策，精准分析园区优势，积极争取产业、项目、土地、资金、对外开放以及体制创新等方面的支持，充分把政策优惠效应落实到具体产业和项目上。二是及时启动2020年高企申报企业挖掘及辅导工作，与园中园、孵化器及相关部门联动，跟踪企业动态；加强已备案机构的培育，促进新型研发机构孵化功能的培养，有针对性地孵化科技企业、转化科技成果、集聚高端人才。三是重视利用人才资源，鼓励人才类企业进阶，对申报人才类项目进行创业辅导，多举措加快2020年高层次创业人才的培育工作；根据产业特点，找准人才队伍建设突破口，为园区企业吸引优秀人才。

（四）做细园区管理，全面打造有"温度"的园区

以企业需求为导向，注意细节管理，通过小细节折射大温度。一是协助企业做好各类专业化培训工作，定期组织论坛、培训、宣讲等活动形式，加强园区内外、国内和国际四个维度的服务探索，形成产业"活水"，激发创新动力。二是深化投资体制改革。发挥园区先行先试的政策优势，创新投资管理方式，精简审批程序和环节，建立公开透明、规范便捷的审批制度，促进园区投资与服务贸易便利化，实现"园区事、园区办"。三是坚持"绿色低碳园区"的建设理念，保护好区内自然山水和生态环境，杜绝高污染、高能耗、高环境成本的项目落户园区，走可持续发展之路，实现园区人与自然的和谐相处。

（五）坚持党的领导，全面激发园区干事创业热情

全面加强园区党的建设，坚持以人为本推进园区群团工作，持续激发人员队伍的活力，使"两园整合"的"物理效应"尽快转变为"两园融合"的"化学效应"。一是扎实开展好"不忘初心、牢记使命"主题教育活动，以领导干部敢担当、共产党员亮身份等活动，整合园区党建优势资源、强化非公企业党组织建设，全面提升园区基层组织力和战斗堡垒作用，提高园区党员担当意识、责任意识，引导广大党员"守初心、担使命"。二是积极主动发扬党员先锋模范带头作用，以党员行动带动群团行动，形成具有鲜明特色的"研创园党建精品工程""研创园群团精品工程"，凝练新时代、新机遇、新挑战下的"研创园精神"，使之成为指导园区未来发展的强大动力，成为新区最有活力、最有干劲的代表，全面激发整个园区的干事创业激情。三是主动关心关爱园企员工，帮助员工解决工作、生活中的困难，形成"园区一家亲"的良好文化氛围，建设幸福和谐园区。

孵鹰已展翅，腾飞新时代。下一步，研创园将进一步解放思想、提振精神、乘势而为、奋起腾飞，在产城融合、产业发展、科技创新、人才集聚、党的建设等方面作出新的业绩，全面提速一流产业技术园区的建设步伐！

第四章　无锡软件园发展报告

一、园区自然情况

无锡软件园(iPark)位于无锡国家高新区,始建于1998年,2004年9月被科技部正式授牌认定为国家火炬计划软件产业基地。园区总规划土地面积1平方公里,规划总建筑载体面积150万平方米,目前园区建成投用载体面积85万平方米,由无锡软件产业发展有限公司负责建设与运营,服务涵盖载体运维、招商引资和产业服务全过程。

iPark以打造中国数字经济领军园区为目标,以公共技术、投资融资、人力资源、综合服务等公共服务平台为支撑,提供360度企业全生命周期服务,致力于推进集成电路、物联网、互联网、云计算、信息技术服务、文化创意、5G、人工智能等新兴产业集聚发展。现汇聚创新企业近千家,其中世界500强、全球服务外包100强投资企业25家,约占无锡市70%。产业规模连续多年高速增长,综合实力持续攀升,位列全国火炬计划软件产业基地十强、中国服务外包TOP10园区第四名,持续位列无锡市"Park"园区排名榜首。先后获得国家火炬计划软件产业基地、国家传感网高技术产业基地、国家广告产业园区、国家动漫游戏产业振兴基地、国家动画产业基地、国家数字出版基地、国家文化产业示范基地、国家级科技企业孵化器等8项国家级品牌及数十项省级以上荣誉。

二、2019年发展概况

一是企业招引再创新高。截至2019年12月底,软件园已建成投用载体达85万平方米,现已汇聚微软、联想、索尼、文思海辉、央视国际、感知集团、曙光城市云等创新企业363家,纳税企业470余家,IT及相关人才超3万名。2019年,园区自主招引科技项目共104个,合计注册资本8.9亿元,新增项目出租面积5.7万平方米,综合出租率同比增长10.38%。

二是产业服务亮点纷呈。国家规划布局内重点软件企业5家(海辉、朗新、邦道、永中软件、NTT数据);9家省规划布局内重点软件企业(海辉、朗新、邦道、永中、NTT数据、横新、凌志、宇信、央视)。园区继培育出美新半导体、慈文传媒、朗新科技等上市企业后,至2019年年底,累计培育新三板上市企业9家。

2019年,全年园区企业实现业务总收入242亿元,同比增长19.8%;税收总额9.1亿元;培育超亿元企业4家。新增省高企入库38家。净增国家高企认定19家。雏鹰企业全年新增6家;瞪羚企业全年新增10家;准独角兽企业全年新增2家。科技型中小企业评价入库81家。

截至2019年年底,园区聚集国家千人计划人才11人、万人计划2人、省双创人才26人、省创新团队 6 个,市创新团队 4 个(占全市 50%),市"双创"170 余项;基础人才规模雄厚,共计汇聚各类创新创业人才约 3 万人,其中本科以上学历人才占比超 80%。

三是品牌推广成果显著。2019 年组织高企申报培训会 3 次、项目申报培训 1 次、新入驻企业座谈会 2 次、金融对接服务等活动。组织实施 i 创杯互联网创业大赛新吴区分站赛和无锡市总决赛,累计 18 个项目参加,4 个项目入围市决赛;配合区科技局组织无锡市科技创业大赛的报名工作,累计 12 个项目进行报名;联合汇智党建联盟开展软件和集成电路企业税收政策解读会等。

园区注重平面与立体、传统与互联网营销相结合,与中国软件园区联盟、省发改委联合会等 7 家相关协会建立渠道联系,进行全方位品牌宣传。园区 2019 年江苏省现代服务业集聚区综合评价位列全省 126 个集聚区第五名;获得由《科技日报》颁发的创新中国 2018 年度评选"创新服务平台奖";孵化器被省科技厅连续第三年评为 A 类;2019 年入围国家火炬计划软件产业基地前十。

三、下一步工作打算

下阶段,无锡软件园将践行"围绕一个特色产业、制订一个产业计划、建设一个专业园区、组建一家运营平台、设立一支发展基金、成立一个专业服务机构"的园区运营体制机制,重点搭建专业运营团队,强化招商和企业服务能力,更加市场化、专业化地建设运营园区,推动软件园向国际一流科技创新园区看齐,实现一般服务常态化、专项服务专业化、重点服务个性化,浓厚园区产业氛围,提升区域服务竞争软实力。

(一) 聚焦细分领域,打造数字经济领军园区

立足无锡物联网产业发源地,依托现有产业基础,聚焦软件和服务外包、集成电路、物联网、互联网等园区优势产业,加快与新兴产业的创新融合发展。围绕曙光、朗新、曲速等龙头企业,聚焦云计算、大数据、人工智能、5G 等新一代信息技术产业,推动高新区现代服务业优化升级。紧盯网络文化发展新业态与数字化赋能新趋势,聚焦数字营销、数字音乐、动漫游戏等数字文化产业,树立独有特色,形成集聚效应。

(二) 抢抓发展机遇,全面增强"双招双引"工作能力

坚持科学谋划与精准招商相结合。发挥自身优势,拥抱时代潮流,构建一批引领现代发展的未来产业链,完善一批具有引领竞争力的新兴产业链,提升一批高质量发展的传统产业链,真正实现高质量招商。坚持招商与招才相结合。强化统筹思维,着力招引一批高大上、高新融项目,带动落地一批人才项目、研发机构、创新平台,确保项目、人才"双丰收"。坚持平台招商与社会招商相结合。突出高新区主阵地作用,集中精力、积聚力量、创新方式、创优途径,大力推进以商引商、中介招商和政策机制招商,推动"双招双引"工作实现新突破。

(三) 活动组织"多样化",创新方式服务企业

园区营商环境再提升。对标全国一流园区,持续改善园区内外形象,着力提升智能化管理水平,谋划园区未来扩容增量工作,吸引更多优质高企落户发展。企业服务水平再提升。坚持数量扩张与质量提升并举、壮大规模与提高创新能力并重,勤走访、多沟通、办实事,加大对园区科技企业

培育力度和深度,提升企业竞争力和影响力。争先进位品牌再提升。在国家火炬计划软件产业基地排名第十位的水平上,奋力实现争先进位,连续保持国家级科技企业孵化器考核评价 A 类,启动"中国软件名园"申报工作,奋力当好 Park 经济标杆园区。

第五章　苏州软件园发展报告

一、园区自然情况

苏州软件园成立于 2001 年,按照以国家火炬软件产业基地为核心,以苏州工业园区、苏州高新区、昆山、太仓等软件园区为重点的"一园多区"模式建设。近年来,苏州软件园建设不断推进、优化,对支撑全市软件产业保持平稳运行做出了积极贡献。

(一) 打造基础设施硬实力

目前,苏州国家火炬软件基地已形成一园多区产业格局,总规划面积 7 869 万平方米,现有孵化面积 90 万平方米。各园区根据园内产业规划和企业特色,不断加强网络平台和创新载体建设。昆山软件园积极发挥自身作为国家火炬计划软件产业基地的优势,已经成为江苏省现代服务业集聚地、国际服务外包示范区和省级动漫数据产业园。工业园区软件园(国际科技园)用地面积58.43 万平方米,已建成载体建筑面积 105.55 万平方米,已投入使用载体面积合计 88.23 万平方米,重点引进、培育以云计算和大数据为支撑的人工智能企业集群,建设国内重要的人工智能产业研发创新中心。苏高新软件园拥有近 42 万平方米创新载体,目前在建大数据产业园一期约 49 万平方米,区域内还有 3 万平方米中科院地理信息产业基地和 15 万平方米中国移动苏州研发中心,依托以上载体,重点引进、培育和发展云计算、大数据、地理信息、金融及安全软件、集成电路设计等方向的软件和信息服务业。太仓软件园与中国电信合作建设高标准的绿色环保数据中心,为相关企业提供高端 IDC 服务业务。

(二) 做优政策环境软实力

苏州市政府先后出台《关于推进软件和集成电路产业发展的若干政策》《关于印发苏州市大数据产业发展规划的通知》,促进市软件和集成电路产业在更高层次上取得突破,进一步推动科技创新和产业结构升级。全面落实工信部、省、市各级软件产业政策,组织编印《软件产业扶持优惠政策文件汇编》,为软件企业迅速、准确、全面了解现行的各项软件产业扶持政策提供便利。组织编印《软件产业一本通》,帮助各地政府了解掌握软件产业发展实施动态,加强对软件企业的支持力度。邀请省工信厅、省软件行业协会、市国税局等有关部门专家来苏为我市软件企业作所得税优惠备案有关事项政策宣讲。

(三)完善公共服务舒心环境

建立全市软件企业统计信息库,监测各地软件产业销售收入等重点考核指标,及时把握软件产业发展新动态,共享数据分析实施动态,帮助优化企业布局。开通企业云服务平台,打通数据壁垒,帮助企业及时了解各层级的政策支持、项目申报、行业动态等。鼓励各级资本加大对软件和信息服务业的支持力度,依托"i 创杯""链谷杯"等大赛,联合各投资机构,加强软件企业、创新团队和资本市场的系列对接活动,促进软件企业和资本市场的融合,转变软件企业经营方式,推进建立现代软件企业制度。

二、2019 年发展概况

2019 年苏州软件园发展总体稳中有进、态势良好、特点突出、特色明显。在发挥自身优势的同时,不断创新创优,以服务高质量发展为主题,以赋能经济社会转型发展为主线,不断夯实软件园综合竞争能力。

(一)总体规模平稳发展,企业呈现良好态势

2019 年,苏州软件园载体内拥有企业 1 226 家,共实现营业收入 682.1 亿元,其中软件企业 728 家,园区内共完成软件营业收入 491.6 亿元。对外出口方面,全市共实现出口创汇 54.6 亿美元,利润 27.5 亿元,上缴税收总额 13.1 亿元。截至 2019 年年底,园区内已培育出各领域骨干企业 25 家,通过 CMMI 二级以上认证、ISO9001 认证的企业数量分别超 70 家和 85 家。玩友时代、同程艺龙、中移(苏州)软件等 6 家企业营业收入超 10 亿元,浩辰软件、凌志科技、山石网科等 35 家企业营业收入超 1 亿元。

(二)产业发展优势鲜明,特色企业不断涌现

苏州软件园已经逐步形成了以人工智能为引领,大数据、云计算、区块链等新兴软件融合创新,嵌入式软件特色发展的新一代信息技术产业集群。其中,嵌入式软件销售 402.8 亿元,占比 59%,高于国家和省占比,工业互联网以及智能制造提升对嵌入式应用软件的需求正在逐步激增。涌现出一批规模质效各具特色的企业。如工业大数据领域汇聚了江苏敏捷科技、苏州迈科网络等一批企业;在线旅游行业汇聚了八爪鱼、同程艺龙等行业知名企业;地理信息方面,依托苏州科技城地理信息与文化科技产业基地,引进了中科天启遥感、坚石信息、中科蓝迪环保、梦图软件、集思方成等地理信息企业;智能交通应用领域,形成了以博远容天、易程智能、苏州富欣智能交通、怡和交通等为代表的轨道交通客服系统、客运票务系统、票检系统以及交通信号系统等智能交通应用软件产业集群;云平台领域,汇聚了国科数据中心、中移(苏州)软件、微软互联网创新中心、华为苏州研究所、博纳讯动等企业。

(三)创新发展充满活力,名城效应不断显现

近年来,紧抓软件名城效应,通过政、企、院,产、学、研多方合作,不断加强创新发展力度。一是积极引进大院大所。以科研创新助力产业集聚健康发展,构建全方位、多层次产业服务体系。通过

大力引进紫光云引擎、上海交大苏州人工智能研究院、苏州工业大数据创新中心等一批项目相聚落户苏州,为软件产业健康发展注入新活力。2019 年,园区科技活动经费支出合计 36.6 亿元,新增软件产品著作权登记 1 336 个,累计拥有软件产品登记 10 685 个。二是着力推进优势项目资金争取。通过软件和信息服务业专项资金扶持助力企业发展,支持 33 家企业参与国际国内资质认证;支持 18 家企业的研发和产业化类项目;推荐 12 个企业申报省级以上项目。帮助企业获得各类资金支持共计 4 577 万元,连续 5 年增幅在 10% 以上。三是积极发挥软件名城创建成果。积极组织全市特色软件和信息服务企业参加北京软博会、南京软博会和大连软交会,进一步加大对苏州软件和信息服务业企业的宣传展示,为企业市场开拓提供助力。通过高质量承办国际开源技术与创业应用展示暨中国峰会、第五届"i 创杯"复赛等活动,充分展示苏州开源技术与软件产业发展形象。

三、下一步工作打算

下一步,苏州软件园坚持新发展理念,深化改革、创新驱动,加快建设现代化软件产业基地,推动软件产业高质量发展。重点围绕产业发展布局,发挥国家级产业基地品牌优势,进一步加强指导、优化服务、提升孵化能力,促进园内企业提质增效,为全市打造软件名城做出贡献。

1. 结合产业特色,突出发展重点

根据各园区企业特色、产业方向,凝聚各自发展主攻方向,制定园区发展规划,创新工作举措,强化组织推动,努力将软件园建设成国内有影响力的高科技创新园区。在特色软件园上,力争至 2021 年,将工业园区软件园建设成为国内外知名的人工智能创新策源地、应用示范地和产业集聚地;将苏高新软件园建设成为发展云计算、大数据、地理信息、金融及安全软件、集成电路设计等方向的软件和信息服务业集聚地;将昆山软件园建设成为沪苏融合发展示范区。

2. 瞄准新兴领域,加快先导产业发展

以 5G 建设为契机,推进云计算、大数据、人工智能、区块链发展,加快两化融合步伐,培育国家级、省级示范企业,加快市级示范企业建设,提高企业智能制造水平。巩固提升嵌入式软件、集成电路设计等领域的优势,延伸和完善产业链,加大在电子信息产业、智能装备产业的应用。

3. 创新招商服务机制,克服竞争难题

积极推动招商机制的改革创新,把握区域特色、资本支持、融合发展主基调,积极参与各类大型人才对接会,以人才项目为引领,以科技创新为驱动,带动园区产业发展。探索试点第三方招商模式,有效拓宽招商信息渠道,进行针对性招商,提高产业链招商的成功率。

4. 持续优化发展环境,加快人才培育

加快制定出台软件高质量发展实施意见、软件产才融合发展实施意见等系列支持政策,有针对性地引进软件人才,着力集聚应用型技术人才、高层次创业人才、领军人才和团队;加快知名软件培训机构的引进,推动软件人才实训、实习基地建设,加强学历教育、职业培训、技能实训,不断提高从业人员的能力和水平。

第六章　常州软件园发展报告

2019 年,在科技部及省、市、区各级政府的指导和支持下,常州软件园着力完善园区设施和配套环境,提升企业服务质量,进一步推进软件产业的发展。

一、园区自然情况

常州软件园成立于 1999 年,是江苏省首批省级软件园,2004 年 9 月被批准为国家火炬计划软件产业基地,现有载体面积 35 万平方米。园区内 580 家创新企业构筑起融合发展的"创业共同体",涵盖软件与信息服务、互联网＋、数字创意、人工智能等新兴产业门类,形成了"数字经济＋实体经济"互融共促,高端现代服务业蓬勃发展,新产业、新业态、新技术、新模式不断涌现的发展格局。目前,园区共培育发展出省级以上众创空间 3 家、市级以上研发机构 20 家、高新技术企业 38 家、"新三板"挂牌企业 8 家;孵化出一批国家、省级电商示范企业、省重点文化科技企业、全国创新创业大赛获奖企业、国家级动漫企业等;培育出智能平衡车、智能超感飞翔车、AR/VR 沉浸式展陈体验整体解决方案、智慧医疗整体解决方案、赞奇渲云平台、红眼兔电商平台、智恒达型云电商平台、四海商舟跨境电商平台、化龙巷等一批行业著名品牌和拳头产品。

园区还构建了包括人才服务、科技金融服务、市场服务等在内的企业服务体系,搭建了国家二维无纸动漫技术公共服务平台、产学研联合创新服务平台、CNITO 国际服务外包承接中心、人工智能公共技术服务平台等一批国家级、省级重点平台,建成爱尔威国际人工智能孵化器、四海商舟创蔓跨境电商众创空间、化龙网络纷智众创空间等一批省级众创空间、孵化器。

二、2019 年发展概况

2019 年,园区聚焦特色产业,完善管理机制,提升园区品质,着力推进软件产业发展。全年实现营收 93.68 亿元,其中软件收入 64.67 亿元,软件技术与信息服务收入 3.49 亿元,自主版权软件收入 3.53 亿元,软件收入占园区总营收的 69%;创税收 1.88 亿元,净利润 1.01 亿元,出口额达 1.87 亿元。园区内共有职工 8 467 人,其中本科及以上学历职工 4 660 人,占园区职工人数的 55%,园区有 2 人入选江苏省"双创计划"科技副总,另有 2 人获得江苏省首批紫金文化创意人才荣誉。全年新增软件著作权登记 50 个,累计达到 900 个;新增发明专利 21 件,有效发明专利累计达 108 件;新增区级工程技术研究中心 6 个、市级工程技术研究中心 1 个、市级工业设计中心 1 个、省级工业设计中心 1 个;举办专场产学研活动 6 场,签订产学研协议 19 项。全年新引进优质服务业项目 6 个、科技人才项目 1 个、科技型企业 35 家;入库市重点项目 1 个;引进落户常州市"龙城英才"计划创业类项目 5 个;培育完成 2016—2019 年引进落户、2019 年销售超 300 万元的人才企业2 家。

与此同时,园区着力服务企业发展,协助企业完成专利申请 352 个,其中发明专利申请 167 个;新增高新技术企业 10 家、高新技术产品 22 件。园区企业金刚文化科技 VR 飞翔器项目入选文化和旅游部"2019 年文化和旅游装备技术提升优秀案例",为常州唯一;化龙网络创作视频入选全国"五个一百"网络正能量精品,亦为常州唯一;乐众信息在全国创新创业大赛总决赛中获"优秀企业"称号;智恒达型云网络、化龙网络入选 2019 江苏省互联网企业 50 强榜单;4 家企业获评 2019—2020 年度省级电商示范企业;卡龙动画《东方七色花》获江苏省第十一届精神文明建设"五个一工程"奖优秀作品奖;金刚文化科技、化龙网络获评 2018 年度常州市优秀文化企业;园区 8 个项目在2019 年常州市创新创业大赛中获奖。此外,园区还组织了 15 家企业赴高校开展招聘,组织举办创意人才专场招聘会,帮助 80 余家企业对接 700 多位高校学生;组织 6 家企业参展第十五届中国(南京)软博会,组织 5 家企业参加第十五届中国国际动漫节,集中展示园区企业风采。

(一)合力开展双招双引

制定战略性新兴产业发展规划等顶层设计,与三井街道共同成立园区项目引进研判评审小组,着力优质项目的引进。全年重点引进原点科技、凯东智能科技、哈勃新能源等 42 个企业(项目);推进威特外资电子商务项目,完成到账外资 200 万美元;与全国中小商业企业协会开展对接活动,赴北京、深圳开展专题招商推介活动,挖掘优质项目信息;在园区举办 2019 中国(常州)无人机行业应用技术峰会,星空无人机研究院揭牌落户园区,致力于打造科技创新强引擎,助推区域经济高质量发展。

(二)按需调优服务配套

探索构建"星级化管理,精准化服务"的"互联网＋"服务管理体系。一是聚力"1＋1"融合发展平台建设,线上推进建设智慧园区服务平台,线下推进建设园区综合服务中心,实现企业减负增效。二是聚力园区形象与创业氛围提升,制订园区公共及商业配套升级改造计划,科学统筹设计改造方案和市场化经营方案,引进瑞幸咖啡、十足便利店等品牌商户,提升园区商业档次,便利园区企业员工。三是聚力企业服务水平提升,着力解决企业问题困难,促进企业发展提升。组织举办银企对接会,为企业与资本机构牵线搭桥,解决企业融资难问题;举办创意三井·人才政策解读会,为企业宣贯普及人才政策;举办各类辅导活动,协助企业推进股改及各类企业资质申请认定工作;组织企业赴南京艺术学院、南京林业大学、哈尔滨工业大学开展人才招聘对接,组织举办创意人才专场招聘会,帮助企业解决人才问题;组织企业与常州工学院、河海大学、南京林业大学、哈尔滨工业大学等进行产学研对接活动,推动校企合作;组织企业与东南第一村——西夏墅开展美丽乡村走进创意企业对接活动,推动跨界合作;举办"2019·金恐龙杯"税收公益广告创意设计大赛,为创意设计企业提供展示交流机会。引导企业科技创新和品牌培植,组织园区企业参加各类展览展示活动,为企业提供品牌、产品的展示、交流、对接平台。

(三)发挥党建引领作用

一是深化学习教育。结合"不忘初心、牢记使命"主题教育开展,引导广大党员深入学习习近平新时代中国特色社会主义思想和党的十九大精神;结合企业经营发展实际,举办大讨论、"四重四亮"、观摩图片展、观看主旋律影片、参观非公企业党建展示中心、举办"党建＋业务"内训等,集中组织学,对照先进学,联系自身学,将学习成果转化为推动企业发展动力。二是提升建支质量。各企业支部签订《基层党建工作责任书》《全面从严治党责任书》,结合自身特色创新思路开展工作;化龙网络、复材等企业支部结合业务活动开展,与社区、社会组织等统筹共建,开展特色活动、公益活动,促进党建工作与经济工作互融共促。三是服务中心工作。举办"首届园区吐槽大会",现场共收集党员群众各类"吐槽"与建议40余条,推进园区环境、服务等方面改进;与区委网信办联合举办网信普法进互联网企业活动,增强企业网络安全意识。

三、下一步工作计划

园区将以习近平新时代中国特色社会主义思想为引领,发力"新一代信息技术"和"数字创意"两大领域,力争实现四个"转型"。

(一)文化生态向"红色引领"转型

创新党群工作手段,切实发挥影响力、号召力,打造符合园区年轻从业群体诉求,有磁吸力、有活力、有凝聚力,充满正能量的生态圈。一是强化党建引领。深入实施政治引领,抓好学习教育,加强组织建设、创新活动载体,不断提升党建工作"两个覆盖"水平,将党建工作优势转化为发展优势。二是形成党群联动长效机制。以党建为核心,带团建带工建,以生活、思想、事业关怀为切入点开展工作,拓展广大员工生活圈、朋友圈、事业圈,为区域高质量发展献智献力。三是搭建"党建＋服务"大平台。以"平台思维"抓党建,在校企合作、人才培训、市场拓展、投融资对接、园区配套等方面搭建共享互动平台,形成服务发展、服务党员、服务群众的联动融合"大党建"格局。

(二)招商引资向择商育商转型

发力新一代信息技术和数字创意两大领域,培育形成高质量发展增长极。一是加强团队建设、提升服务能力。建好专业招商团队,加强对招商人员的考核、培训等,围绕年度目标,强化责任落实,打造一支能打硬仗、服务高效的招商团队。二是合理政策扶持,提升招商质量。依托研判评审小组,设置单位面积产值、税收等综合评判指标,"精挑细选"入驻项目;同时通过政策引导,为优质项目落地集聚构筑加速引擎。三是强化资源整合,优化业态布局。一方面,提升园区楼宇业态集聚度,形成布局合理、分类培育的楼宇经济生态圈;另一方面,加强资源整合联动。加强与三井街道在项目招引中的联动配合,最大限度发挥资源合力,推进区域产业向价值链高端攀升。四是完善招商举措,增强内生动力。制定楼宇经济差异化、特有化、集聚化产业招商策略,进一步发挥园区作为高新区产业转型升级核心区的引领作用。依托园区星空无人机研究院,与国内"大院大所"合作,引进高层次人才,布局无人机领域相关产业;对接国内重点汽车实验室、汽车研究院,着力智能汽车、车联网项目的引进;依托园区世轩科技、金马扬名等医疗信息企业,着力智慧医疗产业发展;依托爱尔威智能科技等,布局智慧生活产业。

(三)基础管理向集成服务转型

园区将探索"实体配套"与"云端服务"融合集成,以"星标准""心服务"创造"新价值",用有温度的创新服务吸引并留住企业。一是推行智慧化服务。完成"互联网＋"智慧园区平台内部管理端及用户端1.0版本开发上线,建立"网上办、一次办"的公共服务中心,构建线上连接、线下经营的企业社群和内外开放、资源整合的产业生态圈;推进完成园区综合服务中心的提升改造。二是实行定制化服务。为企业量身定制"要素服务包""人才服务包""金融服务包"等服务可选包,提供精准服务;同时将创业孵化、股权投资、公共平台等投资孵化服务贯穿企业成长全过程;进一步组织开展好银企对接会、人才招聘会、产学研对接会等,着力解决企业发展中的困难。

(四) 载体开发向氛围培育转型

全面提升园区品质,培育营造浓厚的创新创业氛围。硬环境提质方面,从内部设施配套和外部环境形象提升方面逐步完成改造工程,招引符合园区形象、经验丰富、品质高端、理念前卫的商家运营。软环境提升方面,引进高品质物业服务机构,提升园区物业的品质管理和服务标准;加强与板块优势资源、服务平台的无缝对接,提升产业、人才、技术、服务等软实力,推动形成具备区域影响力的"楼宇经济"生态圈。

第七章　常州科教城(武进)软件园发展报告

2019年,科教城牢牢抓住苏南国家自主创新示范区建设和长三角区域一体化发展的重大机遇,认真贯彻落实常州市委、市政府关于推进科教城高质量发展走在前列的新要求,谋划发展体现新格局,服务中心展现新担当,创新生态呈现新气象,改革攻坚取得新突破,各项事业取得了显著成效。

一、2019年软件基地产业发展概况

园区全年完成营业收入133.3亿元,同比增长30.4%;新增授权专利2 078件,其中发明专利651件;新增入驻机构和孵化软件企业38家,累计达658家;科技人才累计达3万人。连续五年荣膺《创业邦》"中国最佳创业园区"第二名,2019年园区荣膺《创业邦》2019年中国创新园区TOP10第一名。

二、软件基地环境建设概况

(一)高等教育成绩显著

常州大学ESI国内高校综合排名135位,省内高校排名20位,化学、材料科学、工程学3个学科进入ESI全球排名前1%,我省首家技术转移高层次人才培养基地"江苏省技术转移(常州大学)研究院"正式挂牌。常州信息学院、常州机电学院入选中国特色高水平高职学校,常州工程学院入选中国特色高水平专业群建设单位。

(二)平台建设持续深化

新建常州工业互联网产业技术研究院,依托天正工业等领军企业和常州信息学院的师资力量,面向常州特色装备产业,以常州6万家中小制造业为服务对象,开发新一代信息技术,建设工业通信网络、开发数据应用,帮助中小制造业进行数字化转型,从装备制造商逐步走向技术服务商。

新成立常州北邮新一代信息技术研究院,依托北京邮电大学教授科研团队,通过构建完善的创新创业生态环境,形成"产学研用"全链条孵化加速平台,汇聚新一代信息技术领域人才精英,聚焦通信网络前沿基础理论,面向未来网络、工业互联网、人工智能等前瞻性研究领域,以打造新一代信息技术产业高地为主要使命,培育孵化一批以常州为总部,全球运营的信息网络领域标杆企业,吸

引领域内全球知名企业落户常州,打造新一代信息技术产业集群,构建全新领域的"创新摇篮"。

(三)双创生态持续优化

成功举办第十四届中国常州先进制造技术成果展示洽谈会,一批重点产学研合作项目和平台建设项目成功签约。持续开展投资、营销、服务"三杯茶"品牌活动,进一步深化科技金融服务。联想联泓新材料创新研发大厦主体竣工,青峰创元大厦开工建设,深兰亚太科创中心大厦奠基,信息学院产教融合实训大楼主体封顶,邀博、高凯获省科技成果转化专项资金 2 000 万元和 300 万元立项支持,天正工业获批省重点研发计划,纳恩博获市级新增长点类三位一体项目。

三、软件基地创新发展的经验

(一)加强园区高校建设,推动产教深度融合

大学因城市而兴,城市因大学而盛。常州大学是以城市命名的大学,既是常州城市的象征,也是科教城发展的重要支撑。要全力支持常州大学世界一流学科建设,建立常州大学与科教城共生共长机制,加快引进世界一流人才团队,加强国际合作交流,提高科研攻关能力,促进科技成果转化,打响常州大学品牌,更好地担负起服务地方经济社会发展的重任,加快建成特色鲜明的高水平地方领军型大学。要全力支持五所高职院校联合创建常州应用技术大学,推进信息学院、机电学院、工程学院加快建设中国特色高水平高职学校和专业建设计划,全力争取高职院校试办应用型本科教育,努力把高职园区建设成为"国际水准、国内一流、江苏特色"的卓越技术技能人才培养基地。要全力支持高水平实训基地建设,紧紧抓住常州将成为国家试点建设首批产教融合型城市的机遇,加快实施《现代工业中心新建改造提升三年计划》,提升"实训设备智能化、实训教学自动化、实训管理数字化、实训服务信息化"建设水平,努力把现代工业中心打造成国内一流的实训基地。

(二)加强创新载体建设,促进科技成果转化

抓创新就是抓发展,谋创新就是谋未来。科教城是常州的"创新之核",必须切实加强创新载体建设,促进科研院所高质量发展。要加强公共研发机构建设,围绕未来产业培育,研究出台扶持政策,突出基本能力建设,加快成果转移转化,提升创新研发水平,推动机制体制创新,使公共研发平台成为成果转化的"孵化器""加速器"。要加强技术转移机构建设,鼓励科研院所充分利用母体院所资源,加强和地方企业产业联盟的深度对接,促进更多的成果在常州落地转化。要加强新型研发机构建设,精准招引一批高校院所、创新团队和领军人物,采取团队控股、政策支持、资本跟进的方法,加快推进新型研发机构建设。要加强企业研发机构建设,鼓励支持科研院所与地方企业合作建立创新研发中心、技术创新中心、联合实验室、协同创新中心和开放式创新平台,支持科教城入驻企业自建科技创新孵化器,更好地为创新创业人才提供公共服务。

(三)加强国际交流合作,链接全球创新资源

当前全球创新版图正在加速重构,以人才、知识、资本、技术为核心的创新资源在全球范围内加速流动。科教城要充分运用好中以创新园、中德创新园两个国家级国际创新平台,加强国际交流合

作,提升对外开放水平,更好地聚集国际前沿技术成果。要全力支持中以创新园发展,实施精准招引计划,全面开展合作行动,引导园区企业、科研院所与以色列共建合作项目,加强孵化培育,加快成果转化,引进一批项目落户中以创新园。要加快推动中德创新园建设,按照"对标德国创新体系,打造中德合作平台,引进德国先进技术,孵化创新创业项目,提升常州智造水平"的目标定位,瞄准德国工业4.0,聚焦德国产业资源和科研院所,精准对接德国创新资源,加强与德国弗劳恩霍夫研究院合作,建设常州弗劳恩霍夫技术创新中心,对接卡尔斯鲁厄理工学院等德国知名高校,推进德国史太白技术转移中心建立分支机构,力争促成一批德国知名科研院所和机构落户创新园。要加快推进高职教育国际化进程,全面启动科教城与德国巴登—符腾堡州在职业教育领域的第二轮合作,深化中德"双元制"职业教育合作。加快推进与德资企业莱茵科斯特等合作,共建"双跨"培训中心。

四、下一步工作计划

(一)建设软件公共研发平台

新建西安交大常州集成电路与智能技术研究院,以新一代信息技术、网络安全和智能软硬件为核心方向,以公司化、市场化运作为主要运营模式,努力建成集成电路与智能技术领域的标杆化高新企业,形成集"科研申报、技术转化、产品研发、市场拓展"于一体的高水平创新创业平台。推动平台实现资源开放共享,鼓励公共研发平台与高校院所、企业开展合作交流,以项目联合攻关、共建研发基地或创新联盟、举办交流会议等方式,开放仪器设备、人才和创新成果等资源,实现同频共振。支持公共研发平台优化人才考核激励方式,实行科研人员与产业化人员分类考核评价,激发人才积极性和创造性。

(二)育聚更多软件人才

进一步加大软件人才支持力度,升级"金凤凰"计划、高层次人才双岗互聘计划,积极利用"龙城英才"计划,邀请资本、机构、企业家共同参与,常态化开展人才项目路演,加快高端人才的集聚和流动。实施升级版"金凤凰"人才计划,增加对顶尖技术人才、技能型人才、服务人才等群体的精准招引力度;加大团队津贴、科研补助、购置科研和生产设备贷款贴息等资金和项目支持力度,支持"两院"院士、长江学者、杰青、省"双创计划"等顶尖人才入园;支持企业与高校共建工匠创新工作室,汇聚杰出工程师、实用工程人才、全国技术能手和首席技师等技能型人才。

(三)大力发展平台经济

加快发展软件研发服务平台,支持发展技术交易、研发众包、成果转化、系统集成、小试中试等多形态的研发型平台业态。支持发展企业管理云服务平台,依托数码大方的技术优势,布局建设一批人事管理、生产管理、物流管理、财务管理云平台,推动中小企业上云,为园区企业构建完善的运营管理云服务体系。积极构建营销平台,依托园区龙道电子、小飞猪网络等电商企业,对接天猫、京东、小米等营销网络,帮助企业实现线上线下销售的深度融合。建立科技金融信息服务平台,导入相关资源,纳入企业大数据征信系统,为银企双方提供智能风控、智能投顾、智能投研及智能支付等线上金融服务。

（四）突破发展数字经济

以服务全市智能工厂和智能车间建设为抓手,建设好国家级两化深度融合试验区。推动企业双软评估和数据资源开放共享,加快数字经济、互联网经济与实体经济有机融合,建设好江苏省工业互联网产业园。结合智慧城市、智慧园区建设,培育和集聚一批数字经济领军企业,带动中小企业数字化转型。依托国家级软件园、信息产业园、青之峰和三艾等专业孵化器,围绕数据采集、处理和应用,引育一批数据挖掘、数据清洗、数据整理、数据分析和数据运营型软件企业。深入发展数字金融、智慧社区、智慧交通和数字政务等数字经济应用场景,实现数字化生产、智慧型服务和一体化治理。

表 3－1 基地 2019 年营业收入超过 1 亿元（含）的软件企业名单

序 号	企业名称
1	光宝科技（常州）有限公司
2	瑞声光电科技（常州）有限公司
3	纳恩博（常州）科技有限公司
4	北汽新能源汽车常州有限公司
5	卡尔迈耶（中国）有限公司
6	新誉轨道交通科技有限公司
7	江苏今创交通设备有限公司
8	江苏顺风光电科技有限公司
9	安川（中国）机器人有限公司
10	常州晶宇光电有限公司
11	晶品光电（常州）有限公司
12	兴勤（常州）电子有限公司
13	快克智能装备股份有限公司
14	常州美欧电子有限公司
15	常州携手智能家居有限公司
16	常州市武进中瑞电子有限公司
17	常州科瑞森科技有限公司
18	通用电气传感与检测（常州）有限公司
19	常州涛涛智能科技有限公司
20	常州市钱璟康复股份有限公司
21	常州创胜特尔数控机床设备有限公司
22	五洋纺机有限公司
23	金石机器人常州股份有限公司
24	常州英博科技有限公司
25	未来伙伴机器人（常州）有限公司

续　表

序　号	企业名称
26	常州铭赛机器人科技股份有限公司
27	常州小飞猪网络科技有限公司
28	常州天正工业发展股份有限公司
29	常州市青之峰网络科技有限公司
30	常州英诺激光科技有限公司
31	江苏明月软件技术有限公司
32	江苏三艾云计算科技有限公司
33	江苏国科微电子有限公司
34	国创新能源汽车能源与信息创新中心(江苏)有限公司
35	苏文电能科技股份有限公司

第四部分

产业要素篇

第一章　企业篇

第一节　江苏省软件企业类别及规模

2019 年,根据工业和信息化部统计年报,江苏省软件产业企业纳入统计的共有 5 950 家。

一、按行业类型分类

按工业和信息化部年报统计规定,软件企业以四类软件业务收入,即软件产品收入、信息技术服务收入、嵌入式系统软件收入和信息安全收入中最高的一项作为归入行业的依据。2019 年,江苏省纳入统计的 5 950 家软件企业对应的行业分类及软件业务收入情况见表 4 - 1。由表 4 - 1 可见,四类企业中,软件产品行业的企业数量最多,信息技术服务行业其次。软件业务收入方面,信息技术服务行业位列三大行业之首,软件产品行业第二,嵌入式系统位列软件行业第三,信息安全行业第四。

表 4 - 1　2019 年江苏省软件业三大行业企业数及软件收入一览表

行业类别	企业数	占全部企业比重(%)	企业数量位次	业务收入位次
软件产品行业	3 070	51.6	1	2
信息技术服务行业	1 987	33.4	2	1
信息安全行业	218	3.7	4	4
嵌入式系统软件行业	675	11.3	3	3
合计	5 950	100	—	—

二、按从业人员规模分类

从企业规模看,江苏省软件产业仍以中小企业为主,比较分散,规模较大的企业不多。在省内 2019 年纳入工信部软件和信息技术服务业年报统计的 5 950 家企业中,软件从业人员达百人以上的企业共有 1 394 家,占 23.4%,其余超七成企业从业人员不足百人,其中又以 50 人以下企业居多,共有 3 034 家,占企业总数的 51.0%。近三年江苏省软件企业从业人员规模分布情况见表 4-2。由表 4-2 可以看出,继 2018 年江苏省中小软件企业的人员较 2017 年实现规模大幅增长、大中企业的人员规模整体发展呈缓慢态势后,2019 年全省软件企业从业人员规模分布与 2018 年趋于一致,变化较小。

表 4-2 近三年江苏省软件企业从业人员规模分布

从业人员规模	2017 年		2018 年		2019 年	
	企业数	占企业总数比重(%)	企业数	占企业总数比重(%)	企业数	占企业总数比重(%)
1 000 人及以上	359	7.3	219	3.7	188	3.2
500~999 人	220	4.5	191	3.2	153	2.6
300~499 人	243	5.0	220	3.7	189	3.2
200~299 人	268	5.5	239	4.0	229	3.8
100~199 人	1 047	21.4	606	10.2	635	10.7
50~99 人	849	17.3	1 369	23.0	1 522	25.6
50 人以下	1 917	39.0	3 113	52.2	3 034	51.0

三、按软件收入规模分类

江苏省软件产业近两年按企业软件收入规模类型分布情况见表 4-3(相邻组上下限重叠时,与上限相等的值计入下一组,下同)。从 2019 年数据中可以看出,有 1 177 家企业软件收入低于 1 000 万元,占企业总数的 19.8%,其软件收入占全部企业软件收入的 0.9%,不足 1%;占企业总数约 2.6%的企业软件收入超 10 亿元,这 154 家企业的软件收入合计超过全部软件收入的六成,达 62.7%。2019 年不同收入规模类型的企业数及软件收入见图 4-1。

表 4-3 江苏省近三年企业软件收入规模分布情况

企业软件收入规模	2017			2018			2019		
	企业数	占企业总数的比重(%)	占全部统计企业软件收入比重(%)	企业数	占企业总数的比重(%)	占全部统计企业软件收入比重(%)	企业数	占企业总数的比重(%)	占全部统计企业软件收入比重(%)
10 亿元以上	159	3.2	54.9	134	2.2	56.7	154	2.6	62.6
1 亿~10 亿元	900	18.4	30.5	757	12.7	25.3	716	12.0	20.3
5 000 万~1 亿元	1 027	20.9	9.3	1 095	18.4	9.1	1 080	18.2	8.5
1 000 万~5 000 万元	1 710	34.9	4.6	2 764	46.4	8.0	2 823	47.4	7.7
500 万~1 000 万元	745	15.2	0.6	984	16.5	0.8	1 025	17.2	0.8
100 万~500 万元	305	6.2	0.1	220	3.7	0.1	152	2.6	0.1
100 万元以下	57	1.2	0.000 02	3	0.1	0.000 001	0	0	0

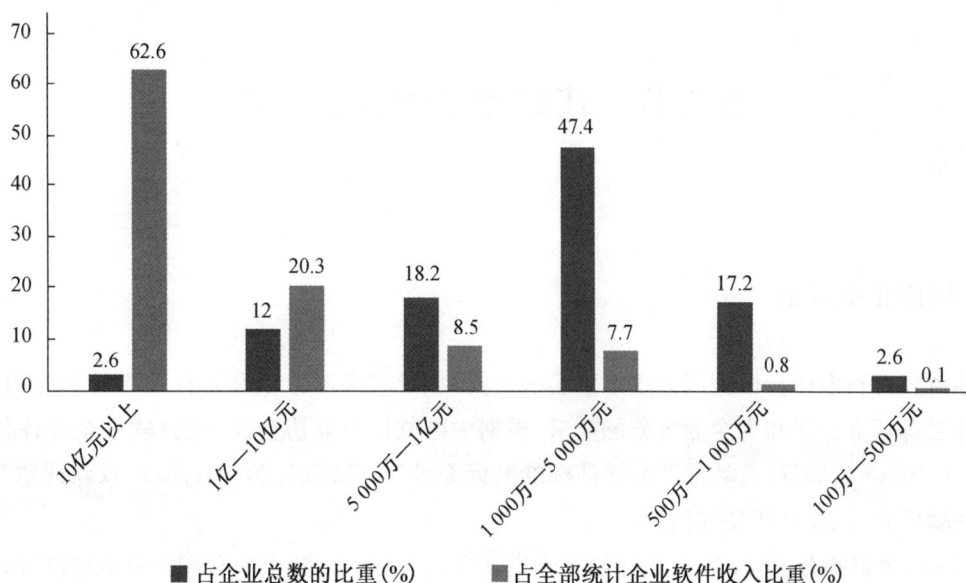

图 4‑1　2019 年江苏省不同收入规模的软件企业数量分布与软件收入占比情况

以上数据表明,江苏省软件企业在规模上不断做大做强。一方面,江苏省是软件业创业的热土,每年有众多小微企业创业,产业发展的根基较为稳定;另一方面,江苏是软件业发展的沃土,省内已有一部分大型软件企业凭借多年的行业积淀和技术积累在业内脱颖而出,发展势头良好,产业龙头带动作用凸显。"十二五"至"十三五"期间,江苏省始终把做大做强软件企业作为重点任务,全力扶持软件产业发展。工信部历年年报统计数据显示,江苏软件收入超 10 亿元的企业数量已从2010 年的 49 家发展为 2011 年的 62 家、2012 年的 79 家、2013 年的 94 家、2014 年的 113 家,到"十二五"末的 2015 年,达到 126 家;而"十三五"开局之年的 2016 年,达到 138 家;2017 年已达到 159家,2018 年降到 134 家,至 2019 年回升至 154 家,见图 4‑2。

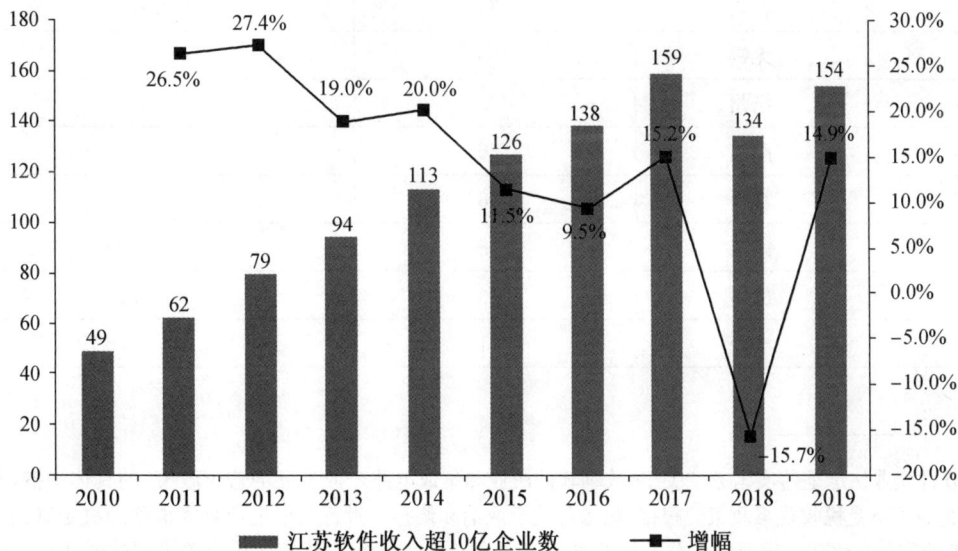

图 4‑2　近几年江苏省软件业务收入超 10 亿元的软件企业数量及同比增幅情况

第二节 江苏省软件企业标准

一、软件企业评估

江苏省软件行业协会根据国家政策落实的需要,积极响应国家以及省行业主管部门提出的协会要充分发挥行业自律和为企业服务的要求,根据中国软件行业协会发布的《软件企业评估标准》(标准号 T/SIA002 2017)、《软件产品评估标准》(标准号 T/SIA003 2017)(简称"双软评估"团体标准),开展软件企业、软件产品评估工作[①]。

2019 年,全省共有 1 320 家企业通过江苏省软件企业评估。新增的软件企业从地区分布来看,主要集聚于苏南地区,多数为中小企业,主营业务多为软件开发及服务。其中,苏南 5 市通过评估的企业合计占全省总数的 85.8%;苏中 3 市合计占 10.5%;苏北 5 市合计占 3.7%。从地区分布看,南京共有 700 家通过评估,占全省总数的 53.03%;苏州共有 284 家,占全省总数的 21.52%;无锡共有 103 家,占全省总数的 7.80%,三市合计占比达 82.35%,这与近年来南京、苏州和无锡积极创建软件名城,加大对软件产业的支持力度密不可分。苏中地区的扬州市共有 93 家软件企业通过评估,占全省总数的 7.05%,仅次于无锡市,位居全省第四。其余各市数据见表 4-4 和表 4-5。2019 年全省通过软件企业评估的企业名单见附录 A。

表 4-4 江苏省 2019 年新评估企业地区分布

序号	城市	2019 年新增企业数	占全省比重(%)
1	南京	700	53.03
2	苏州	284	21.52
3	无锡	103	7.80
4	扬州	93	7.05
5	南通	36	2.73
6	常州	28	2.12
7	镇江	18	1.36
8	徐州	13	0.98
9	淮安	11	0.83

[①] 软件企业认定是落实国务院关于《鼓励软件产业和集成电路产业发展的若干政策》的具体举措,凡是被认定的软件企业可享受税收优惠政策。根据《国务院关于取消和调整一批行政审批项目等事项的决定》(国发〔2015〕11 号)、《工业和信息化部 国家税务总局关于 2014 年度软件企业所得税优惠政策有关事项的通知》(工信部联软函〔2015〕273 号)等文件规定,"双软认定"事项已取消行政审批,产业主管部门不再对软件产品、软件企业发证,但国家对软件产业的支持政策并未取消。

续 表

序号	城市	2019年新增企业数	占全省比重(%)
10	泰州	10	0.76
11	连云港	10	0.76
12	盐城	8	0.61
13	宿迁	6	0.45
	合计	1 320	100

表4-5 我省软件评估企业地区分布情况

序号	城市	截至2019年累计通过评估企业数	累计数占全省比重(%)
1	南京	4 454	41.35
2	苏州	2 412	22.39
3	扬州	723	6.71
4	无锡	1 249	11.59
5	常州	155	1.44
6	镇江	558	5.18
7	南通	217	2.01
8	徐州	214	1.99
9	淮安	301	2.79
10	泰州	208	1.93
11	盐城	56	0.52
12	连云港	132	1.23
13	宿迁	93	0.86
	合计	10 772	100

二、信息技术服务标准(ITSS)

自2009年4月工信部启动ITSS标准研制工作以来,江苏省高度重视ITSS标准化工作,按照工信部的总体部署和要求,在中国电子工业标准化技术协会信息技术服务分会的大力支持下,结合江苏软件产业发展的内在需要,从完善支撑保障体系、强化标准宣贯培训、增强公共服务体系等方面持续组织开展工作,已在我省形成了大力促进ITSS标准应用推广的良好态势。为确保ITSS标准应用推广工作的顺利进行,推荐由江苏省电子信息产品质量监督检验研究院开展全省ITSS运行维护标准的符合性评估工作;2013年6月发布了《关于推进江苏省信息技术服务标准(ITSS)应用与推广工作的通知》,对全省率先应用与推广ITSS标准并取得良好成效的企业予以试点、示范遴选评定工作,对试点、示范企业实施的优秀信息技术服务项目进行奖励,随后各市也陆续出台了相关的推广、鼓励政策,从政策层面对企业开展ITSS标准应用予以支持,促进企业参与ITSS应用与推广的积极性。

2019 年,江苏省新通过 ITSS 符合性评估的企业共计 186 家。从地区分布看,通过 ITSS 符合性评估的企业分布在全省 12 个市,其中近四成在南京市,占比达 38.7%,其次是苏州市,占23.7%,其余 10 市情况见表 4-6。2019 年,江苏省通过 ITSS 符合性评估的企业名单见附录 B。

表 4-6　2019 年江苏省新通过 ITSS 符合性评估的企业地区分布情况

级别 ＼ 地域 企业数	南京	苏州	无锡	扬州	常州	南通	镇江	淮安	盐城	徐州	连云港	泰州	合计
运维通用要求			2										2
运维二级	2	1	3										6
运维三级	68	39	23	8	7	6	5	3	3	2	1	1	166
SaaS 服务二级	1				1								2
SaaS 服务三级	1	2	1	1									5
公有云 IaaS 服务二级		1	1										2
私有云 IaaS 服务二级			1										1
咨询设计		1	1										2
合计	72	44	32	9	8	6	5	3	3	2	1	1	186

第三节　江苏省重点软件企业

一、国家规划布局内重点软件企业

为贯彻落实国务院颁布的《进一步鼓励软件产业和集成电路产业发展的若干政策》（国发〔2011〕4 号），鼓励并推动重点软件企业和集成电路设计企业加快发展，发展改革委、工业和信息化部、财政部、商务部、国家税务总局于 2012 年 8 月联合修订印发了《国家规划布局内重点软件企业和集成电路设计企业认定管理试行办法》，2013 年开展 2013—2014 年度国家规划布局内重点软件企业和集成电路设计企业认定工作，我省共有 20 家企业入选，享受按 10％税率缴纳企业所得税的优惠政策。2016 年 5 月，财政部、国家税务总局、发展改革委、工业和信息化部等 4 部委发布《关于软件和集成电路产业企业所得税优惠政策有关问题的通知》（财税〔2016〕49 号），其中明确了国家规划布局内重点软件企业享受税收优惠政策采用先备案后核查的方式，并规定了国家规划布局内重点软件企业的条件，在符合软件企业基本条件的基础上，将国家规划布局内重点软件企业分为第一类、第二类、第三类 3 种类型，各类型企业要求详见《财政部　国家税务总局　发展改革委　工业和信息化部关于软件和集成电路产业企业所得税优惠政策有关问题的通知》（财税〔2016〕49 号）、《关于印发国家规划布局内重点软件和集成电路设计领域的通知》（发改高技〔2016〕1056 号）和《关于软件和集成电路产业企业所得税优惠备案有关事项的通知》（苏财税〔2017〕12 号）。自此，国家规划布局内重点软件企业和集成电路设计企业认定工作从 2015 年开始改为备案制。

据我省多年列入此重点软件企业名单的企业反映，入选软件行业"国家队"，不仅得到税收优惠，且扩大了企业的知名度，进一步鞭策企业加快改革、加强管理，促进企业做大做强。

2019 年，全省共有 46 家企业入围国家规划布局内重点软件企业，比上届增加 12 家，增幅达 35.3％。从地区分布看，南京入围的企业数最多，达 24 家，占总数的 52.2％；苏州 15 家，占总数的 32.6％；无锡 6 家，占总数的 13.0％；镇江 1 家，占总数的 2.2％。其中南京市比上年增加 6 家，苏州市增加 3 家，无锡市增加 3 家。可以看出，申报的企业地区集聚效应明显，主要集中在南京、苏州和无锡，这与省内软件产业发展的集聚态势保持一致，具体名单见表 4-7。

表 4-7　2019 年度国家规划布局内重点软件企业名单（江苏）

序号	企业名称	地区
1	南京国图信息产业有限公司	南京市
2	苏州浩辰软件股份有限公司	苏州市
3	苏州易维迅信息科技有限公司	苏州市
4	诚迈科技（南京）股份有限公司	南京市
5	南京创维信息技术研究院有限公司	南京市

续　表

序号	企业名称	地区
6	南京中新赛克科技有限责任公司	南京市
7	南京维沃软件技术有限公司	南京市
8	南京中兴新软件有限责任公司	南京市
9	南京中兴软件有限责任公司	南京市
10	南京国睿信维软件有限公司	南京市
11	浩鲸云计算科技股份有限公司	南京市
12	江苏新视云科技股份有限公司	南京市
13	江苏博智软件科技股份有限公司	南京市
14	速度时空信息科技股份有限公司	南京市
15	南京擎天全税通信息科技有限公司	南京市
16	南京联迪信息系统股份有限公司	南京市
17	亚信科技(南京)有限公司	南京市
18	南京华苏科技有限公司	南京市
19	国电南瑞南京控制系统有限公司	南京市
20	南京国电南自软件工程有限公司	南京市
21	江苏金智教育信息股份有限公司	南京市
22	南京科远智慧科技集团股份有限公司	南京市
23	南京南瑞继保电气有限公司	南京市
24	远景能源(南京)软件技术有限公司	南京市
25	焦点科技股份有限公司	南京市
26	南京擎天科技有限公司	南京市
27	中船重工奥蓝托无锡软件技术有限公司	无锡市
28	江苏曼荼罗软件股份有限公司	无锡市
29	邦道科技有限公司	无锡市
30	朗新科技股份有限公司	无锡市
31	永中软件股份有限公司	无锡市
32	江苏卓易信息科技股份有限公司	无锡市
33	恒宝股份有限公司	镇江市
34	苏州麦迪斯顿医疗科技股份有限公司	苏州市
35	江苏黄金屋教育发展股份有限公司	苏州市

序号	企业名称	地区
36	苏州工业园区凌志软件股份有限公司	苏州市
37	江苏神彩科技股份有限公司	苏州市
38	苏州仙峰网络科技股份有限公司	苏州市
39	苏州清睿教育科技股份有限公司	苏州市
40	江苏云智星河网络科技股份有限公司	苏州市
41	苏州乐米信息科技股份有限公司	苏州市
42	中移(苏州)软件技术有限公司	苏州市
43	苏州市科远软件技术开发有限公司	苏州市
44	苏州市伏泰信息科技股份有限公司	苏州市
45	江苏亿友慧云软件股份有限公司	苏州市
46	江苏国泰新点软件有限公司	苏州市

二、中国软件业务收入前百家企业

根据国家统计局批准,工业和信息化部统计的2018年全国软件和信息技术服务业年报数据,经各地工业和信息化主管部门初步审核、工业和信息化部最终核定,2019年(第十八届)中国软件业务收入前百家企业名单于2020年1月9日正式揭晓,华为技术有限公司连续18年蝉联软件前百家企业之首。作为对国内百强软件企业生产经营情况的权威监测分析成果,该榜单在社会和行业中受到广泛关注,已成为促进我国软件服务业做大做强、提升我国软件企业知名度及品牌效应的一项重要措施。本届软件百家企业2018年共完成软件业务收入8 212亿元,比上届增长6.5%,占全行业收入比重为13.3%,收入增长超20%的企业达三成多;共创造利润总额1 963亿元,比上届增长14.6%,平均主营利润率为11.3%,在行业内保持领先水平;共投入研发经费1 746亿元,比上届增长12.6%,平均研发强度为10.1%,高出行业平均水平2.2个百分点。

入围企业数量方面,江苏省共有9家企业入围,较上年度增加1家,排在北京(32家)、广东(18家)、上海(10家)之后,与浙江并列第4,排名与上届持平,见表4-8和表4-9。江苏企业入围历届中国软件业务收入百强榜情况见表4-10。

表4-8 全国省(直辖市)软件企业入围2018年中国软件业务收入百强榜情况

序号	企业名称	榜单排名
1	南瑞集团有限公司	9(↓2)
2	熊猫电子集团有限公司	29(↓9)
3	江苏省通信服务有限公司	30(排名不变)

序号	企业名称	榜单排名
4	国电南京自动化股份有限公司	52(↓15)
5	南京联创科技集团股份有限公司	60(↑25)
6	江苏金智集团有限公司	64(↓2)
7	江苏润和科技投资集团有限公司	72(↓2)
8	浩鲸云计算科技股份有限公司	89(↓39)
9	无锡华云数据技术服务有限公司	95(首次上榜)

表 4-9 全国省(直辖市)软件企业入围 2019 年中国软件业务收入百强榜情况

排名	省(直辖市)	上榜企业数	排名	省(直辖市)	上榜企业数
1	北京	32	10(并列)	辽宁	1
2	广东	18	10(并列)	吉林	1
3	上海	10	10(并列)	湖北	1
4(并列)	江苏	9	10(并列)	湖南	1
4(并列)	浙江	9	10(并列)	安徽	1
6	山东	5	10(并列)	江西	1
7	福建	4	10(并列)	重庆	1
8	四川	3	10(并列)	云南	1
9	天津	2	总计		100

表 4-10 江苏企业入围历届中国软件业务收入百强榜情况

届次／项目名称	全国百强企业软件总收入(亿元)	江苏上榜企业数	届次／项目名称	全国百强企业软件总收入(亿元)	江苏上榜企业数
第六届	1 436	9	第十三届	4 751	10
第七届	1 643	9	第十四届	5 311	8
第八届	2 039	8	第十五届	6 005	10
第九届	2 449	9	第十六届	6 620	8
第十届	3 136	8	第十七届	7 712	8
第十一届	3 401	9	第十八届	8 212	9
第十二届	3 667	9			

　　从地区分布看,江苏上榜企业除华云数据外均位于南京,共计 8 家。排名方面,南京南瑞集团位列总榜第 9,继续保持前 10 名之列。与上届相比,本次江苏入围企业中,6 家排名较上年有所下降,1 家企业排名上升,1 家企业排名持平。值得一提的是,华云数据本届首次入围,位列榜单第 95位。需说明的是,江苏有一些企业软件业务收入较高,但按规定,或因属于外资企业不参与申报,或

因参与外省市的集团总部统一申报,而与该榜单无缘。

三、中国互联网百强企业

2013 年以来,中国互联网协会与工信部信息中心联合开展了中国互联网企业 100 强(简称"中国互联网百强")评定工作,迄今已发布四届结果,受到社会各界广泛关注和认可,成为政府了解国内优秀互联网企业发展状况的一大渠道、行业评价国内互联网企业综合实力的一大品牌,亦成为国内优秀互联网企业向社会展示风采的一大窗口。

2019 年 8 月 14 日,中国互联网协会、工业和信息化部网络安全产业发展中心在北京联合发布"2019 年中国互联网企业 100 强"榜单。阿里巴巴、腾讯、百度、京东、蚂蚁金服、网易、美团、字节跳动、三六零、新浪位列榜单前十名。

从上榜企业地区分布来看,本届入围省份(含直辖市)18 个,在 2018 年基础上新增江西和山东两个省份,地域覆盖不断增加。东部地区互联网百强企业数量共 86 家,中西部地区互联网百强企业共 12 家,东北地区互联网百强企业数量保持 2 家。其中,安徽、贵州、河南、湖北、湖南、江西、重庆、四川 8 个中西部地区互联网百强企业数量不断增加,较 2018 年增长 1 家。

我省共有 6 家企业入围,分别为苏宁控股(第 14 位)、同程集团(第 29 位)、华云数据(第 48 位)、汇通达(第 56 位)、途牛(第 80 位)、满帮(第 87 位),入围数量较上届减少 1 家。从地区分布看,上述企业有 4 家位于南京市,1 家位于苏州市,1 家位于无锡市。与上届相比,省内 4 家企业(苏宁控股、同程集团、华云数据、途牛)为连续入围,2 家(汇通达、满帮)为新晋入榜,3 家(蜗牛、艾德无线、不锈钢交易中心)跌出榜单。

江苏企业在本届榜单的排名情况见表 4-11。

表 4-11　2018 年中国互联网百强榜(江苏企业)

榜单位次	企业名称
14(↑5)	苏宁控股集团有限公司
29(↑14)	同程旅游集团
48(↑27)	无锡华云数据技术服务有限公司
56(新上榜)	汇通达网络股份有限公司
80(↓2)	南京途牛科技有限公司
87(新上榜)	满帮集团

四、江苏省上市软件企业

(一) 主板上市企业

截至 2020 年 5 月,江苏省共有 29 家软件企业在主板、科创板上市,见表 4-12。从地区分布来看,我省上市软件企业多数位于苏南,共有 25 家,占总数的 86.2%,其中又以南京市最多,达 15 家,其余 10 家分别位于苏州、无锡、镇江、泰州。从业务领域看,上述企业大多以软件开发和信息技术服务为主营业务,达21家,占总数的72.4%;另有4家以电气设备研发与制造、电网自动化产品研发及销售为主营业务,占总数的13.8%;其余4家则以通信设备、仪器仪表研发及销售为主营业务,占总数的13.8%。

表 4-12　江苏省主板上市软件企业一览表(截至 2020 年 5 月)

序号	股票代码	股票简称	所在证券交易所	上市日期
1	600268	国电南自	上海证券交易所	1999.11
2	600406	国电南瑞		2003.10
3	603528	多伦科技		2016.05
4	603990	麦迪科技		2016.12
5	603660	苏州科达		2016.12
6	603486	科沃斯		2018.05
7	603666	亿嘉和		2018.06
8	002090	金智科技	深圳证券交易所	2006.12
9	002104	恒宝股份		2007.01
10	002315	焦点科技		2009.12
11	002380	科远智慧		2010.03
12	300165	天瑞仪器		2011.01
13	300209	天泽信息		2011.04
14	300354	东华测试		2012.09
15	300339	润和软件	深圳证券交易所	2012.07
16	300356	光一科技		2012.10
17	300450	先导智能		2015.05
18	300598	诚迈科技		2017.01
19	300682	朗新科技		2017.08
20	002912	中新赛克		2017.11
21	300757	罗博特科		2019.01
22	08045.HK	南大苏富特	中国香港联交所	2001.04
23	01708.HK	三宝科技		2004.06
24	01297.HK	中国擎天软件		2013.07
25	00780.HK	同程艺龙		2018.11
26	06820.HK	友谊时光		2019.10
27	688030	山石网科	科创板	2019.09
28	688258	卓易信息		2019.12
29	688588	凌志软件		2020.05

（二）新三板挂牌企业

截至 2019 年年底,全省共有 124 家软件和信息服务业企业挂牌新三板(注:不含已退市),见表 4－13。2019 年,全省新三板挂牌软件和信息服务业企业基本以软件开发和信息技术服务为主营业务。从业务领域来看,江苏省新三板挂牌的软件企业主要是运用新一代信息技术在细分行业不断拓展,主要分布在交通、企业管理、电子政务、信息安全等行业领域。

表 4－13　江苏省软件和信息服务业新三板挂牌企业一览表(截至 2019 年年底)

序号	股票代码	公司简称	序号	股票代码	公司简称
1	430500	亚奥科技	29	835616	无锡优拓
2	430583	国贸酝领	30	836306	黄金屋
3	430585	金瑞科技	31	836373	耐维思通
4	430610	瀚远科技	32	836396	小桥流水
5	830868	建策科技	33	836572	万佳科技
6	830942	北方数据	34	836746	优通科技
7	831095	中网科技	35	836778	朝阳股份
8	831416	中境智能	36	836874	翔晟信息
9	831660	富深协通	37	836891	盈迪信康
10	831897	远大信息	38	836954	鼎集智能
11	832046	天安智联	39	837274	中盈高科
12	832144	软智科技	40	837288	美房云客
13	832400	微缔软件	41	837499	奇智奇才
14	832623	铱迅信息	42	837519	宙斯物联
15	832787	银科金典	43	837595	坦程物联
16	832800	赛特斯	44	837743	乐众信息
17	833050	欣威视通	45	837796	黑马高科
18	833244	骏环昇旺	46	837898	联著实业
19	833631	汇通金融	47	837966	西屋股份
20	834122	云端网络	48	838395	科融数据
21	834342	慧云股份	49	838473	慧眼数据
22	834741	三棱股份	50	838814	博远容天
23	834939	盈放科技	51	838840	鑫亿软件
24	835049	瀚易特	52	838955	迈特望
25	835111	万联网络	53	838981	钜芯集成
26	835256	数图科技	54	839016	久源软件
27	835305	云创数据	55	839054	欣网科技
28	835307	龙的股份	56	839192	智能交通

(续表)

序号	股票代码	公司简称	序号	股票代码	公司简称
57	839369	创新安全	91	871403	太湖云
58	839497	绛门科技	92	871605	漫道图像
59	839568	卓信科技	93	871653	德融嘉信
60	839790	联迪信息	94	871712	梅花软件
61	837499	奇智奇才	95	872102	中苏科技
62	837519	宙斯物联	96	872111	荣飞科技
63	837595	坦程物联	97	872131	南大智慧
64	837743	乐众信息	98	872223	泰得科技
65	837796	黑马高科	99	872235	瀚天智能
66	837898	联著实业	100	872388	蓝水软件
67	837966	西屋股份	101	870071	东富智能
68	838395	科融数据	102	870627	点春科技
69	838473	慧眼数据	103	870716	南大先腾
70	838814	博远容天	104	870743	维数软件
71	838840	鑫亿软件	105	870758	赛诚智慧
72	838955	迈特望	106	871012	穿越科技
73	838981	钜芯集成	107	871028	天华信息
74	839016	久源软件	108	871137	华育智能
75	839054	欣网科技	109	871139	宏创科技
76	839192	智能交通	110	871280	君立华域
77	839369	创新安全	111	871403	太湖云
78	839497	绛门科技	112	871605	漫道图像
79	839568	卓信科技	113	871653	德融嘉信
80	839790	联迪信息	114	871712	梅花软件
81	870071	东富智能	115	872102	中苏科技
82	870627	点春科技	116	872111	荣飞科技
83	870716	南大先腾	117	872131	南大智慧
84	870743	维数软件	118	872223	泰得科技
85	870758	赛诚智慧	119	872235	瀚天智能
86	871012	穿越科技	120	872427	赛融科技
87	871028	天华信息	121	872438	金恒科技
88	871137	华育智能	122	873002	网信科技
89	871139	宏创科技	123	873077	瑞档科技
90	871280	君立华域	124	873240	众天力

五、省级软件企业技术中心

认定省级软件企业技术中心工作,是省工业和信息化厅为加强全省软件与信息服务企业技术中心建设,促进相关企业加快技术创新,提升行业发展水平和竞争力,加快完善以企业为主体、市场为导向、产学研相结合的技术创新体系的一项重要举措。认定工作根据《江苏省认定企业技术中心管理办法(2010年版)》,经过企业自愿申报、各地择优推荐、综合审核打分、行业专家评价、组织现场考察等程序。

省工业和信息化厅要求被认定为省级软件技术中心的企业要从组织机构、运行机制、经费投入、人才培养、产学研合作等方面,采取更加有力的措施,进一步加强企业技术中心建设,不断提高企业的研发水平和创新能力,充分发挥省级企业技术中心对企业技术进步、产业优化升级、自主知识产权和自主品牌软件产品创建的促进作用。各地有关部门要加强对省级软件企业技术中心建设的指导和服务,在项目扶持、科技计划、税收优惠等方面进一步加大对省级软件企业技术中心创新能力建设的支持力度,认真做好省级软件企业技术中心运行情况跟踪分析,鼓励和引导企业不断加大研发创新投入,努力提升地区整体创新能力和技术水平。省工业和信息化厅将会同有关部门定期进行评价考核,实行优胜劣汰、滚动调整制度,不断提高省级软件企业技术中心的建设水平。

截至2019年年底,全省共分6批累计认定省级软件企业技术中心117家(注:已剔除动态考核不合格的企业),名单见表4-14。上述省级软件企业技术中心涉及工业软件、网络信息服务、互联网信息服务、智能交通、通信软件、智能电网、信息安全、基础软件、数字内容服务、集成电路设计、船舶软件、云计算及大数据服务等类别。从地域分布看,以南京市入围数量最多,达69家,占总数的59.0%。

表4-14　2019年江苏省级软件企业技术中心评价结果

序号	企业名称	地区
一、评价为优秀		
1	昆山中创软件工程有限责任公司技术中心	苏州市
2	浩鲸云计算科技股份有限公司技术中心 *	南京市
3	江苏智途科技股份有限公司技术中心	扬州市
4	苏州麦迪斯顿医疗科技股份有限公司技术中心	苏州市
二、评价为良好		
5	南京市测绘勘察研究院股份有限公司技术中心	南京市
6	南京联迪信息系统股份有限公司技术中心	南京市
7	苏州市科远软件技术开发有限公司技术中心	苏州市
8	江苏润和软件股份有限公司技术中心	南京市
9	南京云创大数据科技股份有限公司技术中心	南京市
10	江苏蓝创智能科技股份有限公司技术中心	无锡市
11	南京国图信息产业有限公司技术中心	南京市
12	南京中兴新软件有限责任公司技术中心	南京市

续　表

序号	企业名称	地区
13	南京擎天科技有限公司技术中心	南京市
14	苏州博纳讯动软件有限公司技术中心	苏州市
15	江苏鼎驰电子科技有限公司技术中心	徐州市
16	无锡华云数据技术服务有限公司技术中心	无锡市
17	苏州好玩友网络科技有限公司技术中心	苏州市
18	南京壹进制信息科技有限公司技术中心	南京市
19	江苏国泰新点软件有限公司技术中心	苏州市
20	南京华苏科技有限公司技术中心	南京市
21	国电南瑞南京控制系统有限公司技术中心	南京市
22	扬州万方电子技术有限责任公司技术中心	扬州市
23	恒宝股份有限公司技术中心	镇江市
24	博智安全科技股份有限公司技术中心＊	南京市
25	无锡芯朋微电子股份有限公司技术中心	无锡市
26	南京国电南自软件工程有限公司技术中心	南京市
27	焦点科技股份有限公司技术中心	南京市
28	江苏瀚远科技股份有限公司技术中心	苏州市
29	诚迈科技(南京)股份有限公司技术中心	南京市
30	南京中科创达软件科技有限公司技术中心	南京市
31	南京科远智慧科技集团股份有限公司技术中心＊	南京市
32	南京龙渊微电子科技有限公司技术中心	南京市
33	南京创维信息技术研究院有限公司技术中心	南京市
34	江苏长天智远交通科技有限公司技术中心	南京市
35	中博信息技术研究院有限公司技术中心	南京市
36	南京康尼电子科技有限公司技术中心	南京市
37	江苏黄金屋教育发展股份有限公司技术中心	苏州市
38	赛特斯信息科技股份有限公司技术中心	南京市
39	多伦科技股份有限公司技术中心	南京市
40	南京南瑞信息通信科技有限公司技术中心	南京市
41	中国船舶重工集团公司第七一六研究所技术中心	连云港市
42	江苏实达迪美数据处理有限公司技术中心	昆山市
43	南京莱斯信息技术股份有限公司技术中心	南京市
44	江苏伏特照明集团有限公司技术中心	扬州市
45	江苏金智教育信息股份有限公司技术中心	南京市
46	江苏东华测试技术股份有限公司技术中心	泰州市

序号	企业名称	地区
47	江苏运时数据软件有限公司技术中心	南京市
48	南京优玛软件科技有限公司技术中心	南京市
49	山石网科通信技术股份有限公司技术中心 *	苏州市
50	无锡中微爱芯电子有限公司技术中心	无锡市
51	江苏电力信息技术有限公司技术中心	南京市
52	江苏易图地理信息科技股份有限公司技术中心	扬州市
53	南京中新赛克科技有限责任公司技术中心	南京市
54	苏州工业园区凌志软件股份有限公司技术中心	苏州市
55	江苏名通信息科技有限公司技术中心	镇江市
56	南京东大智能化系统有限公司技术中心	南京市
57	南京途牛科技有限公司技术中心	南京市
58	无锡友达电子有限公司技术中心	无锡市
59	江苏卓易信息科技股份有限公司技术中心	无锡市
60	徐州雷奥医疗设备有限公司技术中心	徐州市
61	延锋伟世通电子科技(南京)有限公司技术中心	南京市
62	苏州蜗牛数字科技股份有限公司技术中心	苏州市
63	江苏春兰清洁能源研究院有限公司技术中心	泰州市
64	江苏晨光数控机床有限公司技术中心	泰州市
65	南京长峰航天电子科技有限公司技术中心	南京市
66	朗坤智慧科技股份有限公司技术中心	南京市
67	朗新科技股份有限公司技术中心	无锡市
68	无锡力芯微电子股份有限公司技术中心	无锡市
69	华洋通信科技股份有限公司技术中心	徐州市
70	江苏睿泰数字产业园有限公司技术中心	镇江市
71	南京富士通南大软件技术有限公司技术中心	南京市
72	江苏东大金智信息系统有限公司技术中心	南京市
73	南京科融数据系统股份有限公司技术中心	南京市
74	南京欣网通信科技股份有限公司技术中心 *	南京市
75	江苏国瑞信安科技有限公司技术中心	南京市
76	江苏航天大为科技股份有限公司技术中心 *	无锡市
77	江苏安防科技有限公司技术中心	南京市
78	江苏新视云科技股份有限公司技术中心	南京市
79	远景能源(南京)软件技术有限公司技术中心	南京市
80	南京国电南自维美德自动化有限公司技术中心	南京市

续　表

序号	企业名称	地区
81	南京欣网互联网络科技有限公司技术中心	南京市
82	江苏三棱智慧物联发展股份有限公司技术中心 *	昆山市
83	南京贝龙通信科技有限公司技术中心	南京市
84	苏州金螳螂怡和科技有限公司技术中心 *	苏州市
85	江苏金恒信息科技股份有限公司技术中心 *	南京市
86	江苏华骋科技有限公司技术中心	泰州市
87	南京天溯自动化控制系统有限公司技术中心	南京市
88	钛能科技股份有限公司技术中心	南京市
89	江苏南大先腾信息产业股份有限公司技术中心	南京市
90	航天信息江苏有限公司技术中心	南京市
91	央视国际网络无锡有限公司技术中心	无锡市
92	三维医疗科技江苏股份有限公司技术中心	徐州市
93	苏州敏行医学信息技术有限公司技术中心	苏州市
94	苏州叠纸网络科技股份有限公司技术中心	苏州市
95	江苏中天科技软件技术有限公司技术中心	南通市
96	中兴智能交通股份有限公司技术中心	无锡市
97	江苏欧飞电子商务有限公司技术中心	南京市
98	美新半导体(无锡)有限公司技术中心	无锡市
99	江苏振邦智慧城市信息系统有限公司技术中心	常州市
100	江苏达科信息科技有限公司技术中心	南京市
101	南京易司拓电力科技股份有限公司技术中心	南京市
102	中船重工信息科技有限公司技术中心 *	连云港市
103	江苏瑞中数据股份有限公司技术中心	南京市
104	无锡硅动力微电子股份有限公司技术中心	无锡市
105	昆山华东信息科技有限公司技术中心	苏州市
106	双乾网络支付有限公司技术中心	苏州市
107	南京弘毅电气自动化有限公司技术中心	南京市
三、评价为合格		
108	创达特(苏州)科技有限责任公司技术中心	苏州市
109	南京嘉环科技有限公司技术中心	南京市
110	南京腾楷网络股份有限公司技术中心	南京市
111	南京联成科技发展股份有限公司技术中心	南京市
112	江苏曼荼罗软件股份有限公司技术中心	无锡市
113	江苏丙辰电子股份有限公司技术中心 *	徐州市

序号	企业名称	地区
114	天泽信息产业股份有限公司技术中心	南京市
115	江苏猎宝网络科技股份有限公司技术中心	南京市
116	江苏斯菲尔电气股份有限公司技术中心	无锡市
117	无锡北方数据计算股份有限公司技术中心＊	无锡市

注:标＊为已更名。

六、软件业务出口骨干企业

随着江苏软件产业国际化的不断深入,出口企业越来越多,规模也越来越大。但受到外部环境影响,前几年较快的发展趋势受到抑制。2019年,江苏省软件出口额达300万美元以上(含)的企业共156家,较上年增加48家。这156家企业的软件总出口额为924 067.5万美元,同比增长61.2％,占全省软件出口总额的98.5％,与去年同期基本持平。按地区分布看,江苏省内的软件出口骨干企业几乎全部集中于苏南地区。2019年全省软件出口额超过1 000万美元(含)的88家企业中,多数集中于苏州市,共计37家,占总数的42.0％,超四成;其余依次为无锡市22家、南京市12家、常州市8家、南通市5家、镇江市3家、泰州市1家。2019年全省软件出口额超过1 000万美元企业名单见表4-15。

表4-15　2019年江苏省软件出口1 000万美元以上企业名单

序号	企业名称	2019年软件业务出口额(万美元)
1	sk海力士半导体(中国)有限公司	147 393.0
2	无锡夏普电子元器件有限公司	86 146.6
3	希捷国际科技(无锡)有限公司	76 132.5
4	苏州紫翔电子科技有限公司	59 834.9
5	江苏长电科技股份有限公司	30 000.0
6	苏州通富超威半导体有限公司	29 746.0
7	无锡阿尔卑斯电子有限公司	29 231.8
8	海太半导体(无锡)有限公司	28 294.0
9	启新通讯(昆山)有限公司	26 321.3
10	通富微电子股份有限公司	26 168.0
11	安博电子科技(常熟)有限公司	22 270.0
12	江阴长电先进封装有限公司	21 817.0
13	苏州日月新半导体有限公司	16 511.3
14	启佳通讯(昆山)有限公司	14 601.0
15	常州格力博有限公司	13 909.6
16	江苏卓胜微电子有限公司	13 803.9
17	快捷半导体(苏州)有限公司	12 393.0

序号	企业名称	2019年软件业务出口额(万美元)
18	梅特勒-托利多(常州)测量技术有限公司	10 163.4
19	仁宝视讯电子(昆山)有限公司	9 168.0
20	住化电子材料科技(无锡)有限公司	8 887.0
21	恩梯梯数据(中国)信息技术有限公司	7 973.8
22	安费诺-泰姆斯(常州)通讯设备有限公司	7 491.0
23	晶门科技(中国)有限公司	6 363.4
24	安费诺(常州)高端连接器有限公司	6 137.7
25	苏州好玩友网络科技有限公司	6 095.0
26	无锡力芯微电子股份有限公司	6 029.0
27	苏州富士胶片映像机器有限公司	5 965.4
28	高德(苏州)电子有限公司	5 766.4
29	江苏苏杭电子有限公司	5 638.0
30	华天科技(昆山)有限公司	5 530.0
31	华硕科技(苏州)有限公司	5 320.0
32	泰州中来光电科技有限公司	5 293.8
33	三星电子(中国)研发中心	4 851.0
34	无锡华润安盛科技有限公司	4 724.9
35	昆山沪利微电有限公司	4 683.3
36	苏州聚力电机有限公司	4 640.4
37	趋势科技(中国)有限公司南京分公司	4 604.0
38	桦晟电子(昆山)有限公司	4 282.0
39	富翔精密工业(昆山)有限公司	4 000.0
40	苏州兴胜科半导体材料有限公司	3 938.3
41	苏州工业园区凌志软件股份有限公司	3 938.0
42	南京富士通南大软件技术有限公司	3 534.3
43	中恒大耀纺织科技有限公司	3 356.0
44	常州丰盛光电科技股份有限公司	3 057.8
45	泛达通讯零部件(无锡)有限公司	2 887.0
46	无锡泰石精密电子有限公司	2 803.0
47	统盟(无锡)电子有限公司	2 748.9
48	南京网觉软件有限公司	2 726.9
49	苏州赛腾精密电子股份有限公司	2 632.8
50	三星半导体(中国)研究开发有限公司	2 616.0
51	苏州震坤科技有限公司	2 581.0
52	镇江艾康医疗器械有限公司	2 575.8
53	南通中集罐式储运设备制造有限公司	2 484.4
54	美新半导体(无锡)有限公司	2 414.0

序号	企业名称	2019年软件业务出口额(万美元)
55	鸿兆达技术服务(昆山)有限公司	2 300.0
56	苏州紫焰网络科技有限公司	2 263.5
57	苏州叠纸网络科技股份有限公司	2 168.4
58	华通电脑(苏州)有限公司	2 134.6
59	江苏鱼跃医疗设备股份有限公司	2 012.0
60	埃马克(中国)机械有限公司	1 980.0
61	无锡开益禧半导体有限公司	1 932.1
62	苏州富强科技有限公司	1 894.3
63	江苏威尔曼科技有限公司	1 817.4
64	昆山富通电子有限公司	1 785.0
65	无锡文思海辉信息技术有限公司	1 778.1
66	江苏海隆软件技术有限公司	1 775.0
67	诚迈科技(南京)股份有限公司	1 665.1
68	通光集团有限公司	1 665.0
69	创斯达科技集团(中国)有限责任公司	1 664.5
70	凯易讯网络技术开发(南京)有限公司	1 645.0
71	常州市凯迪电器股份有限公司	1 640.2
72	创意电子(南京)有限公司	1 499.1
73	京隆科技(苏州)有限公司	1 485.0
74	泰逸电子(昆山)有限公司	1 475.1
75	江苏富士通通信技术有限公司	1 380.0
76	无锡变格新材料科技有限公司	1 370.0
77	高德(无锡)电子有限公司	1 367.0
78	无锡国丰电子科技有限公司	1 296.5
79	苏州蜗牛数字科技股份有限公司	1 258.0
80	常州英博科技有限公司	1 205.0
81	中兴软创科技股份有限公司	1 200.0
82	苏州爱洛克信息技术有限公司	1 191.2
83	昆山德朋电子科技有限公司	1 144.2
84	丹阳法拉电子有限公司	1 101.8
85	美库尔商务信息咨询(南京)有限公司	1 020.0
86	富智康(南京)通讯有限公司	1 014.0
87	康准电子科技(昆山)有限公司	1 000.0
88	苏州科纬讯信息服务有限公司	1 000.0

第二章 人才篇

第一节 江苏省软件产业人力资源状况

工信部年报统计数据显示,2019 年江苏省软件产业从业人员共计 1 131 918 人,比上年减少 170 017 人,同比下降 13.1%。

一、地区分布情况

地区分布方面,江苏省软件产业从业人员主要分布在南京、苏州、无锡、镇江等城市,与江苏省各市软件产业规模整体趋于一致,2019 年全省各市软件业从业人员数及分布情况见图 4 - 3 和图 4 - 4。

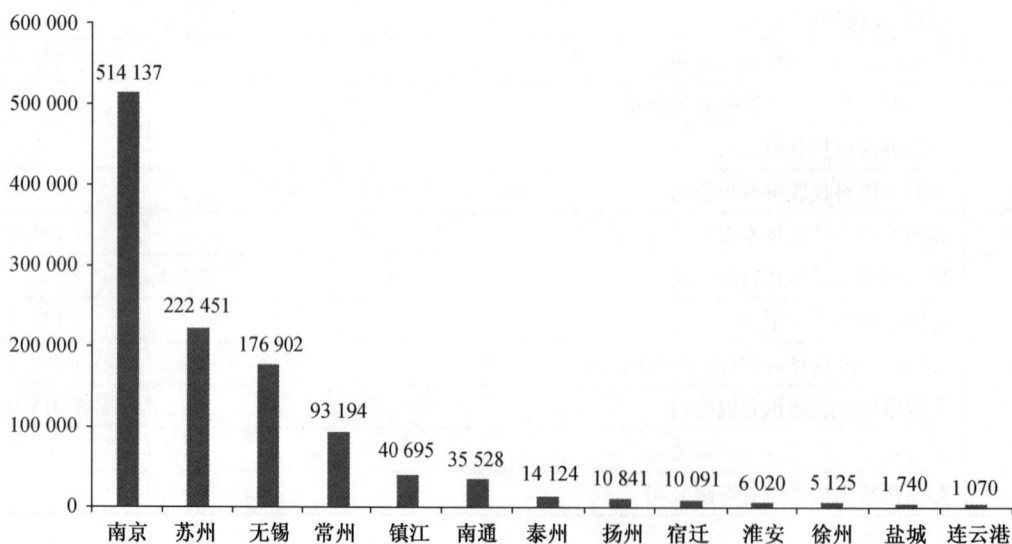

图 4 - 3 2019 年江苏省各市软件产业从业人员数量

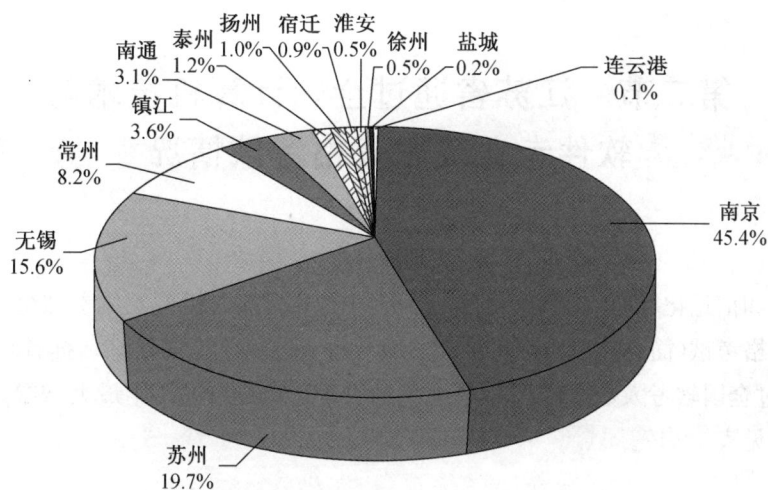

图 4-4　2019 年江苏省软件业从业人员地区分布占比

二、人均薪酬状况

根据工信部统计年报数据,纳入统计的 5 950 家省内软件企业 2019 年员工人均年薪为 14.3 万元,其中又以人均年薪 10 万元至 20 万元的企业居多,数量达到 2 543 家,占企业总数的 42.7%;另有 0.6% 的企业人均年薪超过百万元,13.8% 的企业人均年薪低于 5 万元,详见表 4-16 和图 4-5。

表 4-16　全省软件企业 2019 年人均薪酬情况

人均年薪(万元)	企业数	占比
≥100 万	38	0.6%
50 万~100 万	124	2.1%
20 万~50 万	519	8.7%
10 万~20 万	2 543	42.7%
5 万~10 万	1904	32.1%
0~5 万	819	13.8%
数据有误	3	0.1%
合计	5 950	100%

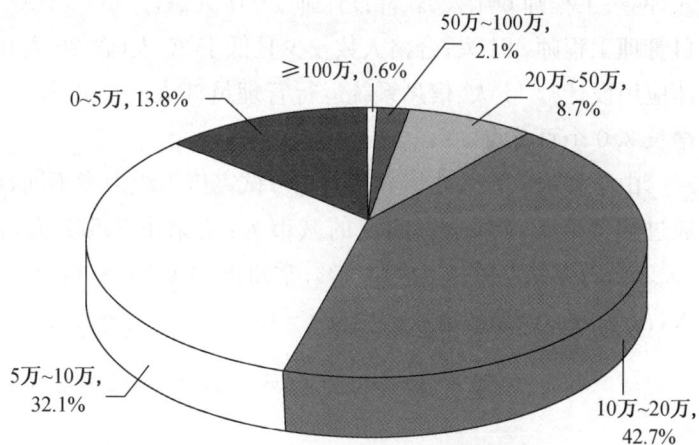

图 4-5　全省软件企业 2019 年人均薪酬分布

第二节 江苏省通过全国计算机技术与软件专业技术资格考试情况

江苏省工业和信息化厅每年上半年、下半年分两次组织省内相关人员参加全国计算机技术与软件专业技术资格考试(简称软考),促进在职在校软件人才的学习与培训。据省相关部门统计,江苏省 2019 年通过全国软考人数 6 173 人,较上年增长 59.6%,为近几年最大增幅。江苏省近五年通过该考试人数见表 4-17。

表 4-17 江苏省近五年通过全国软考人数一览表

年份	2014	2015	2016	2017	2018	2019
通过软考人数	2 790	2 797	2 782	3 112	3 868	6 173

全国计算机技术与软件专业技术资格考试由人力资源和社会保障部与工业和信息化部联合举办,通过以考代评选拔软件专业人才,考试通过情况也从一个侧面反映了当地软件人才培养及结构分布情况。

2019 年全国计算机技术与软件专业技术资格考试共分 20 个类别,与上年度类别相同。2019 年全国计算机技术与软件专业技术资格考试人数及分布见表 4-18。

就单个考试类别而言,合格人数较多且超过 300 人以上的类别有:信息系统项目管理师 693 人、网络工程师 601 人、软件设计师 1 067 人、程序员 516 人、信息处理技术员 1 448 人、系统集成项目管理工程师 821 人;合格人数较少且低于 20 人(含 20 人)的类别有:电子商务设计师 16 人、多媒体应用设计师 11 人、信息系统运行管理员 3 人。全省 2019 年合计参考合格率为 40.4%,比上年增长 3.0 个百分点。

由于各地软件人才培养基础和考试宣传组织力度不同,各市之间合格人数差距较大。2019 年通过软考人数位列全省前 5 的城市为:南京市 2 522 人,占全省合格人数的比例超过四成,达40.9%;苏州市 749 人,占 12.1%;常州市 724 人,占 11.7%;无锡市 377 人,占 6.1%;淮安市 366人,占 5.9%,其余各市数据见表 4-18。

表 4-18 2019 年江苏省通过全国计算机软件专业资格考试人员统计表

单位:人

级 别	南京	苏州	无锡	常州	镇江	南通	扬州	徐州	连云港	盐城	淮安	泰州	宿迁	小计	合格率
信息系统项目管理师	298	115	55	23	16	39	18	27	19	42	12	11	18	693	20.9%
系统架构设计师	60	34	11	2	1	1	1	1	1	2	0	0	0	114	26.5%
网络工程师	187	86	41	25	21	44	23	46	21	50	26	16	15	601	37.2%
软件设计师	446	150	92	54	26	83	55	61	33	14	16	22	15	1 067	39.8%

续　表

级　别	南京	苏州	无锡	常州	镇江	南通	扬州	徐州	连云港	盐城	淮安	泰州	宿迁	小计	合格率
程序员	152	44	32	47	8	48	24	51	56	8	32	8	6	516	50.9%
网络规划设计师	10	1	1	3	0	2	0	2	1	2	0	2	0	24	12.1%
嵌入式系统设计师	20	8	14	4	0	1	0	1	1	0	1	2	0	52	56.5%
电子商务设计师	5	3	1	0	0	4	0	0	0	0	2	0	1	16	57.1%
多媒体应用设计师	6	3	0	0	0	1	0	1	0	0	0	0	0	11	40.7%
系统分析师	16	6	4	1	0	1	0	1	0	0	0	0	1	30	13.9%
系统规划与管理师	4	4	6	0	2	2	0	0	2	1	2	1	0	24	24.7%
信息系统管理工程师	19	9	5	3	1	2	5	3	1	1	3	1	0	53	35.8%
信息系统安全工程师	63	18	8	5	2	5	4	2	0	1	3	3	1	117	50.4%
信息系统运行管理员	1	0	0	0	1	1	0	0	0	0	0	0	0	3	7.3%
信息系统监理师	59	39	9	10	8	16	5	13	3	4	2	10	4	182	31.3%
数据库系统工程师	60	13	15	6	2	5	4	11	0	2	2	9	2	131	34.0%
网络管理员	53	9	4	8	6	16	6	17	5	3	6	3	4	140	32.8%
信息处理技术员	673	31	0	491	0	11	0	0	0	0	242	0	0	1 448	81.9%
软件评测师	57	36	15	2	6	5	1	5	0	1	0	2	0	130	49.4%
系统集成项目管理工程师	333	140	64	40	23	50	31	33	23	26	17	20	21	821	48.1%
合　计	2 522	749	377	724	123	337	177	275	168	157	366	110	88	6 173	40.4%

第三节　江苏省软件人才培养公益服务

江苏软件产业人才发展基金会(以下简称基金会)于 2008 年 9 月 12 日由省民政厅正式批准成立(苏民管〔2008〕145 号)。基金会是由省工业和信息化厅(原省经济和信息化委)创办,省人才工作有关部门、省骨干软件企业及有关高等院校共同参与设立的非公募基金会。2014 年基金会被省民政厅评估认定为 AAAA 级社会组织。2017 年 6 月,基金会参与资助的江苏产业人才"育鹰计划"2.0 企业家高级研修公益培训班被评为全国网络社会组织二类(省一级)优秀品牌项目。基金会以大力宣传江苏软件产业发展环境和重点软件企业,吸引优秀软件人才来江苏创业或就业,培养江苏软件企业需要的实用型人才,协助政府有关部门开展软件产业人才工作,为江苏软件产业发展提供有力的人才支持和保障为宗旨。在此宗旨下,基金会致力于开展江苏软件产业人才发展的各项公益活动,累计服务全省软件产业人才 12 万余人次。

2019 年,江苏软件产业人才发展基金会主要开展了以下公益活动。

一、江苏软件奖学金

为奖励高等院校品学兼优的软件专业学生,增进全国高校软件专业学生对江苏软件产业发展环境和重点软件企业的了解,吸引全国优秀软件专业毕业生到江苏创业或就业,推动江苏软件企业与国家示范性软件学院的深度合作,由基金会出资,面向全国示范性软件学院及省内重点高校相关专业设立并颁发"江苏软件奖学金"。希望通过奖学金的评选,搭建起全国优秀软件人才与江苏软件企业沟通交流的桥梁,为推动江苏软件产业快速崛起,为全国软件产业又好又快发展贡献力量。为增加奖学金对吸引人才到江苏就业或创业的实效性,自 2010 年开始,基金会对奖学金申报条件进行了修订,认定在江苏软件企业就业作为申报的必要条件,并与每年的"爱英之旅"江苏省重点软件企业全国校园行招聘活动紧密结合,跨年度实施江苏软件奖学金评审工作。

江苏软件奖学金的资助对象是教育部确定的国家示范性软件学院所在高校和江苏省有关高校中软件工程专业(或相近专业)的优秀高年级研究生和本科生。从 2017 年度开始,资助标准上调为:博士研究生 10 000 元/人,硕士研究生 8 000 元/人,本科生 6 000 元/人。

2018 年度"江苏软件奖学金"的申报与 2019"爱英之旅"校园招聘活动形成联动宣传,共收到国内知名高校 331 名满足基本申报条件的学生申请。申报"江苏软件奖学金"的学生来自全国 66 所重点高校,其中不乏北京大学、清华大学和上海交通大学等高校的学子,其中 95% 以上的申报学生都有意愿到江苏软件企业就业。

奖学金获奖名单经由"基金会官网(http://jstf.org.cn)申报"—"后台初审"—"专家评审"—"资料审核"四项步骤确定。2019 年 8 月中旬前,基金会完成了对 2019 年毕业的应届生的信息汇总和资料初审工作,共 226 名学生进入专家评审环节。评审会于 9 月 6 日召开,分别邀请用人单位、高等院校、社会组织等相关专家对申请人进行评审。2019 年 12 月,经省工业和信息化厅组织专家复核评审,共 42 名学生获得"2018 年度江苏软件奖学金",其中博士研究生 2 人、硕士研究生

25 人、本科生 15 人。

据悉,每年申报江苏软件奖学金的学生信息都将形成信息库,供省内重点软件企业查询。通过信息库,不仅企业可以找到适合的人才,学生在申报奖学金的同时,也能搜寻到合适的招聘岗位并投递简历应聘,从而达到企业、学生双赢的成效。

二、"中国软件杯"大学生软件设计大赛

为积极响应《国家中长期教育改革和发展规划纲要(2010—2020 年)》及《软件和信息技术服务业"十二五"发展规划》,科学引导高校青年学子积极参加科研活动,切实增强自主创新能力和实际动手能力,实现应用型人才培养和产业需求的有效衔接,推动我国软件和信息服务业又好又快发展,工业和信息化部、教育部和江苏省人民政府共同创办了面向中国高校在校学生(含高职)的纯公益性软件设计大赛,即"中国软件杯"大学生软件设计大赛(以下简称"大赛")。

作为面向高校高职的新型竞赛,大赛秉承"政府指导、企业出题、高校参与、专家评审、育才选才"的方针,以"催生多重效应,引领产业创新"为宗旨,创造了产学融合的新平台,切实落实十九大报告提出的"完善职业教育和培训体系,深化产教融合、校企合作"。2011 年至今,大赛已成功举办八届,历届赛事得到工业和信息化部高层领导充分认可,已成为促进大学生软件人才培养设立的国家级品牌赛事,在推动产教联动、服务软件企业转型发展等方面发挥了显著作用。

2018 年 9 月,第八届"中国软件杯"大学生软件设计大赛正式启动,经历了大赛赛题征集、赛题评审、赛题修改和发布、报名组织、全国高校巡展、作品提交、华东分赛区决赛、初赛评审、决赛答辩、颁奖典礼等阶段,圆满完成了各项工作。本届大赛共有 5 254 支队伍报名参赛,其中本科赛队4 098 支、高职赛队 1 156 支。2019 年 7 月 15 日至 7 月 17 日,大赛总决赛及答辩在南京航空航天大学举行。本次决赛评审共分决赛初评和决赛答辩两个环节,200 余支队伍在现场经过激烈角逐,最终决出特等奖队伍 2 支、一等奖 20 支、二等奖 80 支、三等奖 101 支,并评出最佳指导教师奖 22人,最佳学校组织奖队伍 61 支、最佳地方组织奖队伍 15 支。

其中,特等奖由南京航空航天大学"手打标签"团队及长春工业大学应用技术学院"灵境"团队获得,他们的获奖项目分别是"A10—纺织布匹表面瑕疵识别系统"和"B1—基于 VR 技术的自然科学虚拟仿真实验室"。

此外,大赛同期还举办了多个配套活动,如 2019 中国软件产教互动工作座谈会、优秀队伍投融资对接会、获奖选手专场招聘会等,对衔接产业需求、促进产教深度融合、培养创新型软件人才、推动软件产业高质量发展起到了积极的促进作用。

与往届相比,本届大赛可谓亮点纷呈:

(一)热度飙升,上万师生赛场角逐

作为最受学生欢迎、学生直接参与面最广的公益性赛事,理技融合、研用结合的重要实践平台,第八届赛事热度全面升级,共吸引来自千余所高校的上万名师生报名参赛,赛事覆盖全国 31 个省市,影响力持续扩大,山东、江苏、湖南、湖北、河北五省报名数量位居前列。据统计,本届大赛报名高校涵盖普通本科、高职及 985、211 三类,其中 985、211 高校报名数量合计占比达到 19%,见图4-6。

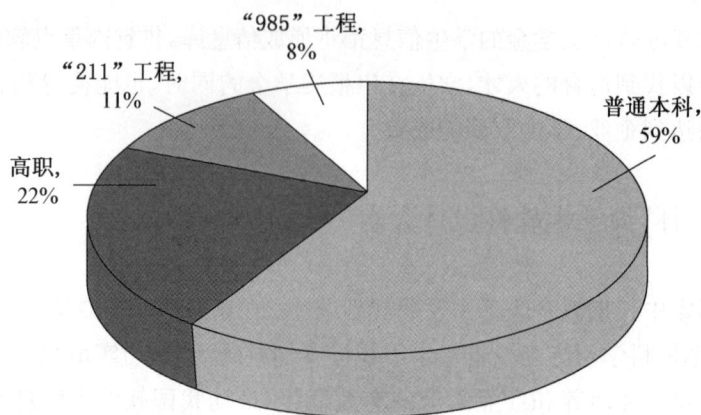

图4-6 第八届"中国软件杯"大学生软件设计大赛报名高校类型分布

(二)全领域征题,质效并重选拔"明日之星"

与其他同类赛事不同,"中国软件杯"大学生软件设计大赛的最大特色是赛题原型全部来源于全国软件骨干企业的实际技术需求,企业元素的加入使得赛事更具实用性和权威性。通过考查学生的实际操作能力和创新能力,大赛有效弥补了高校软件专业教育理论无法与实践紧密结合的不足。同时,参赛学生交出的优秀作品也给企业的研发提供了参考和思路,促进了软件产业的发展。

与往届大赛相比,第八届大赛赛题征集工作全面升级,除面向骨干软件企业、重点园区、重点区域的传统征集渠道外,首次面向软件与信息技术服务业全领域征集赛题,直接通知企业300余家,累计收到赛题100余道,最终确定赛题20道(含本科组13道、高职组7道),见表4-19,江苏共有4道赛题入选。

召开赛题征集启动会是本届赛事亮点之一,通过这一形式,与意向出题企业深度沟通大赛赛制、评审规则及赛题核心竞技点,可进一步提升企业出题严谨性。因此,本届大赛赛题数量及质量均优于前两届赛事。赛题紧贴当前技术热点,涉及工业互联网、大数据、云计算、物联网、人工智能、虚拟现实、智能制造、信息安全等领域。赛题在设计时充分考虑实际场景,引导参赛学生发力新功能、新应用、新模式,面向软件产业不同技术方向、不同应用领域,更好地选拔"明日之星"。

赛后,本届获奖选手纷纷表示,"中国软件"杯大赛组委会搭建了良好的实践平台,比赛本身就是学习和成长的过程,本次大赛锻炼了他们的技术能力、时间管理能力、展示和表达能力以及团队管理能力。

表4-19 第八届"中国软件杯"大学生软件设计大赛赛题

序号	组别	赛题名称	报名数量	占比
1		基于深度学习的银行卡号识别系统	1 586	30.2%
2		旅客行程智能推荐系统	376	7.2%
3	本科	公共地点人流量计算的云监管平台	329	6.3%
4		基于计算机视觉的辅助自动驾驶应用	264	5.0%
5		缓存高可用	227	4.3%

（续表）

序号	组别	赛题名称	报名数量	占比
6	本科	代码结构及流程重构	212	4.0%
7		纺织布匹表面瑕疵识别系统（华东分赛区）	152	2.9%
8		基于国产 CPU 环境的微服务应用实践	124	2.4%
9		基于物联网的视频系统的实现	120	2.3%
10		基于追溯处理机制的运维服务大数据的安全与共享	90	1.7%
11		基于华云公有云平台，设计公有云监控系统	71	1.4%
12		基于 GIS 技术的生态环境演进过程可视化实现	69	1.3%
13		基于移动端在线设备故障诊断平台（华东分赛区）	59	1.0%
14	高职	基于互联网大数据的招聘数据智能分析平台	438	8.3%
15		车牌识别软件的设计与开发	425	8.1%
16		航班座位自动分配系统	300	5.7%
17		能耗综合分析应用 App（华东分赛区）	140	2.7%
18		基于 VR 技术的自然科学虚拟仿真实验室	130	2.5%
19		绿色车间监测 App（华东分赛区）	92	1.8%
20		基于工业设备的企业大数据的分析与展示（华东分赛区）	50	0.9%

（三）高频互动，赛事精彩"永不落幕"

大赛报名期间，大赛校园巡展工作密集展开，覆盖西安、北京、武汉、长春、福州、厦门、南京、常州、成都、广州、深圳、哈尔滨等 20 余个城市，累计组织赛事专场宣讲会 30 余场，涉及清华大学、电子科技大学、哈尔滨工业大学等百余所高校。大赛校园巡展架起了组委会与高校师生的沟通桥梁，为参赛师生深入了解大赛意义、价值以及各个赛题的竞技点创造了条件。

据统计，大赛报名及作品提交期间，参赛师生通过组委会 QQ 群、微信群渠道日均咨询量超过1 000 条；大赛决赛前期，组委会日均电话沟通数超过 500 个。组委会工作人员通过电话、QQ、微信多个渠道，与参赛师生就赛事注意事项、决赛赛程安排、现场食宿安排等问题反复沟通，确保赛事高效有序进行。

（四）点击破百万，人工智能上"热搜"

第八届赛事公布赛题 20 道，其中本科组 13 道、高职组 7 道。其中，人工智能方向赛题备受关注。"基于计算机视觉的辅助自动驾驶应用""基于深度学习的银行卡号识别系统"等赛题报名数创新高。其中，人工智能类赛题"基于计算机视觉的辅助自动驾驶应用"更是成为本届大赛"流量王"，赛题咨询频率近万次，赛题介绍页面日均访问量过 10 万，大赛官网累计访问量破百万。

（五）新增分赛区，助力区域产业再升级

与往届相比，本届大赛增设华东分赛区并落地常州，进一步加强了赛事与地方产业发展需求的

衔接。结合华东地区制造业基础优势及转型升级进程中"育人引才"的核心诉求,大赛华东分赛区确定用人才升级助推区域制造业转型升级的思路,围绕"工业 App"主题,以解决实际应用需求为出发点,共设置"纺织布匹表面瑕疵识别系统""基于移动端在线设备故障诊断平台""绿色车间监测App""能耗综合分析应用 App"和"基于工业设备的企业大数据的分析与展示"五道赛题。通过"人才+"模式,华东区域赛有效整合华东地区高校资源,加快了面向先进制造业的专业技术人才和创新型人才培养,推动区域产业再升级。

三、江苏产业人才"育鹰计划"2.0高研班系列

人才是软件产业发展的决定性资源,其中软件企业高层管理人员是核心。为深入贯彻实施科教与人才强省战略、创新驱动战略,加快提升软件企业家素质,推进软件企业核心团队人才队伍建设,江苏省工业和信息化厅联合省人才发展办公室,自 2011 年起实施江苏软件产业"育鹰计划"。江苏软件产业人才发展基金会自 2012 年起对"育鹰计划"进行资助,并于 2016 年升级为"育鹰计划"2.0。"育鹰计划"2.0 为全省工业企业高层管理者和软件企业高层管理者搭建了共同培训的平台,促进了省内企业家之间,企业家与国内外学术界、企业界之间的学习、沟通、合作、交流,营造了团结创新的产业文化氛围。2017 年 6 月,"育鹰计划"2.0 公益活动被评为二类(省一级)网络社会组织品牌项目。

根据计划总体安排,2019 年,基金会联合清华大学、北京大学等高校,面向全省重点软件企业举办了分领域的公益培训班,同时面向重点软件企业高管进行专业化、精细化的公益培训,内容涵盖电子信息、智慧产业、大数据、互联网金融等,在打造具有竞争力的企业高管团队过程中发挥了重要作用,同时也对宣贯国家和省产业发展政策,推动软件企业和传统工业企业合作共赢等起到了促进作用。

(一)总体情况

2019 年,在省工业和信息化厅领导关心、指导下,在省人才办、全省各市工信局以及各工业企业、软件企业的大力支持下,基金会做了认真细致、卓有成效的组织工作,分别于 2019 年 6 月 24日—6 月 28 日、11 月 10 日—11 月 15 日在清华大学举办""育鹰计划"2.0 高研班第 13 期(工业软件专题)、"育鹰计划"2.0 高研班第 14 期(智慧文旅专题),并于 12 月 6 日—12 月 10 日在北京大学创业训练营江苏基地举办"育鹰计划"2.0 高研班第 15 期(人工智能软件专题)。培训内容包含工业互联网的发展与推进、自主可控的工业仿真设计软件的现状、智慧文化和旅游发展展望、人工智能产业发展、5G 时代的人工智能行业赋能等多方面内容,并增设政策解读与时政讲解,提升企业家政治素养和大局观。全年共计培训全省各类企业家学员 200 余人,培训得到了企业家学员的高度评价。

(二)生源组织

2019 年,江苏省工业和信息化厅面向各设区市工信局、各软件园区、各有关单位发布《关于组织参加江苏产业人才"育鹰计划"2.0 高研班的通知》,由各设区市推荐辖区内优秀软件企业报名参训。基金会积极组织理事单位和名誉理事单位报名。

"育鹰计划"2.0的报名采用线上报名方式,统一登录"江苏软件人才网"(基金会官网)进行线上报名。基金会在2016年重新开发了"江苏软件人才网",优化网站的报名管理功能,并在原有的"江苏软件人才发展"微信公众号的基础上,使用网站和微信两个平台同时推送通知及开展报名工作,不仅提高了工作效率,而且有利于信息归总。通过"线上报名"—"评委投票评审"—"确定名单"的流程进行,学员报名踊跃,每期班的申请人数近200人。

"育鹰计划"2.0的参训学员资格确定采取线上评审方式,由基金会邀请优秀的投融资机构、基金会理事单位、行业组织、育鹰企业负责人、核心高管组成专家评审组对学员的报名申请进行线上打分和严格审核,按名次确定录取名单后上报至省工业和信息化厅软件处审核确定。参训学员须至少满足以下三项中的一项:(1)江苏省重点软件和信息服务企业负责人,两化融合重点行业及工业企业的负责人和首席信息官CIO;(2)省内互联网和信息服务创业企业、两化融合重点行业创业企业主要负责人及创业团队负责人;(3)省软件和信息服务特色产业园、互联网产业园、互联网众创园负责人等。

(三)组织和后勤保障

为保证高研班按计划实施并达到最佳培训效果,每期高研班都由省工业和信息化厅反复征求产业界的需求、建议,精心设计课程安排及授课专家选派,每个环节均从细处着眼,有效保证了培训效果。

每个班在报名汇总阶段,逐一审核推荐学员的资格信息,并按照区域、专业分类、学员年龄范围等诸多因素进行人员分组,以保证学习过程中交流互动的全面性和有效性。确定学员后,安排专人对每位学员的基本信息进行电话逐一确认,对企业家的行程安排进行确定。对存在不能如期参训的情况进行认真记录,实时进行跟踪。开班前2~3天,通过短信平台、邮件等多种途径分发开班通知,并要求企业家学员及时进行回复确认,对于仍然不能确认的学员,再一次电话进行行程确认。这些都是保证高研班持续报到率都达到99%以上的重要组织措施。

现场报名阶段,基金会统筹各承办机构组织现场报名,分派宿舍,安排好企业家学员的吃住行等事项。保证了每一位企业家都能有一个安心、舒心的生活、学习环境,静下心来参加学习。

每期高研班在开班之初均会成立班委会,每届班委会均被委以相应的任务,包括组织开展小组间的交流互动、趣味竞赛、文娱活动等。各小组间的"切磋"和"比拼",不仅有组与组的竞争,更有学员与学员的合作共赢。这使得参加培训的企业家在学习之余,能够充分展现企业文化,拉近彼此距离。

在培训结束后,线下小组活动发起人均可在"育鹰计划"2.0系统中发起企业家"群鹰汇"交流活动报名,以促进我省软件和信息服务企业的深度沟通、合作。2019年,基金会共成功举行两期"群鹰汇"企业家沙龙交流,组织探讨企业交叉合作等主题,约30名企业家参加了活动。

四、江苏软件产业"公益学堂"系列

为促进我省软件产业高层次人才的培养和储备,尤其是目前我省软件产业发展过程中较为紧缺的软件人才培养和储备,解决制约我省软件产业实现跨越式发展的人才瓶颈问题,基金会从2009年开始举办专题培训班,2015年推出软件和信息服务"公益学堂",在扩大培训范围的基础上,采用线上线下相结合的模式培训学员,为省内骨干软件企业培养和储备了一大批精技术、善管理、

思路开阔、目光远大的高素质人才。

2019年,基金会首次实施"公益学堂"进园区计划,与中国(南京)软件谷(以下简称"软件谷")成立联合调研小组,就谷内软件企业培训需求展开调研。经过全方位走访,基金会按照企业的实际需求,有针对性地为园区设计"公益学堂"课程,并将授课场置于园区内,解决课程到企业的"最后一公里"问题。2019年,基金会联合软件谷共计举办两期江苏软件和信息服务"公益学堂",培训主题分别为《规上企业申报体系建设》和《现代人力资源管理战略》,参训人数共计222人次。其中,《规上企业申报体系建设》课程报名人数120人,到场人数114人,课程满意度为4.75分;《现代人力资源管理战略》报名人数112人,到场108人,课程满意度为4.88分,课程的规模和培训人数较去年均有所提升。

1. 科技申报体系的构建公益培训班

(1) 培训内容

讲座主题:《规上企业申报体系建设》

讲座时间:2019年12月17日

讲座内容:帮助学员了解为何需要构建科技申报体系,如何构建企业的科技创新能力,普及企业科技申报的策略。通过事例,生动形象地带领学员学习申报方法。

培训方式:集中授课、研讨交流、案例实践。

讲座导师:贡晓鹏,南京翰威特咨询合伙人、15年企业管理和管理咨询及经验、5年咨询公司科技申报总监,曾任职500强企业高管,有丰富的企业综合管理和政府事务管理经验,擅长系统性帮助企业进行科技申报、品牌营销力规划。

(2) 生源组织

由基金会与软件谷联合招生,培训主要针对基金会理事单位、名誉理事单位、软件谷企业和部分软件企业中有意建立及完善科技管理体系的申报负责人员、高级管理人员。

2. 江苏软件和信息服务企业人力资本公益讲座

(1) 培训内容

讲座主题:《现代人力资源管理战略》

讲座时间:2019年12月27日

讲座内容:通过分析人力资源工作在企业中的地位、人力资源工作的分工、互联网时代人力资源的主要工作内容,帮助企业管理者掌握现代人力资源的选、训、育、留。

培训方式:集中授课、研讨交流、案例实践。

讲座导师:王弘力,国家高级人力资源管理师、管理咨询师、企业培训师,具有10多年比亚迪汽车人力资源管理工作经验,具备HR所有模块的统筹管理经验。于2016年获得深圳好讲师竞赛冠军,2017年荣获"深圳好讲师"称号,为深圳10大优秀企业培训师,广州新快报社、管理论坛沙龙特约讲师,在全国有700多场培训授课经历。

(2) 生源组织

由基金会与软件谷联合招生,主要针对基金会理事单位、名誉理事单位、软件谷企业和部分软件和信息服务企业HR进行培训。要求参训学员为目前从事企业人力资源方面的专业人员,且具有至少两年以上的工作经验。

五、"爱英之旅"江苏省重点软件企业全国校园行招聘活动

为进一步在全国范围内宣传展示江苏软件产业发展环境及企业形象,为江苏的软件企业招募有志于投身软件开发领域的高素质软件人才,江苏软件产业人才发展基金会自2008年起组织开展了江苏省重点软件企业全国校园招聘活动。2012年对活动进行了品牌提升,打造出"爱英之旅"品牌。10年来,累计举办了近80场大型校园招聘活动,服务我省软件企业400家次,参与招聘活动的大学生累计7万余人。通过该项活动的举办,为省内重点软件企业在更大范围内即时招募到了更多、更优秀的软件人才,获得参与企业的一致好评。

2019年,"爱英之旅"校园行活动自10月18日开始,历时近2个月,行程2 600多公里,吸引了省内近百家大型软件企业加盟,来自全国各大高校的4 000多名应届毕业生踊跃参与。据统计,本次校园招聘共计收到求职简历2 092份,意向签约近300人。本次招聘整体满意度达93%。

"爱英之旅"校园招聘活动是江苏省软件产业人才建设的重大工程之一,旨在向全国重点高校相关专业大学生介绍江苏省软件产业发展环境和企业发展前景,帮助江苏重点软件企业广纳软件人才,打造江苏软件产业整体品牌,吸引更多优秀应届毕业生到江苏软件企业入职,为江苏软件产业发展提供强有力的人才保障。

为确保活动全面实现预定目标,基金会根据当前的产业发展形势和企业用人需求,确定了"爱英之旅"招聘活动开展的总体方案和行动计划。根据省工业和信息化厅的要求,基金会制定了活动开展的全程进度安排,抽调经验丰富、能力突出的人员,组建了精干高效的活动运作团队。参加本年度招聘活动的省内骨干软件企业有南京擎天科技有限公司、南瑞集团、江苏瑞中数据股份有限公司、江苏金智科技股份有限公司、江苏润和软件股份有限公司、江苏星网软件有限公司、南京奥派信息产业股份公司、江苏远望神州软件有限公司、焦点科技股份有限公司、亚信科技(中国)有限公司、江苏国瑞信安科技有限公司、苏州盈天地资讯科技有限公司、江苏三棱智慧物联发展股份有限公司、昆山炫生活信息技术股份有限公司、无锡卓信信息科技股份有限公司等100多家,各家企业总的招聘需求超过3 000人。

2019年"爱英之旅"活动分为省外、省内两条路线,历时2个月,在全国共8个城市举办了校园招聘会,吸引了相关专业的近4 000名学生踊跃参与,其中大部分来自52所全国重点高校。省外3场校园招聘活动分别在西北工业大学、安徽大学、武汉理工大学举行,省内的6个专场招聘会分别在南京、徐州、常州、无锡、扬州5市举行。其中,南京共举办2场招聘会,分别在江苏省高校招生就业指导中心及南京信息职业技术学院举办,其余4场分别在中国矿业大学、江南大学、江苏大学、扬州大学举行。本次招聘现场全部按照"企业摆展位现场收取简历—筛选简历并发放准考证—企业笔试—面试"的流程进行。省内招聘会每站均有15～20家不等的骨干软件企业参与。尽管各家企业间人才竞争激烈,但都恪守团结协作、公平竞争的原则,保证了招聘活动的圆满完成。

六、2019年全国大学生软件测试大赛

为深化软件工程实践教学改革、探索产教研融合的软件测试专业培养模式、推进高等院校软件测试专业建设、建立软件产业和高等教育的产学研对接平台,基金会参与资助举办了"全国大学生软件测试大赛"。大赛于2016年举办首届,参赛对象为全国全日制高等院校在校研究生和本专科

大学生，迄今参赛人次已超过 3 万人，涉及高校超过 330 所。

据统计，本届软件测试大赛报名总人数达到 10 757 人，参赛选手来自全国 201 所院校，其中 1 670 人入围省区决赛，534 人晋级总决赛。

本届大赛共涵盖 5 种比赛类型：自主可控 web 测试、开发者测试、移动应用测试、嵌入式测试、web 安全测试。每项比赛又分为个人赛与高职赛（团队赛），从 2019 年 9 月开始，依次举行练习赛、预选赛、省赛和总决赛后，1 670 名选手入围省区决赛（在包括北京、江苏、上海等 19 个省区分别进行比赛），534 人晋级总决赛，分获特、一、二、三等奖，其中 247 名选手获得大赛奖金。经大赛组委会批准，10 名教师荣获“卓越指导教师”称号，12 名教师荣获“优秀指导教师”称号，10 名教师荣获“优秀组织教师”称号。

七、“我们的故事”江苏优秀软件和互联网企业家专访系列

为加强“十三五”期间我省 IT 产业文化建设，弘扬江苏优秀软件和互联网企业家开拓创新、奋勇拼搏的企业家精神，宣传产业典型人物和优秀事迹，树立创新、创业、转型、开放、奉献的产业文化和核心价值观，在省工业和信息化厅指导下，基金会自 2017 年起资助拍摄“我们的故事”——江苏优秀软件和互联网企业家人物专访公益项目，打造“我们的故事”品牌，先后专访了三宝科技董事长沙敏、途牛 CEO 于敦德、擎天科技董事长辛颖梅、科远股份总经理胡歙梅等一批江苏软件产业发展的开拓者、领航者、推动者，诠释了新时代企业家对科技强国、产业报国的理解和追求。专访视频一经推出即获得各方广泛好评，打造出一张耀眼的江苏企业家名片。

2017 年以来，“我们的故事”——江苏优秀软件和互联网企业家人物专题片先后在第十三届、第十四届、第十五届南京软博会中心展区，以及第六届、第七届、第八届“中国软件杯”大学生软件设计大赛总决赛及颁奖典礼现场轮播，吸引了社会大众对软件产业的广泛关注，鼓舞了一批又一批充满创新思想的软件学子投身中国软件和信息服务业发展大潮。此外，交汇点新闻客户端、微博客户端、中国江苏网、今日头条、江苏经济网等多家媒体平台先后对专题片进行宣传报道，累计微博阅读量达 408 万、视频总播放量近 87 万；交汇点新闻阅读总量超 20 万，在社会各界引起巨大反响，品牌影响力日益凸显。

2019 年，基金会继续加大“我们的故事”宣传力度，打造江苏软件和互联网领军人才 IP，发挥领军人才的引领示范作用；积极推广基金会品牌，在《新华日报》、学习强国、《江苏经济报》等多个平台发布原创稿件超 25 篇/次，有效扩大了品牌影响力。

第三章　产品篇

第一节　江苏省软件产业细分行业收入状况

一、软件产品

指以知识为基础所形成的无形软件产品(广义)。或指以知识为基础借助于中央处理器(CPU)为运行平台的指令和程序的有序结合,从而形成的无形产品(狭义),包括基础软件、支撑软件、平台软件、应用软件、工业软件、接受委托开发的嵌入式软件、移动应用软件(App)、定制软件八类。2019年,全省软件产品共计实现业务收入2 992.6亿元,占全部软件业务收入的30.6%。

二、信息技术服务

指供方为需方提供开发、应用信息技术的服务,以及供方以信息技术为手段提供支持需方业务活动的服务,包括信息技术咨询设计服务、信息系统集成实施服务、运行维护服务、数据服务、云服务、平台运营服务、电子商务平台技术服务、集成电路设计八类。2019年,全省信息技术服务共计实现业务收入5 360.6亿元,占全部软件业务收入的54.8%。

三、嵌入式系统软件

指以应用为中心编制的、镶嵌和固化在硬件中,与硬件共同构成完整功能的软件产品。2019年,全省嵌入式系统软件共计实现业务收入1 291.4亿元,占全部软件业务收入的13.2%。

四、信息安全行业

指保障信息内容和网络不受侵害的软件、支持与应用系统及相关服务。包括信息安全产品、云计算安全产品、工控安全产品、移动安全、云端安全服务、安全咨询、安全集成实施、安全运维、安全培训等。2019年,全省信息安全行业共计实现业务收入135.3亿元,占全部软件业务收入的1.4%。

第二节 江苏省软件产品评估情况

江苏省软件行业协会根据国家政策落实的需要,积极响应国家以及省行业主管部门提出的协会要充分发挥行业自律和为企业服务的要求,根据中国软件行业协会发布的《软件企业评估标准》(标准号 T/SIA002 2017)、《软件产品评估标准》(标准号 T/SIA003 2017)(简称"双软评估"团体标准),开展软件企业、软件产品评估工作。

2019 年,江苏省软件行业协会共评估通过 6 971 个软件产品。通过对上述软件产品进行统计分析,得到以下几方面结论。

一、软件产品评估数量稳定

2019 年,全省共受理 7 009 份软件产品评估申报材料,其中 6 971 个软件产品通过评估,通过率为 99.5%。全省历年累计登记和评估软件产品数达到 54 285 个。

二、产品数地区呈梯队分布

2019 年全年新评估的软件产品共 6 971 个。从地区分布(见图 4 - 7)来看,江苏省 13 个省辖市均有软件产品评估,但由于各地软件产业基础不同,加上各地对软件产品评估扶持政策和宣传力度

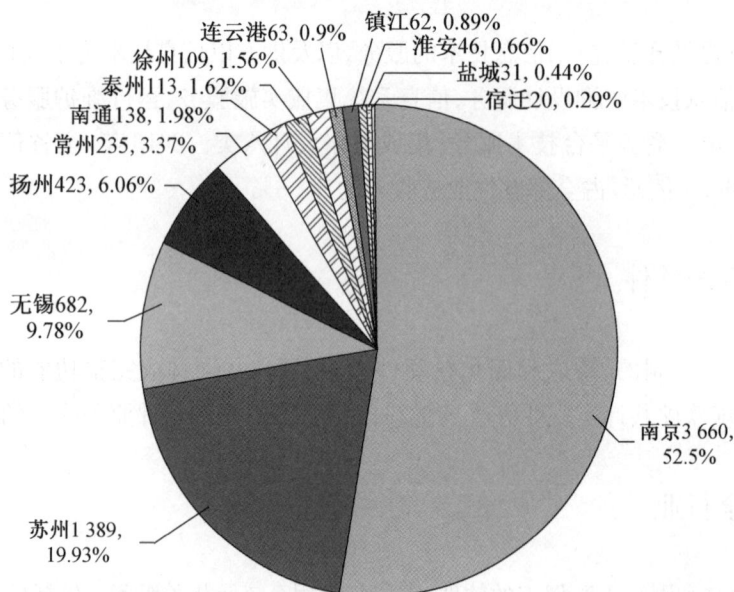

图 4 - 7 2019 年江苏省登记和评估软件产品地区分布

不一,地区产品数梯队分布比较明显。南京、苏州为第一梯队,两地评估总数占全省的 72.4%。其中,南京新增产品数为 3 660 个,占全省比例为 52.5%;苏州新增产品数为 1 389 个,占全省比例为 20.0%。无锡、扬州、常州、南通、泰州、徐州为第二梯队,产品数皆超过 100 个,合计占全省比例为 24.4%。连云港、淮安、镇江、盐城、宿迁为第三梯队,合计占全省比例为 3.1%。

三、应用软件占主导且覆盖广

对江苏省 2019 年评估的 6 971 个软件产品按支撑软件、系统软件、应用软件、其他软件四大类进行分类统计,结果表明,在支撑软件、系统软件、其他软件方面具有自主开发的产品,但是数量较少。从新增的软件产品整体情况看,应用在各行业的应用软件最多,共 6 522 个,占全年新增产品数的 93.6%,其中,行业管理软件又占应用软件大类的 27.0%,接近三成,大多分布在云计算、大数据、移动互联网、互联网金融、电子商务等行业;系统软件排第二位,共 281 个,占全年新增产品数的 4.0%;其他软件排第三位,共 131 个,占全年新增产品数的 1.9%;其余为支撑软件,共 37 个,占全年新增产品数的 0.5%。四类评估产品数及占比见表 4 - 20。

表 4 - 20　2019 年江苏省登记和评估软件产品类别分布情况

位次	类别		数量	占比
1	应用软件	行业管理软件	1 884	93.6%
		其他应用软件	1 464	
		嵌入式应用软件	1 025	
		信息管理软件	770	
		控制软件	486	
		网络应用软件	213	
		教育软件	213	
		办公软件	147	
		图形图像软件	102	
		数据库管理应用软件	74	
		安全与保密软件	70	
		游戏软件	53	
		模式识别软件	21	
2	系统软件		281	4.0%
3	其他软件		131	1.9%
4	支撑软件		37	0.5%
合计			6 971	100%

第三节 江苏省优秀软件产品奖(金慧奖)评选情况

江苏省优秀软件产品奖(金慧奖)根据省政府苏政发〔2001〕59号文件设立,旨在促进江苏软件产业发展,提高本省软件产品质量和市场占有率,创立更多知名软件品牌。自2001年首届金慧奖开始评选以来,累计共416项产品获奖。2019年进行的评选是第十七届,全省共有19项软件产品获此殊荣。

从产品类型来看,本届获奖的19个软件产品过半为应用软件,共计12个,占比达63.1%,其中又以行业应用软件数量最多,达8个,分布在6个细分行业,分别为物流行业2个、政务软件1个、交通行业1个、医疗行业1个、能源行业2个、保险行业1个,另有7个为通用软件,分别为办公软件4个、智慧城市管理软件1个、嵌入式软件2个。

从地区分布来看,本届19个获奖产品分布在5个城市,具体为:南京6个、苏州7个、无锡3个、徐州2个、连云港1个。第一届至第十七届金慧奖各市累计获奖数量分布情况见图4-8。历届获奖的产品多为应用软件,分布领域以电力、能源软件和政务软件居多,此外电信、企业管理、嵌入式、交通、信息安全、医疗排名靠前,同时涵盖智慧城市系统、云存储和运维服务等领域。前17届获奖产品业务领域分布情况见图4-9,近七届获奖名单见表4-21。

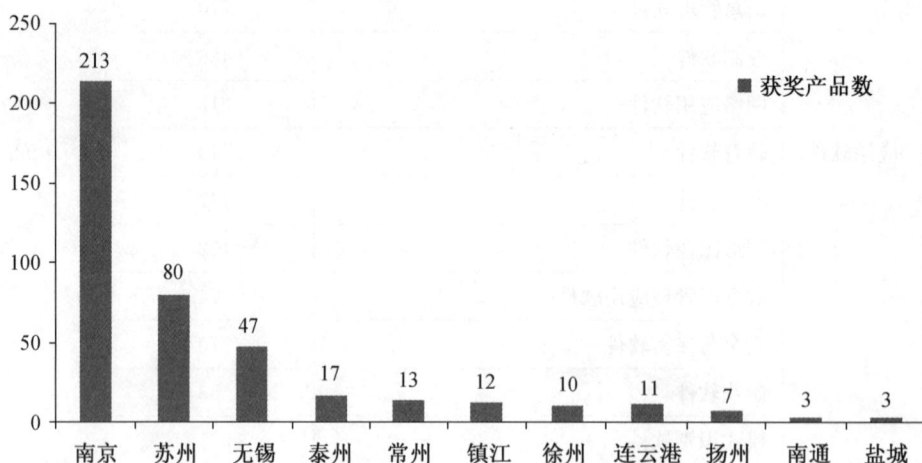

图4-8 前17届金慧奖获奖产品地区分布情况

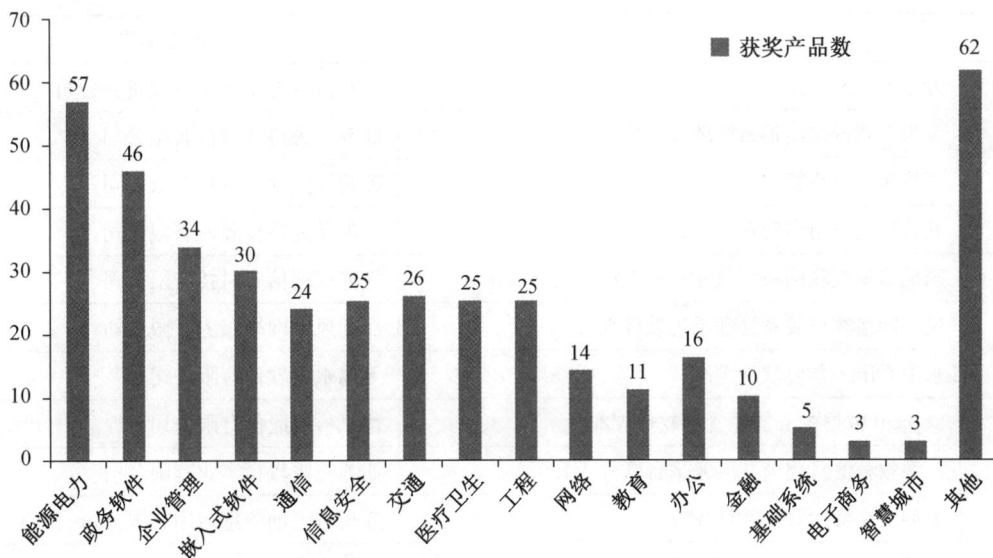

图 4-9 前 17 届金慧奖获奖产品业务领域分布情况

表 4-21 近 7 届江苏省优秀软件产品奖(金慧奖)获奖产品名单

序号	软件名称	获奖单位
	第十一届	
1	国电南瑞 NS3000S 智能变电站系统软件 V3.01	国电南瑞科技股份有限公司
2	春兰混合动力客车电源管理系统软件 V3.0	江苏春兰清洁能源研究院有限公司
3	国电南自变频系统控制软件 V1.0	南京国电南自新能源科技有限公司
4	华御新一代防信息泄密系统软件 V7.0	无锡华御信息技术有限公司
5	东华测试网络通讯控制软件 V5.0	江苏东华测试技术股份有限公司
6	亚信联创新一代计费系统软件 V1.0	联创亚信科技(南京)有限公司
7	博智安全御文档防扩散系统软件 V1.0	江苏博智软件科技有限公司
8	直觉嵌入式软件图形化通用开发工具软件 V1.0	直觉系统科技(昆山)有限公司
9	银石 SoftPos 银行卡支付受理软件 V2.0	南京银石计算机系统有限公司
10	RDS-5000 道路驾驶技能计算机考试系统软件 V1.0	南京多伦科技股份有限公司
11	正融医院信息管理系统软件 V3.0	江苏正融科技有限公司
12	恒宝移动支付智能卡借记/贷记操作系统软件 V1.0	恒宝股份有限公司
13	鸿信司法 E 通软件 V2.0	江苏鸿信系统集成有限公司
14	泰晟轮胎工况智能监测系统软件 V2.0	南京泰晟科技实业有限公司
15	运时多维数据分析平台软件 V5.1	江苏运时数据软件有限公司
16	巨龙基于云计算的企业管理平台软件 V1.0	无锡市陶都巨龙软件有限责任公司
17	中矿微星煤矿精益管理软件 V6.0	徐州中矿微星软件有限公司
18	擎天城市碳排放监管系统软件 V1.0	南京擎天科技有限公司

序号	软件名称	获奖单位
19	万方数字流媒体通信软件 V1.1	扬州万方电子技术有限责任公司
20	大为车辆行踪监控系统软件 V1.0	江苏大为科技股份有限公司
21	卓然客户关系管理系统软件 V1.0	苏州卓然软件科技有限公司
22	瀚远科技公租房管理系统软件 V1.0	江苏瀚远科技股份有限公司
23	国瑞信安互联网舆情监测管理系统软件 V2.0	江苏国瑞信安科技有限公司
24	风云网络客户关系管理系统软件 V1.0	江苏风云网络服务有限公司
25	永中 Office 办公软件 V2012	无锡永中软件有限公司
26	Datcent 数据中心能耗管理软件 V2.0	德讯科技股份有限公司
27	三源教育信息化公共服务平台软件 V1.0	江苏三源教育实业有限公司
28	大创公交营运管理软件 V1.0	苏州市大创信息运用有限公司
	第十二届	
1	南瑞继保 PCS-9700 厂站监控系统软件 V1.0	南京南瑞继保电气有限公司
2	博智安全御信息安全检查取证系统软件 V1.0	江苏博智软件科技有限公司
3	禾信质谱仪海量数据处理软件 V1.0	昆山禾信质谱技术有限公司
4	盛科 Humber 芯片系统工具开发包软件 V1.0	盛科网络(苏州)有限公司
5	友田 Finware 国际业务系统软件 V3.0.0	南京友田信息技术有限公司
6	创导煤矿隐患排查管理系统软件 V1.0	江苏创导信息科技有限公司
7	恒宝移动支付异型卡操作系统软件 V1.0	恒宝股份有限公司
8	电子口岸船舶动态管理系统软件 V1.0	张家港电子口岸有限公司
9	国瑞信安涉密计算机及移动存储介质保密管理系统软件 V1.0	江苏国瑞信安科技有限公司
10	国电南瑞 IEB2000 信息交换总线软件 V3.01	国电南瑞科技股份有限公司
11	实达迪美 DigiPolicy 单证信息管理系统软件 V1.0	江苏实达迪美数据处理有限公司
12	易司拓 E6000 电压监测与无功管理系统软件 V1.0	南京易司拓电力科技股份有限公司
13	Datcent 数据中心运行管理系统软件 V2.0	德讯科技股份有限公司
14	亚信 OSS 数据仓库软件 V1.0	亚信科技(南京)有限公司
15	宏泰 SHS-6000 自助银行防护系统软件 V1.0	江苏宏泰智能电子科技有限公司
16	YZJ 药品生命周期数据管理软件 V3.0	江苏扬子江计算机科技有限公司
17	云创存储 cStor 云存储系统软件 V2.0	南京云创存储科技有限公司
18	瑞智能耗监测、管理、决策系统软件 V1.0	江苏省邮电规划设计院有限责任公司
19	磐能 DMP5000 煤矿井下全站故障录波软件 V2.0	南京磐能电力科技股份有限公司
20	神州城市危机应急管理决策支援兵棋推演系统软件 V1.0	江苏远望神州软件有限公司
21	海宝生产型企业管理系统软件 V6.0	江苏海宝软件股份有限公司

序号	软件名称	获奖单位
22	HC 车辆仪表液晶屏动态显示驱动软件 V3.0	江苏华骋科技有限公司
23	明润疏浚集成系统软件 V1.0	镇江明润信息科技有限公司
24	蓝恩灵长类实验动物资源管理系统软件 V2.0	苏州蓝恩信息科技有限公司
25	同元产品综合设计与仿真验证平台软件 V3.2	苏州同元软控信息技术有限公司
26	精创记录仪数据管理软件 V1.0	江苏省精创电气股份有限公司
27	爱信诺公共场所治安管理信息系统软件 V1.0	江苏爱信诺航天信息科技有限公司
28	富岛信关数据终端系统软件 V3.0	南京富岛信息工程有限公司
29	雷奥生殖健康孕前优生系统软件 V7.0	徐州雷奥医疗设备有限公司
30	睿泰在线学习管理系统软件 V1.0	江苏睿泰教育科技有限公司
31	启航基于物联网的资产管理系统软件 V1.0	江苏启航开创软件有限公司
32	睿思凯 FrBOX 用户图形界面软件 V1.0.2	无锡睿思凯科技有限公司
33	图格 AMAS 观众测量与分析系统软件 V1.0	江苏图格信息技术有限公司
34	苏航财税管理软件 V2.0	江苏航天信息有限公司
第十三届		
1	博智安全御数据库审计系统软件 V2.7	江苏博智软件科技有限公司
2	Datcent DEV Manager 数字延长管理系统软件 V1.0	德讯科技股份有限公司
3	雷奥生殖健康技术服务信息化系统软件 V9.0	江苏雷奥生物科技有限公司
4	国电南瑞 NPCS-8000 配网生产抢修指挥平台系统软件 V2.0	国电南瑞科技股份有限公司
5	安杰瑞涉密信息安全扫描客户端软件 V1.0	苏州安杰瑞电子科技发展有限公司
6	国电南瑞 NRXT-GPS 软件 V1.0	国电南瑞南京控制系统有限公司
7	掌控网络外勤 365 软件 V2.0	南京掌控网络科技有限公司
8	海迅数据交换平台软件 V1.0	江苏瑞中数据股份有限公司
9	亚信棒网管系统软件 V1.0	亚信科技(南京)有限公司
10	东华测试 DHDAS 动态信号采集分析系统软件 V6.0	江苏东华测试技术股份有限公司
11	万润工程建设企业综合集成管理信息系统软件 V8.0	江苏万润软件有限公司
12	朗坤智能企业管理信息系统软件 V5.0	南京朗坤软件有限公司
13	YeYoo 智慧管理平台软件 V1.0	江苏亿友慧云软件有限公司
14	锐天综合试验流程管理系统软件 V1.0	江苏锐天信息科技有限公司
15	知贸通预录入系统软件 V1.0.4.1	江苏知贸网络科技有限公司
16	灵狐卡罗拉发动机虚拟互动拆装实训软件 V1.0	江苏灵狐软件科技有限公司
17	锐泰节能监管平台软件 V1.0	无锡锐泰节能系统科学有限公司
18	莱斯人防指挥信息系统软件 V2.0	南京莱斯信息技术股份有限公司
19	唐恩新型起重机械远程管理服务平台软件 V1.0	江苏唐恩科技有限公司

序号	软件名称	获奖单位
20	翔云基于以太网智能的多疏经编机横移控制嵌入式软件 V1.0	常州市翔云测控软件有限公司
21	知谷 i3Q 空港智能服务信息平台软件 V1.0	无锡知谷网络科技有限公司
22	微缔模具制造执行管理系统软件 V1.0	苏州微缔软件股份有限公司
23	鸿信智能公交调度运营管理系统软件 V1.0	江苏鸿信系统集成有限公司
24	恒赛特汽车衡称重系统软件 V1.0	苏州恒赛特自动化科技有限公司
25	鸿鹄轻量级业务流程管理开发平台软件 V1.0	昆山鸿鹄信息技术服务有限公司
26	PY 地震捕捉演示软件 V3.0	江苏普源机电实业有限公司
27	麦迪斯顿数字化手术室系统软件 V2.0	苏州麦迪斯顿医疗科技股份有限公司
	第十四届	
1	国电南瑞 NS5000 基于统一平台的广域协同式变电站系统软件 V3.01	国电南瑞科技股份有限公司
2	CG 数控电极双螺纹梳加工控制软件 V2.0	江苏晨光数控机床有限公司
3	瀚远科技世界文化遗产监测预警管理信息平台软件 V4.0	江苏瀚远科技股份有限公司
4	超擎超级信息引擎平台软件 V1.0	苏州超擎图形软件科技发展有限公司
5	多伦交通信号智能控制系统软件 V1.0	南京多伦科技股份有限公司
6	南自美卓分散控制系统 DCS 软件 V1.0	南京国电南自美卓控制系统有限公司
7	山石网络 StoneOS 安全操作系统软件 V4.0	山石网科通信技术有限公司
8	南自轨道交通 DSC−9000＋综合监控系统软件 V1.0	南京国电南自轨道交通工程有限公司
9	华苏可视化多网融合综合呈现系统软件 V1.0	南京华苏科技股份有限公司
10	PY 飞行模拟软件 V3.0	泰州市普源视景仿真科技有限公司
11	实达迪美 DigiForm_Platform 新一代电子表单软件 V1.0	江苏实达迪美数据处理有限公司
12	中博增值税发票管理系统软件 V1.0	中博信息技术研究院有限公司
13	明润耙吸疏浚监控平台软件 V3.0	镇江明润信息科技有限公司
14	卓易环保在线公共服务平台软件 V1.0	江苏卓易信息科技股份有限公司
15	富深协通村级公益事业一事一议财政奖补信息监管系统软件 V1.0	江苏富深协通科技股份有限公司
16	华通道路交通信号控制机控制软件 V1.0	无锡华通智能交通技术开发有限公司
17	亿友慧云国有企业集团管理监督平台软件 V1.0	江苏亿友慧云软件股份有限公司
18	龙渊物联网网关系统软件 V1.0	南京龙渊微电子科技有限公司
19	国电南瑞 NRXT-D5200 配电网运行控制与管理平台软件 V1.0	国电南瑞南京控制系统有限公司
20	博辕 BY-HRIM 人资智能管理软件 V1.0	上海博辕信息技术服务如皋有限公司

序号	软件名称	获奖单位
21	正融基于居民健康档案的区域卫生信息平台软件 V1.0	江苏正融科技有限公司
22	达科教育中央认证与身份管理套装软件 V4.0	江苏达科信息科技有限公司
23	易司拓 E6400 电压质量综合治理平台软件 V2.0	南京易司拓电力科技股份有限公司
24	博智安全御 APT 深度检测系统软件 V1.0	江苏博智软件科技有限公司
25	巨龙统一登陆平台软件 V1.0	无锡市陶都巨龙软件有限责任公司
26	信捷 XC 系列 PLC 嵌入控制软件 V3.1	无锡信捷电气股份有限公司
27	磐能 SE-7000 建筑能耗监测管理系统软件 V1.0	南京磐能电力科技股份有限公司
第十五届		
1	康尼安全门系统控制软件 V1.0	南京康尼电子科技有限公司
2	焦点"百卓优采采购管理"软件(企业版)V2.0	焦点科技股份有限公司
3	Sinovatio 无线空口协议分析处理系统软件 V3.0	南京中新赛克科技有限责任公司
4	联创市民卡卡管理系统软件 V1.0	南京联创科技集团股份有限公司
5	黑方数据备份与恢复系统软件 V6.0	南京壹进制信息技术股份有限公司
6	擎天 12348 公共法律服务平台软件 V1.0	南京擎天科技有限公司
7	永中 Office 办公软件 V2016	永中软件股份有限公司
8	鸿信外勤助手软件 V1.0	江苏鸿信系统集成有限公司
9	杰瑞基于 CMMI(GJB5000A)软件项目管理平台系统软件 V1.0	连云港杰瑞深软科技有限公司
10	南大智慧社会治理创新云平台软件 V1.0	南京南大智慧城市规划设计股份有限公司
11	国图不动产统一登记信息平台软件 V1.0	南京国图信息产业有限公司
12	维邦统计数据处理平台系统软件 V3.0	常州市维邦网络软件有限公司
13	博智 EICS 工控防火墙系统软件 V1.0	江苏博智软件科技股份有限公司
14	海为视觉检测系统软件 V1.0	昆山海为自动化有限公司
15	大为智能交通管控平台软件 V1.0	江苏航天大为科技股份有限公司
16	合荣欣业 QuickTrans 快窗系统软件 V2.0	南京合荣欣业信息技术有限公司
17	百敖兆芯平台 UEFI BIOS 软件 V1.0	南京百敖软件有限公司
18	云联智慧大数据空间分析服务平台软件 V1.0	苏州云联智慧信息技术应用有限公司
19	亚信项目投资效益管理系统软件 V2.0	亚信科技(南京)有限公司
20	摩尔公路网管理与应急指挥系统软件 V1.0	江苏摩尔信息技术有限公司
21	艾隆自动化药房计算机控制软件 V1.0	苏州艾隆科技股份有限公司
22	千机整体叶盘数控加工软件 V1.0	苏州千机智能技术有限公司
23	清睿智能口语发音训练平台管理系统软件 V1.0	苏州清睿教育科技股份有限公司
24	卓易企业信用平台管理软件 V1.0	江苏卓易信息科技股份有限公司

续　表

序号	软件名称	获奖单位
25	亿友慧云集约资源利用系统软件 V1.0	江苏亿友慧云软件股份有限公司
26	普爱 PLX7000 系列高频移动式 C 形臂 X 射线机工作站软件 V1.0	南京普爱医疗设备股份有限公司
27	聚铭综合日志分析系统软件 V5.0	南京聚铭网络科技有限公司
28	中云宏业仓库管理系统软件 V1.0	无锡中云宏业软控科技有限公司
29	同元产品综合设计与仿真验证平台软件 V4.0	苏州同元软控信息技术有限公司
30	创网下一代网关系统软件 V1.0	南京创网网络技术有限公司
第十六届		
1	擎天区域重点企业碳排放直报系统软件 V1.0	南京擎天科技有限公司
2	云从龙数据交换采集系统软件 V1.0	南京华讯方舟通信设备有限公司
3	鸿信 12345 政府服务热线系统软件 V1.0	江苏鸿信系统集成有限公司
4	Sinovatio 互联网协议识别软件 V5.1	南京中新赛克科技有限责任公司
5	磐能 DMP3000 型变电站保护测控系统软件 V2.0	南京磐能电力科技股份有限公司
6	悦利轨道交通电力机车牵引、制动模块维修检测系统软件 V1.0	悦利电气(江苏)有限公司
7	新点政务服务管理平台软件 V1.0	江苏国泰新点软件有限公司
8	中博基于大数据分析平台的移动互联网行为轨迹智能分析系统软件 V1.0	中博信息技术研究院有限公司
9	易安联 Enlink CASBs SYSTEM 云安全连接应用发布系统软件 V1.0	南京易安联网络技术有限公司
10	巨龙数据采集软件 V1.0	无锡市陶都巨龙软件有限责任公司
11	万方全方位装卸车智能控制系统软件 V1.0	扬州万方电子技术有限责任公司
12	卓易政企通云服务平台软件 V1.0	江苏卓易信息科技股份有限公司
13	优倍 MES 管理系统软件 V1.0	南京优倍自动化系统有限公司
14	JSPTPD 智慧城市公共信息平台软件 V1.0	中通服咨询设计研究院有限公司
15	正融 SkyView 系列图文影像分析系统软件 V3.0	江苏正融科技有限公司
16	海斯凯尔超声诊断仪系统软件 V1.0	无锡海斯凯尔医学技术有限公司
17	国脉智慧停车管理系统软件 V1.0	扬州国脉通信发展有限责任公司
18	神探智能全网侦测分析软件 V2.0	无锡神探电子科技有限公司
19	亿友慧云大数据分析云平台软件 V1.0	江苏亿友慧云软件股份有限公司
20	泰普晟基于物联网的智慧轮胎系统软件 V1.0	南京泰普晟软件有限公司
第十七届		
1	国网自控 KHD－100 智能型自适应防晃电装置系统软件 V1.0	江苏国网自控科技股份有限公司
2	实达迪美保单交付平台系统软件 V1.0	江苏实达迪美数据处理有限公司

序号	软件名称	获奖单位
3	电子口岸"一码通"掌上物流系统软件 V1.0	张家港电子口岸有限公司
4	中矿安华煤矿双重预防管理信息系统软件 V1.0	江苏中矿安华科技发展有限公司
5	瀚远科技文物安全执法与巡查平台软件 V1.0	江苏瀚远科技股份有限公司
6	华云私有云 CloudUltra-standard 平台软件 V6.0	无锡华云数据技术服务有限公司
7	多伦城市交通信号优先控制系统软件 V1.0	多伦科技股份有限公司
8	擎盾案件舆情风险评估管理软件 V1.0	南京擎盾信息科技有限公司
9	华恒精密焊接实时控制系统软件 V1.0	昆山华恒焊接股份有限公司
10	南水科技闸门监控软件 V1.0	江苏南水科技有限公司
11	永中文档在线预览软件 V3.0	永中软件股份有限公司
12	雷奥妇幼卫生信息平台软件 V9.0	江苏雷奥生物科技有限公司
13	安全无忧网公共服务平台软件 V7.0	南京安全无忧网络科技有限公司
14	磐能 DMP3301 通讯管理机系统软件 V3.0	南京磐能电力科技股份有限公司
15	博智工控网络安全态势感知分析系统软件 V1.0	江苏博智软件科技股份有限公司
16	微缔精益制造执行管理系统软件 V3.0	苏州微缔软件股份有限公司
17	云坤科技协作支撑平台软件 V1.0.0	江苏云坤信息科技有限公司
18	港务通港口码头生产经营综合管控平台系统软件 V1.0	连云港电子口岸信息发展有限公司
19	海宝智能车间交互软件 V3.0	江苏海宝智造科技股份有限公司

第四章 技 术 篇

第一节 操作系统

中美贸易谈判持续全年,在中兴通讯被制裁后,5G、AI等高科技企业受到美国政府的多次打压。2019年,从行业用户、IT企业到行业主管部门,都感受到了发展自主可控技术的紧迫性。

作为国之重器、硬科技的国产CPU和操作系统在2019年飞速发展,不同类型、针对不同领域的CPU产品不断涌现,国产操作系统不断整合,力图以更强的产品、更广的生态合作、更广泛的用户,树立新的形象,打造新的核心竞争力。

2019年国产操作系统市场规模依然呈现整体上升态势。一方面,在智能云成为数字经济时代新的基础设施的情况下,积极开拓云计算市场,打造市场的增长点;另一方面,继续深耕传统IT市场应用,在政务、金融、电信等市场扩大市场规模。

一、市场规模与份额

2019年,国产操作系统在国家自主可控战略支持下,市场规模呈现整体上升趋势,增长速度趋缓,但仍然超过软件和信息技术服务业的整体增长速度;头部企业市场增速加大,市场份额扩大;同时国产操作系统在国内市场上的占比虽然有所提高,但是市场份额仍然没有超过5%。

(一)总体市场情况

海比研究的数据表明,2019年国产操作系统的市场规模达到22.18亿元,同比增长20.40%,增长率比2018年提高了2个百分点。

调查数据显示,2019年,中国操作系统市场呈现以下几个发展特点:

第一,国产操作系统市场保持较快增长,但是增速放缓。根据调查,国产操作系统连续5年保持增长,2019年,增速达到20.40%,依然是一个发展潜力巨大的市场。

第二,国产操作系统的市场规模虽有增加,但是市场份额增加有限。国内市场上国产操作系统的份额稍有提高,但依然没有超过5%。

第三,国产操作系统在云计算时代,需要寻找新的增长点。目前除了政府、军队等对自主可控

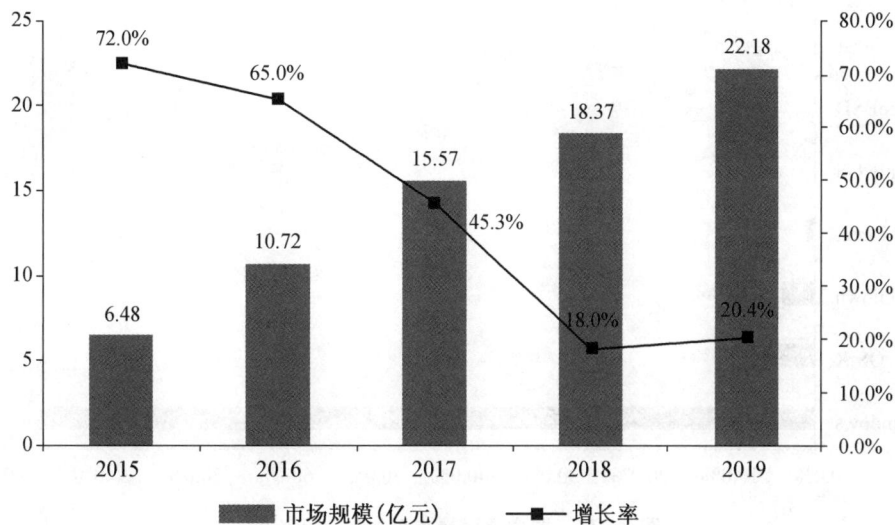

图 4-10　近五年国产操作系统市场规模

资料来源：海比研究

要求比较高的行业外，云计算成为 OS 增长的主要领域，而与云计算企业的合作应该是国产操作系统发展的主要方向。

第四，巨头企业进入操作系统领域，声势很大，也增加市场的规模。华为即将推出的鸿蒙操作系统，阿里云、腾讯云的服务器和物联网操作系统，翼辉推出的大型实时操作系统，以及其他企业推出的 OS 等，在自己的产品或者服务中应用同时，快速进入更广的应用领域，扩大了中国操作系统的市场规模。

第五，头部企业增速明显加大。中标麒麟、银河麒麟、普华操作系统等龙头销售收入规模和增长速度都创新高，翼辉信息在嵌入式操作系统方面有突出表现。

（二）细分市场情况

1. 桌面操作系统

在桌面操作系统方面，Linux 无疑非常小众，除了程序员和特定的定制用户，很少有人使用它。而国产操作系统基本上都是建立在开源 Linux 的基础上，所以影响力非常有限。

全球知名的市场调研机构 Net Market Share 发布的全球桌面操作系统最新数据显示，2019年，在全球桌面操作系统市场中，微软的 Windows 操作系统占据高达 88.14％的市场，继续垄断全球 PC 操作系统；而排名第二的苹果 Mac OS 系统，占到了 9.74％的市场份额。

根据 Statcounter 显示，2019 年，中国桌面操作系统市场份额最大的依然是微软公司的 Windows，占 87.88％；其次 MacOS X 占比 7.3％；Linux 占比 0.81％，谷歌的 Chrome OS 占比 0.01％，不知名公司的操作系统占比达到 4.01％。

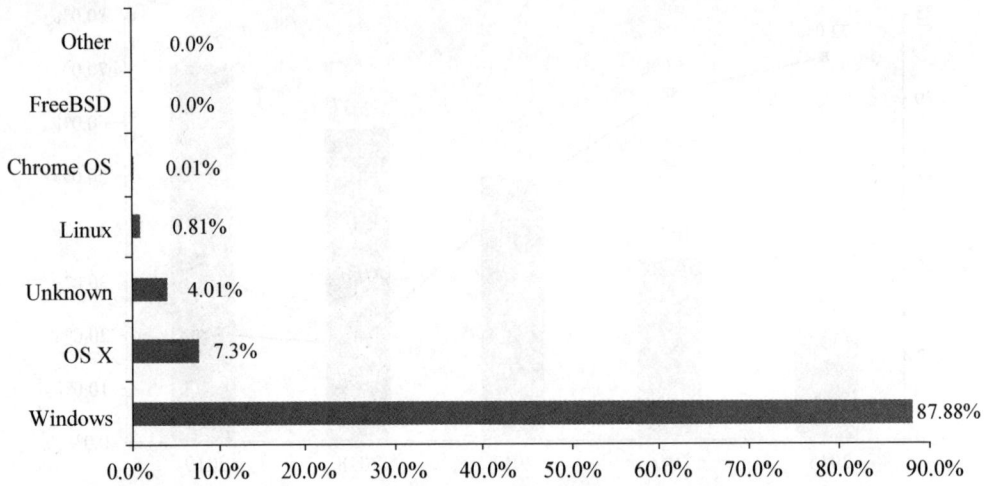

图 4 - 11　国内桌面操作系统的市场份额

资料来源：Statcounter

2. 服务器操作系统

　　Linux 已经成为开源软件世界中最成功的一个合作开发项目，特别是在服务器、云计算和超级计算方面。国产服务器操作系统全部基于开源的 Linux，市场份额不断增加。在赛迪顾问发布的国内 Linux 操作系统竞争象限中，处于领导者象限的包括国产操作系统供应商中标软件和普华软件，与微软、IBM、红帽、Oracle 处于同一个象限。

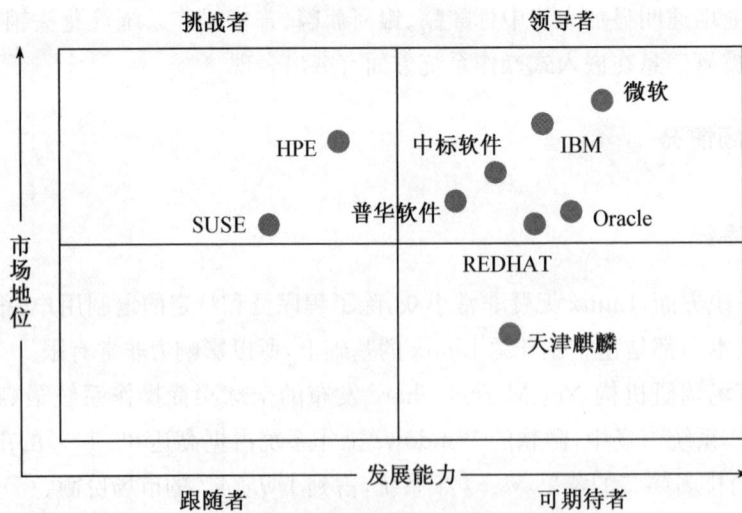

图 4 - 12　国内服务器操作系统竞争力象限

资料来源：赛迪顾问

3．智能手机操作系统

根据 Statcounter 显示，2019 年，全球移动操作系统市场中，Android 市场占有率高达75.44%，远高于其他操作系统；位居第二名的是苹果的 iOS，市占率为 22.49%，BlackBerry、SymbianOS、Series40 等其他移动操作系统占据剩余 2.07%的市场。

在中国移动操作系统市场中，Android 市场占有率高达 77.79%，远高于其他操作系统；位居第二名的是 iOS，市占率为 21.33%，其他移动操作系统占据剩余 0.98%的市场。

市场中的两大系统，Android 和 iOS 最大的不同是前者底层是 Linux 系统，后者是苹果特有的封装系统。苹果特有的系统能够保证在相同配置下，在显示、动画和运行效率上都优于 Android 系统。

另外一个区别是，Android 是开源，可以拥有更多的自由和创造力；iOS 是闭源，提供标准化规则和建议保证质量。

国产手机大多采用安卓系统，未来华为推出鸿蒙操作系统，能否创出一片天地，备受瞩目。

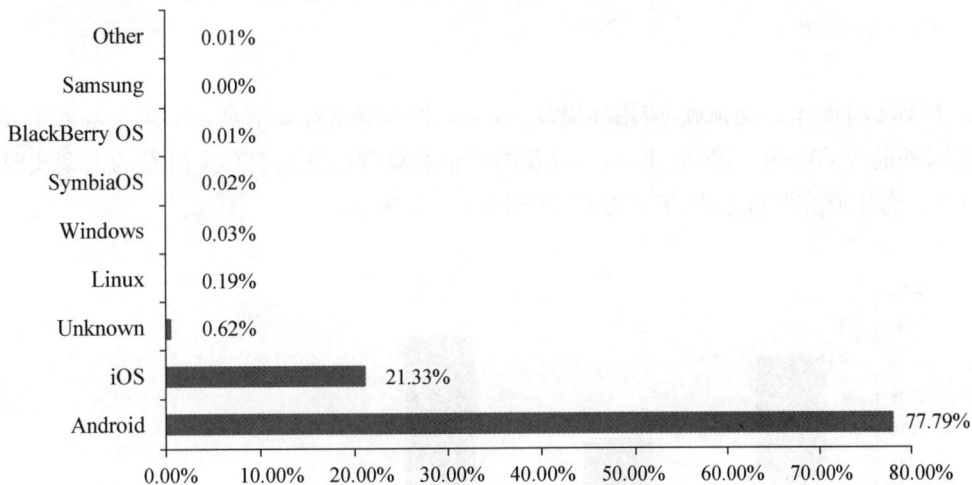

图 4－13　2019 年国内智能手机操作系统市场份额

资料来源：Statcounter

4．嵌入式操作系统

目前，在中国市场上流行的 RTOS 主要有 Vxwork、PSOS、VRTX、Nucleus、QNX、WinCE 等。由于多数 RTOS 是嵌入在设备的控制器上，所以多数用户并不愿意冒风险尝试一种新的 RTOS。

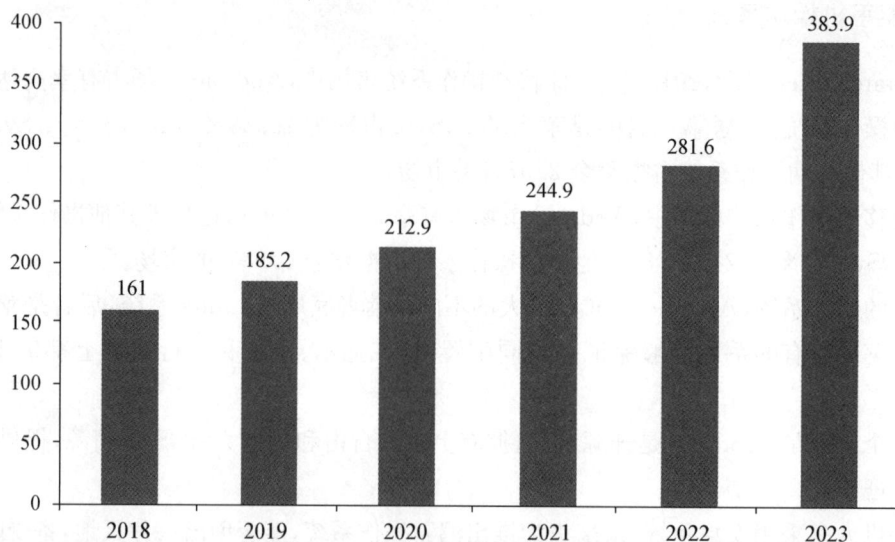

图 4-14　2018—2023 年实时操作系统市场容量预测(亿元)

资料来源:翼辉信息

　　而在大型实时操作系统领域,应用环境复杂,可靠性和安全性要求高。中国市场的主要供应商主要包括国外的 VxWork、QNX、Linux,以及国产企业翼辉信息完全自主研发的大型实时操作系统 SylixOS。海比研究调查发现,其市场份额如图 4-15 所示。

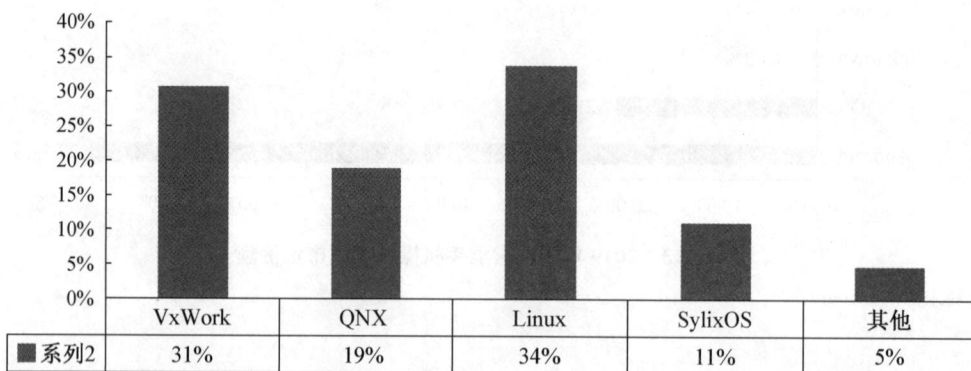

	VxWork	QNX	Linux	SylixOS	其他
■系列2	31%	19%	34%	11%	5%

图 4-15　国内大型 RTOS 市场份额

资料来源:海比研究

二、产品与技术

　　2019 年,在产品与技术方面,基础软件公司相对沉寂,产品按部就班地更新;而互联网企业,受云计算需求增长、技术进步和开源社区的力量驱动,不断推出新技术新产品,并通过开源发展生态。

1. 国产统一操作系统 UOS 正式版发布桌面和服务器操作系统 V20

统信软件公司推出统一操作系统 UOS 正式版本,包括统一桌面操作系统 V20、统一服务器操作系统 V20,提供 x86、ARM、龙芯、服务器多个镜像版本,目前主要面向合作伙伴。

统一操作系统 UOS 是基于 Linux 内核的操作系统,支持龙芯、飞腾、兆芯、海光、鲲鹏等国产芯片平台的笔记本电脑、台式机、一体机、工作站、服务器,以桌面应用场景为主,包含自主研发的桌面环境、多款原创应用,以及丰富的应用商店和互联网软件仓库,可满足用户的日常办公和娱乐需求。

同时还有服务器分支,以服务器支撑服务场景为主,提供标准化服务、虚拟化、云计算支撑,并满足未来业务拓展和容灾需求的高可用、分布式支撑。

2. 华为笔记本电脑选配的国产深度 Deepin V20 操作系统

深度操作系统 Deepin v20 是基于 Linux 内核,以桌面应用为主的开源 GUN/Linux 操作系统,支持笔记本电脑、台式机和一体机。这款操作系统无论是在交互逻辑、应用方式还是使用习惯上,都和目前常用的 Windows 系统类似。

华为已经开始在 MagicBook 2019 上预装第三方 Deepin Linus 版操作系统,官方称为科技尝鲜版。华为选择用国产系统的原因有二:一是未雨绸缪,避免将来系统受到微软的制约。因为 Mate 30 系列已经无法安装谷歌的 GMS 服务,这对华为手机在欧洲市场的份额产生了很大影响。

二是为自家的鸿蒙系统进行铺垫,毕竟鸿蒙系统也是基于 Linux 内核打造的。该合作可以看作华为试水电脑端的操作系统,为将来电脑端推出鸿蒙系统做准备。不过即使用户想要更改使用 Windows 系统,也可以方便地在荣耀官方下载相关的驱动程序。

3. 银河麒麟 Kydroid 2.0 在银河麒麟应用和安卓应用之间自由切换,同时享有安卓生态和麒麟生态

Linux 平台的一大缺陷就是应用生态不足,当用户从 Windows 切换到 Linux 时,会发现之前使用的办公类软件、专业软件、QQ、微信等社交软件甚至闲暇时玩的一些棋牌类小游戏都没有了。

银河麒麟 KKydroid 技术方案是将安卓运行环境以组件化的方式运行在银河麒麟操作系统之上,安卓运行环境受到银河麒麟系统的管理和控制,从本质上让银河麒麟系统真正地支持安卓 App 的运行。

此次 Kydroid 2.0 版本发布,针对用户的迫切需求,重点提升安卓兼容层技术和功能,让用户可以更便捷地安装和运行安卓 App,具有几大特性:

(1)原生性。完全原生实现,非虚拟机或安卓模拟器。直接使用硬件资源如显卡硬件加速等,效率高。

(2)高兼容性。支持海量安卓 App,1 秒启动,支持绝大多数普通 App 和部分大型游戏 App,如 QQ、微信、学习强国、网易云音乐、炒股软件、大型 3D 游戏;甚至可以把用户的电脑变成游戏机,运行像斗地主、麻将、吃鸡等大型 3D 游戏。

(3)融合性。让用户体验一体化,安卓 App 的各项使用体验与银河麒麟桌面应用无差别。如剪切板互通、通知互通、文件互通、App 安装管理融合、任务栏开始菜单融合、Alt＋Tab 切换融合等。

4. 中标麒麟高级服务器操作系统(ARM64 版)V7.0 通过阿里云专有云企业版 V3 版本兼容性测试

中标麒麟高级服务器操作系统(ARM64 版)V7.0 通过阿里云专有云企业版 V3 版本兼容性测试并获得《阿里云技术认证书》,表明中标麒麟操作系统可以在阿里云专有云快速部署,为用户云迁移奠定坚实的基础,给用户迁云上云提供了新的解决方案。

阿里云是基于阿里云分布式架构,针对企业级市场使用特点为客户量身打造的开放、统一、可信的企业级全栈云平台。专有云与阿里云公共云同根同源,客户可在任何环境本地化部署公共云产品和服务,并具备一键扩张至公共云的能力,让客户随时随地尽享混合云服务。

中标麒麟高级服务器操作系统软件(ARM64 版)实现与 x86_64、龙芯等版本同源编译构造,保障统一的开发环境和软件运行依赖环境,保持用户使用界面与用户体验一致;同步适配上层第三方软件及应用;通过与华为鲲鹏系列处理器和 TaiShan 服务器整机优化适配,满足客户业务对计算、存储、网络及 I/O 能力的要求。

5. 腾讯云服务器操作系统 TencentOS 内核正式开源

腾讯云宣布开源其服务器操作系统 TencentOS Kernel。相比业内其他版本 Linux 内核,腾讯云 TencentOS 内核在资源调度弹性、容器支持、系统性能及安全等层面更适合云环境。

TencentOS Kernel 是继腾讯云物联网操作系统 TencentOS tiny 之后,TencentOS 家族对外开源的第二款产品。

TencentOS 是腾讯云操作系统系列产品,由腾讯云架构平台部主力研发,覆盖数据中心、桌面系统、边缘设备和物联网终端等应用场景,提供可靠的云平台构建、接入和应用能力,帮助客户转化云的价值。TencentOS 服务器操作系统在腾讯公司服役超过 10 年,覆盖公司全部自研业务,装机量过百万。

2019 年 9 月新开源的 TencentOS tiny,是腾讯面向物联网领域开发的实时操作系统,具有低功耗、低资源占用、模块化、安全可靠等特点,可有效提升物联网终端产品开发效率,目前在 Github 上标星已达 3.7k。

将腾讯云服务器操作系统内核 TencentOS Kernel 开源,不仅可以与全球开发者共享腾讯云在服务器操作系统领域的技术和经验,还能够汲取全球服务器操作系统领域的优秀成果和创新理念,助力整体服务器操作系统生态的繁荣。

6. 华为自研操作系统鸿蒙 OS——HarmonyOS

2019 年 8 月 9 日,华为正式发布自研操作系统鸿蒙 OS——HarmonyOS。华为宣称 HarmonyOS 是一款"面向未来"的操作系统,它将适配手机、平板、电视、智能汽车、可穿戴设备等终端设备。

华为 HarmonyOS 采用微内核,可以显著提高安全性能。一般操作系统安全性只能达到二级,或者最高三、四级,HarmonyOS 可以达到五级以上的安全级别。在内存方面,微内核结构小的特性,使得 IPC(进程间通信)大大提高。

具有四大特点:第一,分布式架构首次用于终端 OS,实现跨终端无缝协同体验;第二,确定时延引擎和高性能 IPC 技术实现系统天生流畅;第三,基于微内核架构重塑终端设备可信安全;第四,通过统一 IDE 支撑一次开发，多端部署，实现跨终端生态共享。

在面向开发者方面，通过华为提供的开发环境，适配到不同终端。一次开发多端部署，解决了以往开发者面向不同终端开发不同产品的状况。华为 IDE 环境，可以通过拖拽方式实现自动适配。

遗憾的是，时至今日，鸿蒙 OS 仅仅搭载在华为和荣耀的智慧屏产品上，而坊间传闻的"华为手机搭载鸿蒙"的消息却久久未能尘埃落定。

7. 开源实时操作系统 SylixOS 支持 RISC-V CPU

2019 年 11 月 14 日，开源实时操作系统 SylixOS 的供应厂商北京翼辉信息与 RISC-V CPU 处理器核心的领导供货商晶心科技合作，SylixOS 操作系统全面支持 Andes AndesCore A25 系列处理器。

对于 AndesCore A25 系列处理器的支持扩大了 SylixOS 的生态，进一步提升了对客户的支持能力，丰富了用户选择。结合 A25 系列处理器的高性能和低能耗特性，SylixOS 将会更好地适用于实时性强和可靠性要求高的领域。

SylixOS 是翼辉信息自主研发的嵌入式开源实时操作系统，拥有 32 位和 64 位两个版本，集成开发环境 RealEvo-IDE 和模拟虚拟机 RealEvo-Simulator。具有稳定可靠、商用化程度高、集成丰富中介软件（Qt、CODESYS、Python、Java Script 等）、支持 AMP（非对称多处理器结构）和 SMP（对称多处理器结构）等多种运行模式、支持 POSIX 等多种 API 集等特点。SylixOS 在工业自动化、国防、航空航天、电力、轨道交通等领域被广泛应用。其中大部分产品都要求 7×24 小时不间断运行，当前很多 SylixOS 系统节点甚至不间断运行已超过 7 万小时（8 年时间）。

SylixOS 为 AndesCore A25 系列芯片提供高可靠、高实时的操作系统解决方案。AndesCore A25 系列结合 SylixOS 系统专用的集成开发环境 RealEvo-IDE 及硬件仿真器 RealEvo-Simulator，便于系统开发与调试，缩短产品研制周期。

8. 阿里开源物联网操作系统 AliOS Things 3.0，集成平头哥 AI 芯片架构

阿里步履不停地探索物联网，从 2016 年发布物联网套件、2017 年推出 ET 工业大脑和 AliOS Things、2018 年发布 Link Develop 1.0 至今，阿里物联网硕果累累。

阿里云正式发布的 AliOS Things 3.0，使用了全新的应用开发框架，开发者最快只需 3 个步骤，就可以完成一个 AIoT 设备应用的开发与调试。同时，其提供的调试工具能够帮助开发者实现秒级故障精准定位，比采用传统断点单步模式调试效率提升 80%。在硬件驱动层，集成了最新的平头哥 AI 芯片架构。

同时，AliOS Things 3.0 是完全自主可控的操作系统，其具备全新的开发模式、在线裁剪工具、应用与内核分离、脚本语言支持、本地 AI 框架等诸多特性，其中采用微内核架构，能够将在智能硬件上运行的软件容器化和在线化升级，这意味着软硬件可以快速解耦、运维，极大地降低了硬件厂商的生产与维护成本。

三、应用与生态发展

2019 年，国产操作系统在服务器、台式机上得到应用，在一些重大工程中建功立业。

1. 中标软件协力华为，共筑黄河品牌鲲鹏服务器和台式机

华为黄河鲲鹏服务器和台式机生产线 2019 年在河南省许昌市投产。黄河鲲鹏服务器和台式机项目 2020 年将形成年产 10 万台黄河鲲鹏服务器、60 万台黄河鲲鹏台式机的生产能力，三年内将达到年产 30 万台服务器、500 万台台式机的规模。黄河牌的服务器和电脑，将使河南成为华为鲲鹏芯片服务器在国内的重要生产基地。

华为携手中标软件，推出了基于中标麒麟桌面操作系统和华为桌面云的联合解决方案，打造安全可信、便捷高效的办公桌面云解决方案，积极布局政府、金融行业数字化办公领域的创新和推广。

中标软件始终坚持与众多生态伙伴一起，携手掌握机遇，助力华为，合力打造鲲鹏生态体系。近年来，中标软件基于华为鲲鹏处理器和 TaiShan 系列服务器推出了中标麒麟高级服务器操作系统软件（ARM64 版）V7.0 和中标麒麟可视化单向光闸安全交换一体机整体解决方案，满足行业用户需求。中标麒麟操作系统已经实现了对华为鲲鹏服务器整机、统一存储、网络存储等的支持和兼容能力，完成了与鲲鹏架构下的主要软硬件产品的兼容适配工作。

2. 中标麒麟操作系统完成飞腾认证，支持所有国产芯片

2019 年，中标麒麟操作系统与飞腾芯片完成桌面及服务器产品兼容互认证，中标麒麟操作系统以开放技术，完全支持并兼容飞腾芯片。至此，中标麒麟操作系统，完成了目前所有国产 CPU——飞腾、龙芯、兆芯、申威、海光、鲲鹏的兼容适配，获得了六款国产 CPU 的官方认证。

3. 安全创新操作系统支撑绿色计算与信息技术创新应用平台项目

2019 年 5 月 25 日，绿色计算与信息技术创新应用平台正式发布。该平台借助于云上贵州的基础设施和数据应用的经验，综合各方技术优势共同参与平台建设，成为一个标杆性的电子政务和行业应用的示范平台。

中标麒麟、银河麒麟两家安全创新操作系统厂家携手支撑该项目的所有操作系统任务，为项目提供安全、稳定、可靠、自主的操作系统产品，提供全面、完善、统一的操作系统版本和技术服务。

绿色计算与信息技术创新应用平台由绿色计算产业联盟、信息技术应用创新工作委员会、工信部电子标准院、云上贵州公司共同建设，分为硬件平台、操作系统平台、管理平台、应用软件平台、开源软件平台等多个部分，在技术体系方面分为 ARM 服务平台和云管理平台，最终通过提供一个整体的域名访问，为用户提供测试服务和应用展示服务。该平台可以支持多种服务器，将把业界共有的软件和工具库都汇聚到平台，同时把应用的测试、开发和运营也放在平台，将建立一个安全可控、开放创新、持续运营的绿色计算和应用服务应用示范基地。

参与项目平台建设实施的单位还包括华为、联想、长城、Ampere、Marvell、Gigabyte、微网云等硬件厂商；IaaS 云平台厂商航天云宏；PaaS 云平台厂商联想；安全服务厂商深信服；后续，项目组还将邀请东方通、中创、金蝶等中间件厂商；达梦、人大金仓、易鲸捷等数据库厂商；中软、东软等应用厂商以及其他绿色计算产业合作伙伴进行示范应用的实施。

4. 国内首个中国计算机软硬件基础体系标准 PK 推出

2019 年 12 月 12 日，中国电子耗时两年部署、筹划、启动的《PK 体系标准（2019 年版）》尘埃落定，成为国内首个中国计算机软硬件基础体系标准。

《PK 体系标准(2019 年版)》具体包含参考框架、参考板、操作系统、外设接口、工程服务、安全等方面 4 大类 8 小类 15 项标准,为基于 PK 体系在板卡设计、软件开发、项目实施等方面的操作与应用提供参考指南。

中国电子主动担当,树立企业标准,是顺应产业发展规律、期待行业自律的自然选择。它的背后,积攒着中国电子人深耕网络安全和信息化产业长达八年的探索与实践。

2011 年,中国电子把网络信息安全作为主要业务,开启了计算机硬软件体系国产化的漫长道路,超前布局、换道超车,研发了具有完全自主知识产权的飞腾"Phytium 处理器"和麒麟"Kylin 操作系统",打造"中国芯片"和"最强大脑",创新建立具有时代性、安全性、可靠性的中国计算机软硬件基础体系——PK 体系,被业界誉为"中国构架"。

经过八年的发展,基于 PK 体系的中国整套计算机软件体系走过了能用、好用到管用的阶段,在自主安全产品及技术领域拥有核心竞争力。目前,中国电子 PK 体系已成功应用于政府信息化、电力、金融、能源等多个行业领域,并同政、产、学、研密切合作、联合攻关,推进建设中国计算机产业大生态。随着应用规模的不断扩大,PK 体系标准化进程也驶入了快车道。

今年是 PK 体系标准的落地元年。中国电子总结归纳了在各领域设计应用的典型案例,以此为参考,按照国家和行业标准编制和撰写了《PK 体系标准(2019 年版)》。标准的推出,从根本上实现了体系内用户或上下游厂商技术服务的标准化;解决了体系内部产品与第三方接入产品之间接口、参数、版本等指标的一致性、统一性问题。

5. 中标麒麟助力国家政务服务平台试运行

继 2018 年国家政务服务平台基础支撑体系试点合作成功之后,中标麒麟操作系统再创佳绩,为 2019 年国家政务服务平台系统建设新项目助力护航。

根据国家政务服务平台(一期)建设总体目标,可以概括为:支撑一网通办、汇聚数据信息、实现交换共享、强化动态监管等几个方面。中标麒麟高级服务器操作系统软件基于安全技术创新的基础软件构建,是高可用、易管理、高性能 Linux 服务器操作系统。中标软件在安全创新领域不断推陈出新,是国家政务服务平台系统建设新项目中强有力的安全后盾。

6. 春运平安回家去 国产系统铸安全

交通行业是国家经济的命脉,铁路是国家重要的基础设施,为我国经济发展提供着强大的原动力;而铁路信息化建设为铁路跨越式发展提供了强有力的技术保障和支撑。铁路工程监督管理系统、铁路建设工程网与中标麒麟高级服务器操作系统软件 V7.0(x86－64)完成兼容性互认证,双方产品兼容性良好,在安装、功能等测试中运行稳定可靠,能够满足用户的关键性应用需要。

中标麒麟操作系统多年来服务铁路信息化建设,已经在中国铁路总公司总数据中心成功应用,保障了铁路行业相关核心数据存储、12306 网站数据的存储及交换、全路集中应用系统部署等业务系统的稳定运行。未来,中标软件将继续推动铁路核心业务系统的兼容适配工作,让更多的核心业务运行在自主创新操作系统之上,为我国重要基础设施信息化安全提供有力保障。

7. 江西公安为民服务网上线了

2019 年 2 月 18 日,江西省公安机关推出"放管服"改革 123 服务新政,重磅推出"江西公安为民服务网上办事系统"综合服务平台,下载"江西公安"App 或者关注"江西公安"微信公众号就可以享受"一次不跑"办理业务 41 项,"只跑一次"业务 74 项,各项服务共 253 项。

采用中标麒麟高级服务器操作系统的"江西公安为民服务网上办事系统"综合服务平台,包括电脑端、移动 App 以及微信公众号三端服务。平台正式上线前,以中标麒麟服务器操作系统为基础的平台通过了 5 000 万用户同时进发的考验,实现了随叫随到的本地化服务。

该平台根据江西省统建一个平台、统一门户登录、统一身份认证的要求,实现状态数据共享总思路,突破以往业务系统不互通、内外网不交互、政务信息不共享、支撑平台不完善等一系列瓶颈问题,实现了行政审批一网办、办事办证一站式、便民服务一体化、查询咨询一键搜、防范宣传一网清,达到方便群众办事、提高工作效率、公开透明阳光的目的。

该项目是国内较早把基于 Linux 内核的桌面操作系统部署到切实的生产环境当中,其设计采用云应用无缝投射到本地桌面的方式,在技术上解决了在当前阶段尚不能完全替代 Windows 的难题,是"自主可控"国产操作系统推广过程中一个重要的里程碑。

四、重大事件与影响

2019 年,操作系统领域国内外发生的重大事件有:

1. 中国软件整合中标软件和天津麒麟,两大国产麒麟操作系统合并,打造统一 OS

2019 年 12 月 10 日中国软件整合旗下两家操作系统公司中标软件和天津麒麟,设立新的操作系统公司麒麟软件,意在顺应产业发展趋势、市场客户需求和建设网络强国的战略需要,发挥中央企业在国家关键信息基础设施建设中的主力军作用。

中国软件旗下中标软件和天津麒麟两家操作系统公司的产品,在党政、国防、金融、能源、交通、医疗等行业已经获得广泛应用和认可,中标软件和天津麒麟共同获得 2018 年度国家科技进步一等奖。

此次整合后,成立麒麟软件,发展统一的操作系统。新设的操作系统公司,将以现有技术基础为起点,组织整合优势技术和市场团队,以统一的技术路线和产品版本、统一的品牌标识及市场渠道、统一的支持保障和服务体系全新亮相。同时将坚持开放融合的合作策略,构建良好的操作系统产业生态,为信息技术应用创新产业提供安全、稳定、可靠、自主的操作系统产品,为用户提供全面、完善、统一的操作系统版本和技术服务,奋力打造中国操作系统新旗舰!

随着当前 ICT 技术的快速发展,操作系统的重要性和核心地位日益凸显。但当前国内操作系统企业普遍呈现小、散、弱局面,配套软硬件生态分散,无法形成合力效应,业界急需打造具有统一技术体系和生态环境的国产自主操作系统,屏蔽 CPU 架构体系差异,构建完善的应用生态,提供更好的用户体验。中国软件走出了整合的第一步,宣告操作系统的国家队启航。

2. 集成多方力量的统信软件打造 UOS 统一操作系统

中国电子集团(CEC)、武汉深之度、南京诚迈科技、中兴新支点等多家国内操作系统核心企业在 2019 年 5 月签署了合作协议,建立了筹备组,共同开发 UOS(unity operating system)统一操作系统。

在这几个联盟成员中,中兴有自己的支点 OS,深度则是以深度 Linux 出名,华为及荣耀的笔记本非 Windows 系统的版本就是预装了深度 OS,南京诚迈科技也有自己的悟空 OS,主要适配各种智能设备,支持安卓。CEC 中国电子集团下有中标软件中标麒麟、银河麒麟两大操作系统。

UOS 联盟有意打造统一的 OS 系统,基于 Linux,目标是统一发布渠道、应用商店、UI、内核、文档及开发接口,并采用开源社区的方式吸引产业链上下游共同支持 UOS 系统,也会支持国内外各种 CPU 处理器。

12 月 14 日,统信软件成功集成武汉深之度、南京诚迈科技的力量。随后,统信软件发布了统一操作系统 UOS,并正与产业链合作伙伴进行了全面适配,已经同龙芯、飞腾、申威、鲲鹏、兆芯、海光等厂商开展了广泛和深入的合作,与国内各主流整机厂商,以及数百家软件厂商展开了全方位的兼容性适配工作,也希望更多的合作伙伴可以参与到统一操作系统 UOS 的适配工作中来。

统信软件已经在官网列入了适配清单,包括 360 安全浏览器、Firefox、Chrome 等多款日常软件已经完成适配。资料显示,UOS 操作系统分为桌面版和服务器版。

3. 2019 年 Windows 10 彻底坐稳了"桌面第一操作系统"宝座

2019 年,Windows 10 终于坐稳了"桌面第一操作系统"的宝座。根据市场分析公司 NetMarketShare 提供的统计数据,在过去的 2019 年中虽然偶尔出现一些小问题,但 Windows 10 系统呈现稳定上升的趋势。

在 2019 年年初,Windows10 的市场份额为 40.90%,并且在 2 月下降至 40.3%。不过它在 11 月达到 54.30%的市场份额,并在 2020 年结束之前以 54.62%的成绩交出了一份满意的答卷。

由于受到将于 2020 年 1 月 14 日停止支持的影响,在过去一年中 Windows 7 系统的市场份额在不断减少。其余操作系统都紧随其后,对 Windows 10 的统治地位没有构成威胁,可以说是 Windows 10 称霸桌面系统的元年。

4. 华为 HMS 替换谷歌 GMS,鸿蒙迈上一步步替换安卓之路

2019 年,华为最新款手机 Mate30 系列在欧洲市场首发。由于谷歌断供,华为手机无法安装谷歌套件,劝退了一大批欧洲"花粉"。

因为谷歌的安卓以及谷歌移动服务 GMS 是智能手机中的核心技术和基础服务,离开这些技术服务,轻则影响用户的购买,重则可能丢失大部分市场。为此,华为 2019 年发布了操作系统——鸿蒙,以及华为移动服务 HMS。

华为的鸿蒙系统发布后,人们没有等到鸿蒙系统替代安卓,但是等到了华为 HMS 真的替换了谷歌的 GMS。

华为移动服务 HMS(Huawei Mobile Services)是华为云服务开放能力的合集。开发者们基于 HMS SDK 就可以使用华为账号、应用内支付、消息推送、好友关系等能力。

同时,华为 HMS 及 HMS 应用程序融合了华为的芯片、设备和云功能,并集成了一组用于 IDE 开发和测试的 HMS 核心服务(HMS Core)、工具、平台。

根据华为提供的数据,HMS 与华为第三方应用程序和服务集成在一起,再加上全球 5.7 亿华为用户和 101 万注册开发者,共同组成了 HMS 生态系统。

5. Win 7 继 XP 之后停服,用户安全面临挑战和风险

微软早在一年前就宣称,到 2020 年 1 月将结束对 Windows 7(Win 7)的技术支持("停服"),旨在迫使用户采用 Win10。微软建议,仍然使用服务终止软件的客户最好尽快升级到最新的内部部

署或云版本,这样可以保持其系统安全。

果然,在 2020 年 1 月微软继 Windows XP 之后停止了对 Win 7 的技术支持。微软对其支持终止后,依旧使用微软相关产品的用户将面临巨大的安全风险,并且后果可能很严重。

全球首例同时复合利用 IE 浏览器和火狐浏览器两个 0day 漏洞的攻击来袭,截至目前,火狐浏览器的 0day 漏洞已被 Mozilla 官方修复,但是 IE 浏览器仍暴露于"双星"漏洞攻击威胁中。

Win 7 停服对个人用户来说影响微弱,真正受影响的是政企单位用户。面对类似的事件,政府的确要在其中扮演重要角色,保障关键信息基础设施,同时应该承担预警通报等相应的公共服务义务;要关注 Win 7 停服给网络安全带来的实际影响,以及停服所体现的微软对于计算机业态的判断——这可能是其业务重心由 PC 向移动和云生态转移的重大节点。

Win 7 停服虽然使用户安全面临挑战和风险,但会明显推进我国自主知识产权产品研发和提升的速度。

6. IBM 完成对红帽的 340 亿美元收购,重点发展混合云而不是 OS

2019 年 7 月 9 日,IBM 宣布以每股现金 190 美元,完成对红帽 Red Hat 所有已发行和流通在外普通股的收购交易,总股本价值约 340 亿美元。这场 2018 年 10 月就宣布的收购正式完成,也成为 IBM 发展历史上最大的一次收购,也是 IT 发展中最大的一次收购。

在云计算市场,IBM 已经连续两年处于第五位的位置。本次收购可使 IBM 成为领先的混合云供应商,加速 IBM 向高价值业务模式转型,将红帽的开源创新扩展到更广泛的客户群。

Red HaT 成立于 26 年前,是一家 Linux 分销商。以分发和支持 Red Hat Linux 以及数据中心常用的其他技术而闻名。该公司于 1999 年在互联网泡沫高峰期上市。年收入约为 29.2 亿美元,净收入为 2.59 亿美元,是目前销售收入最高的 Linux 分销商。

IBM 看重的是 Red Hat 的私有云技术,想借助 Red Hat 私有云技术,发展混合云业务。同时,红帽是 Linux 内核的主要企业贡献者之一,而 Linux 内核是目前大多数正在积极开发的开源操作系统的基础。除了为 Linux 内核做贡献外,它还为开发人员提供了许多免费的开源软件如 FOSS、数据结构栈。FOSS 是可以在各种操作系统上运行的程序,而且是免费使用。

五、问题与建议

在发展国产操作系统、构建自主可控的信息技术应用方面,2019 年虽然取得不小的进展,但是依然面临众多挑战。

1. 操作系统厂商整合要达到 1+1 大于 2 的效果

从 2019 年开始,国产操作系统企业迈出了强强联合、打造统一的操作系统之路。这表明国产操作系统发展进入了一个新的阶段!

中国电子整合下属子公司,成立专注于操作系统的麒麟软件,迈出了整合的第一步,开了好头。新成立的麒麟软件旗下拥有"中标麒麟"、"银河麒麟"两大产品品牌,未来这两大品牌和两套产品体系的整合尤其引人瞩目,能否实现人才、技术、资源的共享非常关键。如果不能整合在一起,而是各自为战,整合的效果将大打折扣。

同样,被寄予厚望的统信软件一开始是由国内操作系统的核心企业中国电子集团(CEC)、中兴新支点、诚迈科技、武汉深之度等发起，组成一个大联盟，共同开发统一操作系统 UOS。但是到了 2019 年 11 月 14 日统信软件成立时，人们才发现统信软件最终是由诚迈科技和武汉深之度联合成立，缺少了 CEC 和中兴新支点等企业。

如果说国产操作系统目前的整合是一小步，那么能否实现深度、彻底的整合，发挥各自潜力，实现 1+1 大于 2 的功效，才是未来最大的看点。

2. 继续强化以 CPU 和 OS 为核心的国产应用生态建设

对于国产操作系统，生态环境是决定最终成败的重要因素。企业从产品开发伊始就积极发展产业链合作，与上下游的优秀厂商一起探讨一体化解决方案。构筑的生态圈，不仅包括整机、芯片、服务器、中间件、数据库等 IT 基础架构，也包括主要国产应用。

未来，经过市场选择和政策支持的国产操作系统，要与国产六大芯片厂商龙芯、飞腾、申威、鲲鹏、兆芯和海光等展开深入合作，强化以 CPU 和 OS 为核心的国产应用生态建设，建立标准，简化、优化适配流程，完成生态动态优化和升级。

3. 继续强化政策支持和市场作用，让体制优势和市场规律相结合

国产操作系统的发展必须经过市场化的洗礼。从操作系统发展的历史经验看，每一个成功的操作系统都是在市场中不断通过技术创新满足用户诉求而制胜的。操作系统技术相比核技术等其他国家重大支撑类技术还有所不同，更需要广泛的用户基础，但获取广泛的用户基础不是一蹴而就的事情。

由于竞争的激烈和时间紧迫，发挥我国的体制优势是解决问题的一种途径，让体制优势和市场规律相结合才是正途。政策的导向应该是奖励，而不是论资排辈的补贴。在市场上竞争能力强的，得到更多用户认可的，是政策支持的主要依据，这样才能形成良性循环。

4. 鼓励操作系统开源，把握新的发展机遇，积极开展商业模式的探索

在国产操作系统发展过程中，开源和开源社区发挥着重要的作用。而众多互联网公司，在物联网操作系统、服务器操作系统方面，将自己的系统开源，通过探索各种可能的商业模式，发展壮大。

2019 年，腾讯云开源其服务器操作系统 TencentOS 内核，9 月腾讯面向物联网领域开发的实时操作系统 TencentOS tiny。

阿里开源物联网操作系统 AliOS Things 3.0 发布，集成平头哥 AI 芯片架构。

2019 年 9 月 17 日，openEuler 被华为公司公开宣布要在年底开源。华为表示 OpenEuler 的愿景是通过社区合作，打造创新平台，构建支持多处理器架构、统一和开放的操作系统 openEuler，推动软硬件生态繁荣发展。

众多互联网企业为什么做开源自己的操作系统呢？从外部环境来看，随着主流的开发平台 Linux、Android 等逐渐开源化，IT 产业想要取得更大的市场份额，拥抱开源是当务之急。

从互联网公司内部的技术积累来看，技术研发基础设施完整，有众多的开源项目，横跨各个技术领域，经过海量用户验证，能够源源不断向开源社区输出优质开源项目。

从生态机遇来看，开源能够很好地服务于公司重点战略方向，如作为腾讯云的 Paas、Saas 服务封装，推动机器学习和人工智能的广泛应用，或者通过行业标准的制定领导下一代的技术创新。

开源软件在 2019 年实现了巨大增长，使用开源软件形成了令人惊叹的产品和服务；未来开源

硬件、开源或者开放数据、安全将超过开源软件服务。开源不再是开发者的个人热情,它已成为许多技术驱动型产业背后重要的创新推动力,发挥开源和开源社区的作用,开拓新的商业模式,是一条重要的途径。

(摘自《2020 中国软件和信息服务业发展报告》,作者:刘学习)

第二节 数据库

随着大数据、云计算和人工智能的快速发展与广泛应用,中国的数据库市场在 2019 年步入快速发展的进程。

从技术和产品类型来看,关系型数据库和非关系型数据库 NoSQL 是数据库的常见分类体系。过去一年中,传统关系型数据库与 NoSQL 数据库继续互相渗透,边界已经越来越模糊:NoSQL 系统也开始增强事务管理的 ACID 属性;传统关系型数据库也开始提供非结构化、半结构化数据的支持。

从产业发展来看,数据库领域跨国公司继续不断推动在中国市场的应用。而国产数据库已经不再是只有几家专业数据库活跃的局面:互联网巨头、网络通讯巨头、创业公司等纷纷投入国产数据库研发,呈现出百花齐放、群雄逐鹿的局面。

本报告将从国内企业的数据库研发与产业化、国际数据库市场的发展动向和数据库产品发展趋势分析三个角度,论述 2019 年国内外数据库产品、技术和市场情况以及未来数据库产品的发展趋势。

一、国内企业的数据库研发与产业化

"大数据"时代,数据库已经成为企业核心业务系统建设的基础,在企业信息化建设中发挥着重要作用,在商业上形成了总量达数百亿美元的一个软件产业,成为软件产业的重要组成部分。

经过长期的努力,国产数据库管理系统呈现出一种快速发展的势头,尤其是近年来在国家有关方面的重视和支持下,已经具备一定的技术研发实力与市场开拓能力,国产数据库管理系统在市场上打开了良好的开端。但是在核心技术、企业规模、产业链等方面,国产数据库与国外产品相比仍具有较大差距。尤其是在金融、通信等国家重要领域缺少核心应用。国产数据库管理系统产业化发展任务艰巨。

武汉达梦 2019 年 5 月发布新一代数据库产品 DM8,该产品使用达梦数据共享集群、透明分布式数据库、数据库弹性计算、达梦混合事务分析处理技术等,解决用户不同场景的需求,化繁为简,让用户更从容应对大数据与云计算挑战。2019 年 5 月,湖北银行新核心系统正式投产上线,达梦数据库随之一并正式开始运营。该项目对于国产基础软件在银行业的全面推广起到了良好的示范效应。

针对不同领域对于数据库细致化的要求,2019 年人大金仓发布三款新型数据库产品:金仓 HTAP 分布式数据库 KSOne、金仓分布式视频数据库系统 KVDB、金仓异构数据同步软件 KFS,以分布式、视频图像处理、异构数据同步等技术融合创新,开始迈入数据库细分领域。KSOne 具有秒级集群伸缩、可实现两地三中心部署等优势;KVDB 使用单一组件,专注于视频图像智能应用场景,使用起来更轻量,可以实现针对视频图像处理的各种高效计算;软件 KFS 是利用异构数据平台间实时、增量数据同步技术,帮助用户实现数据在不同数据平台间的任意转移,面对异地容灾、数据集中共享与分发、数据交换与分析平台建设、云迁移等业务场景,可保证数据不丢失,具有容错能力高、可靠性强等特点。

2019年12月,南大通用Gbase 8a MPP Cluster产品与浪潮公司Power服务器OpenPower系列产品完成产品兼容性双向认证测试。两家公司的产品在兼容性、稳定性、安全性上表现良好,运行流畅。此次兼容性测试为用户安全、可靠的基础服务提供有力支撑。

2019年,互联网企业、通信企业、新兴创业公司等,积极投入国产数据库产品的研发,也在国际测评中崭露头角,呈现出百花齐放、群雄逐鹿的可喜局面:

2019年5月,华为推出了GaussDB数据库,其GaussDB OLTP数据库已在招商银行综合支付交易系统成功上线投产,GaussDB OLAP数据库也已在工商银行上线投产。2019年9月,华为云在HC大会上发布了GeminiDB、TaurusDB和GaussDB OLTP上云。并成功帮助用友软件、锦江之星、一下科技等企业定制符合其行业特殊需求的数据库服务与解决方案。

2019年8月,腾讯云发布CynosDB商业化版本:智能数据库诊断系统DBbrain。11月,宣布开源TBase数据库,TDSQL数据库落地张家港农商银行新一代核心业务系统。

互联网企业巨头阿里在2019年的数据库市场风起云涌。蚂蚁金服的OceanBase目标是满足金融级的可靠性和数据一致性要求的数据库系统。2019年,OceanBase在TPC-C基准测试中的表现引起社会的极大关注。2019年11月,阿里发布OceanBase 2.2版本。该版本同时兼容MySQL与Oracle两种模式,并引入许多广受欢迎的功能;同时扩展性大幅提升,单集群最大数据量超5PB,单表最多纪录数超10 000亿条;OLTP性能相比2.0版本提升50%以上,部分复杂场景提升100%;OLAP场景查询优化能力显著提升。2020年初,阿里为客户打造的一站式数据迁移解决方案——OceanBase迁移服务(OMS)正式发布。该产品是当前对OceanBase迁移支持最好的产品,极大地提升了迁移效率,拥有支持多种类型数据库、秒级回流&回滚、秒级数据验证等功能。

POLARDB是阿里云自研的关系型云数据库,2019年9月,阿里云推出POLARDB Box,这是业内首次推出基于云原生数据库的一体机。11月,Gartner公布2019年全球数据库魔力象限评选结果,阿里云进入"挑战者"象限,并连续两年进入该榜单。POLARDB单库最多可扩展到16个节点,适用于企业多样化的数据库应用场景。POLARDB采用存储和计算分离的架构,所有计算节点共享一份数据,提供分钟级的配置升降级、秒级的故障恢复、全局数据一致性和免费的数据备份容灾服务。POLARDB既融合了商业数据库稳定可靠、高性能、可扩展的特征,又具有开源云数据库简单开放、自我迭代的优势。在DTCC 2019(第十届中国数据库技术大会)上,阿里云POLARDB获选"年度最佳创新产品"。阿里云数据库的技术研究也在国际上崭露头角。POLARDB相关论文已入选今年的国际顶级数据库会议ACM SIGMOD,得到学术界和产业界的关注。

浪潮公司自研的K-DB数据库系统,拥有全新的体系结构来支撑平台横向扩展,使用共享式存储K-RAC集群来实现高伸缩能力和自动负载均衡等特性,同时完全兼容SQL以及其他主流数据库标准。浪潮的inData数据库一体机是HTAP方向较为成功的方案。它是一种软硬一体化的HTAP数据库方案,采用浪潮的K-DB数据库系统,以及Flash存储、InfiniBand等开放技术。2019年全球Q3服务器市场份额中,浪潮服务器占第三,而在国内占第一,是数据库品牌的有力竞争者。

2019年巨杉数据库的发展同样引人注目,巨杉数据库的主要产品包括SequoiaDB分布式关系型数据库与SequoiaCM企业内容管理软件,应用场景包括分布式在线交易、数据中台、分布式内容管理等。巨杉数据库使用 JSON 作为标准存储格式,既可以描述关系型结构,也能描述非关系型结构,可以最大限度地保留过去的应用资产。2019 年 11 月,SequoiaDB 巨杉数据库 v3.4 版本正式发布,该版本最重要的特性就是在分布式交易场景下的性能提升。对比上一个大版本,v3.4 在分布式交易场景,读写性能提高 30%,更新性能提高 1~1.5 倍,查询性能提升 1.5 倍以上。该版本使用一系列高效算法,如分布式事务智能仲裁算法(Improved 2PC Algorithm)、改进 Raft 算法、全文索引性能优化(Improved Full-text Search Algorithm)等等,全面提升金融级交易场景功能与性能,在分布式事务、数据一致性,并发 CURD 性能以及 SQL 兼容性能方面都做了深度优化。

偶数科技主推两款产品 Oushu Database 和 LittleBoy,其中 Oushu Database 是基于 HAWQ 打造的数据仓库引擎,其优势是采用 MPP 和 Hadoop 结合的创新 MPP++技术架构,可扩展至数千节点,遵循 ANSI-SQL 标准,提供 PB 级数据交互式查询能力。目前 Oushu Database 已经应用于金融、制造、军工等行业。2019 年 9 月,Oushu Database 迎来了重要升级——Oushu Database 4.0,该版本开发了分布式表存储 Magma,并将其九尾 OushuDB 新一代的数据存储底层实现。从此 OushuDB 拥有了自己的原生表存储。Magma 和 HDFS 并驾齐驱,解决了 HDFS 不能高效支持的特性。通过对新分布式模块和新执行器的整合,OushuDB 架构在保持存储与计算分离的同时,保证了最优性能。

二、国际数据库市场的发展动向

2019 年 6 月,Gartner 发布了 2011—2018 年数据库市场份额变化图,Oracle 稳居第一,Microsoft 位于第二位。但是 AWS 异军突起,占据第三位。中国的云厂商成绩同样耀眼,阿里巴巴位列第九,华为位列第十一位,腾讯第十三位。

DB-Engines 的 2019 年 9 月数据库流行度排行榜上,最耀眼的是 MySQL,分值大幅增长 25.39 分,较年初已经上升了 125 分,增幅达 10%,完成了一次深 V 反转。相较之下,Oracle 则仅仅达到 6% 的增幅。

2019 年举办的 Oracle OpenWorld 大会上,Oracle 宣布对其数据管理产品组合进行技术创新,主要包括以下要点:一是扩展自制数据库功能。Oracle 扩展了其数据库的自主功能,以满足企业客户迁移核心业务到云端的需求。二是扩展 Exadata 产品组合。Oracle 宣布推出 Gen 2 Exadata Cloud 以及 Exadata 平台 Oracle Exadata X8M 的最新版本,使 Exadata X8M 系统比以前的版本相比可提供 2.5~10 倍的 I/O 延迟。三是加速数据库软件创新。如本机持久内存(PMEM)数据库、自动机器学习、用于安全事务的本机区块链表,等等。四是自动保护客户数据。Oracle Data Safe 是一个统一的控制中心,用于自动化数据库安全性并提高数据、用户和配置的安全问题可视化。

微软 2019 年 11 月发布的 SQL Server 2019,拥有三个主要新特性。一是核心引擎增强,强化了对于混合负载能力的支持,另外图数据引擎也在新版本中得到了相当幅度的增强。二是数据虚拟化。不论数据以具体何种格式存放何处,都能以统一的抽象进行管理和访问。在新版本中,微软在功能层面通过内置的 PolyBase 技术进行了关键支撑和加强。三是大数据集群。将 Hadoop 和 Spark 等开源大数据技术组件直接纳入 SQL Server,并在 Kubernetes 体系下无缝集成。

三、数据库产品发展趋势分析

数据库管理系统的理论基础是数据模型,从数据模型角度,关系型数据库和非关系型数据库 NoSQL 是数据库管理系统最常见的分类体系。过去一年中,随着复杂应用环境的驱动,传统关系型数据库与 NoSQL 数据库互相渗透,边界已经越来越模糊:NoSQL 系统也开始增强事务管理的 ACID 属性;传统关系型数据库也开始提供非结构化、半结构化数据的支持。

数据库产品在大数据、云计算和人工智能的快速发展中发挥着重要的作用,数据库产品对大数据、云计算、人工智能的支持和相互融合,也是未来发展的明显趋势。

2019 年的 Gartner 报告数据显示,2018 年,DBMS 云服务已经为 461 亿美元的 DBMS 市场贡献了 104 亿美元,这还不包括云端托管 DBMS 许可证。数据还显示,从 2017 年到 2018 年,整个 DBMS 市场增长了 18.4%,这是十年间增长最快的时期,云 DBMS 占这个增长的 68%。

从 2017 年到 2018 年,两家供应商(AWS 和微软)就占增长的 75%,AWS 的增长百分之百来自云、微软的 DBMS 增长几乎百分之百来自云。云 DBMS 的增长极大地改变了数据库供应商的排名。

数据库技术与人工智能技术相结合,有利于二者的共同发展。数据库技术注重实现数据的采集、整合、储存以及查询等功能,而人工智能技术更偏向于使用计算机程序来模拟人脑的运行动态,具有较强的逻辑思维能力。二者的深入融合既有利于数据库本身存储容量的增加,也能利用人工智能技术提高数据库技术的逻辑运算能力。

过去几十年,我国数据库行业通过消化吸收国外领先的数据库技术以及自主创新等方式,研制出了多种自主数据库管理系统,实现了国产数据库软件从零到有的突破。随着我国信息化进程的加快以及互联网技术的广泛应用,大数据、云计算等信息产业环境日益成熟。其中,数据库作为支撑信息产业的基石,遇到了良好的发展机会,但同时也面临新的竞争与挑战。当前,国产数据库管理系统虽然在性能和规模上,总体与国际巨头产品的差距依然较大,但过去一年处于快速发展阶段。在这个阶段,除了技术、产品与服务,更需要注重产业生态的培养,包括与周边上下游产品的兼容性,配套软件、工具、技术人才等等。未来国产数据库管理系统的产业化发展,需要集中力量牵头建设生态圈,通过良好的产业生态,共同推进国产数据库的产业发展和我国的信息化建设。

(摘自《2020 中国软件和信息服务业发展报告》,作者:数据与智能分会)

第三节 开源软件

开源软件,又称为开放源代码软件(open source software),指代码创作者在遵循相关开源协议的基础上,将自己开发的软件源代码公开并允许其他开发者进行自主学习、测试、修改、二次开发和传播的一种计算机软件类型。近年来,随着以软件为代表的信息技术与产品加速驱动全球社会发生深刻变革,数字经济已成为当前最为重要的一种经济形态,各类围绕信息技术的新模式、新业态层出不穷,创新成为推动数字经济蓬勃发展的重要引擎。然而,依靠单一或少量企业的力量势必难以实现整体引领,通过开源来汇聚多方力量、群策群力的模式正成为推动产业创新的主流选择。2019年,我国政府、企业及个人拥抱开源的积极性进一步提升,各类开源项目发展不断加快,开源生态持续完善,开源软件整体呈现稳中向好发展态势。展望未来,开源软件的重要地位将进一步凸显,其在市场竞争中的价值也将更为突出。

一、全球开源软件发展态势

1998年,"开源"这一术语率先在软件领域被提出,开放源代码促进会 OSI 发起了著名的"开源运动"并广泛传播开源理念,"开源"世界正式拉开序幕。而现在"开源运动"取得了巨大的成功,开源软件已无处不在,各种应用愈发成熟,开源技术同各行业的深度融合不断加快。20多年前,人们还在担心开源的盈利模式与发展方法,而现在我们更多关注的是如何积极参与、融入开源生态。20多年前,开源更多的由非正式的个人组织进行,而现在更多的开源项目被企业或基金会构建和经营,越来越多的开发者被雇佣去专门开发和维护开源项目。在信息技术创新不断提速、传统企业软件能力持续提升、各行业加快孕育基于开源的生态体系的当下,开源软件的价值正在呈现以下几个典型特征。

(一) 开源已成为推动技术产品创新的主要方式

作为典型的开源软件代表,Linux 已成为当前最重要的软件平台,并深刻影响着全球信息技术的演进和产业的发展。Linux 基金会执行董事 Jim Zemlin 在 2019 年公布的数据显示,Linux 已占据超级计算机市场 100%份额、企业服务器市场 68%份额、大型机市场 90%份额。此外,目前已有90%的公有云工作负载运行在 Linux 上,在嵌入式系统市场 Linux 的占比也达到 62%。实际上,在每个 Linux 新进入的市场,它最终都无一例外占据了主导地位。在移动操作系统领域,Linux 如今已经占据了全球 82%的市场份额。其中,基于 Linux 的 Android 已成为全球最成功的移动操作系统代表;在印度的手机市场,拥有 Linux 内核的 KaiOS 已超过 iOS,以超过 15%的市场份额成为印度排名第二的移动操作系统。在智能网联汽车领域,基于 Linux 打造的 AGL(Automotive Grade Linux)可定制开源车载系统,现在已有包括捷豹、路虎、本田、日产等 12 家主要汽车供应商提供支持,并计划在全球数百万辆汽车上投入生产。在航天领域,包括 NASA(美国国家航空航天局)和 ESA(欧洲航天局)在内的世界主要航天局使用的都是 Linux。截至 2019 年年底,Linux 内核已发展至超过 2 780 万行代码,成为全球当之无愧的最大开源软件,拥有谷歌、英特尔、华为、三星、红帽、Canonical 和 Facebook 等一批知名企业贡献者。

在新兴技术领域,开源更是成为信息技术领域创新的主力军,始终引领着前沿技术的演进方向。在当前几乎所有的前沿技术领域,都可以轻易发现开源软件的身影,并且开源在其中都发挥着举足轻重的作用。前几年在云计算、大数据、物联网领域涌现的 Mapreduce、Hadoop、Spark、OpenStack、Kubernetes、Docker、AllJoyn 等开源项目如今早已被大家所熟悉,TensorFlow、Caffe、MXNet 等人工智能开源算法框架随着 AI 的持续火热正受到越来越多的关注。由 Google 推出的 TensorFlow 更是连续多年被评为知名开源软件托管平台 GitHub 上最受欢迎的开源项目。在区块链领域,不仅 EOS、以太坊、比特币等主流数字货币背后都有对应的开源项目,基于开源、开放、共享理念而诞生的 Filecoin、NKN、超级账本(Hyperledger)等区块链项目,正在从存储、网络、应用等多个维度推动技术进步,持续给全球经济社会带来深刻影响。

(二) 开源已成为全球 IT 企业共同的战略选择

随着开源逐渐成为全球信息技术创新和软件产品创新的重要手段,各大企业对开源的重视度不断提升,纷纷借助于开源模式,积极布局新的竞争赛道,从而不断拓宽业务领域,加速抢占市场蓝海。

作为互联网企业代表的谷歌,正是通过开源成功构筑了企业自身的竞争优势。2008 年,谷歌开源 Android,如今,该系统已成功抢占全球移动互联网超过 80% 的市场份额;随着云计算、大数据、人工智能、区块链等新兴领域的不断发展,谷歌也在继续加大开源的力度,力图复制 Android 发展模式抢占其他新兴领域的竞争高地。在云计算领域,谷歌在 2014 年开源的 kubernetes 已经以超过 77% 的市场占有率成为最受欢迎的容器编排应用;在人工智能领域,2015 年谷歌推出 TensorFlow 深度学习框架,如今已被全球超过 180 个国家广泛使用,累计下载次数超过 1 000 万次。目前 TensorFlow 已成为国际上最流行的跨平台深度学习框架。

对传统的商用软件厂商而言,由于开源运动倡导的开放、共享理念,对软件厂商凭借商业授权而进行盈利的模式构成了挑战,最初曾受到软件厂商的普遍抵制。以微软为例,早期微软主要靠 Windows 操作系统、Office 办公套件等商用软件来实现盈利,支持 Linux 等开源竞品软件的发展并不符合其商业需要,因此微软公司一度坚持闭源发展策略。但随着技术迭代创新的速度不断加快、软件自身形态的持续变化以及自身云业务发展的实际需要,微软也从最初坚决抵制开源逐步变成了坚定的开源拥护者。特别是现任 CEO 萨提亚·纳德拉在 2014 年上台后,意识到微软必须加快发展节奏、加速创新和产品开发周期,并重视互联网服务的巨大价值。这就促使他必须打破微软内部各自为政的局面,加速培育集体合作开发优秀的产品新氛围。在此种情况下,开源似乎成为解决上述所有问题的关键所在。因此,自 2014 年微软决定开源.NET 并宣布成立.NET 基金会后,微软便持续以开源模式推动公司在云计算、人工智能等领域的多线业务发展。2015 年,微软开源跨平台代码编辑器 VS Code 与深度学习算法框架 CNTK。据数据显示,在 2016 年以后,微软已经超过谷歌、Facebook,成为商业公司中最大的 GitHub 开源贡献者。2017 年,微软开源了深度学习库 MMLSpark,加入了开放源代码计划(OSI)。2018 年,微软更是直接宣布以 75 亿美元收购 GitHub。2019 年,微软宣布加入 OpenJDK 项目,并开源了 exFAT 技术。同时,微软再次在开源路线上前进了一大步,宣布将开始支持 Linux 内核。

此外,2019 年 7 月,IBM 终于完成了自去年开始的对 Red Hat 的收购。著名开源厂商 Suse 在 2018 年被瑞典私募股权投资公司 EQT Partner 收购后,于 2019 年 3 月重回独立,成为当前业界上最大的独立开源公司。

（三）基于开源理念成立的社区组织发展不断加快

随着开源软件的影响力与日俱增,立足开源而形成的 Apache 基金会、Linux 基金会等国际开源社区,GitHub、Gitlab 等开源平台的影响力也在不断提升,在全球开源发展中扮演着越来越重要的角色。

作为当前最大的开源基金会,2019 年刚好是 Apache 基金会成立的第 20 个年头。据官方数据显示,Apache 基金会目前管理着超过 20 亿行代码,在全球范围内拥有着超过 7 600 名代码贡献者。截至 2019 年年底,Apache 基金会管理的项目数量已超过 350 个,其中毕业为顶级项目(TLP)的超过 300 个,著名的项目有 Http Server、Hadoop、Cassandra、Spark、CloudStack 等,还在孵化器中进行孵化的项目有 52 个。在会员数方面,2019 年 Apache 基金会拥有的 ASF 会员已达到 765 名,其中包括 10 家铂金级会员,如 AWS、Google、Facebook、Microsoft;9 家黄金级会员,如 ARM、Bloomberg、IBM;11 家银牌级会员,如 Red Hat、Aetna。

成立于 2000 年的 Linux 基金会,成立之初的目的仅仅是专注于促进和保护一个开源项目,即 Linux 项目本身。到 2010 年,已有大约十几个与 Linux 操作系统相关的项目开始交由 Linux 基金会托管。现在,Linux 基金会已经不单单是推动 Linux 这一个开源项目发展,随着 Linux 继续在所有主要市场占据主导地位,Linux 基金会开始成为一个"基金会中的基金会",即在 Linux 基金会下面还分设了多领域的子基金会。截至 2019 年年底,Linux 基金会支持的新项目社区数量增加到了 225 个,已拥有来自超过 41 个国家的 1 320 多家公司成员,有超过 30 000 名开发人员为 Linux 基金会运营的开源项目贡献代码,开源项目涵盖操作系统、云计算、物联网、区块链等多个领域,典型的开源项目有 Alljoyn、CloudFoundry、Hyperledger 等。

在开源代码托管平台方面,Github 在被微软收购后的发展依然良好。相比 2018 年,GitHub 在 2019 年又增加了 1 000 万新开发者,目前 GitHub 上开发人员总数已超过 4 000 万,其中有 80% 来自美国以外的地区。从公共和私人捐助来看,亚洲的开发者社区在 2019 年增长迅速。亚洲贡献者总数的 31% 源自中国。2019 年全年,有 35 万多人为 1 000 万个顶级项目做出了贡献。在编程语言方面,Python 首次超过 Java 成为 GitHub 上第二受欢迎的语言。Gitlab 也取得了较快发展,2019 年 9 月,Gitlab 在由 Iconiq Capital 和高盛领投的 E 轮融资中获得了 2.68 亿美元。迄今为止,GitLab 已融资 4.26 亿美元,目前估值达到 27.5 亿美元。

（四）开源同各传统行业的融合不断加快

当下,随着"软件定义"成为科技创新的重要力量,工业企业软件化、软件基础设施化已经成为全球范围内的发展潮流。单从代码行数来看,航空航天制造商洛克希德·马丁公司已经超过微软成为最大的软件公司;在特斯拉的 S 系列车型中,软件的成本占到整车成本的 40% 以上。作为软件的一种典型代表,开源软件也不无例外地在加速同各行业的融合。在制造业领域,西门子基于开源的 Cloud Foundry 构建的工业互联网平台 MindSphere 现已发展成为业界标杆;在影视创作领域,当前 84% 的动画和视觉效果制作已由开源软件完成,美国电影艺术与科学学院更是与 Linux 基金会合作创建了学术软件基金会,合作伙伴包括迪士尼、梦工厂、索尼、华纳兄弟等一批知名影视企业,以及谷歌云、英特尔在内的一大批 IT 企业。在学术研究领域,2019 年据统计共有 170 万学生在 GitHub 上进行学习,仅今年新增的学生数目就超过 76 万,比去年增长了 55%。在过去三年中,使用 Jupyter Notebook 的人数同比增长也超过 100%。

二、中国开源发展取得的突破

伴随中国软件和信息技术服务业的快速发展及全国各行业信息化发展的持续深入,中国在全球开源世界中的声音也越来越多,认识开源、参与开源的积极性也在不断增强。2019 年,中国在开源领域的发展可以从三个方面展开。

(一) 开源软件的发展环境不断优化

2019 年,中国政府对开源的认识进一步提升,对开源软件发展的政策支持力度在不断加强。《软件和信息技术服务业发展规划(2016—2020 年)》中提到:"发挥开源社区对创新的支撑促进作用,强化开源技术成果在创新中的应用,构建有利于创新的开放式、协作化、国际化开源生态。"在《工业互联网 App 培育工程方案(2018—2020 年)》中明确指出,"支持建设工业 App 开源社区和基金会,鼓励大型制造企业、互联网企业和软件企业依托开源构建工业 App 培育新模式","引导制造企业、软件企业、科研院所和开发者等发起工业技术软件化开源项目,积极参与国际开源项目。鼓励第三方机构开展开源许可协议、开源知识产权保护研究,推动开源项目应用"。在 2020 年工信部印发的《中小企业数字化赋能专项行动方案》中也明确提到,要"发展数字经济新模式新业态",需要"打造开源工业 App 开发者社区和中小企业开放平台,搭建中小企业资源库和需求池,发展众包、众创、云共享、云租赁等模式"。这些表述充分说明,开源软件是未来中国软件和信息技术服务业的持续快速发展的重点,也是不断提升中国信息技术创新水平的一个重要基础。当前,工信部、科技部、发改委等国家部委高度重视开源生态建设,并将开源视为推动云计算、大数据、人工智能、工业互联网等新兴领域发展的重要推动力量,有理由相信,未来我国开源社区、开源平台甚至开源基金会等都会迎来全新的发展格局。

(二) 我国各界对开源社区的贡献逐渐增大

随着开源中国、CSDN 等国内的开源社区发展不断加快,有越来越多的国内开发者和开源爱好者开始步入开源世界。2019 年,中国本土开源社区得以进一步壮大,社会各界参与开源的积极性不断提升。数据显示,中国最知名开源社区——开源中国目前收录的各类开源软件数量已经超过 50 万个,其中国产开源软件超过了 11 000 款。2019 年,GVP 项目(最有价值开源项目)较上一年已经基本实现翻番,从 120 个增长到了 237 个。与此同时,仅 2019 年,开源中国就收录了开源软件近 2 000 个,其中半数以上为国产项目,新项目平均访问超过 5 000 人次。尤其值得一提的是,2019年,中国开源云联盟发布了"木兰宽松许可证"(MulanPSL),该许可证是近年来一个由我国主导的重要的开源协议。

参与开源的国内企业与高校数量稳步增加。目前,使用码云企业版的组织机构数已经超过 10万,其中不乏招商银行、比亚迪汽车、人民邮电出版社等非典型 IT 企业的身影;而高校版用户已涵盖北大、清华、国防科大等在内的 1 000 所科研院校。除了线上活动之外,围绕开源的线下活动开展得如火如荼。由开源软件推进联盟主办的开源中国开源世界高端论坛,如今已连续举办 14 届;中国 Linux 内核开发者大会到今年也已经举办了 14 届;此外,由民间组织开源社主办的中国开源年会也吸引了越来越多的国内外开源业内人士的加入。

另一方面,中国对国际开源基金会或开源平台的贡献度也在持续提升。在国际开源平台GitHub 上,中国用户的增速一直保持在全球领先地位。GitHub 2019 年度报告中的数据显示,来自中国的开发者无论是在数量还是贡献度上,均位列全球 GitHub 第二。此外,在当前较为活跃的国产开源项目中,有大约 40% 的贡献者都是在 2019 年才加入 GitHub,他们大多都是 90 后年轻人,完全是出于自身兴趣,在业余时间积极参与开源。

国内企业也在踊跃加入国际主流开源基金会并贡献自己的力量。截至 2019 年,我国在Apache 基金会已有 1 家白金会员(腾讯云),1 家黄金会员(华为),3 家白银会员(阿里云、百度、浪潮)。在 Linux 基金会(LF)中已有 2 家白金会员(腾讯、华为),3 家黄金会员(阿里云、百度、微众银行),27 家白银会员(中信、滴滴等)。在 OpenStack 基金会(OSF)已有 2 家白金会员(腾讯云、华为),8 家黄金会员(九州云、中国移动、中国电信、中国联通、中兴、易捷行云、烽火科技、浪潮)。

(数据来源:公开数据,赛迪智库整理 2020.04)

图 4-16 我国重点企业参与国际开源基金会的情况

2019 年,国内 IT 龙头企业变得更加注重开源的作用,并进一步加大了自身拥抱开源的力度。2019 年 6 月,腾讯正式公布了自己的开源路线图,同时成立了专门的开源管理办公室。2019 年 8月,华为开源了方舟编译器,并宣布未来将逐步开源自研的鸿蒙操作系统。2019 年 9 月,阿里也宣布将开源升级为技术战略,并成立了专门的开源技术委员会。

(三)中国主导的开源项目快速增加

一方面,以百度、腾讯、中兴等企业为代表的传统 IT 龙头企业正不断加大对开源世界的回馈力度。2019 年度的 GitHub 报告显示,在项目数最多的 10 个中国账号中,有 5 个属于阿里巴巴,3个属于百度,1 个属于华为,1 个属于 360。在具体的项目贡献方面,2019 年百度的 MesaTEE 项目成功进入 Apache 基金会进行孵化,BAETYL 智能边缘计算项目则进入 Linux 基金会旗下的 Edge基金会进行孵化;腾讯的 TubeMQ 分布式消息中间件也在 2019 年 9 月进入 Apache 基金会进行孵化,而去年捐献给 Linux 基金会的 Angel ML 深度学习框架也在 2019 年 12 月顺利毕业。中兴的

Adlik 项目则在今年也顺利进入了 Linux 基金会旗下的 AI 基金会进行孵化。

另一方面，国内的中小企业在项目贡献方面不断发力，并取得了良好的成效。微众银行推出了 FATE 联合深度学习项目并在 Linux 基金会得到孵化，易观的 Dolphin Scheduler、支流科技（深圳）的 APISIX 纷纷进入 Apache 基金会进行孵化，Zillian 的 Milvus 项目入选 Linux 基金会下设的 AI 基金会进行孵化。

值得一提的是，由我国企业或个人捐献给 Apache 基金会，并顺利毕业成顶级项目（TLP）的情况近年来也持续增多。在 2017 年之前，仅有 eBay 中国研究院捐献的 3 个开源项目（Eagle，Griffin，Kylin）参与了 ASF 孵化器并最终毕业成为 TLP，而到了 2019 年，又新增了阿里巴巴（2 个 TLP，Dubbo 与 RocketMQ），华为（2 个 TLP，CarbonData 与 ServiceComb），Pivotal（1 个 TLP，HAWQ），吴晟（个人，非公司）（1 个 TLP，Skywalking）等项目。

表 4 - 22　我国捐献给 Apache 基金会的开源项目梳理

捐献方	孵化项目	毕业项目
eBay 中国研究院	/	Eagle：2015 年 10 月进入孵化，于 2016 年 12 月毕业为 TLP。
		Kylin：2014 年 11 月进入孵化，于 2015 年 11 月毕业为 TLP。
		Griffin：2016 年 12 月进入孵化，于 2018 年 11 月毕业为 TLP。
百度	BRPC：2018 年 11 月进入孵化。	/
	ECharts：2018 年 1 月进入孵化。	
	MesaTEE：2019 年 8 月进入孵化。	
	Doris：2018 年 7 月进入孵化。	
阿里巴巴	Weex：2016 年 11 月进入孵化。	Dubbo：2018 年 2 月进入孵化，于 2019 年 5 月毕业为 TLP。
		RocketMQ：2016 年 11 月进入孵化，于 2017 年 9 月毕业为 TLP。
华为	/	CarbonData：2016 年 6 月进入孵化，于 2017 年 4 月毕业为 TLP。
		ServiceComb：2017 年 11 月进入孵化，于 2018 年 10 月毕业为 TLP。
京东数科	Sharding Sphere：2018 年 11 月进入孵化。	/
Pivotal	/	HAWQ：2015 年 8 月进入孵化，于 2018 年 8 月毕业为 TLP。
清华大学	IoTDB：2018 年 11 月进入孵化。	/
腾讯	TubeMQ：2019 年 9 月进入孵化。	/
吴晟（个人）	/	Skywalking：：2017 年 12 月进入孵化，于 2019 年 4 月毕业为 TLP。
易观	DolphinScheduler：2019 年 8 月进入孵化。	/
支流科技（深圳）	APISIX：2019 年 10 月进入孵化。	/

（数据来源：公开数据、开源社，赛迪智库整理 2020.04）

三、进一步推动我国开源软件发展的意见建议

一是充分借鉴国际主流开源软件基金会，如 Apache 基金会、Linux 基金会的发展经验，加快成立以我国为主导的面向全球开源开放的中立治理组织。建立行之有效的组织保障机制，加快凝聚各方共识，充分调动各界力量。不断强化同国外主流开源社区或企业的对接交流，打造健康可持续且符合主流发展需求的开源生态。

二是设立相应的开源法务组织，为国内 IT 企业，尤其是广大中小微初创企业快速融入开源生态提供专业的法务指导。让企业充分了解开源的参与规则，同时帮助企业规避潜在的知识产权风险，全面提升中小企业的参与热情。

三是加强开源人才培养。建立产学研合作的开源实践平台，鼓励科研院校与企业研发中心的科研人员在日常的研究培训中积极参与开源，不断夯实开源人才供给基础，为推动我国开源事业进一步发展提供根本保障。

四是持续优化开源发展环境。继续加强针对开源软件的基础研究，深入了解开源软件的运营方式，制定形成科学有效的、适配开源软件发展的政策体系。鼓励我国企业与个人开发者积极回馈本土开源社区、开源代码托管平台，不断优化开源发展的生态环境。

五是促进开源软件应用发展。支持软件企业、互联网企业以开源模式为纽带，加快同重点行业企业的联合创新，进一步深化软件的应用价值，并力争在重点行业、前沿技术领域培育形成一批具有核心技术与市场竞争力的产品与应用。

（摘自《2020 中国软件和信息服务业发展报告》，作者：黄文鸿）

第四节 电子认证服务行业

一、发展现状

(一) 产业总体规模持续上升

近年来,电子认证服务产业总体规模保持增长态势,但增长速度正在逐渐放缓,2019 年电子认证服务产业总体规模实现 272.6 亿元,同比增长 10%,如表 4-23、图 4-17 所示。其中,电子认证软硬件市场规模 218.3 亿元,电子认证服务机构营业额 54.3 亿元。

表 4-23 2015—2019 年电子认证服务产业总体规模及增长率

	2015 年	2016 年	2017 年	2018 年	2019 年
产业规模(亿元)	162	192.8	220	246.3	272.6
增长率	24.7%	19.0%	14.1%	12.0%	10.7%

数据来源:赛迪智库网络安全研究所

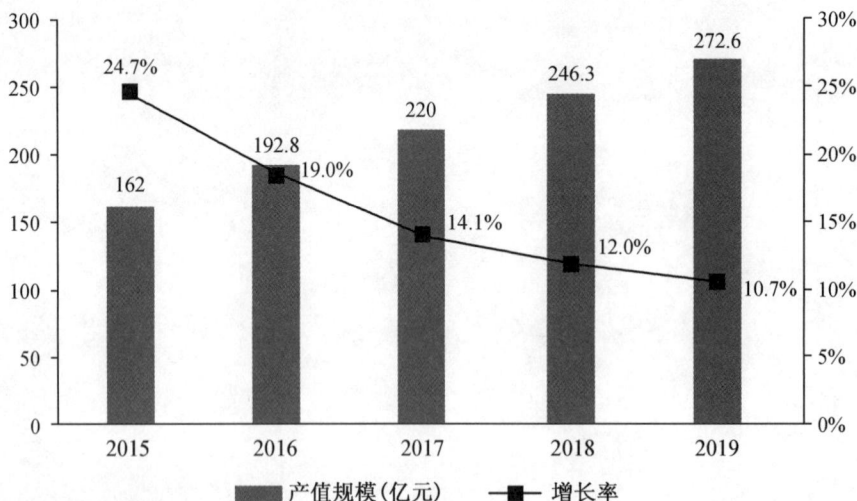

图 4-17 2015—2019 年电子认证服务产业总体规模及增长率

数据来源:赛迪智库网络安全研究所

(二) 电子认证软硬件市场增速有所回升

电子认证软硬件产品主要包括 USBkey、签名验签网关、SSL VPN 网关、CA 系统等。近年来,电子认证软硬件市场规模持续扩大,2019 年实现营收 218.3 亿元,年增长率为 22%,与 2018 年的 22.0%相比增速有所放缓,如表 4-24、图 4-18 所示。USBkey 的销售量在电子认证软硬件市场规模中所占的比重较大,主要是由于第三方电子认证服务机构以及我国工商银行、建设银行、招商银行等几家大型商业银行依靠自建电子认证系统发放了大量数字证书,另外,电子保险单的信手书的广泛应用增加了 USBkey 等相关产品的销量。同时,以新型 SIM 盾等微型安全载体为代表的手机盾等软硬件产品在 2019 年得到了迅速发展,由此带动了电子认证硬件市场规模的增长。

表 4-24 2015—2019 年我国电子认证软硬件市场规模及增长率

	2015 年	2016 年	2017 年	2018 年	2019 年
市场规模(亿元)	123	142.6	157.6	193.2	218.3
增长率	25.5%	15.9%	10.5%	22.0%	13.0%

数据来源:赛迪智库网络安全研究所

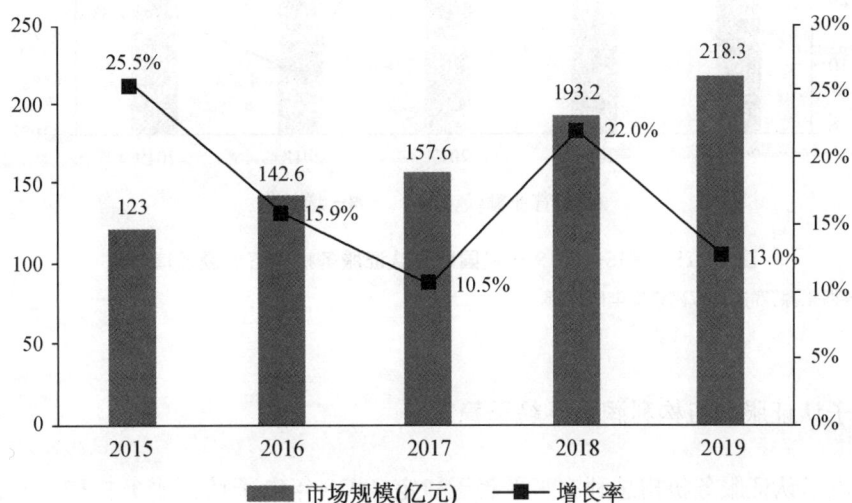

图 4-18 2015—2019 年我国电子认证软硬件市场规模及增长率

数据来源:赛迪智库网络安全研究所

(三) 电子认证服务市场营业额整体降低

电子认证服务机构是向社会公众签发数字证书,并提供签名人身份的真实性认证、电子签名过程的可靠性认证和数据电文的完整性认证服务的机构。电子认证服务机构除了能够直接解决应用方和用户的问题外,还是引导电子认证上下游技术和产品发展、拓展电子认证服务应用市场的关键。近年来,电子认证服务机构抓住网络化和信息化快速发展的契机,主动性、积极性迅速提升,不断拓展业务领域和范围,在新技术、新产品、新应用方面积极探索。传统的网上银行、网上证券等业务继续发展,移动互联网、医疗卫生、教育事业等新兴领域应用方兴未艾,经济效益日益显现。随着行业内企业数量不断增多、市场竞争加剧,并且由于国家大力推动"放管服"工作,深入优化营商环境,减少涉企收费,电子认证服务机构总营业额在 2019 年扭转了负增长的趋势,出现了略微的增加,2019 年电子认证服务机构的营业额为 54.3 亿元,增长率为 2.3%,见表 4-25、图 4-19。

表 4‑25　2015—2019 年我国电子认证服务机构营业额及增长率

	2015 年	2016 年	2017 年	2018 年	2019 年
营业额(亿元)	36	44.9	55.4	53.1	54.3
增长率	20.0%	24.7%	23.4%	−4.2%	2.3%

数据来源:赛迪智库网络安全研究所

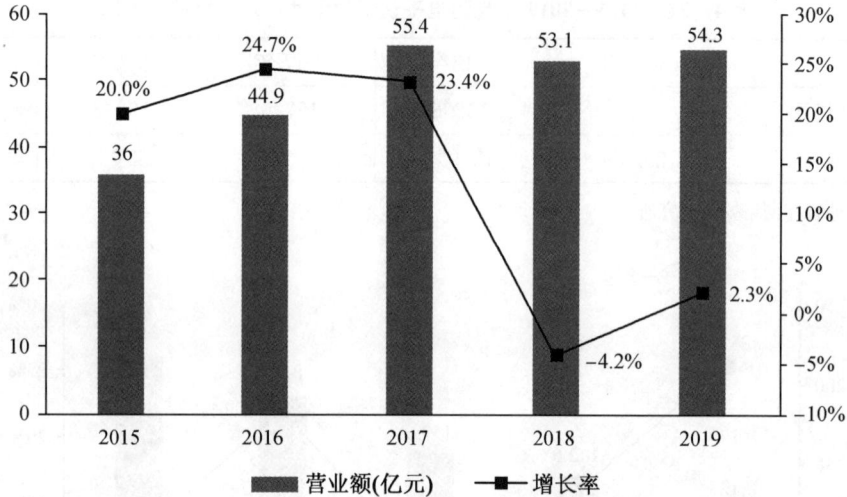

图 4‑19　2015—2019 年我国电子认证服务机构营业额及增长率

数据来源:赛迪智库网络安全研究所

(四) 电子认证服务机构利润水平趋于稳定

　　近年来,电子认证服务机构总利润水平趋于稳定,2019 年电子认证服务机构总利润实现 6.56 亿元,与 2018 年相比增长了 9.2%,利润水平增长较前一年稍有增加,如表 4‑26、图 4‑20 所示。电子认证服务机构总利润趋于稳定的原因在于:一是电子认证服务机构除了巩固现有市场,还加大了资金投入,开发新产品、开拓新市场,企业在努力开源的同时,也在努力降低经营成本、提高生产效率和管理水平;二是电子认证服务机构的主流用户以政府和大型企业为主,在购买服务的资金支付、知识产权上都有较好的保证;三是互联网上的安全威胁愈发难以应对,越来越多的行业和领域愿意购买电子认证服务来保障网络应用的安全。

表 4‑26　2014—2019 年我国电子认证服务机构总利润及增长率

	2014 年	2015 年	2016 年	2017 年	2018 年	2019 年
总利润(亿元)	4.98	5.23	5.65	5.81	6.01	6.56
增长率	21.8%	5.0%	8.0%	2.8%	3.4%	9.2%

数据来源:赛迪智库网络安全研究所

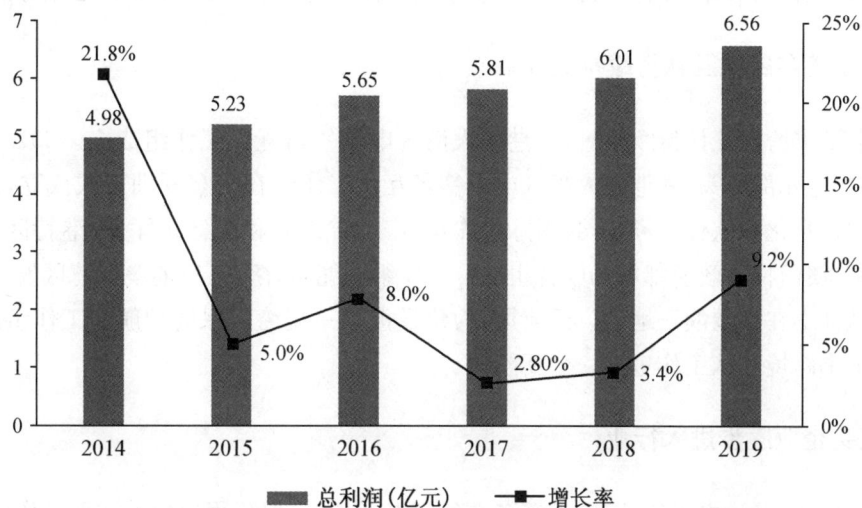

图 4-20 2014—2019 年我国电子认证服务机构总利润及增长率

数据来源：赛迪智库网络安全研究所

（五）行业内机构持续增长

截至 2019 年 12 月，经工业和信息化部批准，我国具有电子认证服务资质的企业共计 48 家。其中 2019 年新增三家，分别为：江苏智慧数字认证有限公司、江苏省国信数字科技有限公司和大陆云盾电子认证服务有限公司。

新增加的电子认证服务机构的业务方向各有侧重，但均是依托主要股东的市场或技术积累进行相关业务方向的发力。江苏智慧数字认证有限公司结合网络可信身份平台等技术优势，在线上身份识别电子签名服务平台进行业务拓展。江苏省国信数字科技有限公司与江苏 CA 的业务具有较高重叠，主要开拓电子政府方面业务。大陆云盾电子认证服务有限公司结合股东科蓝股份的银行相关业务的积累，重点发力合规技术手段协助银行开展身份风险控制，从而创造效益。

二、发展特点

（一）行业发展环境持续向好

法律政策完善，进一步促进行业发展。为深入落实国务院"放管服"改革要求，优化营商环境，推行政务服务一网通办，扩大在线政务服务范围。2019 年 4 月 23 日第十三届全国人民代表大会常务委员会第十次会议对《中华人民共和国电子签名法》做出修改，删去第三条第三款第二项；将第三项改为第二项，修改为："（二）涉及停止供水、供热、供气等公用事业服务的"。现行使用的《中华人民共和国电子签名法》是 2004 年发布，于 2005 年实施，其中第 3 条第二款规定，涉及土地、房屋等不动产权益转让的，不适用"民事活动中的合同或者其他文件、单证等文书，当事人可以约定使用或者不使用电子签名、数据电文"。这意味着，涉及土地、房屋等不动产权益转让不适用"电子签名、数据电文"。而此次修正案改变了这一规定，意味着土地、房屋转移登记将允许使用电子文书，进而实现线上办理,大大缩短办理时间,为公众提供了极大便利,侧面扩大了电子认证服务的适用范围。

(二)电子签名跨境互认持续推进

电子签名证书跨境互认持续推进,粤港澳大湾区电子签名互认工作组成立。2019年11月15日,由工业和信息化部牵头,粤港澳大湾区电子签名互认工作组在广东深圳正式成立,工作组由工业和信息化部信息化和软件服务业司、国际合作司,广东省工业和信息化厅、香港特区政府资讯科技总监办公室、澳门特区政府邮电局联合组成。工作组职能是,落实《粤港澳大湾区发展规划纲要》加快推动互认证书在粤港澳三地的广泛应用,为建设世界一流湾区保驾护航。工作组的成立标志着电子签名证书跨境互认工作进入一个新阶段。

(三)巨头企业逐步进入行业

随着互联网的发展,电子认证、电子签名在签订电子合同、保障用户权益方面的作用愈发凸显。继360收购沃通电子认证服务有限公司之后,又有互联网行业巨头、独角兽企业等开始关注电子认证服务领域,通过自建、收购等方式择机进入本行业。浙江蚂蚁小微金融服务集团股份有限公司(以下简称"蚂蚁金服")已经着手组建自己的电子认证服务机构,根据国家密码管理局官网显示,蚂蚁金服已经获得"电子认证服务使用密码许可",下一步将申请电子认证服务许可证。泰尔认证中心亦拿到了国家密码管理局颁发的"电子认证服务使用密码许可"。平安集团旗下壹账通金融科技有限公司于2019年收购了深圳市电子商务安全证书管理有限公司。某独角兽企业计划搭建自己的电子认证服务机构,已开始前期调研工作。重量级企业开始进入行业,凸显了电子认证的重要作用。巨头的加入将壮大行业的规模,行业将面临洗牌。

(四)国内服务器证书服务能力大幅提升

服务器证书为不同网站提供身份鉴定并保证该站点拥有高强度加密安全。目前,服务器证书市场规则是由CA浏览器论坛制定。该论坛是国际性公共组织,由电子认证服务机构、操作系统、浏览器厂商联合成立,主要成员是微软、Mozill、Google、苹果等国际知名厂商。CA通过该论坛制定的webtrust审计标准后,可签发操作系统、浏览器认可的服务器证书。目前,国内有5家CA机构通过了审计,分别是中金金融认证中心有限公司(CFCA)、北京天威诚信电子商务服务有限公司(天威诚信)、数安时代科技股份有限公司(GDCA)、上海市数字证书认证中心有限公司(上海CA)、沃通电子认证服务有限公司(深圳沃通),其中CFCA、GDCA完成了所有入根检测。另有北京等CA机构正在着手审计事宜。随着通过审计机构数量的增长,国内服务器证书服务能力大幅提升。

(五)有效数字证书总量保持增长

2019年,我国电子认证服务行业仍以PKI技术为基础,以数字证书为载体面向用户提供服务,数字证书的数量是衡量行业发展情况的一个重要指标。经过多年发展,数字证书不仅在金融、电子政务、电子商务等领域应用不断扩大,同时在移动互联网、医疗卫生、教育等新兴领域也有了一定发展。

自2014年开始,有效数字证书总量保持波动,2014年较2013年稍有回落,2015年重新呈现增长趋势,2016年至2018年继续保持增长。截至2019年12月,全国有效数字证书总量约达7.15

亿张,较 2018 年增长 38.0%,2013—2018 年我国有效证书总量及增长率见表 4 - 27、图 4 - 21。据了解,2019 年数字证书统计量增加的原因是政务服务市场中,伴随国家放管服的推进,越来越多的企业法人代表及自然人申请了电子政务的证书,从而更好地开展网上业务办理。

表 4 - 27　2014—2019 年我国有效数字证书总量及增长率

	2014 年	2015 年	2016 年	2017 年	2018 年	2019 年
证书数量(万张)	27 838	32 000	33 880	34 100	51 818	71 519
增长率	−2.2%	13.1%	5.88%	1.5%	52.0%	38.0%

数据来源:赛迪智库网络安全研究所

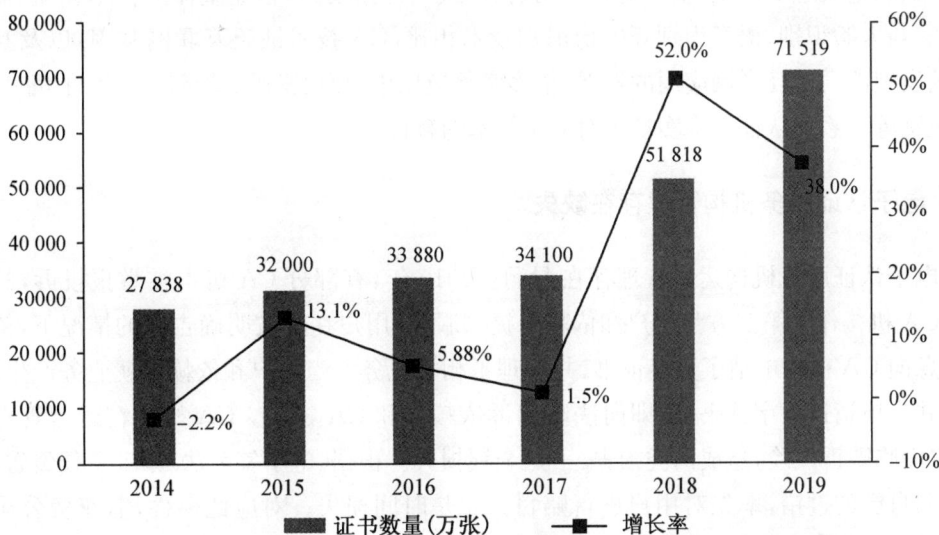

图 4 - 21　2014—2019 年我国有效数字证书总量及增长率

数据来源:赛迪智库网络安全研究所

三、存在问题

(一) 产业链中话语权较低

由于电子认证服务技术应用特性,其必须依赖于应用方,所以 CA 机构在产业链中相对受制,处于较低的地位,话语权不足。当应用方出现问题时,CA 机构可能被牵扯其中。2019 年,国务院第六次大督查通报部分地方和单位违规收费典型的问题,就涉及 CA 机构。2019 年 9 月,国务院开展第六次大督查,16 个国务院督查组分赴 16 个省(区、市)开展实地督查,发现了部分地方和单位违规收费、增加企业和群众负担的问题。某省督查发现,该省下属的某市住房公积金管理中心违反有关规定,采取停办窗口业务的方式,强制缴存单位通过网上服务平台办理缴存住房公积金等业务,必须购买由某数字证书认证中心提供的数字证书认证服务,给企业带来一定负担。国务院通报消息一出,给电子认证服务行业带来严重影响,全国上下普遍认为 CA 证书服务应该免费。客观分析,违规收费的情况不属于 CA 的问题,是应用方要求,CA 无权决定,证书只是收费的工具。CA

机构的话语权较低,导致其无法主导应用,所以在应用方出问题时受到牵连。

(二)电子认证服务应用创新不足

电子认证服务仍停留在证书、电子签名产品和服务,对于用户的需求缺少深入挖掘。电子认证和电子签名服务是指基于数字证书的,提供身份认证、电子签名、信息加解密等应用功能的产品或服务,包括电子签章、电子合同、安全电子邮件、网络可信认证服务、时间戳等。目前,我国 48 家 CA 机构,业务同质化比较严重,大部分 CA 主要业务仍在电子政务领域,并以签发证书为主。当前,信息技术高速发展,大数据、云计算、移动互联网等新形态、新业务已经给电子认证服务打开了更大的市场空间,但多数 CA 机构在运营上有比较稳定的客户,经营收入方面不存在后顾之忧,容易满足于现状,危机意识不足,缺乏对新应用、新模式的开拓动力,行业整体的技术创新、业务创新明显不足。与人脸识别、语音识别等生物识别技术相比,CA 技术缺乏互联网基因,以及互联网创新活力,其发展滞后于互联网应用的发展,很多实际应用中,短信密码、动态口令牌、手机令牌、智能卡、生物识别等一系列认证技术实现了对 CA 技术的替代。

(三)电子认证服务机构管理存在缺失

部分电子认证服务机构运营管理存在漏洞。2019 年,有部分 CA 机构被举报投诉,甚至起诉到法院。CA 机构作为第三方为用户和依赖方提供服务,用户在未被明确告知的情况下,依赖方使用用户信息向 CA 机构申请了数字证书,并办理了相关业务。当用户和依赖方就业务产生纠纷时,用户反映并未申请过数字证书,随即向法院起诉依赖方和 CA 机构。CA 机构在运营管理方面存在缺失,将面临败诉风险,造成两类损失:一是金钱损失。根据《电子签名法》举证责任倒置的要求,如无法证明自己的过错,率先对用户进行赔付。二是时间损失。对应此事件,需花费公司大量时间、精力和用户、依赖方、法院、行业主管部门打交道,付出大量时间和人力成本。CA 机构运营管理的缺陷体现在两点:第一,开展此类业务未制定《电子认证业务规则》(CPS),或未按照 CPS 执行,将面临《电子签名法》等法律的处罚;第二,对于用户身份的认证,以及申请证书用户真实意愿的确认缺少风控。法律层面允许通过 RA 等形式,将用户身份的认证以及申请证书用户真实意愿的确认等工作委外,但是需要和委托机构明确责任,如果没有明确,CA 将承担全部责任。2019 年发生的几次投诉事件,都说明 CA 机构存在上述运营管理缺陷。

(四)电子认证服务从业人员稀缺

电子认证服务行业从业人数较少。截至 2019 年年底,电子认证服务机构从业人员总量不到 5 200 人,其中,专业技术人员所占的比例不足 30%,总人数及技术人员数量较去年同期无明显增长。从统计情况看,2019 年新获得《电子认证服务许可证》企业数量较少,公司规模较小,行业新增从业人员数量较少。2019 年存量企业从业人员有一定流失,补充人员无大幅增长,存量人员保持稳定。行业中既懂技术又懂管理的综合性人才稀缺,在人才供给端,密码、信息安全、网络安全等相关专业毕业生相对较少,电子认证服务行业规模相对较小,对毕业生吸引力不强;社会上对电子认证服务的理解和重视程度不够,缺少培训机构和培训教材,人才培养体系未建立;没有针对电子认证的岗位从业认证,从业资格认证机制不健全。目前,行业从业人员不能满足行业发展及预进入行业企业的需求,制约了行业的发展。

(五) CA 机构运营能力下降

2019 年部分 CA 运营能力有所下降,具体体现在以下几方面。第一,物理环境老化。部分企业已运营 15 年,机房门禁、空调、屏蔽机房已出现老化;第二,网络安全设备升级不够,对网络安全防护重视程度不高,CA 核心系统与外界逻辑隔离,网络安全设备老旧,不足以应对目前网络安全威胁,部分 CA 机构脆弱性评估流于形式,存在较大的网络安全隐患;第三,CA 核心系统未进行改造升级,密码机、LDAP 服务等设备不能满足互联网应用方的需求;第四,人员流失,多家 CA 关键岗位人员离职,脱离电子认证服务行业,对企业、行业造成巨大损失;第五,缺少个人信息保护意识,CA 机构收集了大量用户个人信息和企业信息,目前对隐私信息保护的要求不断增强,CA 机构所担负的责任曾大,目前缺少对 CA 机构隐私信息保护的要求或规定,CA 机构自身缺少保护意识,一旦泄露隐私数据,将引发重大信息泄露事件,对整个电子认证服务行业造成影响。

四、发展趋势

(一) 法律政策将进一步明确电子签名的效力

随着我国信息化的不断发展,电子数据的法律效力愈发受到重视。2019 年,我国在法律、政策等方面都出台了相关文件,明确电子签名的适用范围。在法律方面,2019 年 1 月 1 日,《中华人民共和国电子商务法》正式实施,其中明确电子商务当事人订立和履行合同,适用《中华人民共和国电子签名法》的规定。在政策方面,2019 年 4 月 30 日起施行的《国务院关于在线政务服务的若干规定》中明确"电子印章与实物印章具有同等法律效力,加盖电子印章的电子材料合法有效"。2019 年 8 月,国务院办公厅印发《全面深化"放管服"改革优化营商环境电视电话会议重点任务分工方案的通知》,提出优化服务体系,加快电子印章推广应用。各领域为适应信息化发展,相应主管部门将出台相关政策以明确电子签名的法律效力。这将进一步拓展电子签名的适用范围,促进电子签名的应用。

(二) 电子认证服务行业面临监管深化

2019 年 10 月 26 日,十三届全国人大常委会第十四次会议表决通过《密码法》,该法于 2020 年 1 月 1 日起施行,旨在规范密码应用和管理,促进密码事业发展,保障网络与信息安全。电子认证是密码的典型应用,其在信息化及信息安全保障方面发挥着重要作用,《密码法》在《电子签名法》的基础上,进一步明确了对从事电子政务电子认证服务的机构进行管理,突显了电子认证服务行业的重要性。明确政务领域的管理,意味着行业监管的深化,在一定程度上将给行业带来压力,一个企业需要拿到国家密码主管部门的电子认证服务使用密码许可证、国家信息化主管部门的电子认证服务许可证、国家密码主管部门的电子政务电子认证服务许可证,才能在全领域开展业务。

(三) 电子政务领域业务将大幅压缩

为进一步优化营商环境,降低企业负担,2018 年,国务院出台了《关于加快推进全国一体化在线政务服务平台建设的指导意见》,推进各地区各部门政务服务平台规范化、标准化、集约化建设和互联互通,形成全国政务服务"一张网",实现政务服务"只进一扇门"、"最多跑一次"、"不见面审批"。2019年,国家政务服务平台已上线试运行,平台完全建成后,将对CA机构原有电子政务业务造成巨大冲击。原来,电子政务服务处于条块分割状态,一个企业办理不同政务服务需要申请不同的数字证书,甚至办理一个业务要办理多张证书。一体化平台建成后,将实现一网通办,原有的单个领域、不同证书的模式将被打破。企业只需要注册一次,申请一张证书,就能办理全国范围内的电子政务服务。CA机构签发的机构证书将大幅减少,电子政务领域市场将大幅缩小,部分CA机构面临产业转型升级攻坚期。

(四)不同证书类别将差异化发展

从证书类型上看,数字证书主要分为个人证书、机构证书和设备证书(包括服务器证书、VPN证书)。截至2019年12月31日,有效电子认证证书持有量合计71 519万张,较2018年总体增长了38.0%。

其中,个人证书约62 437万张,机构证书约8 882万张,设备证书约200万张。我国有效数字证书仍以个人证书和机构证书为主,其中,个人证书数量受各种"互联网+"服务刺激,较2018年增加了51.4%;机构证书受"放管服"、一体化在线政务服务平台影响,较2018年减少了13.6%;设备证书略有减少,有效数字证书量较2018年减小了33.6%。2014—2019年我国各类有效数字证书量分布情况如表4-28所示:

表4-28 2014—2019年我国各类有效数字证书量分布情况

单位:万张

	2014年	2015年	2016年	2017年	2018年	2019年
机构证书	2 658	3 125	4 431	5 900	10 275	8 882
个人证书	24 962	28 585	29 141	27 800	41 241	62 437
设备证书	218	290	308	364	301	200
总计	27 838	32 000	33 880	34 064	51 818	71 519

数据来源:赛迪智库网络安全研究所

(五)电子认证服务将与区块链技术融合发展

电子认证和区块链技术在解决可信问题方面有着各自的特点,从实际上看电子认证服务和区块链的发展,未来区块链技术与电子认证技术必定会产生融合。CA作为具有电子认证资格的第三方可信任的服务机构,本身就具有账户托管优势,可以作为智能合约的托管中心,以认证单位为矿池展开的工作量证明机制的分布式记账权竞争,在降低工作量证明能耗的同时也实现了分布式记账。在联盟链中,电子认证联盟链可以联合国家密码管理局国产算法的优势,形成一个自主可控具有公信力的联盟区块链。同时也解决了电子认证服务中的单点依赖问题。预测区块链技术与电子认证一定会相互融合、相互补充,电子认证服务在区块链技术的推动下将会有更好的发展潜力和发展前景。

五、对策及建议

（一）加强政策法律衔接，优化行业发展环境

通过出台、修订相关配套管理办法，加强《密码法》、《网络安全法》、《电子商务法》、《档案法》与《电子签名法》的衔接。各行业、领域主管部门出台具体政策，明确电子签名在实际应用中的法律效力和具体规定。进一步推动《电子签名法》修订完善，明确需要第三方认证的电子签名应用场景，清楚划定合法第三方电子认证服务机构界限，为强化行业管理提供依据，同时，细化和明确可靠电子签名条件，进一步强化电子签名的司法效力，扫除电子认证服务应用推广中的障碍。通过出台、完善相关政策法规，进一步优化电子认证服务行业发展环境，促进行业健康快速发展。

（二）深化电子认证行业监管，提升行业整体服务水平

行业主管部门进一步落实《电子签名法》、《电子认证服务管理办法》和国务院审改办"双随机一公开"要求，深化行业监管。以 CPS（电子认证业务规则）符合性评估为核心，通过信息公开手段，加强 CA 机构运营管理和服务的监管。同时，推进本领域信用体系建设，将检查与《关于在电子认证服务行业实施守信联合激励和失信联合惩戒的合作备忘录》信用评价工作相结合，推动开展行业信用评价。逐步建立第三方服务能力评估机制，制定符合我国法律和监管政策要求的评价标准，提升行业服务能力及企业信用。

（三）推动电子签名证书跨境互认，拓展电子签名应用范围

持续推动电子签名证书跨境互认，根据《电子签名法》要求，加强对境外电子签名证书在国内应用的管理，支持国内电子签名证书走出国门，推动电子签名证书在跨境贸易等领域中的应用。一是行业主管部门，根据《电子签名法》的要求，依据国内和国外互认双方对等协议，开展境外电子签名证书互认核准工作，消除证书跨境应用法律效力方面的障碍；二是继续推进粤港、粤澳电子签名跨境互认试点工作，同时，推进粤港澳大湾区证书互认，制定粤港澳大湾区电子签名证书互认证书策略，指导推进在粤港澳大湾区跨境服务贸易等领域开展应用试点；三是推动中国—东盟、中欧、中日韩等区域电子签名互认，在双边、多边自贸区协议案文中，加入电子签名证书互认条款，并鼓励国内 CA 机构开展跨境电子签名服务，拓展证书应用领域，促进对外贸易便利化。

（四）开展创新应用试点，促进电子认证与新技术融合发展

通过开展试点等方式，鼓励 CA 机构和研究机构开展电子认证新技术、新应用研究。包括研究手机证书应用模式的安全性，探索非面对面形式的身份鉴别手段；研究生物特征、网络行为分析、FIDO（线上快速身份验证）、区块链等新兴技术手段在电子认证服务中的应用前景，探索新应用模式。通过创新技术和应用，推动电子认证服务在工业互联网、云计算等领域的应用。支持 CA 机构对工业互联网、云计算有关人员、设备等主体身份进行认证，实现授权管理和加密传输，保障主体身份可信接入和设备稳定运行。鼓励认证机构与芯片、软件企业以及科研院所联合制定标准和证书策略，在条件成熟的应用场景开展试点。

（五）发挥行业组织作用，凝聚行业合力

充分发挥电子认证服务产业联盟在政府和企业间的桥梁作用，积极探索新的电子签名应用和服务模式，组织开展电子认证服务标准制定和共性技术研究。打造行业交流平台，积极为行业提供政策、资讯、技术等方面的支撑。开展《电子签名法》的宣传活动，为行业发展创造良好市场环境。集合行业力量，积极探索和推动网站可信认证等电子签名应用，开拓行业市场。开展电子认证服务行业人员培训工作，组织行业专家和讲师编写电子认证行业人员培训教材。开展电子认证服务行业标准研制工作。依托电子认证服务产业联盟，组织制定电子认证服务行业团体标准，并积极推动相关标准转化为行业标准或国家标准。

（摘自《2020 中国软件和信息服务业发展报告》，作者：刘权）

第五节 软件知识产权保护

当前,区块链、云计算、5G 通信、大数据、人工智能等新技术迅猛发展,各种创新型商业模式不断涌现,计算机软件正潜移默化地渗透到各个行业与领域,并不断以跨界融合的新面目呈现。软件安全是国家信息安全的战略制高点,承担重大历史使命,而软件产业则是信息产业的核心和灵魂,在促进国民经济发展进程中具有重要作用。近年来,短视频 App、区块链、AI 等多种新型计算机软件蓬勃发展,在给生活带来便利的同时,也带来了一些与知识产权保护相关的问题。利用新技术手段加强软件保护、促进知识产权运用加速发力,已成为当前互联网领域亟须解决的重要问题之一。回望 2019 年,我国深入实施国家知识产权战略,加快建设知识产权强国推进计划,为知识产权保护工作指明了重点和方向,为软件和信息技术服务业的发展营造了长期稳定的法治环境,揭开了软件知识产权事业改革发展新篇章。总体来说,在过去一年里,我国高度重视软件知识产权的保护,使得整个软件产业的发展进程取得长足进步,软件及其他相关行业的知识产权保护总体水平也有了质的飞跃和提升。

一、深入实施国家知识产权战略,加快建设知识产权强国推进计划

2019 年 6 月 17 日,国务院知识产权战略实施工作部际联席会议办公室印发了《2019 年深入实施国家知识产权战略加快建设知识产权强国推进计划》(以下简称《推进计划》),明确指出 2019 年我国推进国家知识产权战略实施的 6 大重点任务,具体包括 106 项重要措施。《推进计划》提出,将推进知识产权管理体制机制改革,完善知识产权重大政策制定出台,深化知识产权"放管服"改革,具体包括将整合专利、商标和地理标志政策、项目和平台,推动重大政策互联互通,统一服务窗口和办事流程,推动实现知识产权业务申请"一网通办"等。此外,《推进计划》特别明确要按程序报批《军用计算机软件著作权登记工作暂行规则》,完成《国防专利行政执法办法》《国防专利代理管理办法》起草工作。[①]

在加大知识产权保护力度方面,《推进计划》提出完善法律法规规章,加强保护长效机制建设,强化知识产权行政保护,加强知识产权司法保护,并提出配合做好专利法修正案(草案)审议、深入推进"互联网+"知识产权保护、组织开展侵权假冒问题专项执法行动等具体措施。在促进知识产权创造运用方面,《推进计划》提出要提高知识产权审查质量和效率,强化知识产权创造质量导向,加强知识产权综合运用,促进知识产权转移转化,完善知识产权信息服务,具体措施包括:健全专利审查质量保障体系和业务指导体系,全面深化商标注册便利化改革,严厉打击非正常专利申请和商标囤积、恶意注册行为,推进实施中小企业知识产权战略推进工程等。在深化知识产权国际交流合作方面,《推进计划》提出将提升知识产权国际合作水平,加强海外风险防控,并提出推动"一带一

---

① 参见国家知识产权局《2019 年深入实施国家知识产权战略,加快建设知识产权强国推进计划》,http://www.cnipa.gov.cn/ztzl/zscqzldzcywzcx/zcwjz/1142818.htm。

路"沿线国家对我国专利审查结果认可和登记生效,研究建立海外知识产权维权援助机制,推动建设国家层面的海外知识产权纠纷应对指导中心等具体措施。

此外,《推进计划》还就做好知识产权强国战略纲要制定,加快推进知识产权强省、强市、强企建设,加强知识产权对外宣传,利用多双边场合积极宣传展示我国知识产权保护工作成效等组织实施和保障工作提出具体措施。此外,联席会议办公室此前印发了《2019年地方知识产权战略实施暨强国建设工作要点》,该文件与《推进计划》共同对全国知识产权战略实施工作做出了总体部署,有力支撑了知识产权强国建设。

二、锚定区块链创新方向,加大知识产权保护力度

2019年10月24日,中共中央政治局就区块链技术的发展现状和趋势进行了第十八次集体学习,习近平总书记在主持学习时强调,区块链技术的集成应用在新的技术革新和产业变革中起着重要作用,要把区块链作为核心技术自主创新的重要突破口,明确主攻方向,加大投入力度,着力攻克一批关键核心技术,加快推动区块链技术和产业创新发展。

区块链是近年来最热门的科技词汇之一,据国家知识产权局基于全球区块链相关专利分析的结果显示,目前区块链技术呈现新兴技术萌芽发展态势,技术应用布局始于单一的虚拟金融货币,并逐渐向多元化实体领域发展,存在性证明凸显布局优势,后发势头强劲,价值交换关注较少,具有较大发展潜力。根据专利分析结果,数据层的区块技术、加解密技术和数据管理技术,合约层的智能合约技术,共识层的共识算法均是目前区块链研究热点,而共识层的共识算法预处理和数据层的链式结构是当前区块链技术的研究空白点。区块链应用场景日益复杂,跨链互联重要性凸显,链式结构技术能否突破挑战成为发展关键,因此,抓紧在链式结构和共识算法的深入研究,有助于在技术布局中占据主导地位。

无论是高校、科研院所还是企业,在区块链领域开展技术创新都离不开知识产权保护。加快推动区块链技术和产业创新发展,要充分发挥知识产权对区块链技术的创新激励和制度保障作用。许多区块链操作软件以开源代码所撰写,开源代码在获得著作权保护的基础上,权利人才能基于合同有条件地让渡或放弃部分权利,从而为其他的参与者继续修改和完善提供便利。此外,区块链技术如果能满足实用性、新颖性与创造性条件,专利权可以有效地保护区块链技术。区块链正处于发展探索期,相对于传统行业,区块链专利技术壁垒尚未形成,行业进入门槛不高,创新主体具有更多进入该行业的机会。从事区块链技术研究的高校、科研院所和企业应当发挥自身优势,把握区块链技术发展的重要机遇,从技术创新和知识产权布局两方面加大高价值专利培育力度。在区块链标准化工作提速、各国争夺标准制定权的当下,国内有竞争力的创新主体应该积极参与国际标准制定,在区块链领域获得更多话语权。

此外,针对区块链技术,中办、国办联合发布《关于强化知识产权保护的意见》,强调运用技术治理手段。国家版权局运用网络技术提升版权保护和管理水平,全面启用国家版权监管平台,在中国移动咪咕公司设立"网络版权保护研究基地"。知识产权法院、互联网法院运用区块链、时间戳等技术手段,解决数字版权存证、认证难题。网络平台和企业开发运用新技术,在版权确权、维权、交易等方面取得长足进展。随着新技术迅猛发展和版权保护运用的内在需求拓展,"版权＋新技术"凸显强化保护、推进运用的独特力量和优势。

三、运用人工智能技术，建立主流媒体防洗稿机制

2019 年 4 月 26 日，国家版权局、国家互联网信息办公室、工业和信息化部、公安部四部门联合启动打击网络侵权盗版"剑网 2019"专项行动，针对媒体融合发展、院线电影、流媒体、图片市场等重点领域开展版权专项整治。不同于"剑网 2018"专项行动剑指自媒体通过"洗稿"抄袭剽窃、篡改原创作品的侵权行为，"剑网 2019"行动将严肃查处自媒体通过标题党、洗稿方式剽窃、篡改、删减主流媒体新闻作品的行为。这是"剑网"专项行动自 2005 年开展以来，首次精准地纳入主流媒体新闻作品版权。

近年来，自媒体洗稿行为不时见诸报端，各种对洗稿行为的声讨此起彼伏、不绝于耳。"洗稿源于巨大的利益驱动。"这一行为本质上是将他人作品改头换面、据为己有，其行为本质上属于不劳而获，却可以带来巨大经济利益。在自媒体平台日益增多、竞争日益激烈的大背景下，只有那些原创的、具有吸引力的好内容才能获得用户的高阅读量，继而实现丰厚的流量分成和广告收益。洗稿者通过剽窃、抄袭、标题党、伪造事实等方式"洗稿"，即可轻易获得巨大利益。在利益驱动下，一批专业化的洗稿团队形成，通过专业化运作进行洗稿操作，以带来更大的广告收益，继而形成恶性循环。对此，国家加大力度打击网络侵权盗版行为，微信公众平台等一些平台推出了"洗稿投诉合议小组"。虽然低级抄袭行为目前已很难逃脱监管，但移花接木式的洗稿行为仍未禁绝。

在治理上，由于"洗稿"行为隐蔽性增强、手段种类繁多，有的洗稿行为将原创内容改得面目全非，一时间难以被发现。而且在司法实践中，现有著作权保护中的思想和表达的界分存在一定困难，容易被"洗稿"者以思想不受保护为由行抄袭之实。那么，如何防止主流媒体作品被洗稿？自媒体平台应当运用区块链、人工智能以及大数据等核心技术，建立防"洗稿"机制，采取"机器＋人工＋外部投诉"等多种举措进行监管。在作品上线之前进行技术和人工排查，对原创作品进行保护；同时，完善举报投诉制度，对于用户和原创作者举报，制定严格的复查机制，并告知举报人处理结果和理由。此外，还应建立健全信用记录机制，将抄袭、洗稿等违规行为列入不良信用记录，予以惩处。

四、推进使用正版软件工作部际联席会议第八次全体会议在京召开

2019 年 3 月 30 日，推进使用正版软件工作部际联席会议第八次全体会议在北京圆满召开。本次联席会议坚持以习近平新时代中国特色社会主义思想为指导，深入贯彻落实党的十九大和十九届二中、三中全会精神，齐心协力、锐意进取、努力奋斗，以新担当新作为推动工作再上新台阶，为庆祝新中国成立 70 周年营造良好氛围。会议强调，推进使用正版软件是一项长期性任务，对树立国家良好形象、营造创新创造环境、推动软件产业发展、保障国家信息安全都具有重要意义，任务艰巨、使命光荣、责任重大。

本次会议就扎实做好 2019 年推进使用正版软件工作提出了六点要求。第一，进一步提高思想认识，坚持不懈推进。软件正版化工作是党中央、国务院的一项重要决策，是贯彻落实新发展理念、实施创新驱动发展战略的重要举措，对优化营商环境、增强经济竞争力、保障国家信息安全，都具有重要意义，必须常抓不懈，坚定不移地持续推进。第二，进一步加强协调指导，增强工作合力。随着软件正版化工作不断深入，涉及面越来越广，新情况越来越复杂，更加需要发挥联席会议制度优势。希望各成员单位进一步加强统筹协调，形成分工负责、相互支持、密切配合的工作格局，不断提升推

进工作整体效应和工作合力。第三,进一步抓好关键环节,巩固扩大成果。要推动党政机关、中央企业和金融机构充分认识此项工作的长期性、艰巨性和复杂性,继续抓好长效机制建设、采购源头监管、软件使用检查、年度情况报告和考评结果通报等关键环节。要适度拓展推进范围,将工业软件纳入推进重点,推动地方国有企业、事业单位,以及能源、医疗、教育、交通等特定行业和重点领域加快实现软件正版化。第四,进一步创新工作方法,提升推进效果。要将推进正版化与产业发展紧密结合,综合运用法律、行政和技术手段,改善软件版权保护环境,加强软件产品研发指导,推动软件产业高质量发展。要关注新技术发展和软件商业模式变化带来的新问题,强化创新思维,加强技术运用,敢于打破常规。要实施严格版权保护,开展好"剑网 2019"专项行动,增强打击侵权盗版的威慑力。第五,进一步严格督查考核,推进责任落实。现阶段督查考核仍是推动各地区各部门落实主体责任、确保各项政策措施落地生效的有效手段。要进一步完善常态化督查机制,采取明察暗访与突击抽查相结合的措施,发挥第三方机构和技术手段优势,提升督查效能,加大督查通报、约谈及问责工作力度,严格考核评议和责任追究,切实抓好政策措施的落实生效。第六,进一步做好宣传培训,营造良好环境。要通过多种形式宣讲国家政策,推广经验做法,发挥先进典型的示范作用。要敢于曝光负面典型,形成震慑。要积极对外宣传中国政府在推进软件正版化方面付出的巨大努力、取得的显著成效。

五、我国在"一带一路"沿线国家的专利申请量稳中有增

国家知识产权局最新统计显示,2019 年上半年,我国在"一带一路"沿线国家专利申请公开量平稳增加,专利授权质量保持高水平,涉及的技术领域和国民经济行业结构不断优化,"一带一路"沿线国家在华专利申请与授权量实现"双增长"。2019 年上半年,我国在"一带一路"沿线国家专利申请公开 3 125 件(较 2018 年同期增加 13 件),授权专利 1 558 件。从体现专利重要程度的指标看,授权专利的平均权利要求项数为 14.8,同族数量平均为 12 个,这充分说明中国在"一带一路"沿线国家的授权专利质量保持在较高水平,中国企业在海外专利布局中质量驱动的意识不断增强。

数据显示,我国在"一带一路"沿线国家专利申请涉及的前十大产业中,计算机、通信和其他电子设备制造业是专利申请公开涉及最多的产业,仪器仪表制造业、化学原料和化学制品制造业、软件和信息技术服务业、通用设备制造业居第二至五位。所列前十产业中,除"金属制品、机械和设备修理业、机动车、电子产品和日用产品修理业"外,均属于知识产权(专利)密集型产业,涉及这些产业的专利申请有力促进了中国对"一带一路"沿线国家出口的提质增量。2019 年上半年,我国在"一带一路"沿线国家专利申请人排名中,华为技术有限公司、广东欧珀(OPPO)移动通信有限公司、中国平安科技(深圳)有限公司、美的集团有限公司和京东方科技集团股份有限公司位列前五。此外,从"一带一路"沿线国家在华专利申请数量上看,2019 年上半年提交专利申请 11 683 件,同比增长 3.0%,涉及 40 个沿线国家,比 2018 年同期增加 3 个国家。同时,上半年"一带一路"沿线国家在华专利授权 8 029 件,同比增长 16.2%。2019 年上半年"一带一路"沿线国家在华专利申请与授权量"双增长",反映出中国营商环境的持续改善正得到越来越多的"一带一路"沿线国家的认可与肯定。

六、短视频应用软件发展迅猛，多措并举破解侵权难题

短视频市场的用户流量与广告价值近年来持续爆发，短视频产业发展空前繁荣。随着 5G 时代的到来，短视频又将迎来新的发展机遇。据中国互联网络信息中心第 44 次《中国互联网络发展状况统计报告》显示，截至 2018 年 12 月，中国短视频用户规模达 6.48 亿，占全中国手机网民总数的近 80%。值得注意的是，短视频应用的使用率为 78.2%，仅次于即时通信、搜索引擎和网络新闻应用，位居各类互联网应用使用率的前列。在如此庞大的市场和活跃的用户群体影响之下，众多互联网企业纷纷开始布局短视频，市场成熟度逐渐提高，内容生产的专业度与垂直度不断加深，优质内容成为各短视频平台的核心竞争力。然而，短视频在飞速发展的同时也逐渐暴露出一些问题，其中侵权问题成为阻碍短视频进一步发展的障碍之一。

虽然与文字、图片相比，短视频的侵权更不容易被发现，但这并不意味着在短视频侵权面前人们只能"坐以待毙"。破解短视频侵权问题，短视频平台的努力不可替代。短视频平台应当对多次上传侵权内容的用户采取警告、暂停服务甚至永久封号的措施。目前，已经有某短视频平台成立了自律委员会，发动网友的力量提升内容质量。除此之外，在必要时，各大短视频平台之间也应该建立共同打击短视频侵权的合作联盟。当然，对于短视频侵权行为，最有力的打击手段当属法律手段。2019 年 1 月 9 日，中国网络视听节目服务协会发布《网络短视频平台管理规范》和《网络短视频内容审核标准细则》，针对短视频平台长期存在的一些问题和缺陷，对短视频内容管理做了规范。此外，很多短视频平台也都有投诉、举报等单元设置，以便在事后对相关违规的视频进行处理和追责。除了审核和管控，平台很多时候也会自行上传视频或者推出相应的话题，主动引领用户拍摄相应的短视频，从这个角度看，平台又是短视频制作的策划者。因此，面对侵权乱象，短视频平台不能袖手旁观，更不能简单地"甩锅"。

七、"ZAO"换脸软件广受追捧，背后版权风险不容小觑

人工智能软件创新，不能忽视版权保护。2019 年 8 月 30 日，一款名为"ZAO"的人工智能（AI）换脸软件上线并迅速蹿红，短时间内抓取了大量网络用户的眼球。用户只要通过该款 App 上传一张自己的正面高清照片，就可以达到将自己的面孔与影视片段中的明星面孔进行置换的效果，既可以自己过把"明星瘾"，又能够与喜欢的偶像"同框"表演。这一"逢脸造戏"的深度融合换脸技术概念，使得该款 App 在上线短短两天时间内在苹果应用商店免费榜和娱乐榜上拿到两个榜首。"ZAO"换脸软件在获得用户热捧的同时，其涉及的版权等法律问题也引发行业关注。

"ZAO"作为一款人工智能换脸新技术，具有一定的创造性，但是，该类软件的开发者和发布者在努力创新创造的同时，也应当具有一定的法律意识。用户在使用 AI 换脸软件时，一项必经程序是接受该软件开发者和发布者提供的用户协议。但从"ZAO"的用户协议中可以看出，该软件开发者试图将用户使用"ZAO"上传或发布用户内容所可能产生的法律责任全部推卸给用户。按照协议约定，用户上传自己的照片后，"ZAO"可以任意使用和修改用户或者其他肖像权利人的肖像。"ZAO"寄希望于以用户协议规避法律责任，其用户协议中涉嫌"霸王条款"的内容也会遭遇用户的不满与诟病，严格来说，"ZAO"用户协议的部分条款因违反《合同法》的规定而归于无效。在遭受用户强烈谴责和有关方面介入后，"ZAO"被迫修改了其用户协议，但修改后的协议仍然存在不合

法的条款。对此,软件开发者应事先严格审核其用户协议,以减少或避免用户协议中不合法的内容。

至于侵犯他人知识产权的问题,AI换脸软件"ZAO"的应用模式主要关涉电影作品的著作权。"ZAO"在其首页推荐经典电影作品的片段,属于使用他人享有著作权的作品的行为。如果该营利性使用行为未经电影作品著作权人的许可或者授权,则侵犯了电影作品著作权人的相关权利。再从"ZAO"的用户角度看,用户制作并上传换脸后的视频,使用了他人电影作品的片段,"ZAO"作为内容或服务提供商传播了用户上传的换脸视频,则可能与制作并上传换脸视频的用户一起构成共同侵权。"ZAO"不但侵犯了电影作品著作权人的财产权,而且侵犯了著作权人的著作人身权,上传的换脸视频中"被换脸"的明星演员还有可能因为其肖像权或商品化权被侵犯而依法维权。此外,部分不法分子已经将与"ZAO"类似的"AI换脸""颜技""团子相机"等换脸技术应用在一些涉嫌违法犯罪的领域,如恶意拼接制作侮辱性的视频或者图片并非法传播,制作并传播换脸的淫秽视频等。这些行为都是对技术的非法使用,理应受到法律的严惩。

八、2019年软件纠纷典型案例

(一)腾讯诉"吹牛"软件侵害信息网络传播权及不正当竞争纠纷案

腾讯科技公司(原告一)对"微信"应用软件、"微信红包聊天气泡和开启页"享有著作权,后授权腾讯计算机公司(原告二)运营该软件并使用其中的美术作品。北京青曙网络科技有限公司(被告)是"吹牛"应用软件的著作权人和经营者。二原告主张,"吹牛"应用软件中3款电子红包的聊天气泡、开启页与其在先的美术作品构成实质性相似,被告的行为侵犯了二原告的信息网络传播权;"微信红包"相关页面及"微信"整体页面系有一定影响的装潢,"吹牛"应用软件进行了整体抄袭,极易造成相关公众混淆或误认。据此,二原告请求法院判令被告停止侵害著作权和不正当竞争行为,消除影响,赔偿原告经济损失及合理开支共计450万元。最后,北京互联网法院判决被告停止侵权行为,并赔偿原告经济损失50万元和合理开支94 896元。一审宣判后,各方当事人均未上诉,判决已发生法律效力。

【专家点评】

本案的典型意义在于明确应用软件页面既可受著作权法的保护,亦可作为有一定影响的装潢受反不正当竞争法的保护。具体而言,构成独创性表达的软件页面设计可作为美术作品予以保护,而如果相关页面设计构成"有一定影响的装潢",则可适用反不正当竞争法予以保护。本案判决旗帜鲜明地反对抄袭与可能误导消费者的搭便车行为,保护原创,鼓励创新,满足用户的多元化需求,体现了保护互联网领域新型客体的开放态度。

首先,"微信红包聊天气泡和开启页"是否具有独创性?"微信红包聊天气泡和开启页"颜色与线条的搭配、比例,图形与文字的排列组合等体现了创作者的选择、判断和取舍,并展现了一定程度的美感,具有独创性,构成美术作品。被告经营的"吹牛"应用软件页面与上述美术作品构成实质性相似,侵害了二原告享有的信息网络传播权。

其次,应用软件页面能否受到著作权法和反不正当竞争法的双重保护?著作权法是对作品创作和传播中产生的专有权利的保护,而反不正当竞争法是对经营中产生的竞争利益的保护,二者保护的利益并不重合,可以同时适用。原告的"微信红包"相关页面作为相关服务的整体形象,其中的文字、图案、色彩及其排列组合,具有美化服务的作用,应当属于装潢。上述页面通过大量使用,已经能够起到识别服务来源的作用,构成"有一定影响的装潢",可以在著作权法之外同时寻求反不正当竞争法的保护。被告将原告的相关页面设计进行复制后稍加修改即用于自己的软件,不正当地利用他人的劳动成果攫取竞争优势,不仅会导致相关公众的混淆误认,同时也损害了正常的市场竞争秩序,构成不正当竞争。

(二) 原"东家"诉离职员工侵犯软件著作权纠纷案

北京合力亿捷科技股份有限公司及全资子公司合力亿捷(北京)信息技术有限公司(两原告)致力于呼叫中心领域的技术创新与软件产品研发。2014 年 7 月 23 日,其以著作权人身份就权利软件向国家版权局进行软件著作权登记,并于 2015 年 1 月 9 日获得登记证书。根据二原告 2008 年12 月签订的《计算机软件使用排他许可合同》,双方互相排他性许可对方使用己方已有计算机软件或者未来产生的计算机软件。据此,合力亿捷股份就权利软件获得授权,并成为相关产品的主要提供商。

2015 年,二原告发现,北京容联七陌科技有限公司(被告一)在推销相关产品过程中宣称自己提供的软件是二原告软件,并优于二原告软件。二原告经技术途径确认,容联七陌在市场上推出的软件与其权利软件高度相似。后经调查发现,容联七陌为原告前员工蔡某彬(被告二)创立。蔡某彬曾长期供职二原告,并担任核心技术研发人员。据此,2016 年 2 月,二原告将容联七陌及蔡某彬起诉至北京知识产权法院,请求法院判令二被告停止侵权并赔偿经济损失等。最终,一审法院认定,二被告开发的呼叫中心软件侵犯了二原告对呼叫中心软件"整合移动互联网接入的云计算电子商务平台"享有的复制权和信息网络传播权。二被告不服,向北京市高级人民法院提起上诉。北京高院经审理后维持了一审判决,驳回二被告的全部上诉请求。

【专家点评】

自主创新是提升行业技术水平的关键,也是一条艰苦的道路,以侵犯他人知识产权的方式换取短期的快速发展,既是对他人合法利益的损害,也破坏了行业正常的竞争秩序与环境,触犯了法律。相关从业者应尊重知识产权,共同营造良好的创新环境和营商环境。此外,由于软件著作权侵权诉讼中,存在取证难和比对难等问题,研发者在软件研发过程中可特意设置不影响软件性能的代码,通过"埋雷"的方式,为将来可能发生的取证和维权工作降低难度。

本案中,对于双方的争议焦点,法院一一进行了审理。在权利软件是否属于竞业限制协议中约定的合力亿捷股份许可给蔡某彬使用的"企业通信类业务全部知识产权"的问题上,法院结合在案证据认为,呼叫中心业务与企业通信业务分属不同领域,权利软件应属呼叫中心业务,二原告没有将权利软件许可给蔡某彬使用的意图,权利软件并未包含在竞业限制协议中原告许可蔡某彬使用的"企业通信类业务全部知识产权"中。在二被告是否构成对权利软件著作权的侵犯问题上,法院根据《司法鉴定意见书》以及法院对权利软件的后端代码与被诉侵权软件的后端代码比对结果指出,两款软件相同或实质相同的代码行数均占有很高的比例,且二者在开发者及开发时间、注释内容等个性化信息上存在完全相同或基本相同的情况,已经超出了巧合范畴。此外,蔡某彬曾在二原告处任职,有机会接触到原告所有的或者被许可使用的软件,而蔡某彬作为容联七陌的法定代表人,容联七陌亦具有通过蔡某彬接触到权利软件的可能性,因此二被告的行为符合侵犯著作权的

"接触加实质性相似"要件,侵犯了权利软件的复制权,容联七陌将权利软件上传至其服务器,侵犯了原告对权利软件享有的信息网络传播权。

(三)中国音乐著作权协会诉斗鱼侵害音乐作品信息网络传播权纠纷案

某网络主播在武汉斗鱼网络科技有限公司(被告)经营的直播平台进行在线直播,其间播放了歌曲《恋人心》(播放时长 1 分 10 秒)。直播结束后,主播将直播过程制作成视频并保存在斗鱼直播平台上,观众可以通过直播平台进行观看和分享。网络主播与被告签订的《直播协议》约定,主播在直播期间产生的所有成果均由被告享有全部知识产权。中国音乐著作权协会(原告)经歌曲《恋人心》的词曲作者授权,可对歌曲《恋人心》行使著作权。原告认为,被告侵害了其对歌曲享有的信息网络传播权,请求法院判令被告赔偿著作权使用费 3 万元及律师费、公证费等合理开支 12 600 元。北京互联网法院作出一审判决,判定被告赔偿原告经济损失 2 000 元和合理开支 3 200 元。随后,被告提起上诉,北京知识产权法院二审判决驳回上诉,维持原判。

【专家点评】

网络主播未经授权播放他人音乐作品,直播平台或承担侵权责任。通常而言,网络直播平台为网络服务提供者,就平台上发生的侵害著作权行为需履行"通知—删除"义务。但如果主播与直播平台约定其直播成果的知识产权归平台所有,则直播平台应当承担与其享有的权利相匹配的义务,需要对涉诉侵权行为承担侵权责任。本案判决明确在确定直播平台是否应承担著作权侵权责任时,应当坚持权利与义务相对等原则。网络直播平台在享有知识产权的同时,对直播内容的合法性负有更高的注意义务和审核义务。

虽然本案中,主播是视频的制作者和上传者,但根据《直播协议》约定,主播不享有涉案视频的知识产权,由平台享有,被告与主播对直播期间的观众打赏收入按比例分成。因此,本案中被告不仅是网络服务提供者,还是平台上音视频产品的权利人,并享有这些成果所带来的收益,在这种情况下,虽然其在获悉涉案视频存在侵权内容后及时删除了相关视频,但不能就此免责。根据权利义务相对等原则,直播平台应对直播成果产生的法律后果承担相应责任。

(四)优酷诉"图解电影"侵害类电作品信息网络传播权案

优酷网络技术(北京)有限公司(原告)享有影视剧《三生三世十里桃花》的信息网络传播权。深圳市蜀黍科技有限公司(被告)为"图解电影"App 和"图解电影"网站运营商,该网站为在线图文电影解说软件,其首页标明"十分钟品味一部好电影"等字样,并提供有《三生三世十里桃花》第一集的图片集。该图片集共包含图片 382 张,均截取自上述剧集,图片内容涵盖上述剧集的主要画面,下部文字为图片集制作者另行添加。通过"图解电影"软件观看图片集,可选择 5 秒每张、8 秒每张等速度进行自动播放,也可以通过自行点击下一张的方式手动播放。原告认为,涉案图片集内容基本涵盖了涉案剧集的主要画面和全部情节,侵害了原告的信息网络传播权,故请求法院判令被告赔偿原告经济损失及合理开支共计 50 万元。被告辩称,涉案图片集使用截图而非视频,且属于合理使用,不构成侵权。

【专家点评】

本案为全国首例"图解电影"侵权案,明确了不构成合理使用的"图解电影"行为构成侵权。将他人的类电作品进行截图制作成图片集,实质呈现主要画面、具体情节等内容的行为,超出了介绍、评论的必要限度,在客观上起到了替代原作品的效果,不构成合理使用。本案判决界定了影视作品合理使用的边界,将假借创新之名、通过新型技术手段不当利用作品的行为认定为侵权行为,有助于激励创新、推进影视产业健康发展。

首先,将类电作品截图制作图片集的行为是否属于使用该作品的行为?信息网络传播权中规定的向公众提供作品,不应狭隘地理解为是完整的作品,因为著作权法保护的是独创性的表达,只要使用了作品具有独创性表达的部分,即属于作品信息网络传播权的控制范围。本案中,涉案图片集截取了涉案剧集中的 382 幅画面,这些画面并非进入公有领域的创作元素,而为原涉案剧集中具有独创性表达的内容,因此,提供涉案图片集的行为构成提供作品的行为。

其次,制作"图解电影"的行为是否构成合理使用?合理引用的判断标准并非取决于引用比例,而应取决于介绍、评论或者说明的合理需要。就涉案图片集提供的主要功能来看,其并非向公众提供保留剧情悬念的推介、宣传信息,而涵盖了涉案剧集的主要剧情和关键画面,将对原作品市场价值造成实质性影响和替代作用,损害了作品的正常使用,已超过适当引用的必要限度,构成侵权。

(五) 腾讯公司申请法院做出首例打击游戏外挂诉前禁令

因认为谌某涛推出的虚拟定位插件妨碍了手游《一起来捉妖》的正常运行,且其通过销售该插件获得不当利益,相关行为涉嫌构成不正当竞争,重庆腾讯信息技术有限公司、深圳市腾讯计算机系统有限公司将其起诉至法院,并申请诉前行为保全。此外,两原告还发现,谌某涛通过直播、录播、打广告等方式向不特定公众传播利用虚拟定位插件获取不正当利益的游戏视频,比如,其将使用虚拟定位插件操作涉案游戏的过程制作成多个视频,放置到由上海幻电信息科技有限公司运营的 bilibili 网站、App 平台等进行宣传、推广,因此腾讯公司也将上海幻电共同起诉至法院。2019 年 8 月 27 日,上海市浦东新区人民法院就两申请人的申请做出裁定,谌某涛应立即停止提供、推广妨碍涉案游戏正常运行的插件行为;上海幻电信息科技有限公司应立即删除其运营的 bilibili 网站及 App 平台内谌某涛推广涉案插件的视频。

【专家点评】

该案是我国法院打击游戏外挂所作出的首例诉前诉讼禁令。该项禁令对游戏外挂给予否定性司法评价,充分体现了严格的知识产权司法保护政策,细化了涉知识产权案件诉前禁令的适用条件和考量因素,对类似案件的审理具有一定借鉴意义。

游戏安全一直是游戏厂商和用户共同关心的话题,而游戏外挂近年来已发展成一条集开发、代理和销售于一体的灰色产业链,在业内人士看来,这不仅对游戏产业带来危害,还具有较高的知识产权法律风险。首先,游戏外挂破坏了游戏的公平性,影响了游戏体验和生命周期,损害了游戏厂商的竞争力和盈利能力,干扰了游戏市场的正常竞争。其次,游戏外挂对玩家的权益造成潜在的危害。游戏外挂通过修改游戏的部分程序制作而成,外挂制作者在外挂中加入木马病毒,就可以轻而易举地掌握玩家的支付交易的账号、密码或电脑中存放的照片等隐私信息。再次,相较于未使用外挂的玩家,使用外挂的玩家将获得明显的竞技优势,这让遵守游戏规则的正常玩家的合法权益难以保障。

浦东新区人民法院就申请人的请求是否具有事实基础和法律依据、不采取保全措施是否会对申请人造成难以弥补的损害、采取行为保全是否会导致当事人间利益显著失衡等问题进行了审查。

在不采取保全措施是否会对申请人造成难以弥补的损害的问题上,浦东新区人民法院认为,结合两申请人提交的证据,涉案游戏因虚拟定位插件问题遭受部分正常玩家的投诉及差评,涉案游戏的下载量呈现下降趋势,因虚拟定位问题已经且正在给两申请人带来负面影响。此外,一款游戏从立项、设计到运营等环节,均需要耗费大量的人力、物力和财力,若不及时制止被申请人的上述行为,任由涉案虚拟定位插件泛滥,可能对申请人的竞争优势、经营利益以及涉案游戏的市场份额带来难以弥补的损害。

此外,专家建议,由于打击非法外挂是个社会系统工程,就游戏权利人而言,他们一方面需要通过网络技术手段的革新与升级,最大限度地防止非法外挂行为带来的损害;另一方面亦需要充分借助包括诉讼禁令在内的法律手段及时维权,从而最大限度挤压生产与经营非法外挂主体的生存空间。具体而言,首先,游戏权利人可借助网络游戏行业协会力量,通过制定行业自律公约与游戏平台规制的方式,将经营非法外挂的企业彻底排除出网络游戏相关市场;其次,联络消费者权益保护组织,由消费者权益保护组织依法对侵犯众多网络游戏消费者权益的非法外挂行为提起公益诉讼;再次,可以向市场监督管理部门、公安机关等举报,由这些部门依法查处;最后,权利人还可与侵权人进行协商谈判,说明非法外挂行为可能引发的严重诉讼后果,让侵权人主动同意立即停止侵权行为并做出赔偿等。总之,在权利人积极维权的同时,行业协会组织、消费者权益保护组织、网络游戏技术联盟组织等社会中间层主体应当发挥对于非法外挂行为的甄别、监督与矫正功能;执法与司法机关则需要统一制定关于非法生产与经营外挂行为的类型化区分与规制准则,同时依据合法与否的标准统一制定关于网络游戏外挂行为的正面与负面清单,并依据经济、社会、技术发展态势及时增补、删减与更新清单内容。

(六)"爱奇艺"诉飞益信息公司等视频"刷量"做假案

2017年,爱奇艺视频公司发现,在其后台数据分析中,《小林徽因》《二龙湖浩哥之今生是兄弟》等多部影视作品的访问数量出现急剧升高而又恢复正常的现象。爱奇艺公司经核实发现,这一异常现象是飞益公司利用技术手段为其视频"刷量"所致。爱奇艺公司称,飞益公司是一家专门为爱奇艺网站、优酷土豆网站、腾讯视频网站等提供视频"刷量"服务的公司;吕某系飞益公司股东及法定代表人,主要负责使用其个人账号对外招揽视频"刷量"业务并收取报酬;胡某系飞益公司股东及监事,主要负责申请注册域名供飞益公司使用,并且也使用其个人账号对外招揽视频"刷量"业务。飞益公司、吕某、胡某分工合作,通过运用多个域名、不断更换访问IP地址等方式,连续访问爱奇艺网站视频,在短时间内迅速提高视频访问量。爱奇艺公司认为,飞益公司的行为已经严重损害了其合法权益,破坏了视频行业的公平竞争秩序,飞益公司、吕某、胡某构成共同侵权,遂将其起诉至上海市徐汇区人民法院,请求法院判令三被告停止侵权,刊登声明、消除影响,并赔偿经济损失500万元。

徐汇区人民法院认为,飞益公司、吕某、胡某在市场竞争中,分工合作,共同实施通过技术手段干扰、破坏爱奇艺网站的访问数据的行为,违反公认的商业道德,损害了爱奇艺公司以及消费者的合法权益,构成不正当竞争,遂判令飞益公司、吕某、胡某向爱奇艺公司连带赔偿50万元,并刊登声明、消除影响。一审判决后,爱奇艺公司、飞益公司、吕某、胡某均向上海知识产权法院提起上诉。上海知识产权法院审理后认为,涉案行为应属于反不正当竞争法所规制的虚假宣传的不正当竞争行为。根据查明的事实,飞益公司、吕某、胡某系分工合作,共同实施了涉案行为,应承担连带赔偿责任。徐汇法院综合考量酌定做出的判赔数额合理,应予维持,故上海知识产权法院做出驳回上诉、维持原判的终审判决。

【专家点评】

近年来,我国多家视频网站长期遭遇视频"刷量"行为,爱奇艺公司此次提起诉讼,也是正式向"刷量"行为亮剑。但在规制此类不正当竞争行为时,准确的法律适用成为关键。该案是一起新型的不正当竞争纠纷,在审理过程中,涉案各方最主要的争议焦点是视频"刷量"行为是否属于不正当竞争行为及其法律适用。对于新类型的侵权行为,应当透过现象看本质,通过对其行为本质的具体分析,采用最适合的法律条款进行规制,严格把握一般条款的适用条件,对竞争行为保持有限干预和司法克制理念,以避免不适当干预而阻碍市场的自由竞争,防止对《反不正当竞争法》第二条一般条款的过度适用。在该案中,虚构视频点击量的行为,实质上提升了相关公众对虚构点击量视频的质量、播放数量、关注度等的虚假认知,起到了吸引消费者的目的,因此,虚构视频点击量仅是经营者进行虚假宣传的一项内容。根据我国《反不正当竞争法》的规定,完全可以对飞益公司、吕某、胡某的虚假宣传行为予以处理,无须引用《反不正当竞争法》第二条另行评判。

视频访问数据是视频播放平台制定重要经营决策的主要依据,那么,视频"刷量"行为有哪些危害,又该如何规制?上海知识产权法院法官何渊表示,"视频播放商业领域的市场交易者包括视频内容投资者、制作者、播放平台以及广告投放者等,视频播放数据对于投资人投资视频拍摄、制作人选择制作视频内容、广告商在哪部视频投放广告等,都具有一定程度的参考和指引作用。"视频"刷量"行为所给出的错误数据,可能造成相关市场交易者的误判,从而对相关市场交易者的经营造成损害。视频"刷量"行为导致视频网站平台无法准确判断哪些是真正受用户欢迎的视频内容,从而影响视频网站制定正确的经营策略;此外,该行为还对视频版权价格和广告单价带来一定影响,比如,虚假的流量数据可能导致视频内容版权方哄抬版权价格,最终损害视频网站的合法权益;当视频播放次数不断被虚拟推高时,视频广告行业的广告单价必将被迫降低,最终损害视频网站的合法权益。

对于这种严重影响视频网站正常经营的恶意刷数据行为,各方应采取哪些规制措施,才能让造假者无所遁形?首先,视频网站应采取相应的技术措施。比如,爱奇艺建立了反作弊系统,随着视频"刷量"技术手段的升级变化,其反作弊系统也不断升级;同时,爱奇艺前端也停止展现视频播放量,用内容热度进行替代。其次,应从法律上进行严保护。鉴于反作弊系统具有滞后性,爱奇艺不得不采取诉讼的方式针对视频"刷量"行为进行维权,从司法上将其认定为虚假宣传的不正当竞争行为,这对类似行为能起到很好的震慑作用。未来,爱奇艺不排除采取刑事报案等法律手段,配合执法、司法部门进一步加大打击恶意刷数据行为的力度。

(七) 全国首例计算机软件智能生成内容著作权纠纷案

原告某律师事务所向北京互联网法院起诉称,该律所于2018年9月9日首次在其微信公众号上发表了一篇文章,对该文章享有著作权。2018年9月10日,被告某公司经营的百家号平台上发布了该文,并删除了文章的署名、引言等部分,侵害了原告享有的信息网络传播权、署名权、保护作品完整权,并造成原告的经济损失。据此,原告请求法院判令被告赔礼道歉、消除影响,赔偿经济损失和合理费用。被告对此并不认同,认为涉案文章含有图形和文字两部分内容,均是采用法律统计数据分析软件智能生成的报告,而非通过原告的智力劳动创造获得,不属于著作权法的保护范围。

北京互联网法院审理认为,涉案文章中的图形为人工智能软件自动生成,不符合图形作品的独创性要求,不构成图形作品,原告对其享有著作权的主张不能成立。但是涉案文章中的文字,不是人工智能软件自动生成的内容,是具有原告思想、情感的独创性表达,构成文字作品,原告对其享有著作权。

【专家点评】

近年来,"AI写小说""AI作曲"等计算机软件智能生成内容屡见不鲜,这些由人工智能生成的内容在法律上应如何定位? 其是否属于著作权法保护的作品? 北京互联网法院对全国首例计算机软件智能生成内容著作权纠纷案进行一审宣判,首次对人工智能软件自动生成内容的属性及其权益归属做出司法回应。

人工智能软件自动"创作"的内容是否构成作品,是否具备著作权? 人工智能软件自动生成内容过程中,软件研发者(所有者)和使用者的行为并非法律意义上的创作行为,相关内容并未传递二者的独创性表达,因此,二者均不应成为人工智能软件自动生成内容的作者,该内容也不能构成作品,不具备著作权。虽然人工智能软件自动生成的内容不构成作品,但不意味着公众可以自由使用。对此,北京互联网法院法官李明橲指出,"人工智能软件自动生成的内容凝结了软件研发者(所有者)和软件使用者的投入,具备传播价值,应当赋予投入者一定的权益保护。软件研发者(所有者)可通过收取软件使用费,使其投入获得回报。软件使用者可采用合理方式,在人工智能软件自动生成的内容上表明其享有相关权益。"

(八)"刷宝"抓取"抖音"短视频不正当竞争纠纷案

因认为刷宝App采用技术手段或人工方式获取"抖音"App中的短视频及评论并向公众提供的行为构成不正当竞争,北京微播视界科技有限公司将北京创锐文化传媒有限公司、成都力奥文化传播有限公司诉至法院。在案件审理过程中,微播公司提出行为保全申请,要求创锐公司、力奥公司立即停止采用技术手段或人工方式获取来源于"抖音"App中的视频文件、评论内容并通过"刷宝"App向公众提供的行为。

微播公司称,其为"抖音"App的开发者和运营者,通过投入高额的运营成本、提供优质的原创内容,在同类产品中形成竞争优势,微播公司对"抖音"App中的短视频及评论享有合法权益。二被申请人作为同业竞争者,在其共同运营的"刷宝"App中向公众提供非法抓取自"抖音"App的短视频及用户评论,已取证的短视频数量达5万余条。二被申请人的上述行为削弱了微播公司的竞争优势,违反了《反不正当竞争法》第二条的规定,构成不正当竞争。力奥公司否认其实施涉案行为,并表示涉案视频、评论均为用户上传;在接到法院通知后,其已将大部分涉案视频删除,余下1 220条未删除视频所占比例较低,且具有合法来源,不会造成难以弥补的损害。创锐公司则否认其为"刷宝"App的开发者及运营者。北京市海淀区人民法院于2019年6月28日依法做出行为保全裁定,支持了微播公司的行为保全申请。

【专家点评】

北京市海淀区人民法院充分听取双方意见,仔细审查当事人提出的相关证据,认定创锐公司、力奥公司未提交足够证据证明5万余条涉案视频及相关评论内容为用户上传或具有合法授权,同时结合涉案视频中含有"抖音"专有VID码,"刷宝"App上展示有微播公司专门设置的含有"搬运自抖音"VID码的短视频,"刷宝"App上的评论内容、顺序、标点符号与"抖音"App完全相同且出现表情图未能正常显示等情况,认定二被申请人系采用技术手段或人工方式获取来源于"抖音"

App 中的视频文件、评论内容并通过"刷宝"App 向公众提供,该行为被认定为不正当竞争行为的可能性较大。鉴于涉案视频数量高达 5 万余条,二被申请人仍有 1 220 条涉案视频坚持不予删除,且在未能提交相应证据证明的情况下仍坚称该部分视频有合法来源,加之二被申请人始终不承认其实施了涉案行为,在听证过程中"刷宝"App 仍在向用户提供新的来源于"抖音"App 的视频内容。为有效控制涉案行为规模及损害后果的扩大,保护微播公司的合法权益,北京市海淀区人民法院依法做出行为保全裁定,责令创锐公司、力奥公司立即停止采用技术手段或人工方式获取来源于"抖音"App 中的视频文件、评论内容并通过"刷宝"App 向公众提供的行为。

北京市海淀区人民法院指出,诉讼禁令作为高效、快捷的民事权利救济途径之一,在遏制侵权行为和保护权益方面发挥了积极作用。随着短视频市场的火热发展及其在大众文化产品中产生的张力,短视频内容、用户积累已然成为短视频平台抢夺流量的核心资源。本案禁令的做出,既及时维护了申请人的合法权益,也有效地规范了短视频市场的竞争秩序。微播公司诉讼维权总监宋纯峰表示,短视频流行后,一些平台批量搬运其他平台短视频的现象屡见不鲜,极大伤害了短视频创作热情和产业发展。"长期以来,监测难、取证难以及逐一获取授权难等维权障碍,困扰着被搬运平台,也导致了平台作者在维权时往往束手无策。"宋纯峰表示,此次法院发出的禁令,不仅维护了抖音的合法权益,也有效规范了全行业的竞争秩序。

(九)国内首例云服务器提供商侵权案二审改判

2015 年,北京乐动卓越科技有限公司发现一款名叫《我叫 MT 畅爽版》的游戏,涉嫌非法复制其《我叫 MT online》游戏的数据包,而《我叫 MT 畅爽版》所属公司租用的服务器正是由阿里云公司提供。随后,乐动卓越致函要求阿里云删除涉嫌侵权内容,并提供服务器租用人的具体信息,但未得到阿里云公司积极配合。乐动卓越遂于 2015 年 11 月向北京市石景山区人民法院起诉,请求判令阿里云公司断开链接、停止服务,向其提供数据库信息,并赔偿经济损失。石景山区人民法院于 2017 年做出一审判决,认定阿里云公司构成侵权,并赔偿乐动卓越公司经济损失和合理费用约26 万元。阿里云公司不服,向北京知识产权法院提起上诉。2019 年 6 月 20 日,该案二审改判,北京知识产权法院驳回一审原告的所有诉讼请求,阿里云公司不承担法律责任。

【专家点评】

该案一审判决后,便引发轩然大波。法律界高度关注云服务商应当承担何种责任,用户数据与隐私的安全则成为全民关注的焦点。按照一审判决,云服务商在接到投诉后应当审查用户数据,将给数以百万级的用户的数据安全、商业秘密、用户隐私带来挑战。在此背景下,阿里云公司表示:"作为云服务器提供商,既没有任何权利去查看用户的信息内容,也没有任何理由去调用用户的数据。只有收到司法部门的正式裁决和通知,阿里云公司才会依照法律要求配合司法部门协助调查。"

二审中,围绕双方争议焦点,北京知识产权法院对于本案的法律适用、合格通知的判断标准、云服务器提供者应当采取何种必要措施、阿里云公司是否构成共同侵权及应否承担民事责任等方面做出全面回应。关于云服务器应当采取何种必要措施的问题,法院认为,根据阿里云公司提供的涉案云服务器租赁服务的性质,简单将"删除、屏蔽或者断开链接"作为阿里云公司应采取的必要措施和免责事由,与行业实际情况不符。鉴于信息服务业务类型不同,以及权利人主张权利内容不同,阿里云公司仅根据权利人通知即采取后果最严厉的"关停服务器"或"强行删除服务器内全部数据"

措施,有可能给云计算行业乃至整个互联网行业带来严重的影响,并不适当,不符合审慎、合理之原则。北京知识产权法院也认为,从我国云计算行业的发展阶段来看,若对云计算服务提供者在侵权领域的必要措施和免责条件的要求过于苛刻,势必会激励其将大量资源投入法律风险的防范,增加运营成本,给行业发展带来巨大的负面影响;动辄要求云计算服务提供者删除用户数据或关闭服务器,也会严重影响用户对其正常经营和数据安全的信心,影响行业整体发展。

至此,历时两年,北京知识产权法院最终确定阿里云公司不承担任何法律责任。国内首例云计算服务责任案定分止争,为未来云计算行业发展确立了明确的法律规则,具有重大价值。

(十)诚诚公司诉蓝码公司计算机软件著作权权属纠纷案

2016年2月28日,甘肃诚诚网络技术有限公司与甘肃蓝码电子科技有限公司就"益民约车软件"的研发和推广签订了《软件开发合同》。合同约定由蓝码公司负责软件客户端、司机端及后台网络端的开发,开发结束后软件的著作权及源代码均归诚诚公司,诚诚公司支付研发费30万元,开发期间为2016年3月1日至2016年3月31日。诚诚公司按月支付研发费后发现,蓝码公司已于2016年5月18日、6月16日、6月23日向国家版权局登记了"益民约车软件"(安卓乘客端、网络端、苹果乘客端)著作权。诚诚公司认为,蓝码公司的行为违反合同约定,故诉至甘肃省兰州市中级人民法院。随后,兰州市中级人民法院判决"益民约车软件"计算机软件著作权人为诚诚公司。蓝码公司不服,遂向最高人民法院提起上诉。最终,二审判决判定:驳回上诉,维持原判。

【专家点评】

本案主要涉及计算机软件著作权归属和证据证明力大小判断两个方面的法律问题。首先,计算机软件委托开发合同中形成的受委托创作的作品,著作权的归属由委托人和受托人通过合同约定;合同未作明确约定或者没有订立合同的,著作权属于受托人。其次,当事人对自己提出的主张,有责任提供证据。对负有举证证明责任的当事人提供的证据,人民法院经审查并结合相关事实,确信待证事实的存在具有高度可能性的,应当认定该事实存在。对一方当事人为反驳负有举证证明责任的当事人所主张事实而提供的证据,人民法院经审查并结合相关事实,认为待证事实真伪不明的,应当认定该事实不存在。一方当事人提供合同原件,另一方当事人提供无法与原件核对的合同复印件且不能合理解释原因的,应当认定原件证明力高于复印件。

该案中,双方当事人各提交了一份《软件开发合同》,两份合同对软件著作权权属问题的约定不同,故应结合双方举证情况,确定两份《软件开发合同》的证明力大小。诚诚公司提供的《软件开发合同》系原件,有双方当事人的签字、盖章,蓝码公司确认公章的真实性,其虽然主张公章系前员工盗盖,但并未提供相应证据证明,法院对蓝码公司的主张不予采信。蓝码公司提供的反驳证据为一份《软件开发合同》的复印件,其不能合理解释无法提供原件的原因,亦无法证明原件被前员工盗取的主张,根据《最高人民法院关于民事诉讼证据的若干规定》第六十九条第四项的规定,无法与原件核对的复印件不能单独作为认定事实的依据。一审法院根据民事证据高度盖然性判断规则,认定诚诚公司提交的合同原件证明力高于蓝码公司提交的合同复印件,进而认定双方在《软件开发合同》中约定了著作权归属于诚诚公司所有,符合民事证据的认证规则。诚诚公司提交的《软件开发合同》中已经约定"开发结束后本软件的著作权及原代码归甲方所有",故涉案软件的著作权依约应属于诚诚公司所有。

(摘自《2020中国软件和信息服务业发展报告》,作者:陶乾、曹芳、张继哲)

第六节 网络安全产业

一、我国网络安全产业发展现状

(一)产业规模高速增长

"十三五"期间,我国网络安全产业保持高速发展态势。据统计,2019年我国网络安全产业规模约为716亿元,较2018年增长19.53%,2020年产业规模达到868亿元。"十三五"期间,我国网络安全产业年增长率超过20%,明显高于国际8%的平均增速,产业规模保持健康稳定的高速发展态势。2019年,国家对网络安全产业的重视程度进一步增强,工业和信息化部公开征求对《关于促进网络安全产业发展的指导意见(征求意见稿)》的意见,其中明确提出"到2025年,培育形成一批年营收超过20亿的网络安全企业,形成若干具有国际竞争力的网络安全骨干企业,网络安全产业规模超过2 000亿"的目标。

(二)产业结构日趋优化

"十三五"期间,我国网络安全产业结构日趋优化,构建了涵盖网络安全、终端安全、安全管理、数据安全、身份与访问管理、应用安全、业务安全、安全支撑工具等传统安全产品,云安全、大数据安全、移动安全、物联网安全、工控安全等新兴安全产品,安全咨询、安全运维、安全评估、应急响应、新技术服务等安全服务,基本覆盖事前防护、事中监测、事后处置、调查取证等各个环节各个方面的全产业链的产品和服务体系。

表4-29 我国网络全产品与服务分类

传统安全产品	边界安全	防火墙	传统安全产品	终端安全	终端防病毒
		IDS/IPS			主机监控与审计
		上网行为管理			终端检测与响应
		抗DDOS产品			主机/服务器加固
		UTM			终端安全管理
		VPN		安全管理	安全管理平台
		设备准入			日志分析与审计
		网络审计			安全策略管理
		网闸			安全监基线与配置管理
		DNS安全			漏洞评估管理

(续表)

传统安全产品	数据安全	数据防泄露	新兴领域安全	移动安全	移动终端安全
		文档管理及加密			移动应用安全
		数据库审计及防护			移动设备管理
		数据灾备		物联网安全	物联网边界安全
		加密机			物联网终端安全
	身份与访问管理	统一身份管理			物联网应用安全
		数字证书		工控安全	工控边界安全
		硬件认证			工控设备安全
		生物识别	网络安全服务	安全咨询	方案设计咨询
		运维审计			安全培训教育
	应用安全	Web漏洞扫描			管理体系咨询
		邮件安全			攻防训练平台
		Web应用防火墙		安全运维	设计和产品部署
		网页防篡改			检查测试
		代码安全			加固优化
	业务安全	反钓鱼			备份恢复
		反欺诈		安全评估	认证测评
		业务风控			安全监理
		UEBA			风险评估
	安全支撑工具	安全配置核查工具			安全保险
		等级保护测评工具箱		应急响应	溯源取证
		安全测评工具			分析报告
		信息系统风险评估工具			响应处置
新兴领域安全	云安全	云基础设施		新技术服务	建设实施
		云应用安全			威胁情报
	大数据安全	大数据平台安全			众测服务
		数据安全		新技术服务	态势感知
		隐私保护			舆情监控
					网络空间资产测绘

　　产业结构逐步向服务化转型。随着虚拟化及云服务理念的渗透，企业对网络安全服务的重视程度逐渐提升，提供网络安全服务的企业在开展网络安全业务的企业中的占比逐渐增加，2019年上半年占比超过50％。"十三五"期间，网络安全规划咨询、检测认证、安全集成、应急响应等安全服务迅速发展，我国网络安全产业结构正由产品主导向服务主导转型，网络安全服务所占比重不断增加。

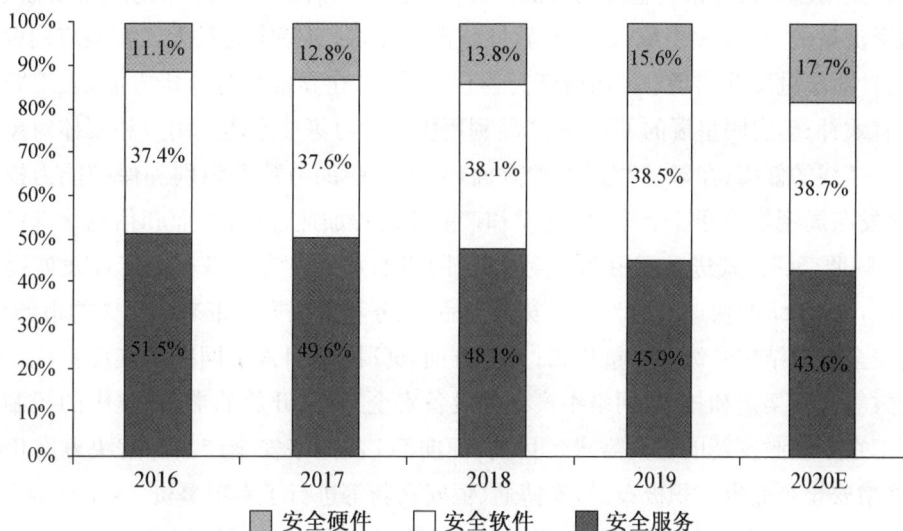

图 4-22　2016—2020 年我国网络安全产业结构

（三）产业投入更加活跃

"十三五"期间,我国网络安全市场热度持续高涨,投融资金额和交易数量呈现出逐年上涨的态势。截至 2019 年 11 月底,国内上市的网络安全企业达到 23 家,亿级融资 30 余起,千万级融资 90 余起,有 100 多家创投机构在网络安全领域进行投资布局,汇集了超过 150 家创新创业企业。

2019 年,网络安全产业投入更加活跃。**一是互联网企业巨头、大型国企加大布局网络安全产业**。5 月,中国电子与奇安信签署战略合作协议,以 37.31 亿元持有奇安信 22.59% 股份,成为奇安信第二大股东。双方将在技术创新、资源整合、重大项目建设等方面开展合作,推进央企网络安全响应中心、现代数字城市网络安全响应中心和"一带一路"网络安全响应中心建设。8 月,中国电科全资子公司电科投资通过集中竞价交易方式买入绿盟科技 1.629 2% 股份后,成为绿盟科技第一大股东。10 月,阿里云全资收购身份认证云管理平台九州云腾,加强基于云的统一身份认证管理服务。**二是网络安全亿元级别投融资事件频发**。随着我国网络安全行业的快速发展,网络安全融资金额持续增长,亿元级别的大额投融资事件频现。9 月,奇安信集团完成 15 亿元 Pre-IPO 轮融资,融资完成后,投后企业估值达到 230 亿元。10 月,由毅达资本领投,广州国资黄浦造基金跟投对专业从事工业控制系统信息安全防护检测分析、安全评估与咨询服务的国家级高新技术企业的天地和兴进行 C 轮投资,中兴、松禾资本,密码资本担任独家财务顾问对天地和兴进行 C+轮投资,投资金额约 2 亿元。

（四）创新能力显著增强

"十三五"期间,我国网络安全技术创新能力稳步提升,对网络安全产业的支撑带动作用愈发明显。**一是人工智能赋能网络安全的效益日益显现**。人工智能技术在数据分析、知识提取、智能决策等方面的优势为应对动态多变、复杂交织的网络安全问题提供了新思路,网络安全已经成为人工智能应用的重要方向之一,以大数据分析、机器学习、深度学习、人机协同为代表的人工智能与网络安全融合实践日益增多。在异常流量检测方面,人工智能为加密流量分析提供新方案,观成科技推出针对恶意加密流量的 AI 检测引擎;在恶意软件防御方面,针对特定场景人工智能应用取得积极进展,芯盾时代针对金融反欺诈场景推出智能行为认证产品;在异常行为分析方面,人工智能正成为模式识别的有效补充,启明星辰的 UEBA 产品利用机器学习等技术建立用户和实体对象行为正常基线并监测与基线的偏离;在敏感数据保护方面,人工智能助力数据识别和保护能力提升。**二是5G 安全的研发布局密集展开**。全球 5G 研发和产业化进程加速推进,工业和信息化部已向四家运营商发放 5G 牌照,5G 正式进入商用部署期。5G 网络的发展也为网络安全产业发展提供了广阔机遇。一方面,5G 网络的快速投建为网络安全产品、服务和解决方案带来了巨大的市场空间,进一步带动网络安全产业结构升级和容量扩张;另一方面,5G 网络引入了网络功能虚拟化、边缘计算、网络功能开放等全新架构和技术,网络中模糊的设备安全边界、开放的端口、集中的控制器和边缘部署节点等都在不断激发新的安全需求。目前,面向 5G 的网络安全产品和解决方案仍处于起步阶段,我国网络安全企业也在积极布局,安博通、恒安嘉新等进行了专项募资,卫士通等申报了国家专项研究,亚信安全、山石网科等开展 5G 网络安全保障和威胁应对手段储备。

(五)产业实力明显提升

"十三五"期间,国内网络安全企业不断发展壮大,互联网企业和大型国企纷纷布局网络安全领域,网络安全产业实力得到明显提升。**一是网络安全上市企业发展规模持续壮大**。截至 2019 年年底,在公开融资方面,国内上市安全企业 23 家;创新孵化方面,涉足安全领域的投资机构 100 余家,创新企业 150 余家。**二是互联网企业逐步成为网络安全圈重要成员**。一方面,阿里巴巴、腾讯等大型互联网企业强化网络安全能力输出,依托云平台优势,在网络攻击防护、应用安全、病毒防护等方面取得显著进展。例如,阿里云借助云计算提供 SaaS 化安全服务,腾讯云提供主机安全、移动安全、业务安全以及应急响应支持等产品服务。另一方面,互联网企业与网络安全企业、通信企业等建立了紧密的战略合作、协同联动关系,共同推动网络安全生态建设。例如,阿里云与绿盟科技在流量清洗领域展开战略合作;腾讯安全与启明星辰达成云端安全战略合作,布局高级威胁检测与防护;百度安全联合中国电信以及其他全球合作伙伴,建立大型网络流量清洗中心。**三是大型国企深度布局网络安全市场**。2019 年 4 月,美亚柏科完成股权转让,国投智能变更为美亚柏科控股股东,国务院国资委将为其实际控制人。2019 年 5 月,中国电子信息产业集团战略入股奇安信,持有奇安信 22.59% 股份,成为奇安信第二大股东,双方将在技术创新、资源整合、重大项目建设等方面开展合作,重点推进央企网络安全响应中心、现代数字城市网络安全响应中心等建设;2019 年 8 月,中国电子科技集团公司实施股份增持,成为绿盟科技第一大股东,旨在进一步完善其在网络安全领域布局,增进旗下企业间业务协同和优势互补,打造网络安全产业生态链。2019 年 11 月,中国电子科技集团公司持续布局网络安全产业,入股南洋股份,成为公司的第三大股东。

(六)集聚效应开始显现

"十三五"期间,我国诸多省市建立网络安全基地、高新技术科技园,通过政策引导、资金支持等加大了网络安全的产业集聚。据统计,仅 2019 年上半年我国开展网络安全业务的企业就达到3 060 家,从区域分布来看,位列前五的区域分别是北京(862 家)、广东(443 家)、上海(223 家)、四川(187 家)和浙江(148 家),其中,成渝地区成为我国网络安全西部核心区域。2019 年 1 月,北京国家网络安全产业园挂牌,将重点推动网络安全产业集聚发展、网络安全核心技术突破、实施网络安全人才培育计划等,到 2020 年,产业园区年产业规模有望达到 1 000 亿元。截至目前,已有超过 30 余家网络安全企业入驻园区或确定意向。2019 年 3 月,湖北武汉国家网络安全人才与创新基地注册企业 98 家,注册资本 280 余亿元,签约项目 63 个,协议投资 3 500 亿元,在建项目总投资达 2 376 亿元,国内网络安全企业 50 强中近三分之一在此落户。2019 年 12 月,我国第二个国家网络安全产业园区落户长沙,新的产业园定位于网络安全产业特色鲜明、应用广泛、生态完善,计划到 2022 年,网络安全产业规模突破 500 亿元,带动聚集网络安全上下游企业 400 家,引进和培育主营业务收入过百亿元企业 1～2 家,过 50 亿元企业 2～3 家,过 10 亿元企业 5～8 家,产值过亿企业突破 30 家。2019 年,园区产业规模预计突破 100 亿元,集聚相关企业近 200 家。此外,天津滨海信息安全产业园、上海国家信息安全成果产业化(东部)基地、成都网络信息安全产业园、重庆信息安全产业城等的建设也取得明显进展。

(七)发展环境持续优化

国家层面,网络安全顶层设计不断完善。"十三五"期间,《网络安全法》《国家网络空间安全战略》《关于加强国家网络安全标准化工作的若干意见》《云计算服务安全评估办法》等网络安全法律法规和战略规划相继出台。2019 年 7 月,国家网信办、国家发展改革委、工业和信息化部、财政部联合发布《云计算服务安全评估办法》,对党政机关、关键信息基础设施运营者采购使用的云计算服务提出更高安全要求。9 月,工业和信息化部就《关于促进网络安全产业发展的指导意见》公开征求意见,为网络安全产业健康发展提供了政策保障和法律依托,为网络安全技术创新、网络安全企业做大做强提供了宝贵机遇。10 月,第十三届全国人民代表大会常务委员会第十四次会议表决通过《中华人民共和国密码法》,旨在规范密码应用和管理,促进密码事业发展,保障网络与信息安全,提升密码管理科学化、规范化、法治化水平。

地方层面,区域性网络安全产业发展政策集中释放。"十三五"期间,成都市信息化工作领导小组办公室印发《成都市网络信息安全产业发展规划(2018—2022 年)》,旨在加快网络信息安全产业发展,将成都市打造成为西部领先、国内一流的网络信息安全产业高地。南京市发布《打造人工智能产业地标行动计划》,强调加强人工智能网络安全技术研发,强化人工智能产品和系统网络安全防护。长沙市政府发布《长沙市加快网络安全产业发展三年(2019—2021 年)行动计划》,明确到 2021 年网络安全产业规模突破 300 亿元的发展目标,部署了实施产业培育发展工程、实施技术创新引导工程、建设一园一院四中心、加强市场培育推广、打造"一会一赛"等重点任务。相关产业发展规划、政策文件的出台,明确了地方网络安全产业的发展重点及方向,推动地方网络安全产业加速发展。

二、我国网络安全产业发展存在的问题

(一)网络安全投入尚显不足

目前,我国在网络建设上存在着重业务应用、轻网络安全的现象。相对于 GDP 规模而言,我国在网络安全领域的投入还偏低,存在着严重的结构失衡。相关数据显示,我国网络安全投资占整体

信息化建设经费的比例不足 1％，与美国的 15％、欧洲的 10％相比存在巨大差距，网络安全建设方面的投入尚不充足。

（二）关键技术能力有待提升

长期以来，我国网络安全产业发展过度重视经济效益，对网络安全问题认识不足，忽视了在基础核心技术方面的自主创新，形成了对国外信息技术产品的体系性依赖。一是我国 CPU、操作系统、数据库等网信领域核心技术严重依赖国外，技术水平低、力量弱，尚未掌控核心技术发展的话语权。二是网络安全关键技术能力不强。当前我国威胁监测、攻击溯源、舆情掌控、安全评测等网络安全关键技术产品与西方国家还有差距，如 APT 攻击检测技术落后，缺乏有效的分析取证技术和反击手段；DDos 攻击防护只能靠单点的大带宽来承受攻击，缺乏先进的分解攻击技术手段等。三是新技术在网络安全领域的融合应用尚需提升。我国人工智能、大数据等前沿核心技术在网络安全技术产业的应用尚处于起步阶段，在基于大数据的安全分析、基于人工智能的威胁检测、可信云计算等重要方向技术实力不足，难以应对云计算、移动互联网、大数据、5G、人工智能等新技术新应用带来的网络安全挑战。

（三）创新机制尚不健全

一方面，国家项目资金支持目标不清晰、效果差，未通过国家意志方式建立自主技术研发和产业应用协同机制。目前，国家在网络安全技术领域实施了"核高基"重大科技专项、863 计划等大量科技项目，但项目多采取"撒胡椒面"或低水平重复资助方式，导致资金投入分散、难以形成合力；同时，缺少对技术研发难度高、开发成本大的网络安全技术产品的持续、大量资金支持，使得资金支持效果不理想。

另一方面，以企业为主体的创新体系尚未健全。我国网络安全企业众多，但企业规模普遍较小，普遍存在产品同质化现象严重、低水平研发重复等问题。我国网络安全技术创新多停留在表面，基础性底层技术、颠覆性非对称技术等创新缺乏，以"旧酒换新瓶"式的产品定制或概念包装等形式的创新居多，难以产生引领技术发展的创新型成果。与发达国家相比，我国网络安全企业的创新能力差距明显。根据 Cybersecurity Ventures 公司最新发布的年度全球网络安全企业创新 500 强名单，我国仅有安天、360、瀚思、绿盟科技、深信服等 10 家中国企业上榜，欧洲有 67 家企业上榜，美国则有超过 350 家企业上榜。根据 Cybersecurity Ventures 公司发布的 2020 最值得期待 150 家网络安全企业名单，我国没有企业上榜。

（四）市场需求有待拓展

政府、军方和关键基础设施一直是网络安全市场的主要需求方，欧美等西方发达国家往往注重对政府采购市场的引导和调控，通过引导网络安全研发和部署方面的资金向这些主需求方转移，间接达到向网络安全产业倾斜的效果。与其相比，我国政府采购制度尚存不足，难以为国内网络安全企业或产品提供庞大的市场空间。国家财政每年投入大量资金用于网络安全技术研发，但多以资助研究机构和高校为主，往往没有真正惠及网络安全企业。我国企业网络安全责任意识不强、用户网络安全意识薄弱，致使行业对网络安全产品和服务的需求尚未被充分挖掘。关键信息基础设施安全产品和服务的供应尚存在技术壁垒，增加了民营网络安全企业进入相关市场的难度。对进口网络安全产品和服务的安全审查制度尚未严格实施,压缩了国产网络安全产品和服务的市场空间。奇虎360将互联网模式引入网络安全产业,形成了免费＋增值服务的模式,进一步压缩了国内网络安全产业需求空间。在这些因素的影响下,我国网络安全产业的市场空间有限、市场需求规模有待拓展。

(五) 发展环境仍需改善

长期以来,我国面临着网络安全政策法规建设滞后的问题,导致网络安全产业发展缺少顶层规划,网络安全需求没有完全释放,难以指导和促进网络安全产业持续、健康发展。同时,我国网络安全管理尚不完善,产业发展乱象突出,如网络安全行业资质要求多、重复测评认证现象严重;网络安全测评周期长,证书有效期短,评测标准不公开,过程不透明;网络安全招投标过程不规范,低价中标问题突出等。这些问题没有给网络安全中小企业营造良好的创新和公平竞争环境,给网络安全企业带来了沉重的经济负担和时间成本,造成了网络安全市场分割,阻碍了产业应用和发展。

三、我国网络安全产业发展的对策建议

(一) 加快网络安全关键核心技术创新,带动网络安全产业创新发展

推动网络安全产品迭代升级。支持高校、科研院所、安全企业开展网络安全防护体系基础理论和关键技术研究,强化高级威胁防护、监测预警、DDoS防护等技术攻关。支持相关单位聚焦网络安全事前防护、事中监测、事后处置、调查取证等环节需要,大力推动资产识别、漏洞挖掘、病毒查杀、边界防护、入侵防御、源码检测、数据保护、追踪溯源等网络安全产品演进升级,持续推进云安全、大数据安全、移动安全、物联网安全、工控安全等领域网络安全产品迭代创新,不断提升隐患排查、态势感知、应急处置和追踪溯源能力。

加快推进区块链核心技术研究。支持高校、科研院所等加强区块链技术涉及的数学、信息学、密码学、经济学的基础理论研究,为区块链技术发展提供理论支持。支持企业加大研发力度,加快突破智能合约安全、共识协议、跨链通信、数据隐私保护等核心技术,不断提升区块链系统在去中心化或多中心条件下的性能效率、互联互通和安全性。提高运用和管理区块链技术能力,突破传统安全技术瓶颈,解决网络安全问题,弥补安全技术漏洞。

重点突破人工智能网络安全技术。加大对感知技术、深度学习、机器学习等人工智能算法的研发支持力度,重点提升算法的可解释性、透明性、运行效率等。加强对抗性机器学习研究,不断提升人工智能算法的鲁棒性。推动人工智能先进技术在网络安全领域的深度应用,加强基于人工智能技术的漏洞挖掘、安全测试、威胁预警、攻击检测、应急处置等网络安全技术攻关,强化人工智能安全态势感知、测试评估、威胁信息共享和应急处置等能力;基于人工智能技术,加强对网络攻击的特点和规律的分析,研究恶意程序和攻击手段的演化方向,提升网络攻击防御的效率和精准度。

加强工业互联网、大数据等新兴领域网络安全新技术研究。加强移动互联网安全技术研究,重点推进移动互联网架构安全、移动应用安全、可信安全移动终端等技术创新;加强工业互联网安全技术研究,强化工业互联网边界防护、异常流量检测、协议漏洞挖掘等技术,推动工业设备指纹库及网络安全监测、态势感知技术研究;加强云平台虚拟机安全技术、虚拟化网络安全技术、云安全审计

技术研究;聚焦数据安全交换、去隐私化、跨境数据管控等难点,推进数据流通、大数据协同安全等技术研究。加强 5G、车联网等新兴领域网络安全威胁和风险分析,大力推动相关场景下的网络安全技术产品研发。支持云计算、大数据、量子计算等技术在网络安全领域的应用。积极探索拟态防御、零信任安全等网络安全新理念、新架构,推动网络安全理论和技术创新。

(二)加强网络安全服务创新,支撑网络安全产业转型发展

加快网络安全服务创新发展。倡导"安全即服务"的理念,支持专业机构和企业开展网络安全规划咨询、威胁情报、风险评估、检测认证、安全集成、应急响应等安全服务。加快转变"重产品轻服务"的思维观念,发挥党政机关和关键信息基础设施领域的引领示范作用,推动安全服务采购与产品采购保持独立、适当剥离,将服务能力作为衡量厂商综合能力的重要指标,引导网络安全企业由提供安全产品向提供安全服务和解决方案转变。支持企业探索开展网络安全保险服务。

规范网络安全认证、漏洞披露等服务。统一网络安全专用产品的检测标准和规范,支持合法设立的认证机构依法开展网络安全认证,推动安全认证和安全检测结果互认,避免重复认证、检测。扎实开展网络安全审查、云计算服务安全评估等工作。探索建立统一的关键信息基础设施供应商安全认证。规范网络安全漏洞扫描、披露,网络安全威胁信息发布活动。借鉴美国"黑入五角大楼"等机制,探索开展针对党政机关和重点行业的网络安全众测服务。

大力发展网络安全公共服务。支持科研院所、安全企业发展基于云模式的网络安全威胁监测、数据分析、信息通报等网络安全公共服务平台,面向政府、企业、个人提供远程实时在线的漏洞发现、监测预警、网站防护、抗拒绝服务攻击、域名安全等服务。支持建设网络安全众测服务、安全托管众包服务等平台,面向中小企业提供风险评估、安全评测、安全托管、日程运维、安全加固、应急处置等安全服务。

(三)打造产学研用产业链,推动网络安全产业集聚发展

统筹网络安全产业发展。制定出台促进网络安全产业发展的政策文件,强化网络安全技术产业统筹规划和整体布局。扎实推进国家网络安全产业园区建设,打造引领国家网络安全技术产业发展的战略高地。调动地方产业发展积极性,支持在全国范围内重点布局网络安全产业园区,发挥区域优势,以点带面,辐射带动全国网络安全产业发展。

完善网络安全产业生态。支持龙头骨干企业建立开放性网络安全技术研发、标准验证、成果转化平台,推动企业间创新能力共享、创新成果转化和品牌协同。聚焦 5G、人工智能、数据安全、工业互联网安全、态势感知等领域,着力培育一批"专精特新"的网络安全中小微企业,与网络安全骨干企业形成优势互补。集聚科研院所、高校、行业企业等创新资源,建设一批网络安全技术、产品协同创新平台和实验室,开展共性重要问题和市场亟须方向的联合研究,加快网络安全创新产品成果转化和产业化。鼓励企业、研究机构、高校、行业组织等积极参与制定网络安全相关国家标准、行业标准。

优化产业发展环境。深入推进"放管服"改革,建立政府、行业组织、企业等多方联动协同治理机制,提升网络安全产业管理能力。健全网络安全市场准入和退出机制,鼓励各类市场主体公平竞争、优胜劣汰。发挥市场机制作用,破除产业发展壁垒,对信誉良好的企业开辟绿色通道。

（四）扩大网络安全市场需求，促进网络安全技术应用

推动网络安全技术产品在重点行业领域广泛应用。充分发挥党政机关和相关行业主管部门作用，推动先进适用网络安全技术产品和服务在金融、能源、通信、交通、电子政务等重要领域的部署应用。开展常态化的网络安全监督检查工作，督促指导重点行业企业采取必要的网络安全技术措施。要求财政投资的信息化项目应当同步配套建设网络安全技术设施，并单独开展安全验收，对于不符合网络安全要求的信息化项目，不安排运行维护经费。

支持网络安全企业走出去。充分发挥政府引导作用，建立国家和企业联动机制，从"一带一路"沿线国家出发，加强政府主导的国际技术交流和战略合作，为企业走出去营造好的外部环境。推动建立网络安全企业产业链合作机制，支持网络安全优势企业与信息技术企业、电子制造企业、运营商等开展更大范围的技术合作与市场渠道合作，借助国家"一带一路"海外工程项目、信息基础设施对外援助建设等，推动网络安全产品走出去。

（摘自《2020 中国软件和信息服务业发展报告》，作者：刘权）

第 五 部 分

产业政策篇

第一章 国家政策

国务院办公厅关于促进平台经济规范健康发展的指导意见

国办发〔2019〕38号

各省、自治区、直辖市人民政府，国务院各部委、各直属机构：

互联网平台经济是生产力新的组织方式，是经济发展新动能，对优化资源配置、促进跨界融通发展和大众创业万众创新、推动产业升级、拓展消费市场尤其是增加就业，都有重要作用。要坚持以习近平新时代中国特色社会主义思想为指导，深入贯彻落实党的十九大和十九届二中、三中全会精神，持续深化"放管服"改革，围绕更大激发市场活力，聚焦平台经济发展面临的突出问题，遵循规律、顺势而为，加大政策引导、支持和保障力度，创新监管理念和方式，落实和完善包容审慎监管要求，推动建立健全适应平台经济发展特点的新型监管机制，着力营造公平竞争市场环境。为促进平台经济规范健康发展，经国务院同意，现提出以下意见。

一、优化完善市场准入条件，降低企业合规成本

（一）推进平台经济相关市场主体登记注册便利化

放宽住所（经营场所）登记条件，经营者通过电子商务类平台开展经营活动的，可以使用平台提供的网络经营场所申请个体工商户登记。指导督促地方开展"一照多址"改革探索，进一步简化平台企业分支机构设立手续。放宽新兴行业企业名称登记限制，允许使用反映新业态特征的字词作为企业名称。推进经营范围登记规范化，及时将反映新业态特征的经营范围表述纳入登记范围。（市场监管总局负责）

（二）合理设置行业准入规定和许可

放宽融合性产品和服务准入限制，只要不违反法律法规，均应允许相关市场主体进入。清理和规范制约平台经济健康发展的行政许可、资质资格等事项，对仅提供信息中介和交易撮合服务的平台，除直接涉及人身健康、公共安全、社会稳定和国家政策另有规定的金融、新闻等领域外，原则上

不要求比照平台内经营者办理相关业务许可。(各相关部门按职责分别负责)指导督促有关地方评估网约车、旅游民宿等领域的政策落实情况,优化完善准入条件、审批流程和服务,加快平台经济参与者合规化进程。(交通运输部、文化和旅游部等相关部门按职责分别负责)对仍处于发展初期、有利于促进新旧动能转换的新兴行业,要给予先行先试机会,审慎出台市场准入政策。(各地区、各部门负责)

(三)加快完善新业态标准体系

对部分缺乏标准的新兴行业,要及时制定出台相关产品和服务标准,为新产品新服务进入市场提供保障。对一些发展相对成熟的新业态,要鼓励龙头企业和行业协会主动制定企业标准,参与制定行业标准,提升产品质量和服务水平。(市场监管总局牵头,各相关部门按职责分别负责)

二、创新监管理念和方式,实行包容审慎监管

(一)探索适应新业态特点、有利于公平竞争的公正监管办法

本着鼓励创新的原则,分领域制定监管规则和标准,在严守安全底线的前提下为新业态发展留足空间。对看得准、已经形成较好发展势头的,分类量身定制适当的监管模式,避免用老办法管理新业态;对一时看不准的,设置一定的"观察期",防止一上来就管死;对潜在风险大、可能造成严重不良后果的,严格监管;对非法经营的,坚决依法予以取缔。各有关部门要依法依规夯实监管责任,优化机构监管,强化行为监管,及时预警风险隐患,发现和纠正违法违规行为。(发展改革委、中央网信办、工业和信息化部、市场监管总局、公安部等相关部门及各地区按职责分别负责)

(二)科学合理界定平台责任

明确平台在经营者信息核验、产品和服务质量、平台(含 App)索权、消费者权益保护、网络安全、数据安全、劳动者权益保护等方面的相应责任,强化政府部门监督执法职责,不得将本该由政府承担的监管责任转嫁给平台。尊重消费者选择权,确保跨平台互联互通和互操作。允许平台在合规经营前提下探索不同经营模式,明确平台与平台内经营者的责任,加快研究出台平台尽职免责的具体办法,依法合理确定平台承担的责任。鼓励平台通过购买保险产品分散风险,更好保障各方权益。(各相关部门按职责分别负责)

(三)维护公平竞争市场秩序

制定出台网络交易监督管理有关规定,依法查处互联网领域滥用市场支配地位限制交易、不正当竞争等违法行为,严禁平台单边签订排他性服务提供合同,保障平台经济相关市场主体公平参与市场竞争。维护市场价格秩序,针对互联网领域价格违法行为特点制定监管措施,规范平台和平台内经营者价格标示、价格促销等行为,引导企业合法合规经营。(市场监管总局负责)

(四)建立健全协同监管机制

适应新业态跨行业、跨区域的特点,加强监管部门协同、区域协同和央地协同,充分发挥"互联

网＋"行动、网络市场监管、消费者权益保护、交通运输新业态协同监管等部际联席会议机制作用,提高监管效能。(发展改革委、市场监管总局、交通运输部等相关部门按职责分别负责)加大对跨区域网络案件查办协调力度,加强信息互换、执法互助,形成监管合力。鼓励行业协会商会等社会组织出台行业服务规范和自律公约,开展纠纷处理和信用评价,构建多元共治的监管格局。(各地区、各相关部门按职责分别负责)

(五)积极推进"互联网＋监管"

依托国家"互联网＋监管"等系统,推动监管平台与企业平台联通,加强交易、支付、物流、出行等第三方数据分析比对,开展信息监测、在线证据保全、在线识别、源头追溯,增强对行业风险和违法违规线索的发现识别能力,实现以网管网、线上线下一体化监管。(国务院办公厅、市场监管总局等相关部门按职责分别负责)根据平台信用等级和风险类型,实施差异化监管,对风险较低、信用较好的适当减少检查频次,对风险较高、信用较差的加大检查频次和力度。(各相关部门按职责分别负责)

三、鼓励发展平台经济新业态,加快培育新的增长点

(一)积极发展"互联网＋服务业"

支持社会资本进入基于互联网的医疗健康、教育培训、养老家政、文化、旅游、体育等新兴服务领域,改造提升教育医疗等网络基础设施,扩大优质服务供给,满足群众多层次多样化需求。鼓励平台进一步拓展服务范围,加强品牌建设,提升服务品质,发展便民服务新业态,延伸产业链和带动扩大就业。鼓励商品交易市场顺应平台经济发展新趋势、新要求,提升流通创新能力,促进产销更好衔接。(教育部、民政部、商务部、文化和旅游部、卫生健康委、体育总局、工业和信息化部等相关部门按职责分别负责)

(二)大力发展"互联网＋生产"

适应产业升级需要,推动互联网平台与工业、农业生产深度融合,提升生产技术,提高创新服务能力,在实体经济中大力推广应用物联网、大数据,促进数字经济和数字产业发展,深入推进智能制造和服务型制造。深入推进工业互联网创新发展,加快跨行业、跨领域和企业级工业互联网平台建设及应用普及,实现各类生产设备与信息系统的广泛互联互通,推进制造资源、数据等集成共享,促进一二三产业、大中小企业融通发展。(工业和信息化部、农业农村部等相关部门按职责分别负责)

(三)深入推进"互联网＋创业创新"

加快打造"双创"升级版,依托互联网平台完善全方位创业创新服务体系,实现线上线下良性互动、创业创新资源有机结合,鼓励平台开展创新任务众包,更多向中小企业开放共享资源,支撑中小企业开展技术、产品、管理模式、商业模式等创新,进一步提升创业创新效能。(发展改革委牵头,各相关部门按职责分别负责)

(四)加强网络支撑能力建设

深入实施"宽带中国"战略,加快 5G 等新一代信息基础设施建设,优化提升网络性能和速率,推进下一代互联网、广播电视网、物联网建设,进一步降低中小企业宽带平均资费水平,为平台经济发展提供有力支撑。(工业和信息化部、发展改革委等相关部门按职责分别负责)

四、优化平台经济发展环境,夯实新业态成长基础

(一)加强政府部门与平台数据共享

依托全国一体化在线政务服务平台、国家"互联网＋监管"系统、国家数据共享交换平台、全国信用信息共享平台和国家企业信用信息公示系统,进一步归集市场主体基本信息和各类涉企许可信息,力争 2019 年上线运行全国一体化在线政务服务平台电子证照共享服务系统,为平台依法依规核验经营者、其他参与方的资质信息提供服务保障。(国务院办公厅、发展改革委、市场监管总局按职责分别负责)加强部门间数据共享,防止各级政府部门多头向平台索要数据。(发展改革委、中央网信办、市场监管总局、国务院办公厅等相关部门按职责分别负责)畅通政企数据双向流通机制,制定发布政府数据开放清单,探索建立数据资源确权、流通、交易、应用开发规则和流程,加强数据隐私保护和安全管理。(发展改革委、中央网信办等相关部门及各地区按职责分别负责)

(二)推动完善社会信用体系

加大全国信用信息共享平台开放力度,依法将可公开的信用信息与相关企业共享,支持平台提升管理水平。利用平台数据补充完善现有信用体系信息,加强对平台内失信主体的约束和惩戒。(发展改革委、市场监管总局负责)完善新业态信用体系,在网约车、共享单车、汽车分时租赁等领域,建立健全身份认证、双向评价、信用管理等机制,规范平台经济参与者行为。(发展改革委、交通运输部等相关部门按职责分别负责)

(三)营造良好的政策环境

各地区各部门要充分听取平台经济参与者的诉求,有针对性地研究提出解决措施,为平台创新发展和吸纳就业提供有力保障。(各地区、各部门负责)2019 年底前建成全国统一的电子发票公共服务平台,提供免费的增值税电子普通发票开具服务,加快研究推进增值税专用发票电子化工作。(税务总局负责)尽快制定电子商务法实施中的有关信息公示、零星小额交易等配套规则。(商务部、市场监管总局、司法部按职责分别负责)鼓励银行业金融机构基于互联网和大数据等技术手段,创新发展适应平台经济相关企业融资需求的金融产品和服务,为平台经济发展提供支持。允许有实力有条件的互联网平台申请保险兼业代理资质。(银保监会等相关部门按职责分别负责)推动平台经济监管与服务的国际交流合作,加强政策沟通,为平台企业走出去创造良好外部条件。(商务部等相关部门按职责分别负责)

五、切实保护平台经济参与者合法权益,强化平台经济发展法治保障

(一)保护平台、平台内经营者和平台从业人员等权益

督促平台按照公开、公平、公正的原则,建立健全交易规则和服务协议,明确进入和退出平台、商品和服务质量安全保障、平台从业人员权益保护、消费者权益保护等规定。(商务部、市场监管总局牵头,各相关部门按职责分别负责)抓紧研究完善平台企业用工和灵活就业等从业人员社保政策,开展职业伤害保障试点,积极推进全民参保计划,引导更多平台从业人员参保。加强对平台从业人员的职业技能培训,将其纳入职业技能提升行动。(人力资源社会保障部负责)强化知识产权保护意识。依法打击网络欺诈行为和以"打假"为名的敲诈勒索行为。(市场监管总局、知识产权局按职责分别负责)

(二)加强平台经济领域消费者权益保护

督促平台建立健全消费者投诉和举报机制,公开投诉举报电话,确保投诉举报电话有人接听,建立与市场监管部门投诉举报平台的信息共享机制,及时受理并处理投诉举报,鼓励行业组织依法依规建立消费者投诉和维权第三方平台。鼓励平台建立争议在线解决机制,制定并公示争议解决规则。依法严厉打击泄露和滥用用户信息等损害消费者权益行为。(市场监管总局等相关部门按职责分别负责)

(三)完善平台经济相关法律法规

及时推动修订不适应平台经济发展的相关法律法规与政策规定,加快破除制约平台经济发展的体制机制障碍。(司法部等相关部门按职责分别负责)

涉及金融领域的互联网平台,其金融业务的市场准入管理和事中事后监管,按照法律法规和有关规定执行。设立金融机构、从事金融活动、提供金融信息中介和交易撮合服务,必须依法接受准入管理。

各地区、各部门要充分认识促进平台经济规范健康发展的重要意义,按照职责分工抓好贯彻落实,压实工作责任,完善工作机制,密切协作配合,切实解决平台经济发展面临的突出问题,推动各项政策措施及时落地见效,重大情况及时报国务院。

国务院办公厅

2019 年 8 月 1 日

(此件公开发布)

工业和信息化部关于加快培育共享制造新模式新业态促进制造业高质量发展的指导意见

工信部产业〔2019〕226 号

各省、自治区、直辖市及计划单列市、新疆生产建设兵团工业和信息化主管部门：

共享制造是共享经济在生产制造领域的应用创新，是围绕生产制造各环节，运用共享理念将分散、闲置的生产资源集聚起来，弹性匹配、动态共享给需求方的新模式新业态。发展共享制造，是顺应新一代信息技术与制造业融合发展趋势、培育壮大新动能的必然要求，是优化资源配置、提升产出效率、促进制造业高质量发展的重要举措。近年来，我国共享制造发展迅速，应用领域不断拓展，产能对接、协同生产、共享工厂等新模式新业态竞相涌现，但总体仍处于起步阶段，面临共享意愿不足、发展生态不完善、数字化基础较薄弱等问题。为贯彻落实党中央、国务院关于在共享经济领域培育新增长点、形成新动能的决策部署，进一步推动共享经济在生产制造领域的创新应用，加快培育共享制造新模式新业态，促进制造业高质量发展，现提出以下意见。

一、总体要求

（一）指导思想

以习近平新时代中国特色社会主义思想为指导，全面贯彻党的十九大和十九届二中、三中全会精神，坚持新发展理念，坚持推进高质量发展，坚持以供给侧结构性改革为主线，积极培育发展共享制造平台，深化创新应用，推进制造、创新、服务等资源共享，加强示范引领和政策支持，完善共享制造发展环境，发展共享制造新模式新业态，充分激发创新活力、挖掘发展潜力、释放转型动力，推动制造业高质量发展。

（二）基本原则

市场主导、政府引导。坚持以市场为导向，充分发挥企业主体作用，强化产业链上下游协作，丰富平台应用。政府重在加强宣传推广，推动完善信用标准体系，优化服务，积极营造良好环境，支持引导共享制造创新发展。

创新驱动、示范引领。通过模式创新、技术创新、服务创新和管理创新，发挥新一代信息技术的支撑作用，加快培育共享制造新模式新业态，推动产业组织创新，提升全要素生产率。组织实施共享制造示范活动，鼓励优秀企业先行先试，以点带面，总结形成可复制、可推广的典型经验。

平台牵引、集群带动。充分发挥共享制造平台的牵引作用，创新资源配置方式，提高供给质量，缩短生产周期，赋能中小企业创新发展。依托产业集群的空间集聚优势和产业生态优势，加快共享制造落地和规模化发展，带动产业集群转型升级。

因业施策、分步实施。深刻把握共享制造在不同行业领域的应用特点,坚持问题导向,加强引导,精准施策,分阶段、分步骤推动共享制造在各区域、各行业、各环节的深化应用,促进共享制造全面发展。

(三) 发展方向

加快形成以制造能力共享为重点,以创新能力、服务能力共享为支撑的协同发展格局。

制造能力共享。聚焦加工制造能力的共享创新,重点发展汇聚生产设备、专用工具、生产线等制造资源的共享平台,发展多工厂协同的共享制造服务,发展集聚中小企业共性制造需求的共享工厂,发展以租代售、按需使用的设备共享服务。

创新能力共享。围绕中小企业、创业企业灵活多样且低成本的创新需求,发展汇聚社会多元化智力资源的产品设计与开发能力共享,扩展科研仪器设备与实验能力共享。

服务能力共享。围绕物流仓储、产品检测、设备维护、验货验厂、供应链管理、数据存储与分析等企业普遍存在的共性服务需求,整合海量社会服务资源,探索发展集约化、智能化、个性化的服务能力共享。

(四) 主要目标

到 2022 年,形成 20 家创新能力强、行业影响大的共享制造示范平台,资源集约化水平进一步提升,制造资源配置不断优化,共享制造模式认可度得到显著提高。推动支持 50 项发展前景好、带动作用强的共享制造示范项目,共享制造在产业集群的应用进一步深化,集群内生产组织效率明显提高。支撑共享制造发展的信用、标准等配套体系逐步健全,共性技术研发取得一定突破,数字化发展基础不断夯实,共享制造协同发展生态初步形成。

到 2025 年,共享制造发展迈上新台阶,示范引领作用全面显现,共享制造模式广泛应用,生态体系趋于完善,资源数字化水平显著提升,成为制造业高质量发展的重要驱动力量。

二、主要任务

(一) 培育发展共享制造平台

积极推进平台建设。在产业基础条件好、共享制造起步早的地区和行业,加快形成一批专业化共享制造平台,推动重点区域、重点行业分散制造资源的有效汇聚与广泛共享。鼓励有条件的企业探索建设跨区域、综合性共享制造平台。引导企业通过联合建设、战略投资等方式推动平台整合,提升制造资源的集聚水平。

鼓励平台创新应用。支持平台企业围绕制造资源的在线发布、订单匹配、生产管理、支付保障、信用评价等,探索融合行业特点的创新服务。推动平台企业深度整合多样化制造资源,发展"平台接单、按工序分解、多工厂协同"的共享制造模式。

推动平台演进升级。支持平台企业积极应用云计算、大数据、物联网、人工智能等技术,发展智能报价、智能匹配、智能排产、智能监测等功能,不断提升共享制造全流程的智能化水平。引导平台企业与技术提供商合作,强化平台开发与应用能力。鼓励工业互联网平台面向特定行业、特定区域整合开放各类资源,发展共享制造服务。

(二)依托产业集群发展共享制造

探索建设共享工厂。鼓励各类企业围绕产业集群的共性制造环节,建设共享工厂,集中配置通用性强、购置成本高的生产设备,依托线上平台打造分时、计件、按价值计价等灵活服务模式,满足产业集群的共性制造需求。

支持发展公共技术中心。围绕产业集群急需的共性技术研发、产品质量检测等服务,支持建设一批公共技术服务平台,强化产学研合作,为集群内企业提供便捷、低价、高效、多元的技术研发、成果转化、质量管理、创业孵化等公共服务。

积极推动服务能力共享。引导产业集群内企业通过共享物流、仓储、采销、人力等方式,聚焦核心能力建设,提升企业竞争力。鼓励信息通信企业深入产业集群,结合行业特点,发展数据储存、分析、监测等共性服务,积极推动工业大数据创新应用。

(三)完善共享制造发展生态

创新资源共享机制。鼓励大型企业创新机制,释放闲置资源,推动研发设计、制造能力、物流仓储、专业人才等重点领域开放共享,增加有效供给。推动高等院校、科研院所构建科学有效的利益分配机制与资源调配机制,推动科研仪器设备与实验能力开放共享。创新激励机制,引导利益相关方积极开放生产设备的数据接口,推进数据共享。完善资源共享过程中的知识产权保护机制。

推动信用体系建设。鼓励平台企业针对共享制造应用场景和模式特点,综合利用大数据监测、用户双向评价、第三方认证等手段,构建平台供需双方分级分类信用评价体系,提供企业征信查询、企业质量保证能力认证、企业履约能力评价等服务。

优化完善标准体系。聚焦非标产品标准化、生产流程标准化等领域,鼓励平台企业优化产品标准体系,明确产品属性和生产工艺要求。加快制定共享制造团体标准,推动制造资源的可度量、可交易、可评估。针对共享制造多主体协作、虚拟化制造等运作特点,创新质量管理认证体系。

(四)夯实共享制造发展的数字化基础

提升企业数字化水平。培育发展一批数字化解决方案提供商,结合行业特点和发展阶段,鼓励开发和推广成本低、周期短、适用面广的数字化解决方案。加快推进中小企业上云,推动计算机辅助设计、制造执行系统、产品全生命周期管理等工业软件普及应用,引导广大中小企业加快实现生产过程的数字化。

推动新型基础设施建设。加强5G、人工智能、工业互联网、物联网等新型基础设施建设,扩大高速率、大容量、低延时网络覆盖范围,鼓励制造企业通过内网改造升级实现人、机、物互联,为共享制造提供信息网络支撑。

强化安全保障体系。围绕应用程序、平台、数据、网络、控制和设备安全,统筹推进安全技术研发和手段建设,建立健全数据分级分类保护制度,强化共享制造企业的公共网络安全意识,打造共享制造安全保障体系。

三、保障措施

（一）加强组织推进

指导成立共享制造产业联盟，聚集生产制造和互联网领域的骨干企业及相关研究机构，搭建合作与促进平台，建立平台企业资源库；推动平台企业等积极开展国际合作，更深更广融入全球供给体系；加强对共享制造平台运行的监测；充分发挥联盟、行业协会等各方的作用，组织开展标准研制、应用推广、信用评价、认证评估及重大问题研究，通过发布报告、行业交流、召开共享制造发展大会和推进会等方式，加强宣传引导和支撑保障，助力共享制造创新发展。

（二）推动示范引领

在服务型制造示范遴选活动中，面向基础条件好和需求迫切的地区、行业，遴选一批示范带动作用强、可复制可推广的共享制造示范平台和项目，及时跟踪、总结、评估示范过程中的新情况、新问题和新经验，加强典型经验交流和推广，进一步推动共享制造在不同行业的深度应用和创新发展。支持共享制造企业积极申报全国企业管理现代化创新成果。鼓励有条件的地方先行先试，开展共享制造试点，及时跟踪、总结经验，培育共享制造优秀供应商，形成共享制造产业生态供给资源池。

（三）强化政策支持

支持和引导各类市场主体积极探索共享制造新模式新业态。积极利用现有资金渠道，支持共性技术研究与开发，开展共享制造平台建设与升级、技术应用创新、制造资源采集系统开发、共享工厂建设等。深化产融合作，引导和推动金融机构为共享制造技术、业务和应用创新提供金融服务。鼓励有条件的地方制定出台支持共享制造创新发展的政策措施。

（四）加强人才培养

支持大学、科研机构、高职院校等加强互联网领域与制造业领域的复合型人才队伍培养。鼓励企业积极与高校创新合作模式，共建实训基地，积极开展互动式人才培养。依托重点企业、行业协会、产业联盟开展共享制造领域急需紧缺人才培养培训，鼓励社会培训机构加强面向重点行业关键岗位专业人才培训。

十部门关于印发加强工业互联网安全工作的指导意见的通知

工业和信息化部　教育部　人力资源和社会保障部　生态环境部
国家卫生健康委员会　应急管理部　国务院国有资产监督管理委员会
国家市场监督管理总局　国家能源局　国家国防科技工业局
关于印发加强工业互联网安全工作的指导意见的通知

工信部联网安〔2019〕168 号

各省、自治区、直辖市及计划单列市、新疆生产建设兵团工业和信息化、教育、人力资源社会保障、生态环境、卫生健康、应急管理、国有资产监管、市场监管、能源、国防科技工业主管部门,各省、自治区、直辖市通信管理局:

现将《加强工业互联网安全工作的指导意见》印发给你们,请结合工作实际,抓好贯彻落实。

工业和信息化部　教育部
人力资源和社会保障部　生态环境部
国家卫生健康委员会　应急管理部
国务院国有资产监督管理委员会　国家市场监督管理总局
国家能源局　国家国防科技工业局
2019 年 7 月 26 日

加强工业互联网安全工作的指导意见

按照《国务院关于深化"互联网＋先进制造业"发展工业互联网的指导意见》(以下简称《指导意见》)部署,为加快构建工业互联网安全保障体系,提升工业互联网安全保障能力,促进工业互联网高质量发展,推动现代化经济体系建设,护航制造强国和网络强国战略实施,现就加强工业互联网安全工作提出如下意见。

一、总体要求

(一)指导思想

坚持以习近平新时代中国特色社会主义思想为指导,全面贯彻党的十九大和十九届二中、三中全会精神,按照《指导意见》有关要求,围绕设备、控制、网络、平台、数据安全,落实企业主体责任、政府监管责任,健全制度机制、建设技术手段、促进产业发展、强化人才培育,构建责任清晰、制度健全、技术先进的工业互联网安全保障体系,覆盖工业互联网规划、建设、运行等全生命周期,形成事前防范、事中监测、事后应急能力,全面提升工业互联网创新发展安全保障能力和服务水平。

（二）基本原则

筑牢安全，保障发展。以安全保发展，以发展促安全。严格落实《中华人民共和国网络安全法》等法律法规，按照谁运营谁负责、谁主管谁负责的原则，坚持发展与安全并重，安全和发展同步规划、同步建设、同步运行。

统筹指导，协同推进。做好顶层设计和系统谋划，结合各地实际，突出重点，分步协同推进，加快构建工业互联网安全保障体系，确保安全工作落实到位。

分类施策，分级管理。根据行业重要性、企业规模、安全风险程度等因素，对企业实施分类分级管理，集中力量指导、监管重要行业、重点企业提升工业互联网安全保障能力，夯实企业安全主体责任。

融合创新，重点突破。基于工业互联网融合发展特性，创新安全管理机制和技术手段，鼓励推动重点领域技术突破，加快安全可靠产品的创新推广应用，有效应对新型安全挑战。

（三）总体目标

到 2020 年底，工业互联网安全保障体系初步建立。制度机制方面，建立监督检查、信息共享和通报、应急处置等工业互联网安全管理制度，构建企业安全主体责任制，制定设备、平台、数据等至少20项亟须的工业互联网安全标准，探索构建工业互联网安全评估体系。技术手段方面，初步建成国家工业互联网安全技术保障平台、基础资源库和安全测试验证环境。产业发展方面，在汽车、电子信息、航空航天、能源等重点领域，形成至少20个创新实用的安全产品、解决方案的试点示范，培育若干具有核心竞争力的工业互联网安全企业。

到 2025 年，制度机制健全完善，技术手段能力显著提升，安全产业形成规模，基本建立起较为完备可靠的工业互联网安全保障体系。

二、主要任务

（一）推动工业互联网安全责任落实

1. 依法落实企业主体责任

工业互联网企业明确工业互联网安全责任部门和责任人，建立健全重点设备装置和系统平台联网前后的风险评估、安全审计等制度，建立安全事件报告和问责机制，加大安全投入，部署有效安全技术防护手段，保障工业互联网安全稳定运行。由网络安全事件引发的安全生产事故，按照安全生产有关法规进行处置。

2. 政府履行监督管理责任

工业和信息化部组织开展工业互联网安全相关政策制定、标准研制等综合性工作，并对装备制造、电子信息及通信等主管行业领域的工业互联网安全开展行业指导管理。地方工业和信息化主管部门指导本行政区域内应用工业互联网的工业企业的安全工作，同步推进安全产业发展，并联合应急管理部门推进工业互联网在安全生产监管中的作用；地方通信管理局监管本行政区域内标识解析系统、公共工业互联网平台等的安全工作，并在公共互联网上对联网设备、系统等进行安全监测。生态环境、卫生健康、能源、国防科技工业等部门根据各自职责，开展本行业领域工业互联网推广应用的安全指导、监管工作。

(二) 构建工业互联网安全管理体系

1. 健全安全管理制度

围绕工业互联网安全监督检查、风险评估、数据保护、信息共享和通报、应急处置等方面建立健全安全管理制度和工作机制，强化对企业的安全监管。

2. 建立分类分级管理机制

建立工业互联网行业分类指导目录、企业分级指标体系，制定工业互联网行业企业分类分级指南，形成重点企业清单，强化逐级负责的政府监管模式，实施差异化管理。

3. 建立工业互联网安全标准体系

推动工业互联网设备、控制、网络（含标识解析系统）、平台、数据等重点领域安全标准的研究制定，建设安全技术与标准试验验证环境，支持专业机构、企业积极参与相关国际标准制定，加快标准落地实施。

(三) 提升企业工业互联网安全防护水平

1. 夯实设备和控制安全

督促工业企业部署针对性防护措施，加强工业生产、主机、智能终端等设备安全接入和防护，强化控制网络协议、装置装备、工业软件等安全保障，推动设备制造商、自动化集成商与安全企业加强合作，提升设备和控制系统的本质安全。

2. 提升网络设施安全

指导工业企业、基础电信企业在网络化改造及部署 IPv6、应用 5G 的过程中，落实安全标准要求并开展安全评估，部署安全设施，提升企业内外网的安全防护能力。要求标识解析系统的建设运营单位同步加强安全防护技术能力建设，确保标识解析系统的安全运行。

3. 强化平台和工业应用程序（App）安全

要求工业互联网平台的建设、运营单位按照相关标准开展平台建设，在平台上线前进行安全评估，针对边缘层、IaaS 层（云基础设施）、平台层（工业 PaaS）、应用层（工业 SaaS）分层部署安全防护措施。建立健全工业 App 应用前安全检测机制，强化应用过程中用户信息和数据安全保护。

（四）强化工业互联网数据安全保护能力

1. 强化企业数据安全防护能力

明确数据收集、存储、处理、转移、删除等环节安全保护要求，指导企业完善研发设计、工业生产、运维管理、平台知识机理和数字化模型等数据的防窃密、防篡改和数据备份等安全防护措施，鼓励商用密码在工业互联网数据保护工作中的应用。

2. 建立工业互联网全产业链数据安全管理体系

依据工业门类领域、数据类型、数据价值等建立工业互联网数据分级分类管理制度，开展重要数据出境安全评估和监测，完善重大工业互联网数据泄露事件触发响应机制。

（五）建设国家工业互联网安全技术手段

1. 建设国家、省、企业三级协同的工业互联网安全技术保障平台

工业和信息化部统筹建设国家工业互联网安全技术保障平台。工业基础较好的省、自治区、直辖市先期试点建设省级技术保障平台。支持鼓励机械制造、电子信息、航空航天等重点行业企业建设企业级安全平台，强化地方、企业与国家平台之间的系统对接、数据共享、业务协作，打造整体态势感知、信息共享和应急协同能力。

2. 建立工业互联网安全基础资源库

建设工业互联网资产目录库、工业协议库、安全漏洞库、恶意代码病毒库和安全威胁信息库等基础资源库，推动研制面向典型行业工业互联网安全应急处置、安全事件现场取证等工具集，加强工业互联网安全资源储备。

3. 建设工业互联网安全测试验证环境

搭建面向机械制造、电子信息、航空航天等行业的工业互联网安全攻防演练环境，测试、验证各环节存在的网络安全风险以及相应的安全防护解决方案，提升识别安全隐患、抵御安全威胁、化解安全风险的能力。

（六）加强工业互联网安全公共服务能力

1. 开展工业互联网安全评估认证

构建工业互联网设备、网络、平台、工业 App 等的安全评估体系，依托产业联盟、行业协会等第三方机构为工业互联网企业持续开展安全能力评测评估服务，推动工业互联网安全测评机构的审核认定。

2. 提升工业互联网安全服务水平

鼓励和支持专业机构、网络安全企业等提供安全诊断评估、安全咨询、数据保护、代码检查、系统加固、云端防护等服务。鼓励基础电信企业、互联网企业、系统解决方案提供商等依托专业技术优势,加强与工业互联网企业的需求对接,输出安全保障服务。

(七) 推动工业互联网安全科技创新与产业发展

1. 支持工业互联网安全科技创新

加大对工业互联网安全技术研发和成果转化的支持力度,强化标识解析系统安全、平台安全、工业控制系统安全、数据安全、5G安全等相关核心技术研究,加强攻击防护、漏洞挖掘、态势感知等安全产品研发。支持通过众测众研等创新方式,聚集社会力量,提升漏洞隐患发现技术能力。支持专业机构、高校、企业等联合建设工业互联网安全创新中心和安全实验室。探索利用人工智能、大数据、区块链等新技术提升安全防护水平。

2. 促进工业互联网安全产业发展

充分利用国家和地方网络安全产业园(基地)等形式,整合相关行业资源,打造产学研用协同创新发展平台,形成工业互联网安全对外展示和市场服务能力,培育一批核心技术水平高、市场竞争能力强、辐射带动范围广的工业互联网安全企业。在汽车、电子信息、航空航天、能源等重点领域开展试点示范,遴选优秀安全解决方案和最佳实践,并加强应用推广。

三、保障措施

(一) 加强组织领导,健全工作机制

在工业互联网专项工作组的统一指导下,加强统筹协调,强化部门协同、部省合作,构建各负其责、紧密配合、运转高效的工作机制。各地工业和信息化、教育、人力资源社会保障、生态环境、卫生健康、应急管理、国有资产监管、市场监管、能源、国防科技工业等主管部门及地方通信管理局要加强配合,形成合力。

(二) 加大支持力度,优化创新环境

各地相关部门要结合本地工业互联网发展现状,优化政府支持机制和方式,加大对工业互联网安全的支持力度,鼓励企业技术创新和安全应用,加快建设工业互联网安全技术手段,推动安全产业集聚发展。

(三) 发挥市场作用,汇聚多方力量

充分发挥市场在资源配置中的决定性作用,以工业互联网企业的安全需求为着力点,形成市场需求牵引、政府支持推动的发展局面。汇聚政产学研用多方力量,逐步建立覆盖决策研究、公共研发、标准推进、联盟论坛、人才培养等的创新支撑平台,形成支持工业互联网安全发展合力。

（四）加强宣传教育，加快人才培养

深入推进产教融合、校企合作，建立安全人才联合培养机制，培养复合型、创新型高技能人才。开展工业互联网安全宣传教育，提升企业和相关从业人员网络安全意识。开展网络安全演练、安全竞赛等，培养选拔不同层次的工业互联网安全从业人员。依托国家专业机构等，打造技术领先、业界知名的工业互联网安全高端智库。

工业和信息化部办公厅关于印发《电信和互联网行业提升网络数据安全保护能力专项行动方案》的通知

工信厅网安〔2019〕42 号

各省、自治区、直辖市通信管理局,中国信息通信研究院、中国电子信息产业发展研究院、国家工业信息安全发展研究中心、中国电子技术标准化研究院、人民邮电报社、中国工业互联网研究院、中国互联网协会、中国通信标准化协会,中国电信集团有限公司、中国移动通信集团有限公司、中国联合网络通信集团有限公司、中国广播电视网络有限公司,有关互联网企业:

现将《电信和互联网行业提升网络数据安全保护能力专项行动方案》(工信厅网安〔2019〕42号)印发给你们,请认真抓好贯彻执行。

工业和信息化部办公厅

2019 年 6 月 28 日

电信和互联网行业提升网络数据安全保护能力专项行动方案

近年来,随着国家大数据发展战略加快实施,大数据技术创新与应用日趋活跃,产生和集聚了类型丰富多样、应用价值不断提升的海量网络数据,成为数字经济发展的关键生产要素。与此同时,数据过度采集滥用、非法交易及用户数据泄露等数据安全问题日益凸显,做好电信和互联网行业(以下简称行业)网络数据安全管理尤为迫切。为积极应对新形势新情况新问题,切实做好新中国成立 70 周年网络数据安全保障工作,全面提升行业网络数据安全保护能力,制定本方案。

一、总体要求

以习近平新时代中国特色社会主义思想为指导,全面贯彻党的十九大和十九届二中、三中全会精神,严格落实《网络安全法》《全国人民代表大会常务委员会关于加强网络信息保护的决定》《互联网信息服务管理办法》等法律法规,坚持维护数据安全与促进数据开发利用并重,坚持数据分类分级保护,坚持充分发挥政府引导作用、企业主体作用和社会监督作用,立足我部行业网络数据安全监管职责,开展为期一年的行业提升网络数据安全保护能力专项行动(以下简称专项行动),加快推动构建行业网络数据安全综合保障体系,为建设网络强国、助力数字经济发展提供有力保障和重要支撑。

二、工作目标

(一)通过集中开展数据安全合规性评估、专项治理和监督检查,督促基础电信企业和重点互联网企业强化网络数据安全全流程管理,及时整改消除重大数据泄露、滥用等安全隐患,2019 年 10 月底前完成全部基础电信企业(含专业公司)、50 家重点互联网企业以及 200 款主流 App 数据安全检查,圆满完成新中国成立 70 周年等重大活动网络数据安全保障工作。

(二)基本建立行业网络数据安全保障体系。网络数据安全制度标准体系进一步完善,形成行业网络数据保护目录,制定 15 项以上行业网络数据安全标准规范,贯标试点企业不少于 20 家;行业网络数据安全管理和技术支撑平台基本建成,遴选网络数据安全技术能力创新示范项目不少于 30 个;基础电信企业和重点互联网企业网络数据安全管理体系有效建立。

三、重点任务

(一)加快完善网络数据安全制度标准

1. 强化网络数据安全管理制度设计

梳理对标《网络安全法》《电信和互联网用户个人信息保护规定》等法律法规要求,加快建立网络数据分类分级保护、数据安全风险评估、数据安全事件通报处置、数据对外提供使用报告等制度。部署电信和互联网企业按照法律法规要求,开展数据安全管理对标工作,健全完善企业内部网络数据全生命周期安全管理制度。

2. 完善网络数据安全标准体系

推动出台行业《网络数据安全标准体系建设指南》,加快完善行业网络数据安全标准体系。制定出台行业重要数据识别指南、网络数据安全防护等重点标准,遴选企业开展贯标试点。指导中国通信标准化协会成立网络数据安全标准专项工作组,加快推动网络数据安全相关标准制定工作。

(二)开展合规性评估和专项治理

1. 开展网络数据安全风险评估

出台网络数据安全合规性评估要点,依托互联网新技术新业务安全评估机制,部署基础电信企业(含专业公司)和重点互联网企业结合重点业务类型和场景,开展网络数据安全合规性自评估工作,提升企业网络数据安全风险防范能力。针对物联网、车联网、卫星互联网、人工智能等新技术新应用带来的重大互联网数据安全问题,及时开展行业评估和跨部门联合评估工作。

2. 深化 App 违法违规专项治理

持续推进 App 违法违规收集使用个人信息专项治理行动,组织第三方评测机构开展 App 安全滚动式评测,对在网络数据安全和用户信息保护方面存在违法违规行为的 App 及时进行下架和公开曝光。组织开展应用商店安全责任专项部署,督促应用商店落实 App 运营者真实身份信息验证、应用程序安全检测、违法违规 App 下架等责任。创新工作模式,引导鼓励第三方机构开展 App 数据安全管理认证,探索推动应用商店等明确标识并优先推荐通过认证的 App。

3. 强化网络数据安全监督执法

将企业网络数据安全责任落实情况、数据安全合规性评估落实情况作为重点内容,纳入 2019 年网络信息安全"双随机一公开"检查和基础电信企业网络与信息安全责任考核检查,采取远程测试、实地检查等方式开展监督检查,督促问题整改。持续开展数据泄露等网络数据安全和用户信息安全事件监测跟踪与执法调查,对违法违规行为及时采取约谈、公开曝光、行政处罚等措施,将处罚结果纳入电信业务经营不良名单或失信名单。

(三)强化行业网络数据安全管理

1. 稳步实施网络数据资源"清单式"管理

开展电信和重点互联网企业网络数据资源调研摸底,依据网络数据重要敏感程度和泄露滥用可能造成的危害,研究形成行业网络数据保护目录,并选取重点企业开展试点应用。指导督促试点企业建立内部网络数据清单和数据分类分级管理制度,对列入目录的网络数据实施重点保护。

2. 明确企业网络数据安全职能部门

指导电信和重点互联网企业加强内部网络数据安全组织保障,推动设立或明确网络数据安全管理责任部门和专职人员,负责承担企业内部网络数据安全管理工作,督促协调企业内部各相关主体和环节严格落实操作权限管理、日志记录和安全审计、数据加密、数据脱敏、访问控制、数据容灾备份等数据安全保护措施,组织开展数据安全岗位人员法律法规、知识技能等培训。

3. 强化网络数据对外合作安全管理

落实《工业和信息化部关于加强基础电信企业数据安全管理规范清理数据对外合作工作的通知》等相关管理要求,督促企业定期开展网络数据对外合作业务专项排查,及时发现问题消除隐患。研究明确利用行业网络数据进行大数据开发应用的数据安全管理要求,督促企业开展合作方数据安全保障能力动态评估,充分依托合同约束、信用管理等手段强化合作方管理,切实提升网络数据共享安全管理水平。

4. 加强行业网络数据安全应急管理

落实工业和信息化部相关应急预案要求,指导企业进一步健全完善企业网络数据安全事件应急处置机制,开展应急演练,落实重大网络数据安全事件报告、调查追责、向社会公告等要求。在新中国成立 70 周年等重大活动保障期间,明确企业数据安全重要岗位职责要求,强化应急响应,及时处置网络数据安全突发情况。

(四)创新推动网络数据安全技术防护能力建设

1. 加强网络数据安全技术手段建设

加快建设行业网络数据安全管理和技术支撑平台,支撑开展行业数据备案管理、事件通报、溯源核查、技术检测和安全认证等工作,提升网络数据安全监管技术支撑保障能力。指导企业加大网络数据安全技术投入,加快完善数据防攻击、防窃取、防泄漏、数据备份和恢复等安全技术保障措施,提升企业网络数据安全保障能力。

2. 推动网络数据安全技术创新发展

推动成立大数据安全联盟,打造网络数据安全技术交流、联合攻关和试点应用平台。组织开展网络数据安全技术最佳实践案例征集和试点示范项目评选,加大技术研发、成果转化和解决方案的支持力度,促进网络数据安全先进技术创新和产品服务应用推广。制定发布网络数据安全产业发展白皮书。

3. 加强专业支撑队伍建设

成立行业网络数据安全专家委员会,为网络数据安全政策标准制定、关键技术研究、重大网络数据安全风险评估、网络数据安全示范项目评审等提供决策支撑。委托中国信息通信研究院、中国电子信息产业发展研究院、中国电子技术标准化研究院、中国互联网协会、中国通信标准化协会等单位开展面向行业的网络数据安全法律法规和政策标准宣贯、技能培训和测试检查。

(五)强化社会监督和宣传交流

1. 强化社会监督和行业自律

依托中国互联网协会 12321 网络不良与垃圾信息举报受理中心,建立网络数据违法违规行为举报平台,及时受理用户投诉举报。强化行业自律,指导中国互联网协会联合基础电信企业、重点互联网企业、第三方机构等签署网络数据安全自律公约,引导企业自觉履行数据安全保护义务,努力提高数据安全保护水平。

2. 加强宣传展示和国际交流

充分利用中国互联网大会、中国国际大数据产业博览会、国家网络安全宣传周等,指导相关单位举办网络数据安全论坛,开展网络数据安全主题宣传日等活动,促进网络数据安全管理和技术经验交流,提升全行业数据安全意识。加强数据安全国际交流合作,利用世界互联网大会、中欧数字经济与网络安全会议等,积极开展数据安全管理经验交流和信息共享。

四、工作安排

(一)工作部署阶段(2019 年 7 月)

部制定印发专项行动方案,组织开展宣贯部署,向各单位、各企业制定印发工作任务清单,明确各项任务时间节点和工作要求。

(二)重点保障阶段(2019 年 8—10 月)

部组织完成电信和重点互联网企业网络数据资源调研摸底,明确数据安全合规性评估要点,指导完成各省级基础电信企业和重点互联网企业重点环节数据安全合规性评估,持续开展App违法违规收集使用个人信息专项治理,组织完成对重点企业网络数据安全责任落实情况的监督检查和隐患整改,全力做好新中国成立70周年网络数据安全保障工作。

(三)长效建设阶段(2019年11月—2020年5月)

总结固化新中国成立70周年网络数据安全保障工作经验,重点围绕关键制度、重点标准、技术手段、示范项目、支撑队伍等方面,加快推进完成重点任务举措,推动建立网络数据安全管理长效机制。

(四)总结提升阶段(2020年6—7月)

各单位、各企业梳理总结专项行动完成情况、工作成效及问题,形成工作总结报部(网络安全管理局)。部组织对专项行动工作情况进行总结通报,对典型经验做法进行推广,巩固相关工作成效。

五、工作要求

(一)加强组织领导

各单位要充分认识加快提升行业网络数据安全保护能力的重要性和紧迫性,结合本单位实际,精心组织,周密部署,迅速行动,确保专项行动顺利开展。部网络安全管理局牵头做好专项行动总体部署、推进落实、督导检查等工作;各地通信管理局结合实际,组织开展属地网络数据安全能力提升专项行动各项工作。

(二)明确任务分工

各企业要明确责任部门和责任人,对照任务清单,坚持问题导向,逐一细化工作措施和责任分工,做到措施到位、责任到人,确保专项行动各项任务落实到位、取得实效。中国信息通信研究院、中国电子信息产业发展研究院、中国电子技术标准化研究院、人民邮电报社、中国互联网协会、中国通信标准化协会等单位要做好相关支撑保障工作。

(三)强化监督检查

部和各地通信管理局组织对各单位、各企业专项行动落实情况进行督导检查,指导督促基础电信企业和互联网企业进一步落实相关制度标准要求,健全完善企业网络数据安全合规管理体系,对存在问题及时督促整改。

(四)加强宣传通报

各单位、各企业要建立信息通报机制,及时总结专项行动进展和成效,每月底前将工作进展情况、取得成效、问题和建议报部网络安全管理局。大力宣传专项行动新进展、新动态及典型经验做法,营造全行业重视网络数据安全、自觉维护网络数据安全的良好氛围,推动专项行动扎实深入开展。

工业和信息化部 国家机关事务管理局 国家能源局
关于加强绿色数据中心建设的指导意见

工信部联节〔2019〕24 号

各省、自治区、直辖市及计划单列市、新疆生产建设兵团工业和信息化、机关事务、能源主管部门,各省、自治区、直辖市通信管理局,有关行业组织,有关单位:

建设绿色数据中心是构建新一代信息基础设施的重要任务,是保障资源环境可持续的基本要求,是深入实施制造强国、网络强国战略的有力举措。为贯彻落实《工业绿色发展规划(2016—2020年)》(工信部规〔2016〕225 号)、《工业和信息化部关于加强"十三五"信息通信业节能减排工作的指导意见》(工信部节〔2017〕77 号),加快绿色数据中心建设,现提出以下意见。

一、总体要求

(一) 指导思想

以习近平新时代中国特色社会主义思想为指导,全面贯彻党的十九大和十九届二中、三中全会精神,坚持新发展理念,按照高质量发展要求,以提升数据中心绿色发展水平为目标,以加快技术产品创新和应用为路径,以建立完善绿色标准评价体系等长效机制为保障,大力推动绿色数据中心创建、运维和改造,引导数据中心走高效、清洁、集约、循环的绿色发展道路,实现数据中心持续健康发展。

(二) 基本原则

政策引领、市场主导。充分发挥市场配置资源的决定性作用,调动各类市场主体的积极性、创造性。更好发挥政府在规划、政策引导和市场监管中的作用,着力构建有效激励约束机制,激发绿色数据中心建设活力。

改造存量、优化增量。建立绿色运维管理体系,加快现有数据中心节能挖潜与技术改造,提高资源能源利用效率。强化绿色设计、采购和施工,全面实现绿色增量。

创新驱动、服务先行。大力培育市场创新主体,加快建立绿色数据中心服务平台,完善标准和技术服务体系,推动关键技术、服务模式的创新,引导绿色水平提升。

(三) 主要目标

建立健全绿色数据中心标准评价体系和能源资源监管体系,打造一批绿色数据中心先进典型,形成一批具有创新性的绿色技术产品、解决方案,培育一批专业第三方绿色服务机构。到 2022 年,数据中心平均能耗基本达到国际先进水平,新建大型、超大型数据中心的电能使用效率值达到1.4以下,高能耗老旧设备基本淘汰,水资源利用效率和清洁能源应用比例大幅提升,废旧电器电子产品得到有效回收利用。

二、重点任务

（一）提升新建数据中心绿色发展水平

1. 强化绿色设计

加强对新建数据中心在IT设备、机架布局、制冷和散热系统、供配电系统以及清洁能源利用系统等方面的绿色化设计指导。鼓励采用液冷、分布式供电、模块化机房以及虚拟化、云化IT资源等高效系统设计方案,充分考虑动力环境系统与IT设备运行状态的精准适配;鼓励在自有场所建设自然冷源、自有系统余热回收利用或可再生能源发电等清洁能源利用系统;鼓励应用数值模拟技术进行热场仿真分析,验证设计冷量及机房流场特性。引导大型和超大型数据中心设计电能使用效率值不高于1.4。

2. 深化绿色施工和采购

引导数据中心在新建及改造工程建设中实施绿色施工,在保证质量、安全基本要求的同时,最大限度地节约能源资源,减少对环境负面影响,实现节能、节地、节水、节材和环境保护。严格执行《电器电子产品有害物质限制使用管理办法》和《电子电气产品中限用物质的限量要求》(GB/T 26572)等规范要求,鼓励数据中心使用绿色电力和满足绿色设计产品评价等要求的绿色产品,并逐步建立健全绿色供应链管理制度。

（二）加强在用数据中心绿色运维和改造

1. 完善绿色运行维护制度

指导数据中心建立绿色运维管理体系,明确节能、节水、资源综合利用等方面发展目标,制定相应工作计划和考核办法;结合气候环境和自身负载变化、运营成本等因素科学制定运维策略;建立能源资源信息化管控系统,强化对电能使用效率值等绿色指标的设置和管理,并对能源资源消耗进行实时分析和智能化调控,力争实现机械制冷与自然冷源高效协同;在保障安全、可靠、稳定的基础上,确保实际能源资源利用水平不低于设计水平。

2. 有序推动节能与绿色化改造

有序推动数据中心开展节能与绿色化改造工程,特别是能源资源利用效率较低的在用老旧数据中心。加强在设备布局、制冷架构、外围护结构(密封、遮阳、保温等)、供配电方式、单机柜功率密度以及各系统的智能运行策略等方面的技术改造和优化升级。鼓励对改造工程进行绿色测评。力争通过改造使既有大型、超大型数据中心电能使用效率值不高于1.8。

3. 加强废旧电器电子产品处理

加快高耗能设备淘汰,指导数据中心科学制定老旧设备更新方案,建立规范化、可追溯的产品应用档案,并与产品生产企业、有相应资质的回收企业共同建立废旧电器电子产品回收体系。在满足可靠性要求的前提下,试点梯次利用动力电池作为数据中心削峰填谷的储能电池。推动产品生产、回收企业加快废旧电器电子产品资源化利用,推行产品源头控制、绿色生产,在产品全生命周期中最大限度提升资源利用效率。

(三) 加快绿色技术产品创新推广

1. 加快绿色关键和共性技术产品研发创新

鼓励数据中心骨干企业、科研院所、行业组织等加强技术协同创新与合作,构建产学研用、上下游协同的绿色数据中心技术创新体系,推动形成绿色产业集群发展。重点加快能效水效提升、有毒有害物质使用控制、废弃设备及电池回收利用、信息化管控系统、仿真模拟热管理和可再生能源、分布式供能、微电网利用等领域新技术、新产品的研发与创新,研究制定相关技术产品标准规范。

2. 加快先进适用绿色技术产品推广应用

加快绿色数据中心先进适用技术产品推广应用,重点包括:一是高效 IT 设备,包括液冷服务器、高密度集成 IT 设备、高转换率电源模块、模块化机房等;二是高效制冷系统,包括热管背板、间接式蒸发冷却、行级空调、自动喷淋等;三是高效供配电系统,包括分布式供能、市电直供、高压直流供电、不间断供电系统 ECO 模式、模块化 UPS 等;四是高效辅助系统,包括分布式光伏、高效照明、储能电池管理、能效环境集成监控等。

(四) 提升绿色支撑服务能力

1. 完善标准体系

充分发挥标准对绿色数据中心建设的支撑作用,促进绿色数据中心提标升级。建立健全覆盖设计、建设、运维、测评和技术产品等方面的绿色数据中心标准体系,加强标准宣贯,强化标准配套衔接。加强国际标准话语权,积极推动与国际标准的互信互认。以相关测评标准为基础,建立自我评价、社会评价和政府引导相结合的绿色数据中心评价机制,探索形成公开透明的评价结果发布渠道。

2. 培育第三方服务机构

加快培育具有公益性质的第三方服务机构,鼓励其创新绿色评价及服务模式,向数据中心提供咨询、检测、评价、审计等服务。鼓励数据中心自主利用第三方服务机构开展绿色评测,并依据评测结果开展有实效的绿色技术改造和运维优化。依托高等院校、科研院所、第三方服务等机构建立多元化绿色数据中心人才培训体系,强化对绿色数据中心人才的培养。

(五)探索与创新市场推动机制

鼓励数据中心和节能服务公司拓展合同能源管理,研究节能量交易机制,探索绿色数据中心融资租赁等金融服务模式。鼓励数据中心直接与可再生能源发电企业开展电力交易,购买可再生能源绿色电力证书。探索建立绿色数据中心技术创新和推广应用的激励机制和融资平台,完善多元化投融资体系。

三、保障措施

(一)加强组织领导

工业和信息化部、国家机关事务管理局、国家能源局建立协调机制,强化在政策、标准、行业管理等方面的沟通协作,加强对地方相关工作的指导。各地工业和信息化、机关事务、能源主管部门要充分认识绿色数据中心建设的重要意义,结合实际制定相关政策措施,充分发挥行业协会、产业联盟等机构的桥梁纽带作用,切实推动绿色数据中心建设。

(二)加强行业监管

在数据中心重点应用领域和地区,了解既有数据中心绿色发展水平,研究数据中心绿色发展现状。将重点用能数据中心纳入工业和通信业节能监察范围,督促开展节能与绿色化改造工程。推动建立数据中心节能降耗承诺、信息依法公示、社会监督和违规惩戒制度。遴选绿色数据中心优秀典型,定期发布《国家绿色数据中心名单》。充分发挥公共机构特别是党政机关在绿色数据中心建设中的示范引领作用,率先在公共机构组织开展数据中心绿色测评、节能与绿色化改造等工作。

(三)加强政策支持

充分利用绿色制造、节能减排等现有资金渠道,发挥节能节水、环境保护专用设备所得税优惠政策和绿色信贷、首台(套)重大技术装备保险补偿机制支持各领域绿色数据中心创建工作。优先给予绿色数据中心直供电、大工业用电、多路市电引入等用电优惠和政策支持。加大政府采购政策支持力度,引导国家机关、企事业单位优先采购绿色数据中心所提供的机房租赁、云服务、大数据等方面服务。

(四)加强公共服务

整合行业现有资源,建立集政策宣传、技术交流推广、人才培训、数据分析诊断等服务于一体的国家绿色数据中心公共服务平台。加强专家库建设和管理,发挥专家在决策建议、理论指导、专业咨询等方面的积极作用。持续发布《绿色数据中心先进适用技术产品目录》,加快创新成果转化应用和产业化发展。鼓励相关企事业单位、行业组织积极开展技术产品交流推广活动,鼓励有条件的企业、高校、科研院所针对绿色数据中心关键和共性技术产品建立实验室或者工程中心。

（五）加强国际交流合作

充分利用现有国际合作交流机制和平台,加强在绿色数据中心技术产品、标准制定、人才培养等方面的交流与合作,举办专业培训、技术和政策研讨会、论坛等活动,打造一批具有国际竞争力的绿色数据中心,形成相关技术产品整体解决方案。结合"一带一路"倡议等国家重大战略,加快开拓国际市场,推动优势技术和服务走出去。

工业和信息化部

国家机关事务管理局

国家能源局

2019 年 1 月 21 日

第二章 省级政策

省政府办公厅关于加快推进第五代移动通信网络
建设发展若干政策措施的通知

（苏政办发〔2019〕49 号）

各设区市人民政府,省各委办厅局,省各直属单位:

为深入实施网络强省战略,加快第五代移动通信(5G)网络建设发展,提升全省新一代信息基础设施建设与应用水平,经省人民政府同意,现提出如下政策措施。

一、启动信息基础设施空间布局规划修编工作

各设区市人民政府要针对 5G 网络特点,组织相关部门和企业做好辖区内信息基础设施空间布局规划的修编和发布工作,重点明确铁塔、基站、管线、局房及相关配套设施的规模、布局、用地安排及相关控制要求。信息基础设施空间布局规划应当纳入城市控制性详细规划,并在相关城市建设工程中严格遵照实施。

二、简化建设审批流程

各设区市人民政府相关部门要加快落实"不见面审批"服务改革要求,进一步简化基于 5G 网络的铁塔、基站、管线、局房等设施建设审批流程,积极开展频率干扰协调,缩短各环节审批周期,提高行政服务效率。省通信管理局要会同有关单位编制《建筑物通信基础设施建设标准》,推动信息基础设施与新建建筑物同步设计、同步审批、同步验收。对纳入信息基础设施空间布局规划建设范围内的存量设施,在符合办理条件的基础上,可按照本地审批流程补办相关建设手续。

三、共享信息基础设施资源

省工业和信息化厅要会同相关部门加快宽带网络、数据中心、基础平台等各类支撑性资源统筹

共享,推动信息基础设施集约化建设。省通信管理局要整合优化现有资源,组织电信运营企业,合力推进 5G 基站铁塔、室内分布系统等通信设施共建共享。江苏铁塔公司要统筹铁塔等设施共享利用,并向社会开放富余的铁塔、管线、局房等功能性设施,促进信息基础设施资源社会化共享和集约化利用。各设区市人民政府要严格查处未经审批的信息基础设施私建乱建行为,加强 5G 网络建设安全管理,避免公共资源被无序占用,造成安全隐患和资源浪费。

四、推进社会公共资源开放

各设区市人民政府要推动住宅区、商务办公楼宇向信息基础设施建设单位开放,协调相关单位免费开放办公场所、学校、展览馆、旅游景点等所属构筑物和机场、公路、铁路、桥梁、隧道、港口、航道、铁路车站、公路客运站、公路服务区、水上服务区、市政绿化区、公共地下空间等公共区域,以及市政路灯杆、公安监控杆、城管监控杆、电力塔等杆塔资源向 5G 网络设施开放。各单位要免除没有政策依据的收费项目,减少信息基础设施建设运营单位在资源占用、施工管理、设备维护等方面的费用支出。省机关事务管理局要协调各省级部门及相关单位开放所属非涉密楼宇及公共区域,为 5G 网络设施部署提供便利。

五、制定落实用电支持政策

省电力公司要按照国家相关政策要求,优化 5G 设施电力供应申请审批流程,加快 5G 网络建设进度。要针对 5G 网络设施的布局特点,组织推进具备条件的 5G 基站转供电改直供电工程。对符合条件的 5G 基站实施电力直接交易,进一步降低信息基础设施建设单位用电成本,加快全省 5G 网络建设。

六、加快多功能智能杆建设发展

省住房和城乡建设厅要组织编制集智慧照明、视频监控、交通管理、环境监测、5G 通信、信息交互、应急求助等功能于一体的智能杆技术与工程建设规范。各设区市人民政府要在城市公共设施改造及各类功能性集聚区建设过程中,加快开展智能杆推广应用,通过市场化方式创新多功能智能杆建设运营模式,充分发挥多功能智能杆的综合作用。省通信管理局要会同江苏铁塔公司,统筹汇总各通信运营商相关技术要求及 5G 基站分布情况,开展杆站协同部署。

七、推动"5G ＋ 能源梯次利用"模式创新

省工业和信息化厅等相关部门要落实国家关于新能源汽车动力蓄电池回收利用试点工作要求,研究制定支持政策,推动新能源汽车电池在信息基础设施领域的循环利用。组织电信运营企业与新能源汽车制造、电池生产及再利用等企业加强合作,拓展蓄电池回收网络,建立回收再利用流程体系,共同探索规模化、规范化、可复制的商业运营模式,有效推动我省新"5G ＋ 能源梯次利用"创新发展。

八、加大设施保护力度

各设区市人民政府要对因征地拆迁、城乡建设等造成的信息基础设施迁移或损毁,严格按照本地标准予以补偿。各相关部门要加强舆论引导,加大科普宣传力度,积极消除公众对5G基站电磁辐射的片面认识。公安部门要严厉打击盗窃、破坏信息基础设施的违法行为,切实保障5G网络设施设备安全。无线电管理部门要加强对频率资源的管理,规范公用干扰器使用,加大频率干扰查处力度,确保5G网络可靠运行。

九、推进5G广泛应用

省各相关部门要大力推进基于5G网络的信息服务在精密制造、工程机械、生物医药、社会服务、新能源、交通物流、教育教学、健康医疗、广播电视、文化娱乐、智慧城市、应急指挥等领域的广泛应用,以网络建设支撑信息化向纵深推进,以信息化应用带动网络建设,形成建设与应用双向驱动的发展格局。省5G产业联盟要整合电信、广电网络、互联网等各类信息服务行业资源,推动与社会生产生活密切相关的5G信息服务模式创新,扩大5G应用范围,提高信息服务质量。积极争取国家级预商用试点城市落户我省,加快商用部署步伐,在车联网、工业互联网、物联网、智能电网、融合媒体等领域取得突破。

十、加快5G产业发展

省工业和信息化厅要联合相关部门共同制定5G产业发展规划和行动计划,充分挖掘我省在工业互联网领域的海量需求,会同相关部门大力发展5G建设与应用。省科技厅要集成各类创新资源,大力支持5G芯片、元器件、系统设备等领域关键核心技术攻关和科技成果转化。省5G产业联盟要引导成员单位共建开放式实验室,建立5G业务增值研发平台,整合行业资源,做好供需对接,推动完善5G产业链。各相关单位要全面拓展合作,积极整合资源,合力打造产学研用相融合的5G产业生态体系,促进企业提升创新能力,研发技术更先进、运行更稳定、附加值更高的网络和终端设备,逐步打造我省5G网络设备及终端产业集群的整体竞争优势。

十一、加强长三角区域一体化合作

省各相关部门要按照《5G先试先用推动长三角数字经济率先发展战略合作框架协议》要求,组织各地及相关企业协同开展长三角5G网络布局,实施网络规模部署,持续提升无线宽带网络能级,协同开展基于5G物联的"城市大脑"、智慧园区、智慧交通、工业互联网等创新应用,推进5G应用及产业链协同发展,共同推动长三角地区成为全国5G建设和应用示范区域。

十二、做好组织协调和服务保障

各设区市人民政府要组织制定推进5G建设的相关配套政策措施,加大财政、税收、应用、产业等方面的支持力度。省、市信息通信基础设施建设联席会议办公室要切实加强对5G网络建设的统筹协调,建立5G建设统计监测体系,制定目标责任考核办法,明确年度建设任务,加强督促检查,确保各项工作按序时进度推进。联席会议各成员单位要围绕5G网络建设目标任务,认真履行职责,加强协作配合,切实帮助建设单位解决建设过程中的基站选址、环保审批、用地预审、管道建设、台站审批、电力引入等矛盾和问题,共同加快推进5G网络建设与发展。

江苏省人民政府办公厅

2019年5月2日

(此件公开发布)

关于印发江苏省落实工业互联网 App
培育工程实施方案(2018—2020 年)推进计划的通知

苏工信软件〔2019〕75 号

各设区市经信委,昆山市、泰兴市、沭阳县经信委(局):

现将《江苏省落实〈工业互联网 App 培育工程实施方案(2018—2020 年)〉的推进计划》印发给你们,请认真贯彻执行。

江苏省工业和信息化厅
2019 年 1 月 28 日

江苏省落实《工业互联网 App 培育工程
实施方案(2018—2020 年)》的推进计划

为落实工业和信息化部《工业互联网 App 培育工程实施方案(2018—2020 年)》(以下简称《实施方案》),加快培育工业互联网 App(以下简称工业 App),充分发挥软件的赋能、赋值、赋智作用,推动工业提质增效和转型升级,制定江苏省落实《实施方案》的推进计划。

一、总体思路

江苏省落实《实施方案》的总体思路是"三个立足于"和"三个加强"。立足于江苏工业经济大省且工业面临转型升级迫切需求的基础,充分挖掘工业 App 培育的市场需求;立足于江苏作为软件产业大省,软件产业规模与软件企业数量长期位居全国前列的基础,实现对工业 App 培育的服务支撑;立足于江苏两化融合深入推进、工业互联网建设取得显著成效的基础,完善对工业 App 培育的载体与开发环境支持。加强部省合作,抢占关键共性技术突破、平台建设、标准规范制定等工业 App 培育的制高点;加强省市联动,形成上下承接、推动有力的工业 App 培育工作机制;加强跨界合作与应用创新,构建多方参与、协同演进的工业 App 应用生态。

二、主要目标

到 2020 年,培育 3 万个面向重点行业、重点应用场景的工业 App,力争覆盖研发设计、生产制造、运营维护和经营管理等制造业关键业务环节的重点需求,覆盖高支撑价值、基础共性、行业通用、企业专用(高、基、通、专)等满足不同应用需求的重点方向。

以江苏省工业技术软件化创新中心为依托,强力整合各方力量与资源,初步形成工业 App 培育与应用生态,争创国家级创新中心。

工业 App 应用快速积极推进,在先进制造业产业集群相关企业中率先应用工业 App,创新应用企业关键业务环节工业技术软件化率达到 60%。

三、重点任务

（一）以创新中心为依托，打造工作体系

1. 建设江苏省工业技术软件化创新中心

加强部省合作，由中国电子技术标准化院牵头，联合软件业、制造业龙头企业，整合软件行业工业软件研发力量、制造业龙头企业的上下游企业产业资源及高校院所研究力量，按照"以标准为抓手、以平台为载体、以核心技术攻关为主线、以产业化为目标"的思路，加快建设江苏省工业技术软件化创新中心。

2. 搭建工业技术软件化公共服务平台

提供工业技术软件化实施工具箱、标准库、知识库、测试床、案例共享和展示等公共服务，汇聚江苏乃至全国工业 App，实现供需双方需求对接，建设工业 App 开源社区，营造工业 App 发展生态。

3. 加快构建工业 App 培育工作体系

以江苏省工业技术软件化创新中心为依托，建成一个工业技术软件化公共服务平台，建立一个省级工业技术软件化联盟，举办一个工业 App 开发与应用大赛，系统推动我省工业 App 培育工作。

（二）以技术与标准为重点，实现双向突破

1. 加快关键技术突破

围绕工业 App 培育，开展工业行业机理知识统一表达与模型互联、基于模型与数据驱动的工业 App 开发运行、工业知识柔性集成封装、App 可视化装配、模拟执行控制引擎等关键技术攻关，培育若干核心技术专利和解决方案，实现技术扩散和首次商业化应用。

2. 强化开发工具支持

组织研发工业 App 互联互通异构协议适配、数据交换、异构系统集成、语义标识、智能搜索等核心关键构件并形成构件库，整合主流工业系统和平台的各种 API，开发适用于多种框架、语言、运行环境的开发环境插件，建成可与不同工业操作系统对接的开源开放的工业 App 集成开发平台，为制造企业、软件企业协调和规模化开发培育工业 App 提供环境和技术工具支持。

3. 争取标准制定先机

根据江苏发展工业互联网和工业软件的战略需求，构建江苏省工业技术软件化标准体系，重点

研制工业 App 应用参考架构、工业技术软件化指南、工业 App 培育和认定指南等基础标准，以及工业数据集成和共享、工业 App 产品线工程、工业 App 安全等技术标准。

（三）加强能力与载体建设，完善支撑体系

1．提供线上线下测试床

依托江苏省工业技术软件化创新中心，面向关键基础材料、核心基础零部件等"工业四基"领域，建设基础共性工业 App 测试床，面向汽车、航空航天、石油化工等重点行业，建设行业通用工业 App 测试床，鼓励制造企业面向个性化需求，建设企业专用工业 App 测试床，并与创新中心开展测试合作。开放江苏省工业技术软件化创新中心服务能力，由中心参与单位为工业 App 开发与优化提供线下实体测试、验证空间，通过在物理生产线、车间、工厂的实际使用等方式提高工业 App 成熟度。

2．提升工业互联网平台能力

加快实施《关于深化互联网＋先进制造业 发展工业互联网的实施意见》，支持工业互联网平台企业建设微服务资源池，汇聚工具、算法、模型等微服务组件，开放软件开发工具包（SDK）和应用编程接口（API），提升工业 App 综合集成、测试验证、质量管控、全生命周期管理和服务能力，为工业 App 开发提供基础平台。

3．加强工业 App 培育监测分析

探索建立工业 App 评估工作机制，加强工业 App 培育指导。基于两化融合服务平台和江苏省两化融合评估系统，加快建立工业 App 培育与应用统计制度，动态监测工业 App 创新应用企业关键业务环节工业技术软件化率，并据此实行工业 App 创新应用企业分级评估与管理。

4．推动工业软件特色园区建设

关注和引导省内国家级、省级软件产业园工业软件发展，支持地方结合本地工业发展基础和优势，鼓励软件产业园区加快集聚工业软件研发、应用成效突出的软件企业，优先发展工业软件特色园区。

（四）拓展融合发展内容，加快创新应用

1．推进重点行业率先应用

推动软件企业转型升级计划（"腾云驾数"计划）实施，广泛征集和优选工业 App 及应用解决方案，汇总制造业企业工业 App 技术与应用需求。在新型电力（新能源）装备、工程机械、前沿新材料、生物医药和新型医疗器械、纺织服装、汽车及零部件、新型显示等先进制造业产业集群率先推广工业 App 应用，形成面向真实应用场景、具有推广价值的应用解决方案。

2．带动工业数据资源积累与开发

深化和推动实施《江苏省"十三五"智能制造发展规划》《加快推进"企业上云"三年行动计划》、

《江苏省强化大数据引领推动融合发展专项行动计划》("数动未来"专项行动)等一批政策文件,持续开展大数据应用试点示范项目评选,将工业App纳入工业大数据范围同步评选。重点推动对工业领域大数据的采集、处理、分析、建模和应用,加快工业数据、模型算法、研发设计等各类资源及能力为主的行业知识在工业技术软件化公共服务平台上的累积、汇聚,为工业App开发提供建模分析基础,并反向强化行业知识的获取与积累。

3. 探索创新应用新方向

加快"数动未来"专项行动部署,建设一批工业技术软件化方向的融合创新中心,引导企业对接供需信息,切实推进工业App领域的"双创"活动。基于"中国软件杯"大学生软件设计大赛与"i创杯"互联网创新创业大赛,分别组织开展工业App大赛的命题式团队组与开放式企业组赛事,充分激发创新活力。指导和支持互联网平台企业、协会、第三方机构设立工业App应用商店,提供专业化的工业App上线和下载服务。

四、工作进度

到2019年底,成立江苏省工业技术软件化创新中心,建成工业技术软件化公共服务平台。针对行业共性问题,组织3—4个关键共性技术攻关。建立工业App分类分级评估工作机制与工业App培育与应用统计制度。面向重点行业、重点应用场景的工业App规模达到1.5万个,创新应用企业关键业务环节工业技术软件化率达到35%。

到2020年底,工业App创新应用企业的关键业务环节工业技术软件化率达到60%。培育3万个包括高、基、通、专等各类工业App。拥有数个关键共性技术突破成果,初步构建起江苏省工业技术软件化标准体系。拥有数个国内领先的工业App软件企业,工业App培育与应用生态初步形成。

五、落实措施

(一)组织保障

加强部省合作,建立创新中心、重大平台、重点工作合作机制,加快江苏在出台引导政策、制定标准、探索特色化发展等方面先行先试。各市要加快建立相应工作机制,制订配套工作计划,将工业App培育工作纳入重点工作计划,在政策、资源等方面给予全力保障。

(二)宣传贯彻

在工信部指导下,组织开展工业App培育工作政策解读与宣讲活动,发布国家重要配套文件,加强全省对工业App培育工作的认识。借助南京软博会等重大展示平台,举办工业软件专题论坛,推动江苏省工业技术软件化联盟开展多层次活动。

(三)资金支持

在省工业和信息产业转型升级专项资金中,加大对工业App培育工作的支持力度,重点支持有关创新中心培育、共性关键技术攻关、标准测试能力建设、工业 App 创新应用及人才培训等。鼓励各市设立专项资金,用于支持工业 App 培育工作。以江苏省工业技术软件化创新中心为牵引,鼓励社会资本参与工业 App 培育。

(四)人才培育

充分发挥省级互联网产业人才培训基地、省软件产业人才发展基金会等人才机构力量,鼓励各基地联合制造企业、软件企业共同开发有关工业 App 开发与应用的新课程体系和实训方案;在江苏软件和信息服务公益学堂中增设高、基、通工业 App 相关内容,加快我省工业 App 开发与应用复合型人才的培养和输出。在省软件和互联网双创团队引进工作中重点关注工业 App 双创团队的引进,对具有重大推广价值和发展空间的工业 App 开发双创团队给予大力支持。

附　录

名词解释

工业互联网 App：是基于工业互联网，承载工业知识和经验，满足特定需求的工业应用软件，是工业技术软件化的重要成果。

工业互联网平台：是面向制造业数字化、网络化、智能化需求，构建基于海量数据采集、汇聚、分析的服务体系，支撑制造资源泛在连接、弹性供给、高效配置的载体。

微服务组件：指利用容器技术，将应用程序构造为松散耦合、可快速重构重用的服务集合，是一种最新的软件开发技术。

工业技术软件化：是指实现工业知识和经验的显性化、数字化和网络化，并通过软件作用于工业活动的过程。既可以仅形成有利于优化设计、改进工艺、提升制造效率等方面的某种算法、模型或新的知识，也可以形成面向特定应用场景的工业 App。

工业技术软件化率：指规模以上企业实现工业技术软件化的业务环节数与业务环节总数的比值。工业技术软件化率（％）＝实现工业技术软件化的业务环节数/业务环节总数×100％。

测试床：一种针对特定应用场景、由多方合作建设的实验平台，除测试功能外，还具备联合技术攻关、新产品和新服务培育等功能。

工业知识柔性集成封装：按照内外部环境和应用需求调整，实现工业知识解耦和有机组合，并实现工业知识软件化的方式。

模拟执行控制引擎：利用一系列仿真技术手段对工业控制进行模拟的核心支撑组件，具有平台无关、易移植和轻便等特征，支持实现逻辑控制、运动控制、过程控制和人机交互等功能。

第六部分

2019 年产业大事记

东南大学人工智能学院揭牌

1 月 14 日,东南大学人工智能学院、人工智能研究院正式揭牌。东大校友,联想集团首席技术官、高级副总裁芮勇博士出任学院及研究院兼职院长。按照规划,3 年之内,东大人工智能学院和人工智能研究院要集聚 100 名以上的一流人才,本科生、研究生的招生规模每年各达到 100 人以上。与在宁几所高校人工智能学院的研究侧重点不同,东大人工智能学院的研究方向涵盖基础理论、支撑体系以及创新应用全产业链布局,包括感知智能、人机协同增强智能以及智能芯片与硬件、智能装备与制造系统、智能城市、人机协同诊疗等领域。

京东云智能产业华东总部落户南京

1 月 16 日,京东云智能产业华东区域总部在南京揭牌,14 家智能企业代表与南京麒麟高新区和京东云达成合作。京东云智能产业华东区域总部主要围绕京东云智能产业协同创新网络华东总部、华东数字经济产业集聚中心、华东数字经济产业服务中心三大核心板块,通过多平台的打造,导入京东电商平台、智能生态、运营资源,助力南京智能产业的发展。

新松机器人研发生产基地落户南京

1 月 16 日,由国内智能制造领域龙头企业新松集团投资建设的新松协作机器人研发中心和生产基地项目签约落户南京市江宁区。项目主要由新松机器人自动化股份有限公司位于上海的国际总部——中科新松有限公司建设,将建成辐射全国的协作机器人研发和生产基地。

我省 9 企上榜 2019 年(第 18 届)中国软件业务收入前百家企业名单

1 月 19 日,工信部发布 2019 年(第 18 届)中国软件业务收入前百家企业名单,我省 9 企上榜,较上年增加 1 家,分别为:南瑞集团有限公司(第 9 位)、熊猫电子集团有限公司(第 29 位)、江苏省通信服务有限公司(第 30 位)、国电南京自动化股份有限公司(第 52 位)、南京联创科技集团股份有限公司(第 60 位)、江苏金智集团有限公司(第 64 位)、江苏润和科技投资集团有限公司(第 72 位)、浩鲸云计算科技股份有限公司(第 89 位)、无锡华云数据技术服务有限公司(第 95 位)。

省政府召开全省工业和信息化工作推进会议

1 月 23 日,全省工业和信息化工作推进会议在南京召开。会议全面贯彻中央经济工作会议精神,认真落实全国工信工作会议、省委十三届五次全会和省两会精神,总结 2018 年工作,分析面临的形势,部署 2019 年任务,促进工业经济平稳增长,努力实现“开门红”。会议由省政府副秘书长张乐夫主持。副省长马秋林出席会议并讲话。省工业和信息化厅党组书记、厅长谢志成作题为《积极担当作为奋力攻坚克难　推动工业和信息化高质量发展走在前列》的工作报告。会议充分肯定了 2018 年全省工业和信息化发展取得的成绩。会议认为,过去的一年,面对复杂宏观经济环境,全系统坚持以习近平新时代中国特色社会主义思想为指导,认真贯彻中央和省委省政府决策部署,坚定信心、迎难而上,扎实推进制造强省和网络强省建设,统筹做好稳增长、调结构、促转型、强基础、补短板等工作,全省工业经济总体平稳、稳中有进,信息化发展迈出新步伐。会议明确了 2019 年全省工业和信息化工作总体思路和目标任务,强调要重点抓好八方面工作:一是培育先进制造业集群,全力打造江苏制造新优势;二是加快发展新产业新技术新业态新模式,培育壮大发展新动能;三是深入推进改造提升,加快产业转型升级;四是提升自主创新能力,加快产业迈向中高端;五是深化"制造业＋互联网"融合发展,着力提升信息化引领力;六是贴近企业需求优化服务,营造产业发展良好环境;七是优化增长促进机制,确保工业经济平稳运行;八是旗帜鲜明讲政治,创新担当抓落实。

南京工业互联网产业联盟成立

1月23日,"南京工业互联网产业联盟"成立大会在宁举行。该联盟由南京地区的工业制造业企业、工业互联网企业、高校院所等200余家单位倡议发起成立,旨在以国家产业政策为导向,瞄准工业互联网领域国际先进水平,组织工业互联网领域各单位开展工业互联网产业研究、技术研发、关键设备开发及商业模式创新等活动,通过资源整合、技术创新、产学研合作,切实解决企业现实问题,推动南京区域工业互联网产业发展。联盟首任理事长由中科院院士刘韵洁担任,目前已吸纳成员单位200余家,包括南大、东大、南航、中电十四所、南钢、擎天、朗坤、红太阳、科远等37家副理事长单位。

字节跳动在宁设立研发中心

1月25日,字节跳动公司与南京市鼓楼区政府签订协议,在宁设立字节跳动(南京)研发中心。中心成立后,将依托南京丰富的高校人才资源,发挥南京大学、东南大学等高校在相关领域的科研优势,围绕大数据、基础架构、计算机视觉语音识别与处理、高性能分布式计算、深度学习等方面进行研发创新和技术转化。

腾讯华东云计算基地项目落户南京

2月23日,总投资约100亿元的腾讯华东云计算基地项目落户南京江宁开发区,达产后年产值将突破50亿元。腾讯华东云计算基地项目总规划用地约211亩,总建筑面积约30万平方米,将建成华东区域最大的大数据中心和云计算基地。基地主要业务内容涵盖云计算、大数据、物联网、人工智能等腾讯功能板块,将成为南京市"互联网＋政务"、智慧城市等智能化应用的承载体和集聚高地。

南京—亚马逊 AWS 联合创新中心在宁落户

3月2日,由南京市人民政府、江宁区人民政府与亚马逊通技术服务(北京)有限公司(简称"AWS")共同建设的南京—亚马逊 AWS 联合创新中心在南京未来科技城落户。该联合创新中心由四大板块构成,包括针对国内初创公司的孵化器、以全球发展为目标的国际化孵化器、企业数字化转型加速器和云创人才培养基地,旨在吸引全球先进企业、初创公司和技术专家入驻,加强云计算创新技术应用,促进国际合作,进一步完善南京云生态建设。

工信部授予苏州市"中国软件特色名城"称号

3月7日,工业和信息化部致函苏州市人民政府,正式授予苏州市"中国软件特色名城"称号。截至目前,全国已有南京、济南、成都、广州、深圳、上海、北京、杭州8市获得"中国软件名城"称号;福州、苏州2市获得"中国软件特色名城"称号。下一步,苏州市将以获得"中国软件特色名城"称号为新起点,围绕特色领域精耕细作,从特色优势向综合优势不断转化,对标国内、国际一流软件名城,进一步聚焦和提升工业软件特色化发展,加快软件园区载体建设和培育本土龙头软件企业,推进软件产业与先进制造业的深度融合发展。

T3 出行项目签约落户南京

3 月 22 日,国内共享出行领域龙头项目 T3 出行在宁签约落户。T3 出行项目由一汽集团、东风汽车和长安汽车牵头,联合金融资本、IT 企业等共同组建 T3 出行产业基金,总规模达 100 亿元。同时,由 T3 出行产业基金投资设立 T3 出行公司,作为全国投资、研发、服务、运维、结算总部,主要开展网约车和分时租赁业务,并逐步开展融资租赁、数据挖掘、无人驾驶等业务。

全球首款面向大众的量子计算教学机在无锡问世

4 月 16 日,全球首款面向大众的量子计算教学机在无锡量子感知研究所宣告问世。与现有的量子计算机相比,这台"金刚石量子计算教学机"体积缩小至桌面大小,可以在常温大气环境中进行量子比特演示、量子逻辑门操作、量子叠加态演化和经典量子算法演示等操作,将为我国量子工程师和交叉应用型人才的培养提供全方位支持。

全省信息通信基础设施建设联席会议在宁召开

4 月 18 日,全省信息通信基础设施建设联席会议在南京召开。副省长马秋林出席会议并讲话。会议指出,省委、省政府高度重视信息基础设施建设,娄勤俭书记、吴政隆省长多次强调,要深入贯彻落实习近平总书记网络强国战略思想,进一步提升新一代信息基础设施支撑能力,推动产业转型升级,为我省高质量发展打造新引擎、注入新动力。会议要求,各地各有关部门要紧紧围绕网络强省建设目标,全力加快推进 5G 预商用、IPv6 网络、工业互联网、量子保密通信等重点工程建设,加快产业推广应用,进一步提升全省信息技术领域高端装备产品发展水平。会议强调,省各有关部门要加强协调配合,健全信息基础设施建设共建共享机制,努力营造良好的建设与发展环境。

网易南京数字产业创新发展项目在宁落户

4 月 22 日,网易南京数字产业创新发展项目签约落户南京江北新区。项目依托网易集团和网易杭州研究院云计算、大数据、人工智能等领域的先进技术和资源优势,将分别围绕技术创新和产业赋能、人才培育和模式创新以及产业孵化和场景服务,打造优质高效的产业服务、创新服务和人才服务平台,致力于形成多方参与、互利共赢的发展模式,助力江北新区数字产业发展。

8 个数字经济总部项目落户建邺

4 月 25 日,嘀嘀华东总部、360 智慧科技区域总部、天翼智慧家庭总部、连尚网络运营总部、科大讯飞智慧城市华东总部、越博动力新能源汽车智能研创中心、联通 5G 智慧城市产业发展项目、WeWork 项目签约落户南京市建邺区。8 大数字经济项目的落户,有助于周边产业区域生态的建立,为南京数字经济发展注入新动力。

我省 8 项目入围工信部 2019 年工业互联网 App 优秀解决方案名单

4 月 30 日,经地方(行业)推荐、案例评审和企业现场答辩,工业和信息化部正式发布 2019 年工业互联网 App 优秀解决方案名单,全国共有 125 个项目入选。经省工业和信息化厅推荐,我省共有 8 个项目入围,分别为擎天化工企业安全生产管理 App 解决方案(南京擎天科技有限公司)、航空发动机叶盘类零件数控加工编程软件工业 App 应用解决方案(苏州千机智能技术有限公司)、汉云设备画像工业 App 应用解决方案(江苏徐工信息技术股份有限公司)、纺织云 App 应用解决方案(江苏亿友慧云软件股份有限公司)、封闭式储煤场安全检测 App 应用解决方案(徐州中矿奥特麦科技有限公司)、基于天正 I-Martrix 工业互联网平台的工业设备数据采集与分析工业互联网 App 应用解决方案(常州天正工业发展股份有限公司)、倍智信息模管家 App 应用解决方案(昆山市倍智信息咨询顾问有限公司)、欧软 O3 智能工厂 App 应用解决方案(江苏欧软信息科技有限公司)。

无锡市获准创建车联网先导区

5 月,工业和信息化部复函江苏省工业和信息化厅,支持创建江苏(无锡)车联网先导区,要求按照行动计划要求,抓紧推进实施。工业和信息化部明确,先导区的主要任务和目标是实现规模部署 C-V2X 网络、路侧单元,装配一定规模的车载终端,完成重点区域交通设施车联网功能改造和核心系统能力提升,丰富车联网应用场景。

全球人工智能产品应用博览会在苏州召开

5 月 9—11 日,由科技部、工信部、江苏省政府指导,苏州市政府、新一代人工智能产业技术创新战略联盟主办的 2019 全球人工智能产品应用博览会在苏州召开。本届智博会以"见智·见未来"为主题,副省长马秋林出席开幕式并致辞。为期 3 天的博览会设有科技部人工智能开放平台展区、智慧城市展区、智慧零售展区、智能视觉展区、智能制造展区、智能医疗展区、新品发布区、工业互联网展区、国际展区等多个主题展区,共有近 200 家国内外知名人工智能企业的 1 000 多款产品和创新解决方案参展。在同期进行的论坛环节,主论坛邀请到多名院士及业内知名专家进行主题演讲,超过 20 场的分论坛则涵盖国家新一代人工智能发展规划的五大技术方向和四大应用方向。

中国移动云计算大会在苏州召开

5 月 24 日,"云启智能未来——2019 中国移动云计算大会"在苏州召开。会上,中国移动正式发布大云 5.0。该产品将成为中国移动面向 5G 时代网络与业务数字化转型的重要助推器。原信息产业部部长吴基传,江苏省副省长马秋林,苏州市委副书记、市长李亚平出席大会。大会展示了中国移动基于云计算能力的智能应用及解决方案,除主论坛外,还设置了行业信息化、大数据、人工智能、开源技术、新 IT 基础设施、云生态＋合作等 6 个分论坛。来自中国通信标准化协会、中国工程院、中国移动通信集团有限公司,以及全球 1 500 多名业界专家和企业负责人参会交流。会上,苏州市人民政府、中国移动通信集团江苏有限公司、中移(苏州)软件技术有限公司、中移(上海)信息通信科技有限公司共同签订了"5G＋工业互联网"四方战略合作协议。

省工信厅公布第六批省认定软件企业技术中心名单

6 月 10 日,经企业自愿申报、各地择优推荐、综合审核打分、行业专家评价、组织现场考察等程序,省工业和信息化厅正式公布第六批省认定软件企业技术中心名单。南京云创大数据科技股份有限公司、南京国图信息产业有限公司、南京壹进制信息科技有限公司等 25 家企业技术中心上榜。自此,全省软件企业技术中心总数达到 154 家。

吴政隆会见阿里巴巴张勇一行

6 月 24 日,省长吴政隆在南京会见阿里巴巴集团首席执行官张勇。吴政隆对张勇一行再次来江苏共商合作表示欢迎,对阿里巴巴取得的优异业绩表示祝贺,并简要介绍了江苏经济社会发展最新情况。吴政隆表示,经过共同努力,双方一年前商定的合作事项进展顺利,成果丰硕。去年 11 月,首届中国国际进口博览会开幕式上,习近平总书记宣布支持长江三角洲区域一体化发展并上升为国家战略;今年 5 月,中共中央政治局会议审议《长江三角洲区域一体化发展规划纲要》。这为双方深化合作注入了强劲动力,提供了重大机遇。他表示,希望阿里巴巴进一步发挥优势,围绕政务服务和工业互联网发展、信息基础设施建设、城市治理以及重大风险防范等方面,积极拓展合作新空间,促进数字经济与实体经济深度融合,为江苏推进高质量发展、创造高品质生活作出更大贡献。希望双方共同努力,携手推动长三角更高质量一体化发展。江苏将打造更好的营商环境,全力支持阿里巴巴在江苏发展壮大。

第十五届中国(南京)国际软件产品和信息服务交易博览会在宁召开

7 月 19 日至 22 日,由江苏省人民政府主办,南京市人民政府、江苏省工业和信息化厅联合承办的第十五届中国(南京)国际软件产品和信息服务交易博览会在南京召开。本届软博会以“数字经济、智慧未来”为主题,围绕关键信息技术、云计算、大数据、人工智能、5G、数字中国等国家战略,注重跟踪把握新一代信息技术发展趋势,共举办 1 场主题论坛、3 场创新创业大赛、1 场项目签约仪式、1 场产业地标发展沙龙以及 20 多场相关专题论坛和对接交易活动,共吸引近 30 个国家和地区的 1 000 余家企业参展,展会规模达 10 万平方米,观展人次突破 12 万,达成项目签约 80 余项,总投资额超过 340 亿元。

全省工业和信息化工作座谈会在南京召开

7 月 31 日,全省工业和信息化工作座谈会在南京召开。会议深入学习贯彻习近平新时代中国特色社会主义思想,落实省委十三届六次全会、全国工业和信息化主管部门负责同志座谈会精神,总结今年以来的工作,部署下一阶段重点任务。江苏省副省长马秋林出席会议并讲话,省工业和信息化厅党组书记、厅长谢志成主持会议,并作题为《保持战略定力　强化责任担当　坚定不移推进工业和信息化高质量发展》的工作报告。部分设区市代表作交流发言。马秋林充分肯定了上半年工业经济运行情况,并对全力保持工业经济平稳运行、坚定抓好产业结构优化升级、扎实推进化工产业整治提升等重点工作作出具体部署安排。谢志成总结了上半年工作情况,分析了制造业发展面临的形势,部署了下半年重点工作。上半年,全省工业经济运行总体平稳、稳中有进,主要目标和重点任务均按序时推进,高质量发展取得新进展。下半年,要紧扣中央和省委省政府关于高质量发展的部署要求,以先进制造业集群培育为总抓手,重点推进高水平大规模技术改造、创新能力提升、骨干企业培育等工作。省政府副秘书长张乐夫、厅领导班子成员、各设区市工信部门负责人、厅机关有关处室负责人参加会议。

“无锡国家传感网创新示范区建设十周年专题会议”顺利召开

8 月 7 日,“无锡国家传感网创新示范区建设十周年专题会议”举行,各界人士共同回顾十年发展之路,展望未来美好前景。工业和信息化部原副部长杨学山、江苏省副省长马秋林、无锡市主要领导参加活动。马秋林在致辞时表示,十年来,无锡国家传感网创新示范区建设取得了显著成绩,产业规模持续增长、技术创新成果丰硕、应用推广不断扩大,在世界物联网版图上烙下了鲜明的"太湖印记"。他强调,面对新形势新要求,要以更宽的视野、更高的标准、更实的举措,高质量推进无锡国家传感网创新示范区建设,为全省和全国物联网产业高质量发展作出更大贡献。一要强化规划引领,全力确保完成《无锡国家传感网创新示范发展规划纲要(2012—2020 年)》明确的目标任务,跟踪前沿技术、服务战略需求,超前谋划示范区新一轮的建设发展;二要强化自主创新,形成一批自主知识产权,创制一批重大技术标准,努力打造世界物联网发展高地;三要强化企业培育,着力打造物联网领军型龙头企业,培育具有自主知识产权的创新型企业,推动企业集聚发展,优化产业生态体系;四要强化应用支撑,加快特色园区发展、打造车联网产业集群、大力推动物联网技术与传统制造业的综合集成和深度融合。

华云数据发布首款国产通用型云操作系统

8 月 8 日,由华云数据集团重磅打造的首款国产通用型云操作系统安超 OS™ 在京发布。安超 OS™ 拥有全栈、自主、安全、创新以及无厂商锁定的特性,依托国内雄厚的资源和全球领先技术,开创国内企业快速上云的技术先河,并率先支持国内外众多品牌服务器,全面适配国产芯片、操作系统和中间件,加速国产民族品牌快速崛起,助推政府和企业客户通过简单便捷的操作实现云部署和数字化转型。发布会上,浪潮云、滴滴、联想等合作伙伴现场与华云数据签署战略合作协议,基于各自技术、产品与资源,全面深化战略合作。

6 家苏企入选互联网企业百强

8 月 14 日,中国互联网协会、工信部网络安全产业发展中心联合发布 2019 年中国互联网企业 100 强榜单、互联网成长型企业 20 强榜单。我省 6 家企业上榜 2019 年中国互联网企业 100 强榜单,分别为:苏宁控股、同程旅游、华云数据集团、汇通达、途牛、满帮。其中苏宁控股排名最高,位列第 14 位。苏州朗动、蓝鲸人、大众书网 3 家企业上榜互联网成长型企业 20 强榜单。

2019 世界物联网博览会在无锡召开

9 月 7 日至 9 月 10 日,2019 世界物联网博览会在无锡举办。本届博览会以"融合创新 万物智联"为主题,共推出"1+1+1+10+14"共计 27 场活动,即 1 场世界物联网无锡峰会、1 场物联网应用和产品展览展示会、1 场新技术新产品新应用成果发布会、10 场高峰论坛和 14 场系列活动。物博会期间,包括 43 位国内外院士、1 093 名学界专家、2 902 名企业高管在内的 13 000 多名中外嘉宾云集无锡,碰撞思想,共话物联;542 家参展企业、37 家世界 500 强公司集中展示 5G 通信、车联网、人工智能、工业互联网、消费物联网等领域的最新产品和深度应用,共吸引 19.57 万人次前来观展。与会期间,《江苏(无锡)车联网先导区创建实施方案》《无锡车联网先导性应用示范白皮书》等车联网指导性文件同时发布,57 个物联网产业链、创新链、价值链关键领域重大项目落地无锡,19 项双边或多边合作达成协议,27 个公共平台揭牌或投入运营,57 个产学研项目集中签约,总投资超过 200 亿元。

娄勤俭调研无锡物联网产业发展

9 月 11 日,省委书记娄勤俭在无锡调研物联网产业发展。娄勤俭考察了雪浪云 5G 工厂大脑,详细听取这里以工厂现场为应用场景,通过雪浪工业数据操作系统有效推进智能制造的成功案例介绍,并与科研人员就有关技术问题进行深入探讨。娄勤俭对他们以物联网推动制造业升级的努力和成效给予肯定,强调无锡制造企业众多,要通过物联网与制造业深度融合,把传统制造过程中的许多"不可能"变为"可能",促进更多新兴产业突飞猛进。在无锡物联网创新促进中心,娄勤俭观看了产业培育平台、公共服务平台等演示,希望中心在争创物联网领域国家级创新载体的实践中,进一步拓宽视野、提高站位,与省内、国内优势企业加强合作,努力集聚全球资源,拓展新的发展空间。在位于无锡经开区的远景全球智能物联网(无锡)研发创新中心,娄勤俭通过大屏幕详细了解远景集团供电、电池、智能物联网三大板块最新发展情况。娄勤俭说,未来产业必将呈现跨界交叉融合的发展态势,万物互联是重要基础和发展趋势,无锡在物联网领域已形成了完备的技术创新生态系统,对科技领域规模企业研发中心和区域总部的吸引力越来越强,希望更多企业抓住机遇推动并实现产业的泛在融合,推动物联网与实体经济深度融合发展。中电海康在无锡打造物联网产业基地、建设慧海湾小镇,正在从设备制造商转型走向数据服务商,娄勤俭听取项目建设情况介绍后表示,省委、省政府全力支持中电海康在无锡的发展,希望中电海康进一步加大在无锡的发展力度,把握机遇,在物联网产业发展中创造新的业绩。

长三角工业互联网一体化发展示范区建设正式获批

10月,由江苏省工业和信息化厅牵头推进的长三角工业互联网一体化发展示范区建设正式获得工业和信息化部批准,并发布了长三角工业互联网一体化发展示范区建设规划。长三角工业互联网一体化发展示范区建设,紧扣"一体化"和"高质量"两个关键,以贯彻落实长三角一体化发展国家战略和工业互联网创新发展战略为统领,从建设工业互联网网络、平台、安全及区域监管和公共服务体系,组织工业互联网关键技术攻关,构建工业 App 和微服务资源池,培育工业互联网系统解决方案、加快工业互联网推广应用,发展工业互联网新模式新业态等方面统筹协调推进示范区建设。

2019 世界智能制造大会在宁举行

10月17日至19日,由江苏省人民政府、工业和信息化部、中国工程院、中国科学技术协会共同主办的2019世界智能制造大会在宁召开。本届大会以"智能新视界 工业新未来"为主题,致力于打造集高端论坛、展览展示、成果发布、创新大赛、应用体验于一体的国际交流合作平台,共吸引近2 000家企业参展,10 余个国家的300 余位智能制造领域院士、顶级专家、产业领袖,以及德国电工技术委员会、德国弗劳恩霍夫协会、美国机械工程师学会、瑞典皇家工程院、中国科学院、中国工程院等国内外知名机构负责人,菲尼克斯、西门子、埃森哲、ABB、施耐德等世界500强企业代表前来参会。会议期间,48个智能制造重大项目进行现场集中签约,签约金额达869.05亿元。其中,26个项目落户南京,投资总额474.7亿元。

徐州软件园获评国家级示范基地

在12月3日召开的全国电子商务工作会议上,徐州软件园从84家参评园区中脱颖而出,成功跻身"国家级电子商务示范基地"。徐州软件园是徐州市重点打造的区域性产业科技创新中心和电商集聚区,截至2019年年底,园区已聚集电子商务企业及电子商务服务企业291家,其中5家获得省级电子商务示范企业,3家列入商务部"商贸流通业面型统计调查企业"名录。

我省6案例入选工信部工业互联网平台创新应用案例

12月25日,工业和信息化部公布了2019年工业互联网平台创新应用案例名单,全国共有35个企业案例入围。其中,我省申报的6个应用案例进入公示名单,分别为:基于智慧零售大脑的家居行业柔性供应链(解决方案服务商:苏宁易购集团股份有限公司,应用企业:南京海聆梦家居有限公司)、基于全景态势感知的变电智能运检(解决方案服务商:南京南瑞继保电气有限公司,应用企业:国网湖北省电力有限公司宜昌供电公司)、基于智能匹配算法的钢板切割分享制造(解决方案服务商:嘉兴云切供应链管理有限公司,应用企业:苏州昊冉正祺机械有限公司)、新能源电站的储能决策优化(解决方案服务商:江苏中天互联科技有限公司,应用企业:中天光伏技术有限公司)、基于工业云图的电子行业智能协同应用案例(解决方案服务商:紫光云引擎科技(苏州)有限公司,应用企业:新华三集团)、有色金属行业智能供应链管理应用案例(解决方案服务商:江苏徐工信息技术股份有限公司,应用企业:江西铜业集团有限公司)。

附　录

附录 A　2019 年江苏省通过评估的软件企业一览表

序号	认定号	企业名称
1	苏 RQ－2019－A0001	南京小威智能科技有限公司
2	苏 RQ－2019－A0002	南京元博中和通信技术有限公司
3	苏 RQ－2019－A0003	南京元博中和软件有限公司
4	苏 RQ－2019－A0004	南京三鑫智能交通科技有限公司
5	苏 RQ－2019－A0005	江苏赛奕数据科技有限公司
6	苏 RQ－2019－A0006	南京易联阳光信息技术股份有限公司
7	苏 RQ－2019－A0007	南京昌德成信息技术有限公司
8	苏 RQ－2019－A0008	南京浦和数据有限公司
9	苏 RQ－2019－A0009	南京凯奥思数据技术有限公司
10	苏 RQ－2019－A0010	南京轻燕网络科技有限公司
11	苏 RQ－2019－A0011	南京博康智能技术有限公司
12	苏 RQ－2019－A0012	南京亚流航空科技有限公司
13	苏 RQ－2019－A0013	江苏艾佳家居用品有限公司
14	苏 RQ－2019－A0014	南京鼎鑫文化传媒有限公司
15	苏 RQ－2019－A0015	天博金成智能医疗科技（南京）有限公司
16	苏 RQ－2019－A0016	南京善数软件科技有限公司
17	苏 RQ－2019－A0017	南京上古网络科技有限公司
18	苏 RQ－2019－A0018	南京润弘通信息技术有限公司
19	苏 RQ－2019－A0019	南京竞天科技有限公司
20	苏 RQ－2019－A0020	江苏鸿云软件有限公司
21	苏 RQ－2019－A0021	南京采普数据系统有限公司
22	苏 RQ－2019－A0022	南京云白信息科技有限公司
23	苏 RQ－2019－A0023	南京新远见智能科技有限公司
24	苏 RQ－2019－A0024	南京微一网络科技有限公司
25	苏 RQ－2019－A0025	南京柠心檬信息科技有限公司
26	苏 RQ－2019－A0026	南京德乾信息技术有限公司

续　表

序号	认定号	企业名称
27	苏 RQ - 2019 - A0027	南京津码智能科技有限公司
28	苏 RQ - 2019 - A0028	江苏云松智汇机电科技有限公司
29	苏 RQ - 2019 - A0029	南京业恒达智能系统股份有限公司
30	苏 RQ - 2019 - A0030	南京威尔康软件有限公司
31	苏 RQ - 2019 - A0031	南京榕树自动化系统有限公司
32	苏 RQ - 2019 - A0032	南京蓝智环境科技有限公司
33	苏 RQ - 2019 - A0033	南京思后行信息技术有限公司
34	苏 RQ - 2019 - A0034	南京十八岁智能科技有限公司
35	苏 RQ - 2019 - A0035	南京龙猫商业智能科技股份有限公司
36	苏 RQ - 2019 - A0036	南京众览教育科技有限公司
37	苏 RQ - 2019 - A0037	南京宁图信息技术有限责任公司
38	苏 RQ - 2019 - A0038	南京赛凯斯信息科技有限公司
39	苏 RQ - 2019 - A0039	南京嘉谷初成通信科技有限公司
40	苏 RQ - 2019 - A0040	南京博恩德电气有限公司
41	苏 RQ - 2019 - A0041	南京华盾电力信息安全测评有限公司
42	苏 RQ - 2019 - A0042	南京瑞安腾企业管理咨询有限公司
43	苏 RQ - 2019 - A0043	南京龙渊微电子科技有限公司
44	苏 RQ - 2019 - A0044	南京微源互联网络科技有限公司
45	苏 RQ - 2019 - A0045	南京恒胜机械设备科技有限公司
46	苏 RQ - 2019 - A0046	南京彬伟叶电子科技有限公司
47	苏 RQ - 2019 - A0047	南京壹千零壹号自动化科技有限公司
48	苏 RQ - 2019 - A0048	江苏梯卫士网络科技有限公司
49	苏 RQ - 2019 - A0049	南京舜拓软件科技有限公司
50	苏 RQ - 2019 - A0050	苏软科技(南京)有限公司
51	苏 RQ - 2019 - A0051	南京南游网络科技有限公司
52	苏 RQ - 2019 - A0052	南京六的平方信息技术有限公司
53	苏 RQ - 2019 - A0053	江苏科博空间信息科技有限公司
54	苏 RQ - 2019 - A0054	南京特望科技有限公司
55	苏 RQ - 2019 - A0055	南京博杉信息技术有限公司
56	苏 RQ - 2019 - A0056	南京博联信息技术有限公司
57	苏 RQ - 2019 - A0057	江苏数智源信息技术有限公司
58	苏 RQ - 2019 - A0058	南京一鸣科技有限公司
59	苏 RQ - 2019 - A0059	南京江业软件有限公司
60	苏 RQ - 2019 - A0060	南京中谷芯信息科技有限公司

续　表

序号	认定号	企业名称
61	苏 RQ - 2019 - A0061	江苏狄诺尼信息技术有限责任公司
62	苏 RQ - 2019 - A0062	浪潮宇航南京科技有限公司
63	苏 RQ - 2019 - A0063	南京擎标信息技术有限公司
64	苏 RQ - 2019 - A0064	南京微平衡信息科技有限公司
65	苏 RQ - 2019 - A0065	江苏诺高科技有限公司
66	苏 RQ - 2019 - A0066	南京鹏科信息技术有限公司
67	苏 RQ - 2019 - A0067	南京鲜玩网络科技有限公司
68	苏 RQ - 2019 - A0068	易宝软件科技（南京）有限公司
69	苏 RQ - 2019 - A0069	南京奥工信息科技有限公司
70	苏 RQ - 2019 - A0070	南京英孚科信息科技有限公司
71	苏 RQ - 2019 - A0071	南京驱智系统集成有限公司
72	苏 RQ - 2019 - A0072	南京数联空间测绘科技有限公司
73	苏 RQ - 2019 - A0073	南京鼎盛合力水利技术有限公司
74	苏 RQ - 2019 - A0074	南京正浩电气科技有限公司
75	苏 RQ - 2019 - A0075	中通国脉物联科技南京有限公司
76	苏 RQ - 2019 - A0076	南京邦德环保科技有限公司
77	苏 RQ - 2019 - A0077	南京酷德解码信息科技有限公司
78	苏 RQ - 2019 - A0078	江苏乐拓文化传媒有限公司
79	苏 RQ - 2019 - A0079	南京思迈恩传媒科技有限公司
80	苏 RQ - 2019 - A0080	南京南软科技有限公司
81	苏 RQ - 2019 - A0081	南京二月兰信息技术有限公司
82	苏 RQ - 2019 - A0082	江苏欣网通讯技术有限公司
83	苏 RQ - 2019 - A0083	南京乡野墨客文化艺术有限公司
84	苏 RQ - 2019 - A0084	南京吾爱网络技术有限公司
85	苏 RQ - 2019 - A0085	南京耀骏电子科技有限公司
86	苏 RQ - 2019 - A0086	南京龙联信息技术有限公司
87	苏 RQ - 2019 - A0087	南京正财软件有限公司
88	苏 RQ - 2019 - A0088	南京慧行汽车科技有限公司
89	苏 RQ - 2019 - A0089	南京起源信息技术有限公司
90	苏 RQ - 2019 - A0090	南京优米亚信息科技有限公司
91	苏 RQ - 2019 - A0091	南京同赢信息科技有限公司
92	苏 RQ - 2019 - A0092	南京智工达信息科技有限公司
93	苏 RQ - 2019 - A0093	南京昱庆软件科技有限公司
94	苏 RQ - 2019 - A0094	南京一玄信息科技有限公司

序号	认定号	企业名称
95	苏 RQ - 2019 - A0095	江苏量动信息科技有限公司
96	苏 RQ - 2019 - A0096	江苏腾权信息科技有限公司
97	苏 RQ - 2019 - A0097	南京药育信息技术有限公司
98	苏 RQ - 2019 - A0098	江苏百事帮电子商务有限公司
99	苏 RQ - 2019 - A0099	南京小狼信息技术有限公司
100	苏 RQ - 2019 - A0100	南京知车君网络科技有限公司
101	苏 RQ - 2019 - A0101	南京亿芯达电子科技有限公司
102	苏 RQ - 2019 - A0102	南京臻牛科技有限公司
103	苏 RQ - 2019 - A0103	南京德奈特智能科技有限公司
104	苏 RQ - 2019 - A0104	江苏三众信息科技有限公司
105	苏 RQ - 2019 - A0105	普赞加信息科技南京有限公司
106	苏 RQ - 2019 - A0106	江苏九州昆仑科技有限公司
107	苏 RQ - 2019 - A0107	南京泰普信息科技有限公司
108	苏 RQ - 2019 - A0108	南京迪飞信息系统有限公司
109	苏 RQ - 2019 - A0109	南京敏光视觉智能科技有限公司
110	苏 RQ - 2019 - A0110	南京慕测信息科技有限公司
111	苏 RQ - 2019 - A0111	南京艾扬网络科技有限公司
112	苏 RQ - 2019 - A0112	南京再造科技有限公司
113	苏 RQ - 2019 - A0113	南京三创软件有限公司
114	苏 RQ - 2019 - A0114	南京云枫软件科技有限公司
115	苏 RQ - 2019 - A0115	江苏智谋科技有限公司
116	苏 RQ - 2019 - A0116	南京燊麒智能科技有限公司
117	苏 RQ - 2019 - A0117	南京百牛科技有限公司
118	苏 RQ - 2019 - A0118	南京市电子口岸有限公司
119	苏 RQ - 2019 - A0119	江苏云快充新能源科技有限公司
120	苏 RQ - 2019 - A0120	南京永电科技有限公司
121	苏 RQ - 2019 - A0121	江苏爱星信息科技有限公司
122	苏 RQ - 2019 - A0122	南京云蜗信息技术有限公司
123	苏 RQ - 2019 - A0123	江苏烽竞网络科技有限公司
124	苏 RQ - 2019 - A0124	南京小民网络科技有限公司
125	苏 RQ - 2019 - A0125	南京标博信息科技有限公司
126	苏 RQ - 2019 - A0126	江苏好三由信息科技有限公司
127	苏 RQ - 2019 - A0127	南京实创信息技术有限公司
128	苏 RQ - 2019 - A0128	南京海维可信数据服务有限公司

序号	认定号	企业名称
129	苏 RQ - 2019 - A0129	南京揽智信息科技有限公司
130	苏 RQ - 2019 - A0130	南京贝伦思软件科技有限公司
131	苏 RQ - 2019 - A0131	南京第三极区块链科技有限公司
132	苏 RQ - 2019 - A0132	南京矽汇信息技术有限公司
133	苏 RQ - 2019 - A0133	南京东启信息科技有限公司
134	苏 RQ - 2019 - A0134	南京采殊信息科技发展有限公司
135	苏 RQ - 2019 - A0135	南京拓畅信息科技有限公司
136	苏 RQ - 2019 - A0136	江苏中实电子有限公司
137	苏 RQ - 2019 - A0137	江苏蚂蚁云数据技术有限公司
138	苏 RQ - 2019 - A0138	南京亿合尤讯信息技术有限公司
139	苏 RQ - 2019 - A0139	南京科蓝德企业管理咨询有限公司
140	苏 RQ - 2019 - A0140	南京沄海区块链科技有限公司
141	苏 RQ - 2019 - A0141	南京龙渊众创空间股份有限公司
142	苏 RQ - 2019 - A0142	南京苏城轨道交通科技有限公司
143	苏 RQ - 2019 - A0143	南京和畅新能源科技有限公司
144	苏 RQ - 2019 - A0144	南京天谷能源工程有限公司
145	苏 RQ - 2019 - A0145	南京瞰聆信息科技有限公司
146	苏 RQ - 2019 - A0146	南京辰联佳信信息技术有限公司
147	苏 RQ - 2019 - A0147	南京容大科技发展有限公司
148	苏 RQ - 2019 - A0148	南京六和敬文化科技有限公司
149	苏 RQ - 2019 - A0149	南京五十三信息科技发展有限公司
150	苏 RQ - 2019 - A0150	南京云朵朵网络科技有限公司
151	苏 RQ - 2019 - A0151	南京函之谷科技有限责任公司
152	苏 RQ - 2019 - A0152	南京至善建筑科技发展有限公司
153	苏 RQ - 2019 - A0153	南京挚信软件技术有限责任公司
154	苏 RQ - 2019 - A0154	江苏恩创信息技术有限公司
155	苏 RQ - 2019 - A0155	南京品微智能科技有限公司
156	苏 RQ - 2019 - A0156	江苏科阳电力科技有限公司
157	苏 RQ - 2019 - A0157	江苏火禾信息技术有限公司
158	苏 RQ - 2019 - A0158	南京云密科技有限公司
159	苏 RQ - 2019 - A0159	南京数脉动力信息技术有限公司
160	苏 RQ - 2019 - A0160	南京乐教信息技术有限公司
161	苏 RQ - 2019 - A0161	南京嗯哇智能科技有限公司
162	苏 RQ - 2019 - A0162	南京迪数信息科技有限公司

续　表

序号	认定号	企业名称
163	苏 RQ－2019－A0163	鼎度南京网络科技有限公司
164	苏 RQ－2019－A0164	南京关宁电子信息科技有限公司
165	苏 RQ－2019－A0165	南京云在商鹊信息科技有限公司
166	苏 RQ－2019－A0166	南京炫德网络科技有限公司
167	苏 RQ－2019－A0167	南京汉微云计算技术有限公司
168	苏 RQ－2019－A0168	南京辰康远达医疗科技有限公司
169	苏 RQ－2019－A0169	江苏智城慧宁交通科技有限公司
170	苏 RQ－2019－A0170	南京索酷信息科技股份有限公司
171	苏 RQ－2019－A0171	南京群顶科技有限公司
172	苏 RQ－2019－A0172	江苏优硕软件科技有限公司
173	苏 RQ－2019－A0173	南京安全无忧网络科技有限公司
174	苏 RQ－2019－A0174	江苏慧学堂系统工程有限公司
175	苏 RQ－2019－A0175	南京边貊软件有限公司
176	苏 RQ－2019－A0176	江苏豪之诺软件科技有限公司
177	苏 RQ－2019－A0177	南京飞健智能科技有限公司
178	苏 RQ－2019－A0178	南京亿顺弘信息技术有限公司
179	苏 RQ－2019－A0179	南京万和鑫软件科技有限公司
180	苏 RQ－2019－A0180	南京市智慧医疗投资运营服务有限公司
181	苏 RQ－2019－A0181	南京乐萌网络科技有限公司
182	苏 RQ－2019－A0182	南京汇创电力科技有限公司
183	苏 RQ－2019－A0183	南京中爻通物联科技有限公司
184	苏 RQ－2019－A0184	南京阔友信息技术有限公司
185	苏 RQ－2019－A0185	南京亿和仿真科技有限公司
186	苏 RQ－2019－A0186	南京爱默生网络科技有限公司
187	苏 RQ－2019－A0187	南京华助智能科技有限公司
188	苏 RQ－2019－A0188	江苏汉丹云教育科技有限公司
189	苏 RQ－2019－A0189	南京乾能科技有限公司
190	苏 RQ－2019－A0190	南京传众网络科技有限公司
191	苏 RQ－2019－A0191	江苏未来智慧信息科技有限公司
192	苏 RQ－2019－A0192	南京蜂芒软件有限公司
193	苏 RQ－2019－A0193	南京双信节能环保设备有限公司
194	苏 RQ－2019－A0194	南京奇腾爱优信息科技有限公司
195	苏 RQ－2019－A0195	南京红马软件科技有限公司
196	苏 RQ－2019－A0196	南京助企赢信息科技有限公司

序号	认定号	企业名称
197	苏 RQ－2019－A0197	南京传唱软件科技有限公司
198	苏 RQ－2019－A0198	南京云天致信信息科技有限公司
199	苏 RQ－2019－A0199	南京日桓消防机电工程有限公司
200	苏 RQ－2019－A0200	南京艺赛旗智能科技有限公司
201	苏 RQ－2019－A0201	江苏暖心智能科技集团有限公司
202	苏 RQ－2019－A0202	南京威智登信息科技有限公司
203	苏 RQ－2019－A0203	南京拓恒无人系统研究院有限公司
204	苏 RQ－2019－A0204	南京孚日软件有限公司
205	苏 RQ－2019－A0205	南京宽乐健康产业有限公司
206	苏 RQ－2019－A0206	江苏火柴实景云网络科技有限公司
207	苏 RQ－2019－A0207	江苏龙睿物联网科技有限公司
208	苏 RQ－2019－A0208	南京燚霆物联网科技有限公司
209	苏 RQ－2019－A0209	南京璇玑信息技术有限公司
210	苏 RQ－2019－A0210	南京什钦信息技术有限公司
211	苏 RQ－2019－A0211	南京美驰资讯科技开发有限公司
212	苏 RQ－2019－A0212	南京轻速云信息科技有限公司
213	苏 RQ－2019－A0213	中民新能物联股份有限公司
214	苏 RQ－2019－A0214	南京宽慧无线网络通信有限公司
215	苏 RQ－2019－A0215	泽汛环境科技南京有限公司
216	苏 RQ－2019－A0216	南京论之语网络技术有限公司
217	苏 RQ－2019－A0217	南京绿库信息技术有限公司
218	苏 RQ－2019－A0218	南京佳纳信息科技有限公司
219	苏 RQ－2019－A0219	南京中冠智能科技有限公司
220	苏 RQ－2019－A0220	南京九宫格网络科技有限公司
221	苏 RQ－2019－A0221	江苏健帆信息技术有限公司
222	苏 RQ－2019－A0222	南京翌天能源科技有限公司
223	苏 RQ－2019－A0223	南京聪翼信息技术有限公司
224	苏 RQ－2019－A0224	江苏齐拓能源科技有限公司
225	苏 RQ－2019－A0225	南京光衍文化传播有限公司
226	苏 RQ－2019－A0226	南京卓高电气有限公司
227	苏 RQ－2019－A0227	江苏汇农天下信息科技有限公司
228	苏 RQ－2019－A0228	南京比夫网络科技有限公司
229	苏 RQ－2019－A0229	南京鑫之城信息科技有限公司
230	苏 RQ－2019－A0230	南京苏翌信息科技有限公司

序号	认定号	企业名称
231	苏 RQ－2019－A0231	南京海帆数据科技有限公司
232	苏 RQ－2019－A0232	江苏驭道数据科技有限公司
233	苏 RQ－2019－A0233	南京科能自动化技术有限公司
234	苏 RQ－2019－A0234	象北(南京)信息科技有限公司
235	苏 RQ－2019－A0235	南京友博网络科技有限公司
236	苏 RQ－2019－A0236	南京市亿软信息科技有限公司
237	苏 RQ－2019－A0237	南京上广科技有限公司
238	苏 RQ－2019－A0238	江苏八地信息科技有限公司
239	苏 RQ－2019－A0239	南京众控电子科技有限公司
240	苏 RQ－2019－A0240	南京思飞赫能信息技术有限公司
241	苏 RQ－2019－A0241	南京伟纶信息科技有限公司
242	苏 RQ－2019－A0242	南京图亦新电子科技有限公司
243	苏 RQ－2019－A0243	南京妙星科技有限公司
244	苏 RQ－2019－A0244	南京金鹊软件科技有限公司
245	苏 RQ－2019－A0245	南京博风采网络科技有限公司
246	苏 RQ－2019－A0246	南京华绽软件有限公司
247	苏 RQ－2019－A0247	南京共美科技有限公司
248	苏 RQ－2019－A0248	江苏方之得自动化科技有限公司
249	苏 RQ－2019－A0249	南京优点东西软件科技有限公司
250	苏 RQ－2019－A0250	南京网兜信息科技有限公司
251	苏 RQ－2019－A0251	南京佳普科技有限公司
252	苏 RQ－2019－A0252	江苏瑞恒嘉通通信技术有限公司
253	苏 RQ－2019－A0253	南京江行联加智能科技有限公司
254	苏 RQ－2019－A0254	南京百利通信息技术有限责任公司
255	苏 RQ－2019－A0255	南京快欣网络科技有限公司
256	苏 RQ－2019－A0256	南京璀错网络科技有限公司
257	苏 RQ－2019－A0257	南京日冲软件股份有限公司
258	苏 RQ－2019－A0258	南京怡得健康管理有限公司
259	苏 RQ－2019－A0259	南京图叶信息科技有限公司
260	苏 RQ－2019－A0260	南京西云信息技术有限公司
261	苏 RQ－2019－A0261	江苏米途信息科技有限公司
262	苏 RQ－2019－A0262	江苏枞宁信息科技有限公司
263	苏 RQ－2019－A0263	南京润瑞自动化系统工程有限公司
264	苏 RQ－2019－A0264	南京精真信息科技有限公司

续 表

序号	认定号	企业名称
265	苏RQ-2019-A0265	南京睿恒智晟软件科技有限公司
266	苏RQ-2019-A0266	南京涵韬信息科技有限公司
267	苏RQ-2019-A0267	南京万云信息技术有限公司
268	苏RQ-2019-A0268	南京领辰科技有限公司
269	苏RQ-2019-A0269	南京卓盛云信息科技有限公司
270	苏RQ-2019-A0270	南京大为智能科技有限公司
271	苏RQ-2019-A0271	南京慧牧科技有限公司
272	苏RQ-2019-A0272	江苏中特信息技术有限公司
273	苏RQ-2019-A0273	江苏阿尔发云信息技术有限公司
274	苏RQ-2019-A0274	南京牵美科技有限公司
275	苏RQ-2019-A0275	南京通领信息科技有限公司
276	苏RQ-2019-A0276	南京积图网络科技有限公司
277	苏RQ-2019-A0277	南京登旭软件科技有限公司
278	苏RQ-2019-A0278	南京比特物联网科技有限公司
279	苏RQ-2019-A0279	南京为德信息科技有限公司
280	苏RQ-2019-A0280	南京盾飞软件科技有限公司
281	苏RQ-2019-A0281	南京艾弗曼人工智能有限公司
282	苏RQ-2019-A0282	冠群信息技术（南京）有限公司
283	苏RQ-2019-A0283	南京品德科技有限责任公司
284	苏RQ-2019-A0284	云贝信息科技江苏有限公司
285	苏RQ-2019-A0285	美辛软件科技南京有限公司
286	苏RQ-2019-A0286	南京爱沃客信息科技有限公司
287	苏RQ-2019-A0287	南京壹格软件技术有限公司
288	苏RQ-2019-A0288	南京宽卓信息科技有限公司
289	苏RQ-2019-A0289	江苏瀚昇网络科技有限公司
290	苏RQ-2019-A0290	南京爱普雷德电子科技有限公司
291	苏RQ-2019-A0291	南京骄扬软件科技有限公司
292	苏RQ-2019-A0292	南京皓汉信息技术有限公司
293	苏RQ-2019-A0293	南京天际航空科技发展有限公司
294	苏RQ-2019-A0294	江苏禹江科技有限公司
295	苏RQ-2019-A0295	江苏萌发物联网科技有限公司
296	苏RQ-2019-A0296	南京全控航空科技有限公司
297	苏RQ-2019-A0297	南京威尔泰电气工程有限公司
298	苏RQ-2019-A0298	南京磐固信息科技有限公司

续　表

序号	认定号	企业名称
299	苏 RQ - 2019 - A0299	南京金寓天成信息科技有限公司
300	苏 RQ - 2019 - A0300	南京彼易联信息科技有限公司
301	苏 RQ - 2019 - A0301	南京新美网络科技有限公司
302	苏 RQ - 2019 - A0302	南京优企信息科技有限公司
303	苏 RQ - 2019 - A0303	南京锐达思普电子科技有限公司
304	苏 RQ - 2019 - A0304	南京清飞软件技术有限公司
305	苏 RQ - 2019 - A0305	南京首畅信息工程有限公司
306	苏 RQ - 2019 - A0306	南京企朋软件技术有限公司
307	苏 RQ - 2019 - A0307	南京博能自动化科技有限公司
308	苏 RQ - 2019 - A0308	南京谷雨时代教育科技有限公司
309	苏 RQ - 2019 - A0309	江苏华邦网络科技有限公司
310	苏 RQ - 2019 - A0310	南京睿钧信息科技有限公司
311	苏 RQ - 2019 - A0311	南京机智云修信息科技有限公司
312	苏 RQ - 2019 - A0312	南京智能信通科技发展有限公司
313	苏 RQ - 2019 - A0313	江苏恩耐特智能科技有限公司
314	苏 RQ - 2019 - A0314	江苏蓝缕机电液一体化科技有限公司
315	苏 RQ - 2019 - A0315	南京多麦信息科技有限公司
316	苏 RQ - 2019 - A0316	南京汉禾信息科技有限公司
317	苏 RQ - 2019 - A0317	南京道勤电子有限公司
318	苏 RQ - 2019 - A0318	南京特林达信息科技有限公司
319	苏 RQ - 2019 - A0319	南京龟兔赛跑软件研究院有限公司
320	苏 RQ - 2019 - A0320	南京猎游网络科技有限公司
321	苏 RQ - 2019 - A0321	南京诚卫安全装备有限公司
322	苏 RQ - 2019 - A0322	南京舜科信息技术有限公司
323	苏 RQ - 2019 - A0323	南京方禾信息咨询有限公司
324	苏 RQ - 2019 - A0324	江苏晓创教育科技有限公司
325	苏 RQ - 2019 - A0325	联通(江苏)产业互联网有限公司
326	苏 RQ - 2019 - A0326	南京机灵侠软件技术有限公司
327	苏 RQ - 2019 - A0327	南京国奥信息科技有限公司
328	苏 RQ - 2019 - A0328	南京月典玛电子科技有限公司
329	苏 RQ - 2019 - A0329	南京医众励合信息技术有限公司
330	苏 RQ - 2019 - A0330	南京瑞玥科技有限公司
331	苏 RQ - 2019 - A0331	南京君睿信息科技有限公司
332	苏 RQ - 2019 - A0332	南京云朗软件有限公司

序号	认定号	企业名称
333	苏 RQ－2019－A0333	烽火祥云网络科技有限公司
334	苏 RQ－2019－A0334	南京华视智能科技有限公司
335	苏 RQ－2019－A0335	南京光普信息技术有限公司
336	苏 RQ－2019－A0336	南京维科通信有限公司
337	苏 RQ－2019－A0337	江苏激扬软件有限公司
338	苏 RQ－2019－A0338	江苏科思能教育科技有限公司
339	苏 RQ－2019－A0339	南京七猫电子科技有限公司
340	苏 RQ－2019－A0340	南京宝珵软件有限公司
341	苏 RQ－2019－A0341	江苏创博信息科技有限公司
342	苏 RQ－2019－A0342	江苏安企智能科技有限公司
343	苏 RQ－2019－A0343	江苏天普信息技术有限公司
344	苏 RQ－2019－A0344	南京博晟宇网络科技有限公司
345	苏 RQ－2019－A0345	江苏巨泽科技有限公司
346	苏 RQ－2019－A0346	南京雷鲨信息科技有限公司
347	苏 RQ－2019－A0347	江苏思威利信息科技有限公司
348	苏 RQ－2019－A0348	南京亨视通信息技术有限公司
349	苏 RQ－2019－A0349	南京极效信息科技有限公司
350	苏 RQ－2019－A0350	南京樯图数据科技有限公司
351	苏 RQ－2019－A0351	南京数坤信息科技有限公司
352	苏 RQ－2019－A0352	南京珀克思信息技术有限公司
353	苏 RQ－2019－A0353	南京思能电气有限公司
354	苏 RQ－2019－A0354	南京多伦互联网技术有限公司
355	苏 RQ－2019－A0355	南京君度科技有限公司
356	苏 RQ－2019－A0356	江苏鑫脑信息技术发展有限公司
357	苏 RQ－2019－A0357	南京中电自动化有限公司
358	苏 RQ－2019－A0358	南京西瀚网络科技有限公司
359	苏 RQ－2019－A0359	南京润辰科技有限公司
360	苏 RQ－2019－A0360	江苏铠硕信息技术有限公司
361	苏 RQ－2019－A0361	南京蓝筹网络科技有限公司
362	苏 RQ－2019－A0362	南京智鹤电子科技有限公司
363	苏 RQ－2019－A0363	南京科医思医疗科技有限公司
364	苏 RQ－2019－A0364	南京皓都信息科技有限公司
365	苏 RQ－2019－A0365	南京普森斯信息科技有限公司
366	苏 RQ－2019－A0366	江苏海平面数据科技有限公司

序号	认定号	企业名称
367	苏 RQ-2019-A0367	南京宝讯网络科技有限公司
368	苏 RQ-2019-A0368	南京森云软件技术有限公司
369	苏 RQ-2019-A0369	南京软途信息技术有限公司
370	苏 RQ-2019-A0370	云迅智能科技南京有限公司
371	苏 RQ-2019-A0371	南京乐象网络科技有限公司
372	苏 RQ-2019-A0372	南京树安信息技术有限公司
373	苏 RQ-2019-A0373	颢融(江苏)教育科技有限公司
374	苏 RQ-2019-A0374	南京云档信息科技有限公司
375	苏 RQ-2019-A0375	南京拾越信息科技有限公司
376	苏 RQ-2019-A0376	南京梦联桥传感科技有限公司
377	苏 RQ-2019-A0377	南京德太美控信息技术有限公司
378	苏 RQ-2019-A0378	南京瑛飞信息技术有限公司
379	苏 RQ-2019-A0379	杜玛格智能控制技术南京有限公司
380	苏 RQ-2019-A0380	南京艾档信息技术有限公司
381	苏 RQ-2019-A0381	南京数维康信息科技有限公司
382	苏 RQ-2019-A0382	南京小贝网络科技有限公司
383	苏 RQ-2019-A0383	南京易途网络科技有限公司
384	苏 RQ-2019-A0384	南京彤骏信息技术有限公司
385	苏 RQ-2019-A0385	江苏卓顿信息科技有限公司
386	苏 RQ-2019-A0386	江苏梦立渊软件技术有限公司
387	苏 RQ-2019-A0387	解放号网络科技有限公司
388	苏 RQ-2019-A0388	南京东创节能技术有限公司
389	苏 RQ-2019-A0389	南京润典信息科技有限公司
390	苏 RQ-2019-A0390	南京骞翮物联网科技有限公司
391	苏 RQ-2019-A0391	南京微可信信息技术有限公司
392	苏 RQ-2019-A0392	南京争锋信息科技有限公司
393	苏 RQ-2019-A0393	南京天博环境检测技术有限公司
394	苏 RQ-2019-A0394	南京中环能软件有限公司
395	苏 RQ-2019-A0395	南京速冠信息技术有限公司
396	苏 RQ-2019-A0396	南京玄策智能科技有限公司
397	苏 RQ-2019-A0397	江苏金士通信息技术有限公司
398	苏 RQ-2019-A0398	南京风谷软件有限公司
399	苏 RQ-2019-A0399	南京后来者物联网科技有限公司
400	苏 RQ-2019-A0400	江苏兆腾网络科技有限公司

序号	认定号	企业名称
401	苏 RQ - 2019 - A0401	江苏华叶跨域教育科技发展股份有限公司
402	苏 RQ - 2019 - A0402	南京轩恩软件开发有限公司
403	苏 RQ - 2019 - A0403	江苏启航航空科技有限公司
404	苏 RQ - 2019 - A0404	南京安图地理信息科技有限公司
405	苏 RQ - 2019 - A0405	南京信思顺信息技术有限公司
406	苏 RQ - 2019 - A0406	南京蜂泰互联网科技有限公司
407	苏 RQ - 2019 - A0407	南京无忧查勘网络科技有限公司
408	苏 RQ - 2019 - A0408	江苏玉档信息科技有限公司
409	苏 RQ - 2019 - A0409	南京华风泽自动化科技有限公司
410	苏 RQ - 2019 - A0410	南京创数信息科技有限公司
411	苏 RQ - 2019 - A0411	南京保仕荣环保科技有限公司
412	苏 RQ - 2019 - A0412	南京碧讯网络科技有限公司
413	苏 RQ - 2019 - A0413	捕视者人脸识别技术(江苏)有限公司
414	苏 RQ - 2019 - A0414	南京鹏龙软件有限公司
415	苏 RQ - 2019 - A0415	南京青铜建服科技有限公司
416	苏 RQ - 2019 - A0416	南京君悦软件科技有限公司
417	苏 RQ - 2019 - A0417	南京瑞源电力科技有限公司
418	苏 RQ - 2019 - A0418	南京御通信息技术有限公司
419	苏 RQ - 2019 - A0419	南京环球掌柜电子商务有限公司
420	苏 RQ - 2019 - A0420	南京沙鸥信息科技有限公司
421	苏 RQ - 2019 - A0421	南京莫愁智慧旅游有限公司
422	苏 RQ - 2019 - A0422	信联科技(南京)有限公司
423	苏 RQ - 2019 - A0423	南京德彼云信息技术有限公司
424	苏 RQ - 2019 - A0424	南京觅讯网络科技有限公司
425	苏 RQ - 2019 - A0425	南京诚勤教育科技有限公司
426	苏 RQ - 2019 - A0426	南京宁翰通信系统有限公司
427	苏 RQ - 2019 - A0427	南京中孚信息技术有限公司
428	苏 RQ - 2019 - A0428	南京共智软件服务有限公司
429	苏 RQ - 2019 - A0429	南京华谱网络技术有限公司
430	苏 RQ - 2019 - A0430	南京维尔德智能科技有限公司
431	苏 RQ - 2019 - A0431	江苏鼎宏系统工程有限公司
432	苏 RQ - 2019 - A0432	南京光大健康信息科技有限公司
433	苏 RQ - 2019 - A0433	南京卓嵩信息技术有限公司
434	苏 RQ - 2019 - A0434	南京爱布谷网络科技有限公司

序号	认定号	企业名称
435	苏 RQ－2019－A0435	南京健智聚合信息科技有限公司
436	苏 RQ－2019－A0436	苏科瑞高新科技（南京）有限公司
437	苏 RQ－2019－A0437	南京恒大网络科技有限公司
438	苏 RQ－2019－A0438	南京屹信华辰信息技术有限公司
439	苏 RQ－2019－A0439	南京斯普莱信息科技有限公司
440	苏 RQ－2019－A0440	南京哨子办公科技有限公司
441	苏 RQ－2019－A0441	南京芸海智能科技有限公司
442	苏 RQ－2019－A0442	南京信讯通软件科技有限公司
443	苏 RQ－2019－A0443	南京元邦数据技术有限公司
444	苏 RQ－2019－A0444	南京果子家网络科技有限公司
445	苏 RQ－2019－A0445	南京海启信息技术有限公司
446	苏 RQ－2019－A0446	南京图灵悟道信息技术有限公司
447	苏 RQ－2019－A0447	南京四维空间网络科技有限公司
448	苏 RQ－2019－A0448	江苏金阳光绿色能源系统有限公司
449	苏 RQ－2019－A0449	南金研高新科技（南京）有限公司
450	苏 RQ－2019－A0450	南京孙鸣遥网络科技有限公司
451	苏 RQ－2019－A0451	江苏舒适云信息技术有限公司
452	苏 RQ－2019－A0452	捕视者（江苏）有限公司
453	苏 RQ－2019－A0453	南京格勒伯网络科技有限公司
454	苏 RQ－2019－A0454	南京易纹兴智能科技有限公司
455	苏 RQ－2019－A0455	南京火鼎万钧电子科技有限公司
456	苏 RQ－2019－A0456	南京易新网络科技有限公司
457	苏 RQ－2019－A0457	南京新慧团信息科技有限公司
458	苏 RQ－2019－A0458	南京国信气象科技有限公司
459	苏 RQ－2019－A0459	南京祖母绿智能科技有限公司
460	苏 RQ－2019－A0460	南京春之天化工科技有限公司
461	苏 RQ－2019－A0461	南京赫斯特电子科技有限公司
462	苏 RQ－2019－A0462	南京格雷泰能信息科技有限公司
463	苏 RQ－2019－A0463	江苏广宇科技产业发展有限公司
464	苏 RQ－2019－A0464	南京韦伯测控技术有限公司
465	苏 RQ－2019－A0465	南京亿兴信息科技有限公司
466	苏 RQ－2019－A0466	中科星图科技（南京）有限公司
467	苏 RQ－2019－A0467	江苏双曲线信息科技有限公司
468	苏 RQ－2019－A0468	南京云祥网络科技有限公司

序号	认定号	企业名称
469	苏 RQ - 2019 - A0469	江苏沃银数据服务有限公司
470	苏 RQ - 2019 - A0470	江苏英柏思科技有限公司
471	苏 RQ - 2019 - A0471	江苏瞰风信息科技有限公司
472	苏 RQ - 2019 - A0472	南京苏博达康软件有限公司
473	苏 RQ - 2019 - A0473	江苏全佳物流科技有限公司
474	苏 RQ - 2019 - A0474	江苏翼企云通信科技有限公司
475	苏 RQ - 2019 - A0475	南京固攀自动化科技有限公司
476	苏 RQ - 2019 - A0476	南京蓝途电力自动化有限公司
477	苏 RQ - 2019 - A0477	南京智宏电气有限公司
478	苏 RQ - 2019 - A0478	南京博网软件科技有限公司
479	苏 RQ - 2019 - A0479	南京小草交通科技有限公司
480	苏 RQ - 2019 - A0480	南京博岛自动化科技有限公司
481	苏 RQ - 2019 - A0481	南京三捷科技有限公司
482	苏 RQ - 2019 - A0482	南京正溯网络科技有限公司
483	苏 RQ - 2019 - A0483	江苏泓哲信越信息技术有限公司
484	苏 RQ - 2019 - A0484	南京艾文森电子科技有限公司
485	苏 RQ - 2019 - A0485	南京小雨软件科技有限公司
486	苏 RQ - 2019 - A0486	江苏海内软件科技有限公司
487	苏 RQ - 2019 - A0487	南京尚哲智能科技有限公司
488	苏 RQ - 2019 - A0488	南京触手科技有限公司
489	苏 RQ - 2019 - A0489	南京弘竹泰信息技术有限公司
490	苏 RQ - 2019 - A0490	南京瀚承鸿澜信息科技有限公司
491	苏 RQ - 2019 - A0491	南京吉帝思信息科技有限公司
492	苏 RQ - 2019 - A0492	江苏宁天电力科技有限公司
493	苏 RQ - 2019 - A0493	江苏毅顺网络科技有限公司
494	苏 RQ - 2019 - A0494	南京腾楷网络股份有限公司
495	苏 RQ - 2019 - A0495	江苏零浩网络科技有限公司
496	苏 RQ - 2019 - A0496	南京耀多信息技术有限公司
497	苏 RQ - 2019 - A0497	南京毕慕智能建筑科技有限公司
498	苏 RQ - 2019 - A0498	南京渔管家物联网科技有限公司
499	苏 RQ - 2019 - A0499	南京世界村云数据产业集团有限公司
500	苏 RQ - 2019 - A0500	南京铖联激光科技有限公司
501	苏 RQ - 2019 - A0501	江苏方向家科技股份有限公司
502	苏 RQ - 2019 - A0502	南京思特齐科技有限公司

序号	认定号	企业名称
503	苏 RQ－2019－A0503	江苏万户侯商业管理有限公司
504	苏 RQ－2019－A0504	江苏晶律软件有限公司
505	苏 RQ－2019－A0505	南京奈非天网络科技有限公司
506	苏 RQ－2019－A0506	南京七奇智能科技有限公司
507	苏 RQ－2019－A0507	南京巴盛电力科技有限公司
508	苏 RQ－2019－A0508	麦碳翁工业技术南京有限公司
509	苏 RQ－2019－A0509	南京及时雨农业科技有限公司
510	苏 RQ－2019－A0510	南京傲拓自动化技术有限公司
511	苏 RQ－2019－A0511	南京凯瑞得信息科技有限公司
512	苏 RQ－2019－A0512	南京码源软创科技有限公司
513	苏 RQ－2019－A0513	峥嵘智能科技(南京)有限公司
514	苏 RQ－2019－A0514	南京火眼金睛文化创意产业有限公司
515	苏 RQ－2019－A0515	南京源臻信息技术有限公司
516	苏 RQ－2019－A0516	江苏方天信息系统有限公司
517	苏 RQ－2019－A0517	南京载元自动化科技有限公司
518	苏 RQ－2019－A0518	江苏北斗物联集团有限公司
519	苏 RQ－2019－A0519	江苏瑞易源电力技术有限公司
520	苏 RQ－2019－A0520	南京简岱自动化科技有限公司
521	苏 RQ－2019－A0521	江苏全创电子科技有限公司
522	苏 RQ－2019－A0522	江苏优阅数据科技有限公司
523	苏 RQ－2019－A0523	南京联舜科技有限公司
524	苏 RQ－2019－A0524	南京大经中医药信息技术有限公司
525	苏 RQ－2019－A0525	南京艾瑞特数据技术有限公司
526	苏 RQ－2019－A0526	南京戴比斯网络科技有限公司
527	苏 RQ－2019－A0527	霍普智库(南京)信息科技有限公司
528	苏 RQ－2019－A0528	南京混沌信息科技有限公司
529	苏 RQ－2019－A0529	南京柯姆威科技有限公司
530	苏 RQ－2019－A0530	南京新佳颉网络科技有限公司
531	苏 RQ－2019－A0531	南京途聚信息技术有限公司
532	苏 RQ－2019－A0532	南京兰征信息科技有限公司
533	苏 RQ－2019－A0533	南京达斯琪数字科技有限公司
534	苏 RQ－2019－A0534	南京凯安软件有限公司
535	苏 RQ－2019－A0535	南京八点八数字科技有限公司
536	苏 RQ－2019－A0536	南京信大气象科技有限公司

序号	认定号	企业名称
537	苏 RQ - 2019 - A0537	南京大翼航空科技有限公司
538	苏 RQ - 2019 - A0538	南京讯汇科技发展有限公司
539	苏 RQ - 2019 - A0539	南京开特信息科技有限公司
540	苏 RQ - 2019 - A0540	南京瑞易智能科技有限公司
541	苏 RQ - 2019 - A0541	江苏高速公路信息工程有限公司
542	苏 RQ - 2019 - A0542	南京哈基石软件有限公司
543	苏 RQ - 2019 - A0543	南京宁太电气有限公司
544	苏 RQ - 2019 - A0544	江苏省天珑电子科技有限公司
545	苏 RQ - 2019 - A0545	南京粤讯电子科技有限公司
546	苏 RQ - 2019 - A0546	南京宝玮科技有限公司
547	苏 RQ - 2019 - A0547	南京君弋软件技术有限公司
548	苏 RQ - 2019 - A0548	南京新艺互动信息科技有限公司
549	苏 RQ - 2019 - A0549	慧谷人工智能研究院(南京)有限公司
550	苏 RQ - 2019 - A0550	南京龙戈软件科技有限公司
551	苏 RQ - 2019 - A0551	江苏远致能源科技有限公司
552	苏 RQ - 2019 - A0552	江苏东道信息技术有限公司
553	苏 RQ - 2019 - A0553	南京视铄智能科技有限公司
554	苏 RQ - 2019 - A0554	南京西而德信息科技有限公司
555	苏 RQ - 2019 - A0555	南京海彬信息科技有限公司
556	苏 RQ - 2019 - A0556	南京锐宏信息科技有限公司
557	苏 RQ - 2019 - A0557	南京诺杰软件有限公司
558	苏 RQ - 2019 - A0558	南京明博互联网安全创新研究院有限公司
559	苏 RQ - 2019 - A0559	南京菲朵信息科技有限公司
560	苏 RQ - 2019 - A0560	南京同之力信息科技有限公司
561	苏 RQ - 2019 - A0561	南京安城数据科技有限公司
562	苏 RQ - 2019 - A0562	南京矢航信息技术有限公司
563	苏 RQ - 2019 - A0563	南京市星瑞斯科技有限公司
564	苏 RQ - 2019 - A0564	江苏哩咕信息科技有限公司
565	苏 RQ - 2019 - A0565	南京青慧信息科技有限公司
566	苏 RQ - 2019 - A0566	江苏粒度科技有限公司
567	苏 RQ - 2019 - A0567	南京华飞数据技术有限公司
568	苏 RQ - 2019 - A0568	南京易杰智信息科技有限公司
569	苏 RQ - 2019 - A0569	南京蓝人电力科技有限公司
570	苏 RQ - 2019 - A0570	南京卷积信息技术有限公司

序号	认定号	企业名称
571	苏 RQ - 2019 - A0571	南京华乘电气科技有限公司
572	苏 RQ - 2019 - A0572	南京麦穗信息科技有限公司
573	苏 RQ - 2019 - A0573	南京展立电子科技有限公司
574	苏 RQ - 2019 - A0574	南京优知衡信息技术有限公司
575	苏 RQ - 2019 - A0575	江苏呈祥智能科技有限公司
576	苏 RQ - 2019 - A0576	南京鹤梦信息技术有限公司
577	苏 RQ - 2019 - A0577	南京创客星智汇网络科技有限公司
578	苏 RQ - 2019 - A0578	南京所由所以信息科技有限公司
579	苏 RQ - 2019 - A0579	汇通达网络股份有限公司
580	苏 RQ - 2019 - A0580	南京荟之创信息科技有限公司
581	苏 RQ - 2019 - A0581	江苏邦道信息技术有限公司
582	苏 RQ - 2019 - A0582	南京瑞德力电气科技有限公司
583	苏 RQ - 2019 - A0583	南京通林惠信息科技有限公司
584	苏 RQ - 2019 - A0584	南京云创大数据科技股份有限公司
585	苏 RQ - 2019 - A0585	南京文枫信息科技有限公司
586	苏 RQ - 2019 - A0586	南京净网信息科技有限公司
587	苏 RQ - 2019 - A0587	南京风侣信息科技有限公司
588	苏 RQ - 2019 - A0588	南京铭攀信息科技有限公司
589	苏 RQ - 2019 - A0589	江苏睿博环保设备有限公司
590	苏 RQ - 2019 - A0590	南京合一贝网络科技有限公司
591	苏 RQ - 2019 - A0591	南京摩登航空科技有限公司
592	苏 RQ - 2019 - A0592	南京易捷思达软件科技有限公司
593	苏 RQ - 2019 - A0593	南京阅甫信息科技有限公司
594	苏 RQ - 2019 - A0594	南京银创合通信息科技有限公司
595	苏 RQ - 2019 - A0595	南京微鲤科技有限公司
596	苏 RQ - 2019 - A0596	南京首萌信息科技有限公司
597	苏 RQ - 2019 - A0597	南京奇果智能科技有限公司
598	苏 RQ - 2019 - A0598	南京航天宏图信息技术有限公司
599	苏 RQ - 2019 - A0599	南京丰顿科技股份有限公司
600	苏 RQ - 2019 - A0600	南京南大数字科技有限责任公司
601	苏 RQ - 2019 - A0601	南京吉左网络科技股份有限公司
602	苏 RQ - 2019 - A0602	江苏森亚电力科技有限公司
603	苏 RQ - 2019 - A0603	南京新梦科技咨询有限公司
604	苏 RQ - 2019 - A0604	江苏龙虎网信息科技股份有限公司

续　表

序号	认定号	企业名称
605	苏 RQ - 2019 - A0605	江苏星瀚智慧信息科技有限公司
606	苏 RQ - 2019 - A0606	南京软件谷移动互联网研究院有限公司
607	苏 RQ - 2019 - A0607	南京南戈特智能技术有限公司
608	苏 RQ - 2019 - A0608	南京迅猛龙文化传媒有限公司
609	苏 RQ - 2019 - A0609	南京魅力酷信息技术有限公司
610	苏 RQ - 2019 - A0610	南京雷斯克电子信息科技有限公司
611	苏 RQ - 2019 - A0611	南京云联信息科技有限公司
612	苏 RQ - 2019 - A0612	江苏云深智能化系统有限公司
613	苏 RQ - 2019 - A0613	江苏国扬信息技术有限公司
614	苏 RQ - 2019 - A0614	江苏亚寰软件股份有限公司
615	苏 RQ - 2019 - A0615	南京贝田软件技术有限公司
616	苏 RQ - 2019 - A0616	南京新立讯科技股份有限公司
617	苏 RQ - 2019 - A0617	南京览笛信息科技有限公司
618	苏 RQ - 2019 - A0618	南京智力网络科技发展有限公司
619	苏 RQ - 2019 - A0619	南京道宁信息技术有限公司
620	苏 RQ - 2019 - A0620	南京瑞果环保科技有限公司
621	苏 RQ - 2019 - A0621	南京耕硕电子科技有限公司
622	苏 RQ - 2019 - A0622	南京云程智慧科技有限公司
623	苏 RQ - 2019 - A0623	南京景三医疗科技有限公司
624	苏 RQ - 2019 - A0624	南京馨丛嵘信息科技有限公司
625	苏 RQ - 2019 - A0625	亚信安全科技有限公司
626	苏 RQ - 2019 - A0626	南京静思方为信息科技有限公司
627	苏 RQ - 2019 - A0627	南京长峰航天电子科技有限公司
628	苏 RQ - 2019 - A0628	南京筑维工程技术咨询有限公司
629	苏 RQ - 2019 - A0629	南京汇云仪表设备有限公司
630	苏 RQ - 2019 - A0630	南京阿甘云网络科技有限公司
631	苏 RQ - 2019 - A0631	南京德塔博思信息科技有限公司
632	苏 RQ - 2019 - A0632	南京维正网络科技有限公司
633	苏 RQ - 2019 - A0633	南京图泰信息产业有限公司
634	苏 RQ - 2019 - A0634	江苏淳客网络科技有限公司
635	苏 RQ - 2019 - A0635	江苏明奕达物联网科技有限公司
636	苏 RQ - 2019 - A0636	南京控驰科技有限公司
637	苏 RQ - 2019 - A0637	南京智慧图谱信息技术有限公司
638	苏 RQ - 2019 - A0638	南京德软信息科技发展有限公司

序号	认定号	企业名称
639	苏RQ-2019-A0639	南京讯石数据科技有限公司
640	苏RQ-2019-A0640	江苏极元信息技术有限公司
641	苏RQ-2019-A0641	南京英诺森软件科技有限公司
642	苏RQ-2019-A0642	飞驰云联(南京)科技有限公司
643	苏RQ-2019-A0643	南京菲格尔信息技术有限公司
644	苏RQ-2019-A0644	垒知科技集团有限公司
645	苏RQ-2019-A0645	南京云利来软件科技有限公司
646	苏RQ-2019-A0646	南京萌宝睿贝教育科技有限公司
647	苏RQ-2019-A0647	江苏端木软件技术有限公司
648	苏RQ-2019-A0648	南京米好信息安全有限公司
649	苏RQ-2019-A0649	南京昂众智能科技有限公司
650	苏RQ-2019-A0650	南京朝焱智能科技有限公司
651	苏RQ-2019-A0651	顺硕电力科技南京有限公司
652	苏RQ-2019-A0652	江苏索杰工程咨询有限公司
653	苏RQ-2019-A0653	南京纽鼎科技有限公司
654	苏RQ-2019-A0654	南京蜂米软件有限公司
655	苏RQ-2019-A0655	南京华脉软件技术有限公司
656	苏RQ-2019-A0656	南京际舟电子科技有限公司
657	苏RQ-2019-A0657	南京泰宁帕光电科技有限公司
658	苏RQ-2019-A0658	江苏凤凰数联教育科技有限公司
659	苏RQ-2019-A0659	南京成瑞科技有限责任公司
660	苏RQ-2019-A0660	江苏斐能软件有限公司
661	苏RQ-2019-A0661	南京棱点信息科技有限公司
662	苏RQ-2019-A0662	南京群创信息科技有限公司
663	苏RQ-2019-A0663	南京达蓝自动化科技有限公司
664	苏RQ-2019-A0664	江苏普惠城镇智慧水务有限公司
665	苏RQ-2019-A0665	江苏永安智慧城市集团有限公司
666	苏RQ-2019-A0666	南京瑜讯信息科技有限公司
667	苏RQ-2019-A0667	南京雷明顿网络科技有限公司
668	苏RQ-2019-A0668	南京凯格信息科技有限责任公司
669	苏RQ-2019-A0669	江苏百清科技有限公司
670	苏RQ-2019-A0670	南京乐宠信息科技有限公司
671	苏RQ-2019-A0671	南京安谱软件有限公司
672	苏RQ-2019-A0672	南京斯贝思信息技术有限公司

序号	认定号	企业名称
673	苏 RQ - 2019 - A0673	南京课窝教育科技有限公司
674	苏 RQ - 2019 - A0674	江苏泰赋星通信技术有限公司
675	苏 RQ - 2019 - A0675	南京云联达信息技术有限公司
676	苏 RQ - 2019 - A0676	苏芯物联技术（南京）有限公司
677	苏 RQ - 2019 - A0677	南京研华智能科技有限公司
678	苏 RQ - 2019 - A0678	南京萌苗教育科技有限公司
679	苏 RQ - 2019 - A0679	南京柏橙医疗科技有限公司
680	苏 RQ - 2019 - A0680	南京云曲率网络科技有限公司
681	苏 RQ - 2019 - A0681	南京速云秀普信息科技有限公司
682	苏 RQ - 2019 - A0682	江苏永煊互联网科技有限公司
683	苏 RQ - 2019 - A0683	江苏中石电子科技有限公司
684	苏 RQ - 2019 - A0684	南京国科软件有限公司
685	苏 RQ - 2019 - A0685	南京闲侠信息科技有限公司
686	苏 RQ - 2019 - A0686	南京熙泰信息技术有限公司
687	苏 RQ - 2019 - A0687	南京慧智芯信息科技有限公司
688	苏 RQ - 2019 - A0688	安弘致泰信息科技南京有限公司
689	苏 RQ - 2019 - A0689	南京华盛新高智能科技有限公司
690	苏 RQ - 2019 - A0690	南京奔联软件科技有限公司
691	苏 RQ - 2019 - A0691	江苏华胜天成教育科技有限公司
692	苏 RQ - 2019 - A0692	江苏金云信息科技有限公司
693	苏 RQ - 2019 - A0693	江苏中创碳投低碳科技有限公司
694	苏 RQ - 2019 - A0694	南京南大尚诚软件科技有限公司
695	苏 RQ - 2019 - A0695	南京彩晔信息科技有限公司
696	苏 RQ - 2019 - A0696	南京中泾数据系统有限公司
697	苏 RQ - 2019 - A0697	南京迅望信息技术有限公司
698	苏 RQ - 2019 - A0698	南京直觉科技有限公司
699	苏 RQ - 2019 - A0699	南京云镭动力信息技术有限公司
700	苏 RQ - 2019 - A0700	南京大拇哥软件科技有限公司
701	苏 RQ - 2019 - B0001	佰倬信息科技有限责任公司
702	苏 RQ - 2019 - B0002	无锡市耘林养老信息技术有限公司
703	苏 RQ - 2019 - B0003	无锡嘉禾感知技术服务有限公司
704	苏 RQ - 2019 - B0004	无锡镜子信息技术有限公司
705	苏 RQ - 2019 - B0005	江苏精益智控科技有限公司
706	苏 RQ - 2019 - B0006	无锡微茗智能科技有限公司

序号	认定号	企业名称
707	苏 RQ - 2019 - B0007	江苏京玉信息技术有限公司
708	苏 RQ - 2019 - B0008	江苏太湖慧云数据系统有限公司
709	苏 RQ - 2019 - B0009	大唐融合通信无锡有限公司
710	苏 RQ - 2019 - B0010	无锡恺易物联网科技发展有限公司
711	苏 RQ - 2019 - B0011	无锡市朗珈同创软件有限公司
712	苏 RQ - 2019 - B0012	江苏阿瑞斯智能设备有限公司
713	苏 RQ - 2019 - B0013	无锡三通科技有限公司
714	苏 RQ - 2019 - B0014	江苏微物网络科技有限公司
715	苏 RQ - 2019 - B0015	江苏中科西北星信息科技有限公司
716	苏 RQ - 2019 - B0016	江阴市创仁软件科技有限公司
717	苏 RQ - 2019 - B0017	无锡桐光科技有限公司
718	苏 RQ - 2019 - B0018	无锡迅羽科技有限公司
719	苏 RQ - 2019 - B0019	无锡安纳莱思智能科技有限公司
720	苏 RQ - 2019 - B0020	江苏澳云软件技术有限公司
721	苏 RQ - 2019 - B0021	江苏斯菲尔电气股份有限公司
722	苏 RQ - 2019 - B0022	无锡维胜威信息科技有限公司
723	苏 RQ - 2019 - B0023	宜兴派乐地互娱文化有限公司
724	苏 RQ - 2019 - B0024	江苏睿泰数字传媒有限公司
725	苏 RQ - 2019 - B0025	江苏东志信科技有限公司
726	苏 RQ - 2019 - B0026	苏银商付数据科技江苏有限公司
727	苏 RQ - 2019 - B0027	无锡锐泰节能系统科学有限公司
728	苏 RQ - 2019 - B0028	江苏华册物联网科技有限公司
729	苏 RQ - 2019 - B0029	无锡联企云网信息科技有限公司
730	苏 RQ - 2019 - B0030	无锡市优特科技有限公司
731	苏 RQ - 2019 - B0031	江阴驿威软件科技有限公司
732	苏 RQ - 2019 - B0032	无锡君通科技服务有限公司
733	苏 RQ - 2019 - B0033	无锡君通软件有限公司
734	苏 RQ - 2019 - B0034	无锡和亿云联软件科技有限公司
735	苏 RQ - 2019 - B0035	无锡北微传感科技有限公司
736	苏 RQ - 2019 - B0036	无锡解析科技有限公司
737	苏 RQ - 2019 - B0037	江苏睿杰斯软件有限公司
738	苏 RQ - 2019 - B0038	江苏强强信息科技有限公司
739	苏 RQ - 2019 - B0039	江苏金风软件技术有限公司
740	苏 RQ - 2019 - B0040	无锡市东富达科技有限公司

续　表

序号	认定号	企业名称
741	苏 RQ - 2019 - B0041	无锡博创智慧医疗科技有限公司
742	苏 RQ - 2019 - B0042	无锡慧方科技有限公司
743	苏 RQ - 2019 - B0043	江苏智慧新吴信息科技有限公司
744	苏 RQ - 2019 - B0044	浪潮卓数大数据产业发展有限公司
745	苏 RQ - 2019 - B0045	无锡扬晟科技股份有限公司
746	苏 RQ - 2019 - B0046	乾元智能江苏安全技术有限公司
747	苏 RQ - 2019 - B0047	恩纳基智能科技无锡有限公司
748	苏 RQ - 2019 - B0048	无锡协普科技有限公司
749	苏 RQ - 2019 - B0049	无锡复易生物科技有限公司
750	苏 RQ - 2019 - B0050	无锡达蒙科技有限公司
751	苏 RQ - 2019 - B0051	无锡正元信息科技有限公司
752	苏 RQ - 2019 - B0052	无锡夸微科技有限公司
753	苏 RQ - 2019 - B0053	帆软软件有限公司
754	苏 RQ - 2019 - B0054	江苏清科锐华软件有限公司
755	苏 RQ - 2019 - B0055	无锡丹尼克尔自动化科技有限公司
756	苏 RQ - 2019 - B0056	无锡新思云众科技有限公司
757	苏 RQ - 2019 - B0057	无锡源开软件有限公司
758	苏 RQ - 2019 - B0058	无锡弘亚智能科技有限公司
759	苏 RQ - 2019 - B0059	无锡精质视觉科技有限公司
760	苏 RQ - 2019 - B0060	无锡素源网络科技有限公司
761	苏 RQ - 2019 - B0061	无锡市播菜互动信息科技有限公司
762	苏 RQ - 2019 - B0062	无锡搜派信息技术有限公司
763	苏 RQ - 2019 - B0063	无锡亚近信息技术有限公司
764	苏 RQ - 2019 - B0064	无锡圣普信息科技有限公司
765	苏 RQ - 2019 - B0065	江阴市远帆软件有限公司
766	苏 RQ - 2019 - B0066	江苏生活通信息技术有限公司
767	苏 RQ - 2019 - B0067	隆正信息科技有限公司
768	苏 RQ - 2019 - B0068	江苏极熵物联科技有限公司
769	苏 RQ - 2019 - B0069	江苏中科智睿物联网科技有限公司
770	苏 RQ - 2019 - B0070	无锡凌顶科技有限公司
771	苏 RQ - 2019 - B0071	无锡同方聚能控制科技有限公司
772	苏 RQ - 2019 - B0072	无锡乐骐科技有限公司
773	苏 RQ - 2019 - B0073	无锡苏惠信息技术服务有限公司
774	苏 RQ - 2019 - B0074	无锡慧动利信息科技有限公司

序号	认定号	企业名称
775	苏 RQ－2019－B0075	无锡折口软件科技有限公司
776	苏 RQ－2019－B0076	无锡市诺一智能科技有限公司
777	苏 RQ－2019－B0077	无锡智朴物联科技有限公司
778	苏 RQ－2019－B0078	江苏领悟信息技术有限公司
779	苏 RQ－2019－B0079	江苏欣动信息科技有限公司
780	苏 RQ－2019－B0080	无锡井通网络科技有限公司
781	苏 RQ－2019－B0081	无锡市德科立光电子技术有限公司
782	苏 RQ－2019－B0082	无锡宇辉信息技术有限公司
783	苏 RQ－2019－B0083	无锡好易网络科技有限公司
784	苏 RQ－2019－B0084	卓品智能科技无锡有限公司
785	苏 RQ－2019－B0085	江苏晟能科技有限公司
786	苏 RQ－2019－B0086	无锡兰霖网络科技有限公司
787	苏 RQ－2019－B0087	无锡格兰德微电子科技有限公司
788	苏 RQ－2019－B0088	无锡纳纬科技有限公司
789	苏 RQ－2019－B0089	无锡锐祺通讯技术有限公司
790	苏 RQ－2019－B0090	无锡科晟光子科技有限公司
791	苏 RQ－2019－B0091	无锡天智物联科技有限公司
792	苏 RQ－2019－B0092	无锡中尧网络科技有限公司
793	苏 RQ－2019－B0093	江苏雅索信息科技有限公司
794	苏 RQ－2019－B0094	无锡卓信信息科技股份有限公司
795	苏 RQ－2019－B0095	无锡市同飞科技有限公司
796	苏 RQ－2019－B0096	无锡要玩娱乐网络技术有限公司
797	苏 RQ－2019－B0097	无锡云动科技发展有限公司
798	苏 RQ－2019－B0098	无锡飞斯福自动化设备有限公司
799	苏 RQ－2019－B0099	江苏紫清信息科技有限公司
800	苏 RQ－2019－B0100	无锡博玛自动化软件开发有限公司
801	苏 RQ－2019－B0101	无锡艾迪尔系统集成有限公司
802	苏 RQ－2019－B0102	无锡安腾软件开发有限公司
803	苏 RQ－2019－B0103	江苏蓝创智能科技股份有限公司
804	苏 RQ－2019－C0001	江苏亿康电子科技有限公司
805	苏 RQ－2019－C0002	徐州立创通信科技有限公司
806	苏 RQ－2019－C0003	江苏瀚语智能科技有限公司
807	苏 RQ－2019－C0004	徐州海志软件科技有限公司
808	苏 RQ－2019－C0005	今创信息科技江苏有限公司

续 表

序号	认定号	企业名称
809	苏 RQ - 2019 - C0006	徐州市永康电子科技有限公司
810	苏 RQ - 2019 - C0007	江苏中矿安华科技发展有限公司
811	苏 RQ - 2019 - C0008	徐州永安科技发展有限公司
812	苏 RQ - 2019 - C0009	徐州臣赐网络科技有限公司
813	苏 RQ - 2019 - C0010	江苏鼎驰电子科技有限公司
814	苏 RQ - 2019 - C0011	徐州一团网络科技有限公司
815	苏 RQ - 2019 - C0012	江苏奇门网络科技有限公司
816	苏 RQ - 2019 - C0013	徐州市智慧云软件技术有限公司
817	苏 RQ - 2019 - D0001	常州智正软件科技有限公司
818	苏 RQ - 2019 - D0002	常州艾控智能仪表有限公司
819	苏 RQ - 2019 - D0003	江苏迈诺建筑智能化工程有限公司
820	苏 RQ - 2019 - D0004	常州近云智能科技有限公司
821	苏 RQ - 2019 - D0005	常州东晟合众节能科技有限公司
822	苏 RQ - 2019 - D0006	常州瑞克斯信息科技有限公司
823	苏 RQ - 2019 - D0007	常州汇智信息科技有限公司
824	苏 RQ - 2019 - D0008	江苏海创技术有限公司
825	苏 RQ - 2019 - D0009	常州中基华闻信息科技有限公司
826	苏 RQ - 2019 - D0010	江苏言和电力科技有限公司
827	苏 RQ - 2019 - D0011	江苏莱瑞电气科技有限公司
828	苏 RQ - 2019 - D0012	常州天健智能科技有限公司
829	苏 RQ - 2019 - D0013	江苏中盈高科智能信息股份有限公司
830	苏 RQ - 2019 - D0014	常州奥拓自动控制设备有限公司
831	苏 RQ - 2019 - D0015	常州市瑞德信息科技有限公司
832	苏 RQ - 2019 - D0016	常州全栈信息技术有限公司
833	苏 RQ - 2019 - D0017	常州畅信网络技术有限公司
834	苏 RQ - 2019 - D0018	常州能辉自动化科技有限公司
835	苏 RQ - 2019 - D0019	常州初八软件技术有限公司
836	苏 RQ - 2019 - D0020	常州乔森交通科技服务有限公司
837	苏 RQ - 2019 - D0021	江苏智维数字科技有限公司
838	苏 RQ - 2019 - D0022	江苏阿凡提信息技术有限公司
839	苏 RQ - 2019 - D0023	常州天曼智能科技有限公司
840	苏 RQ - 2019 - D0024	常州怀玉电子有限公司
841	苏 RQ - 2019 - D0025	常州冠君软件技术有限公司
842	苏 RQ - 2019 - D0026	常州超鼎软件科技有限公司

续　表

序号	认定号	企业名称
843	苏 RQ - 2019 - D0027	江苏诚通网络科技有限公司
844	苏 RQ - 2019 - D0028	常州优维泰克智能科技有限公司
845	苏 RQ - 2019 - E0001	苏州深特智能科技有限公司
846	苏 RQ - 2019 - E0002	苏州金智渠信息技术有限公司
847	苏 RQ - 2019 - E0003	苏州顶湛信息科技有限公司
848	苏 RQ - 2019 - E0004	苏州鑫耀达济信息技术有限公司
849	苏 RQ - 2019 - E0005	苏州得心应手信息技术有限公司
850	苏 RQ - 2019 - E0006	昆山奥泰克自动化科技有限公司
851	苏 RQ - 2019 - E0007	苏州卓越光华信息技术有限公司
852	苏 RQ - 2019 - E0008	苏州奥图宏智能科技有限公司
853	苏 RQ - 2019 - E0009	苏州青石光电技术有限公司
854	苏 RQ - 2019 - E0010	魔元术(苏州)信息科技有限公司
855	苏 RQ - 2019 - E0011	亨通光载无限信息技术(江苏)有限公司
856	苏 RQ - 2019 - E0012	苏州意能通信息技术有限公司
857	苏 RQ - 2019 - E0013	苏州云车通信息技术有限公司
858	苏 RQ - 2019 - E0014	苏州清创环境科技有限公司
859	苏 RQ - 2019 - E0015	道达信息科技(苏州)有限公司
860	苏 RQ - 2019 - E0016	苏州酷游数码科技有限公司
861	苏 RQ - 2019 - E0017	勤源(江苏)科技有限公司
862	苏 RQ - 2019 - E0018	江苏亨通工控安全研究院有限公司
863	苏 RQ - 2019 - E0019	苏州云电电力科技有限公司
864	苏 RQ - 2019 - E0020	苏州真容软件有限公司
865	苏 RQ - 2019 - E0021	科航(苏州)信息科技有限公司
866	苏 RQ - 2019 - E0022	苏州斯达美克互联网科技有限公司
867	苏 RQ - 2019 - E0023	苏州沁游网络科技有限公司
868	苏 RQ - 2019 - E0024	昆山市拓联软件科技有限公司
869	苏 RQ - 2019 - E0025	苏州玖竹信息有限公司
870	苏 RQ - 2019 - E0026	苏州冠云信息技术有限公司
871	苏 RQ - 2019 - E0027	苏州海得威视信息技术有限公司
872	苏 RQ - 2019 - E0028	江苏天工天智技术有限公司
873	苏 RQ - 2019 - E0029	苏州视锐信息科技有限公司
874	苏 RQ - 2019 - E0030	苏州千木信息技术有限公司
875	苏 RQ - 2019 - E0031	苏州科纵网络科技有限公司
876	苏 RQ - 2019 - E0032	南信大影像技术工程(苏州)有限公司

续　表

序号	认定号	企业名称
877	苏 RQ - 2019 - E0033	慧泉智能科技(苏州)有限公司
878	苏 RQ - 2019 - E0034	苏州承泽医疗科技有限公司
879	苏 RQ - 2019 - E0035	苏州雪松湾教育科技有限公司
880	苏 RQ - 2019 - E0036	苏州百变云数据科技有限公司
881	苏 RQ - 2019 - E0037	张家港市多米亿科技有限公司
882	苏 RQ - 2019 - E0038	威米(苏州)信息科技有限公司
883	苏 RQ - 2019 - E0039	苏州博智电子科技有限公司
884	苏 RQ - 2019 - E0040	江苏风云网络服务有限公司
885	苏 RQ - 2019 - E0041	苏州银丰睿哲信息科技有限公司

附录 B 江苏省 2019 年 ITSS 获证企业名单

序号	单位名称	所在地	级别
1	无锡市第三人民医院	无锡	运维通用要求
2	无锡农村商业银行股份有限公司	无锡	运维通用要求
3	朗新科技股份有限公司	无锡	运维二级
4	江苏怡信天成信息技术服务有限公司	无锡	运维二级
5	江苏中铭慧业科技有限公司	无锡	运维二级
6	江苏巨鸿信息技术有限公司	南京	运维二级
7	江苏风云科技服务有限公司	苏州	运维二级
8	南京华苏科技有限公司	南京	运维二级
9	镇江汉唐电子有限公司	镇江	运维三级
10	镇江市亿兆信息科技有限公司	镇江	运维三级
11	江苏怡通数码科技有限公司	镇江	运维三级
12	镇江汇辰智能系统有限公司	镇江	运维三级
13	江苏斯诺物联科技有限公司	镇江	运维三级
14	朗森特科技有限公司	扬州	运维三级
15	扬州顺泰建设工程有限公司	扬州	运维三级
16	江苏仪化信息技术有限公司	扬州	运维三级
17	扬州开拓软件有限公司	扬州	运维三级
18	江苏海晨信息系统工程股份有限公司	扬州	运维三级
19	扬州明辰信息科技有限公司	扬州	运维三级
20	江苏华信科技有限公司	扬州	运维三级
21	扬州大自然网络信息有限公司	扬州	运维三级
22	江苏汉之惠信息科技有限公司	盐城	运维三级
23	江苏中软智能系统有限公司	盐城	运维三级
24	江苏普瑞达智能系统有限公司	盐城	运维三级
25	博雅慧聚科技发展有限公司	徐州	运维三级
26	江苏中友讯华信息科技有限公司	徐州	运维三级

序号	单位名称	所在地	级别
27	无锡云惠软件有限公司	无锡	运维三级
28	江苏曙光云计算有限公司	无锡	运维三级
29	江苏冠杰建设集团有限公司	无锡	运维三级
30	无锡识凌科技有限公司	无锡	运维三级
31	无锡市同步电子科技有限公司	无锡	运维三级
32	无锡意诚致信科技有限公司	无锡	运维三级
33	江苏蓝创智能科技股份有限公司	无锡	运维三级
34	江苏中路交通发展有限公司	无锡	运维三级
35	无锡布塔信息科技有限公司	无锡	运维三级
36	恩梯梯数据(中国)信息技术有限公司	无锡	运维三级
37	无锡中云宏业软控科技有限公司	无锡	运维三级
38	无锡华云数据技术服务有限公司	无锡	运维三级
39	无锡新敏通网络技术有限公司	无锡	运维三级
40	无锡惠友信息科技有限公司	无锡	运维三级
41	浪潮卓数大数据产业发展有限公司	无锡	运维三级
42	无锡市博创计算机网络技术有限公司	无锡	运维三级
43	无锡简成道工程技术有限公司	无锡	运维三级
44	无锡开云信息技术有限公司	无锡	运维三级
45	江苏远望神州软件有限公司	无锡	运维三级
46	无锡港湾网络科技有限公司	无锡	运维三级
47	江苏卓易信息科技股份有限公司	无锡	运维三级
48	江苏税软软件科技有限公司	无锡	运维三级
49	新钶科技(无锡)有限公司	无锡	运维三级
50	江苏盛泰网络科技发展有限公司	泰州	运维三级
51	苏州琅润达检测科技有限公司	苏州	运维三级
52	苏州澳达斯科技发展有限公司	苏州	运维三级
53	江苏国贸酝领智能科技股份有限公司	苏州	运维三级
54	苏州磐翔智能科技有限公司	苏州	运维三级
55	梅杰科技(苏州)有限公司	苏州	运维三级
56	江苏耘和计算机系统工程有限公司	苏州	运维三级

序号	单位名称	所在地	级别
57	江苏中教科信息技术有限公司	苏州	运维三级
58	苏州百智通信息技术有限公司	苏州	运维三级
59	苏州嘉华计算机系统工程有限公司	苏州	运维三级
60	苏州朗动网络科技有限公司	苏州	运维三级
61	苏州安泰阿尔法交通科技发展有限公司	苏州	运维三级
62	苏州智在云数据科技有限公司	苏州	运维三级
63	苏州中亿丰科技有限公司	苏州	运维三级
64	苏州市永嘉信息科技有限公司	苏州	运维三级
65	江苏新亿迪智能科技有限公司	苏州	运维三级
66	苏州赛思景程信息科技有限公司	苏州	运维三级
67	苏州恒琪信息科技有限公司	苏州	运维三级
68	苏州罗想软件股份有限公司	苏州	运维三级
69	紫光云引擎科技(苏州)有限公司	苏州	运维三级
70	苏州凌旭信息科技有限公司	苏州	运维三级
71	苏州鑫三强通信信息有限公司	苏州	运维三级
72	江苏嘉玖信息科技有限公司	苏州	运维三级
73	江苏亨通信息安全技术有限公司	苏州	运维三级
74	江苏国保信息系统测评中心有限公司	苏州	运维三级
75	苏州数字地图信息科技股份有限公司	苏州	运维三级
76	苏州易维迅信息科技有限公司	苏州	运维三级
77	江苏池丰科技有限公司	苏州	运维三级
78	江苏新泰克软件有限公司	苏州	运维三级
79	苏州宏凡信息科技有限公司	苏州	运维三级
80	苏州傲君信息技术有限公司	苏州	运维三级
81	苏州德启智能科技有限公司	苏州	运维三级
82	苏州华育智能科技股份有限公司	苏州	运维三级
83	苏州池袋信息科技有限公司	苏州	运维三级
84	吴江绿控电控科技有限公司	苏州	运维三级
85	苏州数引信息科技有限公司	苏州	运维三级
86	苏州工业园区测绘地理信息有限公司	苏州	运维三级

续　表

序号	单位名称	所在地	级别
87	江苏中基康飞系统集成科技有限公司	苏州	运维三级
88	苏州市世跃智能科技有限公司	苏州	运维三级
89	苏州华启智能科技有限公司	苏州	运维三级
90	江苏汇环环保科技有限公司	南通	运维三级
91	江苏锐创软件技术有限公司	南通	运维三级
92	南通华远科技发展有限公司	南通	运维三级
93	江苏新和网络科技发展有限公司	南通	运维三级
94	江苏中智系统集成工程有限公司	南通	运维三级
95	江苏恒越智能系统集成有限公司	南通	运维三级
96	江苏户传科技有限公司	南京	运维三级
97	南京瀚和软件技术有限公司	南京	运维三级
98	南京盛佳建业科技有限责任公司	南京	运维三级
99	江苏擎天信息科技有限公司	南京	运维三级
100	南京博杉信息技术有限公司	南京	运维三级
101	江苏金农股份有限公司	南京	运维三级
102	江苏省有色金属华东地质勘查局地质信息中心	南京	运维三级
103	江苏长天智远交通科技有限公司	南京	运维三级
104	远江信息技术有限公司	南京	运维三级
105	南京泽利建设工程有限公司	南京	运维三级
106	江苏慧世联网络科技有限公司	南京	运维三级
107	南京杰度信息技术有限公司	南京	运维三级
108	江苏省计算机技术服务有限公司	南京	运维三级
109	中石化华东石油工程有限公司	南京	运维三级
110	南京轩恩软件开发有限公司	南京	运维三级
111	江苏南水科技有限公司	南京	运维三级
112	江苏兴沣达电子科技有限公司	南京	运维三级
113	南京新立讯科技股份有限公司	南京	运维三级
114	南京英诺森软件科技有限公司	南京	运维三级
115	江苏天泽智能科技有限公司	南京	运维三级
116	南京赫耳斯科技有限公司	南京	运维三级

续 表

序号	单位名称	所在地	级别
117	南京天谷电气科技有限公司	南京	运维三级
118	南京特恩驰科技有限公司	南京	运维三级
119	江苏综创数码科技有限公司	南京	运维三级
120	江苏百瑞信息工程有限公司	南京	运维三级
121	南京科安电子有限公司	南京	运维三级
122	江苏南大五维电子科技有限公司	南京	运维三级
123	南京云创大数据科技股份有限公司	南京	运维三级
124	南京小威智能科技有限公司	南京	运维三级
125	南京国图信息产业有限公司	南京	运维三级
126	匠人智慧(江苏)科技有限公司	南京	运维三级
127	南京铉盈网络科技有限公司	南京	运维三级
128	南京恒星自动化设备有限公司	南京	运维三级
129	南京汇龙科技有限公司	南京	运维三级
130	南京安全无忧网络科技有限公司	南京	运维三级
131	江苏云储智能科技有限公司	南京	运维三级
132	江苏安防科技有限公司	南京	运维三级
133	南京亚派软件技术有限公司	南京	运维三级
134	江苏神州信源系统工程有限公司	南京	运维三级
135	南京南邮信息产业技术研究院有限公司	南京	运维三级
136	南京奥雷智能科技有限公司	南京	运维三级
137	江苏鑫瑞德系统集成工程有限公司	南京	运维三级
138	江苏敏捷科技股份有限公司	南京	运维三级
139	南京国电南思科技发展股份有限公司	南京	运维三级
140	江苏有线数据网络有限责任公司	南京	运维三级
141	南京通达海信息技术有限公司	南京	运维三级
142	中科曙光南京研究院有限公司	南京	运维三级
143	南京君度科技有限公司	南京	运维三级
144	江苏星瀚智慧信息科技有限公司	南京	运维三级
145	南京南瑞水利水电科技有限公司	南京	运维三级
146	江苏柯润信息技术有限公司	南京	运维三级

续 表

序号	单位名称	所在地	级别
147	江苏舜天信息科技有限公司	南京	运维三级
148	南京新索奇科技有限公司	南京	运维三级
149	南京云岸信息科技有限公司	南京	运维三级
150	南京智数科技有限公司	南京	运维三级
151	南京瑞迪水利信息科技有限公司	南京	运维三级
152	南京苏创瑞远网络科技有限公司	南京	运维三级
153	南京越祥科技有限公司	南京	运维三级
154	苏州国网电子科技有限公司	南京	运维三级
155	南京信业能源科技有限公司	南京	运维三级
156	江苏宏创信息科技有限公司	南京	运维三级
157	江苏得凯瑞科技有限公司	南京	运维三级
158	南京鑫蓝优图信息技术有限公司	南京	运维三级
159	江苏太元智音信息技术股份有限公司	南京	运维三级
160	南京运维通用要求电器有限公司	南京	运维三级
161	江苏曼路科技有限公司	南京	运维三级
162	南京上古网络科技有限公司	南京	运维三级
163	南京三宝科技股份有限公司	南京	运维三级
164	连云港杰瑞电子有限公司	连云港	运维三级
165	淮安易云科技有限公司	淮安	运维三级
166	江苏网信科技有限公司	淮安	运维三级
167	江苏省淮安市保安服务总公司	淮安	运维三级
168	江苏鑫亿软件股份有限公司	常州	运维三级
169	常州市同庆科技有限公司	常州	运维三级
170	江苏今日智能科技有限公司	常州	运维三级
171	江苏军成智能系统有限公司	常州	运维三级
172	江苏富深协通科技股份有限公司	常州	运维三级
173	常州市盛景网络技术有限公司	常州	运维三级
174	江苏首创高科信息工程技术有限公司	常州	运维三级
175	江苏风云科技服务有限公司	苏州	咨询设计
176	无锡中航恒信工程管理咨询有限公司	无锡	咨询设计

续　表

序号	单位名称	所在地	级别
177	中移(苏州)软件技术有限公司	苏州	公有云 IaaS 服务二级
178	华云数据控股集团有限公司	无锡	公有云 IaaS 服务二级
179	华云数据控股集团有限公司	无锡	私有云 IaaS 服务二级
180	江苏世轩科技股份有限公司	常州	SaaS 服务二级
181	中邮建技术有限公司	南京	SaaS 服务二级
182	南京鸣珂软件技术有限公司	南京	SaaS 服务三级
183	南京世轩医疗科技有限公司	常州	SaaS 服务三级
184	苏州工业园区大数据管理中心	苏州	SaaS 服务三级
185	华云数据控股集团有限公司	无锡	SaaS 服务三级
186	江苏云学堂网络科技有限公司	苏州	SaaS 服务三级

图书在版编目（CIP）数据

江苏软件与信息服务业年鉴. 2020 卷 / 江苏省工业
和信息化厅，江苏省软件行业协会编. -- 南京：南京大
学出版社，2020.12
　　ISBN 978 - 7 - 305 - 24051 - 5

　　Ⅰ. ①江… Ⅱ. ①江… ②江… Ⅲ. ①软件产业－江
苏－2020－年鉴②信息服务业－江苏－2020－年鉴 Ⅳ.
①F426.67－54②F492－54

　　中国版本图书馆 CIP 数据核字（2020）第 257420 号

出版发行　南京大学出版社
社　　址　南京市汉口路 22 号　　　　　邮　编　210093
出 版 人　金鑫荣
书　　名　江苏软件与信息服务业年鉴（2020 卷）
编　　者　江苏省工业和信息化厅　江苏省软件行业协会
责任编辑　荣卫红　　　　　　　　编辑热线　025 - 83685720
照　　排　南京南琳图文制作有限公司
印　　刷　徐州绪权印刷有限公司
开　　本　889×1194　1/16　印张 19.25　字数 620 千
版　　次　2020 年 12 月第 1 版　2020 年 12 月第 1 次印刷
ISBN 978 - 7 - 305 - 24051 - 5
定　　价　180.00 元

网址：http://www.njupco.com
官方微博：http://weibo.com/njupco
官方微信号：njupress
销售咨询热线：（025）83594756